Jahrbuch StadtRegion 2013/2014
Schwerpunkt: Urbane Peripherie

Jahrbuch StadtRegion 2013/2014

herausgegeben von
Frank Roost, Dortmund
Brigitta Schmidt-Lauber, Wien
Christine Hannemann, Stuttgart
Frank Othengrafen, Hannover
Jörg Pohlan, Hamburg

Frank Roost • Brigitta Schmidt-Lauber •
Christine Hannemann • Frank Othengrafen •
Jörg Pohlan (Hrsg.)

Jahrbuch StadtRegion 2013/2014
Schwerpunkt: Urbane Peripherie

Verlag Barbara Budrich
Opladen • Berlin • Toronto 2014

Bibliografische Information der Deutschen Nationalbibliothek
Die Deutsche Nationalbibliothek verzeichnet diese Publikation in der Deutschen
Nationalbibliografie; detaillierte bibliografische Daten sind im Internet über
http://dnb.d-nb.de abrufbar.

Gedruckt auf säurefreiem und alterungsbeständigem Papier.

Alle Rechte vorbehalten.
© 2014 Verlag Barbara Budrich, Opladen, Berlin & Toronto
www.budrich-verlag.de

    ISBN   **978-3-8474-0162-9 (Paperback)**
    eISBN 978-3-8474-0461-3 (eBook)

Das Werk einschließlich aller seiner Teile ist urheberrechtlich geschützt. Jede Verwertung außerhalb der engen Grenzen des Urheberrechtsgesetzes ist ohne Zustimmung des Verlages unzulässig und strafbar. Das gilt insbesondere für Vervielfältigungen, Übersetzungen, Mikroverfilmungen und die Einspeicherung und Verarbeitung in elektronischen Systemen.

Umschlaggestaltung: disegno visuelle kommunikation, Wuppertal – www.disenjo.de
Typographisches Lektorat: Anja Borkam, Jena
Druck: paper & tinta, Warschau
Printed in Europe

Inhalt

Editorial 9

Schwerpunkt: Urbane Peripherie 17

Angelika Münter
Suburbia im demographischen Wandel 19

Marcus Menzl
Urbanisierungsprozesse in Suburbia? Überlegungen zur Ubiquität der urbanen Lebensweise 43

Boris Sieverts und Thomas Sieverts
Elemente einer Grammatik der Ränder 61

Norbert Fischer
Patchwork-Landschaft im stadtregionalen Raum: Das Hamburger Umland 83

Barbara Schönig
Umbauen, reparieren, umdenken – Suburban Retrofitting in der Krise 96

Analysen und Kommentare 117

Johannes Boettner
Der Kampf ums Dixi-Klo – Incivilities im öffentlichen Raum und im Agenda-Setting-Prozess der Gemeinwesenarbeit 119

Dieter Rink, Matthias Bernt, Katrin Großmann und Annegret Haase
Governance des Stadtumbaus in Ostdeutschland – Großwohnsiedlung und Altbaugebiet im Vergleich 132

Katharina Anna Dörfert und Julia Schwarz
Wie Nachbarschaft Gesundheit beeinflusst: Erkenntnisse aus einer kriteriengeleiteten Recherche 148

Dirk Schubert
Kontinuitäten und Reorganisationen - Stadtplanerausbildung zwischen
Sparzwang und Neuorientierung 157

Rezensionen 171

Brake, Klaus und Günter Herfert (Hrsg.) (2012): Reurbanisierung.
Materialität und Diskurs in Deutschland, Wiesbaden: Verlag für
Sozialwissenschaften.
Besprochen von Brigitte Adam 173

Bernt, Matthias und Heike Liebmann (Hrsg.) (2013): Peripherisierung,
Stigmatisierung, Abhängigkeit? – Deutsche Mittelstädte und ihr
Umgang mit Peripherisierungsprozessen. Wiesbaden: Springer VS.
Besprochen von Sabine Baumgart 176

Hnilica, Sonja (2012): Metaphern für die Stadt. Zur Bedeutung von
Denkmodellen in der Architekturtheorie. Bielefeld: transcript Verlag.
Besprochen von Susanne Hauser 179

Harlander, Tilman; Kuhn, Gerd und Wüstenrot Stiftung (Hrsg.)
(2012): Soziale Mischung in der Stadt. Case Studies -
Wohnungspolitik in Europa - Historische Analyse. Wüstenrot-
Stiftung, Stuttgart: Krämer Verlag.
Besprochen von Marcus Menzl 182

Schnur, Olaf; Zakrzewski, Philipp und Matthias Drilling (Hrsg.)
(2013): Migrationsort Quartier. Zwischen Segregation, Integration und
Interkultur. Wiesbaden: Springer VS.

Koşan, Ümit (2012): Interkulturelle Kommunikation in der
Nachbarschaft. Analyse der Kommunikation zwischen den Nachbarn
mit türkischem und deutschem Hintergrund in der Dortmunder
Nordstadt. Freiburg: Centaurus.
Besprochen von Rainer Neef 185

Sgobba, Antonella (2012): Architektur, Stadt und Automobilindustrie.
Detmold: Verlag Dorothea Roh.
Besprochen von Frank Schröter 190

Inhalt

Schmidt-Lauber, Brigitta; Ionescu, Ana; Löffler, Klara und Jens Wietschorke (Hrsg.) (2013): Wiener Urbanitäten. Kulturwissenschaftliche Ansichten einer Stadt (Ethnographie des Alltags, Band 1). Köln: Böhlau.
Besprochen von Clemens Zimmermann 193

Dokumentation und Statistik 197

Stefan Kaup, Alexander Mayr, Frank Osterhage, Jörg Pohlan, Philippe Rieffel, Karsten Rusche und Bernd Wuschansky
Monitoring StadtRegionen 199

English Abstracts 278

Autorinnen und Autoren 283

Rezensentinnen und Rezensenten 286

Editorial

Die Randbereiche der großen Ballungsräume sind Orte, die die meisten Menschen mit großer Selbstverständlichkeit nutzen. Dies gilt nicht nur für die Bewohner von Einfamilienhausgebieten am Stadtrand, die hier ihren Lebensmittelpunkt haben, sondern auch für viele Bewohner der Kernstädte oder ländlichen Regionen, die in den an Autobahnen und Ausfallstraßen gelegenen Fachmärkten, Einkaufszentren, Gewerbegebieten und Büroparks einkaufen oder arbeiten. Doch trotz dieser großen Bedeutung sind solche Alltagsorte – im Gegensatz zur Region insgesamt oder zu anderen markanten Teilen der Regionen wie historische Stadtkerne oder Großsiedlungen – ein in der Stadtforschung eher selten thematisiertes Phänomen. Das Jahrbuch StadtRegion 2013/14 widmet sich daher mit dem Schwerpunktthema *Urbane Peripherie* den heterogenen Randbereichen der Städte.

Eine Herausforderung bei der Betrachtung dieser Orte ist, dass sie nur schwer zu erfassen sind, weil es sich dabei um kaum eindeutig abgrenzbare Bereiche mit einer sehr breiten Nutzungsvielfalt und einer extrem uneinheitlichen baulichen Struktur handelt. Solche Gegensätze sind aber durchaus kein neues Phänomen, denn die Vorstadt ist schon immer ein Ort der Marginalisierung von in der Stadt unerwünschten Nutzungen (wie beispielsweise Siechenhäusern oder Gerbereien) gewesen, während zugleich das weitere Umfeld der Stadt auch immer ein Ort des Rückzugs ins Grüne der Wohlhabenderen war – eine Entwicklungslinie, die sich von den römischen Landvillen bis zur automobilorientierten Suburbanisierung des 20. Jahrhunderts nachvollziehen lässt (Hoffmann-Axthelm 1998).

Neuere Studien zeigen, dass auch die bisher eher privilegierten Teile der urbanen Peripherie, nämlich die Einfamilienhausgebiete der Mittel- und Oberschicht, vor ganz neuen Herausforderungen stehen. Das in den Nachkriegsjahrzehnten dominierende Modell einer von neu hinzuziehenden Familien geprägten Suburbia hat sich in zweierlei Hinsicht verändert: Zum einen altert die Bevölkerung in den Wohnvororten, so dass sich für viele Einfamilienhausgebiete lebenszyklusspezifische Umwälzungen ergeben, die die Stadtplanung vor ganz neue Herausforderungen stellt (Berndgen-Kaiser/Bläser 2010). Zum anderen löst sich das Muster einer eindeutig vom Kern dominierten Stadt-Umland-Beziehung langsam auf. Stattdessen bilden sich postsuburbane Siedlungsstrukturen heraus, d.h. es finden sich auch in den Randbereichen der Ballungsräume zunehmend hochwertige Arbeitsplätze sowie Konsum- und Freizeiteinrichtungen, durch die die Bedeutung der Kernstadt für die Vorortbewohner abnimmt (Knapp/Volgmann 2011).

Die entsprechenden Standorte liegen aber räumlich dispers verteilt, sind am besten mit dem Auto erreichbar und jeweils auf eine oder wenige Nutzungen spezialisiert, so dass die entmischten verstädterten Landschaften von ausdifferenzierten Nutzungsinseln einen „funktionale[n] Archipel der europäischen Stadtregion" (Kunzmann 2001: 215) bilden. Die aus dieser patchworkartigen baulich-räumlichen Struktur resultierenden planerischen und gesellschaftlichen Herausforderungen hat Thomas Sieverts unter dem Begriff Zwischenstadt in den 1990er Jahren analysiert und dabei auch aufgezeigt, dass diese Orte mit den überkommenen Maßstäben und Leitbildern kaum noch kompatibel sind (Sieverts 1997).

Untersuchungen spezifischer Probleme der urbanen Peripherie oder gar Strategien für den planerischen Umgang mit der Peripherie bleiben aber weiterhin selten. Trotz aller Bemühungen den Flächenverbrauch zu vermindern und die traditionellen Zentren zu stärken, entstehen weiterhin neue Einfamilienhausgebiete und die Zahl, Größe und Alltagsbedeutung von Gewerbegebieten nimmt immer weiter zu. Ein Ende dieser Entwicklung ist auch weiterhin nicht absehbar. Dies gilt auch trotz eines in den letzten Jahren v.a. in Ostdeutschland konstatierten gewissen Rückgangs der Suburbanisierung sowie der aktuellen Debatte über Reurbanisierung (u.a. Brake/Herfert 2012), denn dabei handelt es sich nur um graduelle Veränderungen: Auch wenn die Suburbia nicht mehr so schnell wächst wie bisher, besteht sie als Alltagsort für weite Teile der Bevölkerung doch weiter. Zudem sind diese Prozesse nur als Teil eines gesamtregionalen Wandels zu verstehen, der alle Teile der Region durchaus unterschiedlich, aber in gleicher Intensität betrifft und überformt. Dies drückt sich nicht zuletzt in den zunehmend regionalisierten Lebensweisen der Bewohner von Ballungsräumen aus, die unterschiedliche Alltagsaktivitäten wie Wohnen, Arbeiten und Freizeit unabhängig von administrativen Grenzen in den verschiedenen regionalen Teilräumen verrichten und daher weder einen eindeutig städtischen noch einen eindeutig suburbanen Lebensstil pflegen (Dittrich-Wesbuer/Osterhage 2008).

Das vorliegende Jahrbuch StadtRegion möchte mit dem Schwerpunktthema *Urbane Peripherie* einen Beitrag zu dieser Diskussion über den sozioökonomischen, alltagskulturellen und baulich-räumlichen Wandel des suburbanen Raums von Großstadtregionen in Deutschland leisten. Im Mittelpunkt stehen dabei Veränderungen von gesellschaftlichen Rahmenbedingungen wie der demografische Wandel, die soziale Ausdifferenzierung, veränderte Familienstrukturen oder der Wandel der Lebensstile, die hinsichtlich ihrer Auswirkungen auf die Kernstädte bereits intensiv beforscht wurden – und die es nun bezüglich ihrer Konsequenzen auf die Suburbia in den Blick zu nehmen gilt.

Ein wesentlicher Einflussfaktor ist der demografische Wandel, dessen Folgen für die Entwicklung von Einfamilienhausgebieten in Deutschland *Angelika Münter* in ihrem Artikel untersucht und auf der Grundlage statistischer Daten nachzeichnet. Ein Kernaspekt sind dabei die Herausforderungen, die daraus resultieren, dass diejenigen die in der ersten Suburbanisierungswelle in den 1960/70er Jahren Einfamilienhäuser bezogen haben, mittlerweile

Editorial

das Seniorenalter erreichen. Den damit verbundenen soziodemographischen Wandel in Suburbia ordnet die Autorin in die Sub- und Reurbanisierungsprozesse seit 1990 ein. Anhand einer Auswertung der Entwicklung in drei Stadtregionen, nämlich Münster als wachsende Stadtregion, Bielefeld als stagnierende und das östliche Ruhrgebiet als schrumpfende Stadtregion, wird deutlich, dass die jeweiligen Konsequenzen für den Wohnungsmarkt nicht zuletzt von den demographischen Entwicklungstrends der jeweiligen Region abhängen. In allen Beispielen wird jedoch deutlich, dass durch den demografischen Wandel auch die Suburbia – als eine Raumkategorie, die jahrzehntelang als Selbstläufer galt – zunehmend unter Druck gerät.

Neben dem demografischen Wandel führt der Wandel von Lebensstilen und Familienstrukturen zu tiefgreifenden Veränderungen in der Suburbia. So werden heute in der sozialwissenschaftlichen Stadtforschung die Präferenzen für bestimmte traditionelle Lebensstile, die den Bewohnern der Suburbia einst zugeschrieben wurden, in Frage gestellt. Stattdessen verdichten sich Hinweise darauf, dass das klassische Bild von Familienstrukturen und Lebensalltag in der Suburbia veraltet und die urbane Lebensweise ubiquitär wird. *Marcus Menzl* untersucht daher in seinem Beitrag mittels einer Analyse von Wohnstandortentscheidungen in der Region Hamburg, ob es tatsächlich Hinweise auf *Urbanisierungsprozesse* in suburbanen Räumen gibt. Der Aufsatz leistet damit einen Beitrag zur Beantwortung der Frage, inwiefern sich die suburbane Lebensweise mit ihren spezifischen normativen Orientierungen und den dazugehörigen Strukturen tatsächlich in der Auflösung befindet – oder sich unter Beibehaltung einer ganz eigenen, spezifisch suburbanen Logik weiterentwickelt. Dieser von Menzl bereits in vorherigen Publikationen dargelegte Aspekt wurde vom Autor für den Text in diesem Band weiterentwickelt und soll hiermit noch einmal einem breiten Publikum zur Kenntnis gebracht werden.

Dass solche klassischen Einfamilienhausgebiete trotz ihrer großen Zahl nur eines von vielen Elementen der vielfältigen, von heterogenen Strukturen und Brüchen gekennzeichneten urbanen Peripherie sind, zeigen *Boris und Thomas Sieverts* in ihrem Beitrag. In einem explorativ angelegten Essay erfassen die beiden Autoren unterschiedliche Ausprägungen von *(Stadt)Rand* – z.B. im Sinne eines abrupten Bruchs oder aber auch eines langsamen Übergangs zwischen bebautem und offenem Raum – und verdeutlichen so die Heterogenität der urbanen Peripherie. Mit einem ersten Klassifizierungsvorschlag für verschiedene Formen der urbanen Peripherie liefern die Autoren einen kreativen Beitrag zur Debatte über die städtebauliche Qualifikation der Zwischenstadt. Dabei plädieren sie dafür, die konstatierte Vielfalt zu erhalten und weiterzuentwickeln. Dazu muss ihrer Auffassung nach auch ein Erhalt der Freiheit mancher Randausprägungen als kleine Anarchien gehören, die eher durch wohlwollende Vernachlässigung als durch obrigkeitsstaatlich geprägte räumliche Planung gepflegt werden können.

Editorial

Die Bedeutung kleinteiliger Landschaftselemente ist auch für *Norbert Fischer* ein Kernaspekt für das Verständnis der Nutzungsqualität von Stadtregionen. Am Beispiel des Hamburger Umlands beschreibt er die Rolle von Freiräumen in der Suburbia, u.a. in Gewerbegebieten und im Umfeld von Freizeiteinrichtungen. Dabei plädiert Fischer für einen Abschied vom klassischen Landschaftsverständnis, bei dem die Ästhetik der Landschaft das Hässliche kompensieren soll, und rückt stattdessen das, was kulturkritisch als Landschaftsverfall bezeichnet worden ist, in den Mittelpunkt landschaftstheoretischer Betrachtungen. Mit einem *Mikrolandschaften-Ansatz*, der mit der Kategorie *Mobilität* eine der Grundvoraussetzungen des räumlichen Wandels in das Verständnis des großstädtischen Umfelds mit einbezieht, wird verdeutlicht, dass sich zersiedelte stadtregionale Räume als Patchwork-Landschaften mit eigenen Qualitäten interpretieren lassen.

Kleinräumige Eigenschaften der Suburbia sind nicht nur für Deutschland ein Thema: *Barbara Schönig* analysiert in ihrem Beitrag die Debatte über das *Suburban Retrofitting* in den USA. Dort steht das bisherige autoorientierte Modell der Siedlungsentwicklung angesichts seines enormen Ressourcenverbrauchs hinsichtlich Fläche und Energie besonders in Frage. Zugleich vollzieht sich im suburbanen Raum eine soziale und ökonomische Polarisierung, die zuvor nur aus den Kernstädten bekannt war. Der schon seit einiger Zeit zu beobachtende *suburban decline*, also der bauliche Verfall und die Konzentration von Armut im inneren Ring der Stadtregionen, wurde durch die Immobilienkrise noch verstärkt und in andere Teile der Stadtregionen ausgeweitet. Angesichts solcher Probleme wird immer häufiger versucht, durch eine Verbesserung der Infrastruktur und bauliche Nachverdichtungen eine stärkere soziale Mischung und Nutzungsvielfalt zu erreichen. So werden ehemalige Shopping Malls in neue mischgenutzte Quartiere umgebaut, suburbane Siedlungen nachverdichtet oder ehemalige Highway-Strips in fußläufige Einkaufsstraßen umgebaut. Anhand von Beispielen aus den Regionen Chicago und New York präsentiert Barbara Schönig städtebauliche sowie institutionelle Strategien, die auf die Herausforderungen und Probleme suburbaner Räume in den USA reagieren, und diskutiert deren Wirksamkeit. Einen Schwerpunkt legt sie dabei auf die Einbindung unterschiedlicher zivilgesellschaftlicher Akteure in diese Planungsprozesse – nicht zuletzt im Hinblick auf die Frage, inwiefern auch in Europa eine zukunftsfähige Weiterentwicklung der urbanen Peripherie neue Ansätze der Beteiligung im Planungsprozess erfordern könnte.

Die Rubrik *Analysen und Kommentare* wird eröffnet mit einem Beitrag zu heiklen Themen der Nutzung des öffentlichen Raums, wie dem „Herumlungern", dem exzessiven Alkoholkonsum und nicht zuletzt dem damit verbundenen öffentlichen Urinieren (der Männer). *Johannes Boettner* berichtet von einem Feldexperiment, welches Lösungsmöglichkeiten für sogenannte Incivilities im öffentlichen Raum, also die subjektive Störung der sozialen und normativen Ordnung, empirisch testet. Mit einem Dixi-Klo als Ausgangspunkt werden Prozesse bürgerschaftlicher Kommunikation, unterschiedliche Positionen der Bürgerschaft und die teilweise moderierende Rolle der Gemeinwesensarbeit problematisiert. Im Ergebnis kristallisiert sich dabei eine partizipatorische Alternative heraus, dies im Gegensatz zu den eher repressiv exkludierenden Strategien, die den kommunalpolitischen Umgang mit den Incivilities nicht selten charakterisieren.

Stadtforscher vom *Umweltforschungszentrum Leipzig* unter der Leitung von *Dieter Rink* stellen in ihrem Beitrag den Stadtumbau in Ostdeutschland in den Mittelpunkt: Anhand der beiden Großstädte Leipzig und Halle werden Governance-Strukturen des Stadtumbaus in vergleichender Perspektive zwischen Großwohnsiedlung und Altbau untersucht. Es zeigt sich, dass sowohl in Halle als auch in Leipzig eine Schwerpunktverlagerung auf Sanierung und Erneuerung stattgefunden hat und der Rückbau in Großwohnsiedlungen demgegenüber nahezu zum Erliegen gekommen ist, wodurch der Stadtumbau schwieriger wird. In Zukunft kommt daher staatlichen Akteuren und Fördermitteln eine zentrale Bedeutung in Hinblick auf die Handlungsfähigkeit der Governance-Strukturen im Stadtumbau zu.

Mit Hilfe einer kriteriengeleiteten Recherche untersuchen *Anna Dörfert* und *Julia Schwarz* in ihrem Beitrag, wie Nachbarschaft Gesundheit beeinflusst. Trotz der schwierigen empirischen Datenlage haben beide gesichertes Wissen über Qualität und Inhalt nachbarschaftlicher Beziehungen in Deutschland mittels einer Literaturrecherche zusammengetragen. Die Ergebnisse der ausgewerteten Studien ergaben, dass soziale Faktoren einer deutschen Nachbarschaft einen unabhängigen und empirisch belegbaren Einfluss auf die Gesundheit der Bewohner ausüben. Vor allem die Zeit, die eine Person den sozialen Merkmalen einer Nachbarschaft ausgesetzt ist, hat dabei eine effektvermittelnde Rolle.

Der Beitrag von *Dirk Schubert* zeichnet die Entwicklung der Stadtplanerausbildung in Hamburg kritisch-chronologisch nach. Zunächst, Mitte der 1970er Jahre, nur als Grundstudiengang konzipiert, wird über viele Etappen mit der Gründung der HafenCity Universität (HCU) 2006 eine Neuorientierung notwendig. Der Autor formuliert ein engagiertes Plädoyer dafür, einen Studiengang, der seit 30 Jahren erfolgreich qualifizierte Stadtplanerinnen und Stadtplaner ausbildet, durch die neuerliche Umstrukturierung und Reorganisation der HCU in seiner Substanz nicht zu schwächen, sondern ihn zu optimieren und zukunftsfähig auszugestalten.

Den achten Band des Jahrbuchs StadtRegion ergänzt die Rubrik *Rezensionen*. Für die Auswahl der besprochenen Publikationen wurden zwei Kriterien zugrunde gelegt: Zum einen handelt es sich um Titel, die in den vergangenen beiden Jahren (2012 und 2013) erschienen sind. Zum anderen konnten aus der Fülle der infrage kommenden Titel lediglich sieben ausgewählt werden, so dass vorrangig Titel vorgestellt werden, die einen substantiellen

Überblick über das interdisziplinäre und thematisch weit gefächerte Spektrum der Stadt- und Regionalforschung geben.

Die Rubrik Dokumentation und Statistik präsentiert auch in diesem Jahrbuch ein *Monitoring der Städte und Regionen*. Gleichwohl ist das Monitoring durch *Jörg Pohlan* in Kooperation mit *Stefan Kaup* und *Philippe Rieffel* am Institut für Landes- und Stadtentwicklungsforschung (ILS) neu konzipiert worden. Dabei wird zwar die Grundidee des Monitorings fortgesetzt, jedoch mit einer methodischen Neuerung. Es werden Verflechtungsbeziehungen für die Abgrenzung der Stadtregionen berücksichtigt und statistische Daten auf der Ebene der Städte und Gemeinden verwendet. Auf diese Weise soll der Komplexität und hohen räumlichen Auflösung der stadtregionalen Verflechtungen stärker Rechnung getragen werden, welche auf der Ebene der Kreise und kreisfreien Städte nicht (mehr) ausreichend abzubilden ist. Dies ist vor allem auch wiederholten Gebietsreformen geschuldet, die erhebliche Auswirkungen auf die Qualität der bisherigen Regionsabgrenzungen auf der Ebene der Kreise und die Betrachtung von Zeitschnitten und Zeitreihen haben. Die Erläuterung dieser Hintergrundüberlegungen und die neue Regionenabgrenzung werden in der vorliegenden Ausgabe des Monitorings dem eigentlichen Ergebnisteil einführend vorangestellt. Auch das Jahrbuch Stadt-Region 2013/14 bietet somit nicht nur Aufsätze zu aktuellen Themen, sondern zudem eine quantitativ belegte Zusammenfassung aktueller Trends der räumlichen Entwicklung in der Bundesrepublik.

Parallel zu der Veränderung der Zusammensetzung des Autorenteams des Monitorings wurde das Herausgeberteam des Jahrbuchs neu aufgestellt. Dem interdisziplinären Anspruch des Reihentitels entsprechend, bildet die Redaktion nun die Vielfalt von Stadtforschung durch die Arbeitsfelder der HerausgeberInnen des Jahrbuchs ab. Vom bisherigen Team sind *Christine Hannemann*, als Stadtsoziologin und *Jörg Pohlan*, als Stadtgeograph weiter dabei. Dazu gibt es seit 2013 drei neue Mitglieder: *Frank Othengrafen* ist Juniorprofessor für Landesplanung und Raumforschung an der Leibniz Universität Hannover und beschäftigt sich insbesondere mit der nachhaltigen Entwicklung von Stadtregionen, Urban und Regional Governance sowie der Erforschung von Planungskulturen; *Frank Roost* leitet das Forschungsfeld *Metropolitane Räume* am Institut für Landes- und Stadtentwicklungsforschung in Dortmund und untersucht dort den sozioökonomischen und baulich-räumlichen Wandel von Städten; und *Brigitta Schmidt-Lauber* ist Professorin am Institut für Europäische Ethnologie der Universität Wien und hat ihren Arbeitsschwerpunkt im Bereich der ethnographischen und historisch argumentierenden Alltagskulturforschung von und in Städten.

Hintergrund der personellen Veränderungen ist leider eine sehr traurige Nachricht. Ab diesem Jahrbuch nicht mehr im Redaktionsteam vertreten ist der Mitbegründer und langjährige Mitherausgeber Herbert Glasauer, der im Sommer 2012 ruhestandsbedingt aus dem Team ausgeschieden ist. Mit gro-

Editorial

ßer Betroffenheit haben wir kurz darauf von seinem plötzlichen Tod erfahren. Aufgrund seiner inspirierenden, zuverlässigen, kollegialen und hochkompetenten Mitarbeit war er im Herausgeberteam unseres Jahrbuches unersetzbar. Herbert hat mit seinen fröhlichen und konstruktiven Beiträgen die Arbeit wesentlich vorangebracht. Sein Mitdenken, seine geistreichen Kommentare, sein hintergründiger Humor, sein „Glück-Auf" beim Abschied – wir vermissen ihn sehr!

Für die Redaktion *Frank Roost*

WIR WIDMEN DIESES JAHRBUCH HERBERT GLASAUER.

Literatur

Berndgen-Kaiser, Andrea; Bläser, Kerstin (2010): Zukunft von Einfamilienhausgebieten, in: Bundesbaublatt, 59, 9, S. 22–25.
Brake, Klaus; Herfert, Günter (2012): Reurbanisierung - Diskurs, Materialität und offene Fragen, in: Brake, Klaus; Herfert, Günter (Hg.): Reurbanisierung - Materialität und Diskurs in Deutschland. Wiesbaden: VS Verlag für Sozialwissenschaften, S. 408-419.
Dittrich-Wesbuer, Andrea; Osterhage, Frank (2008): Wohnstandortwahl jenseits administrativer Grenzen: Wanderungsentscheidungen von Familien mit Kindern im Bergischen Land, in: Schmitt, Gisela; Selle, Klaus (Hg.): Bestand? Perspektiven für das Wohnen in der Stadt. Dortmund: Rhon, S. 135-152.
Hoffmann-Axthelm, Dieter (1998): Peripherien, in: Prigge, Walter (Hg.): Peripherie ist überall. Frankfurt a. M., New York, S. 112-119.
Knapp, Wolfgang; Volgmann, Kati (2011): Neue ökonomische Kerne in nordrhein-westfälischen Stadtregionen - Postsuburbanisierung und Restrukturierung kernstädtischer Räume, in: Raumforschung und Raumordnung, 69, 5, S. 303-317.
Kunzmann, Klaus R. (2001): Welche Zukünfte für Suburbia?, in: Brake, Klaus; Dangschat; Herfert, Jens und Günter (Hg.): Suburbanisierung in Deutschland. Wiesbaden: VS Verlag für Sozialwissenschaften, S. 213-221.
Sieverts, Thomas (1997): Zwischenstadt - Zwischen Ort und Welt, Raum und Zeit, Stadt und Land. Braunschweig: Vieweg.

Schwerpunkt:
Urbane Peripherie

Angelika Münter

Suburbia im demographischen Wandel

Zusammenfassung: Der Beitrag zeichnet in einer Langfristperspektive die demographischen Entwicklungsprozesse Suburbias am Beispiel der nordrheinwestfälischen Stadtregionen über sieben Jahrzehnte von den 1960er Jahren bis zum Jahr 2030 nach. In der öffentlichen Wahrnehmung gilt Suburbia als Wohnstandort junger Familien. Dies spiegelte sich auch über Jahrzehnte in der tatsächlichen Altersstruktur wider. Als Spätfolge der ersten Hochphase der Suburbanisierung in den 1960/70er Jahren wird Suburbia in den nächsten beiden Jahrzehnten aber einer erheblichen Alterung unterliegen, da die Personen, die damals als junge Familien nach Suburbia gezogen sind, zunehmend das Seniorenalter erreichen. Suburbia steht damit vor dem Hintergrund des demographischen Wandels vor der Herausforderung einer kollektiven Alterung, sowohl der Bevölkerung wie auch des Wohnungsbestandes, welche sich unter den Randbedingungen einer rückläufigen Nachfrage nach suburbanen Wohnstandorten bzw. Einfamilienhäusern und einer regionalen Ausdifferenzierung der demographischen Entwicklungsprozesse vollzieht.

1. Einleitung

„Deutschlands Bevölkerung wird weniger, älter, bunter"– unter diesem Slogan werden häufig schlagwortartig die wesentlichen Konsequenzen des demographischen Wandels zusammengefasst. Seit dieser gesellschaftliche Megatrend Ende der 1990er Jahre in das Bewusstsein der Öffentlichkeit gerückt ist, hat er sich zu einer der meistdiskutierten Herausforderungen in Planungswissenschaften und -praxis entwickelt. Nach der aktuellen Bevölkerungsvorausberechnung des Statistischen Bundesamtes aus dem Jahr 2009 wird die Bevölkerung Deutschlands von 80,5 Mio. (2012) bis 2060 auf einen Wert zwischen 65 und 70 Mio. zurückgehen und das mittlere Alter der Bevölkerung von 43 auf 52 Jahre ansteigen (Statistisches Bundesamt 2009).

Suburbia – in der öffentlichen Wahrnehmung als Wohnstandort von Familien und damit als junge Raumkategorie verankert – wird in den nächsten Jahrzehnten flächendeckend in besonderem Maße von der Alterung der Bevölkerung erfasst. Dies hat im Wesentlichen zwei Ursachen: Zum einen haben die Bezieher der in der ersten Suburbanisierungswelle der 1960/70er Jahre gebauten Einfamilienhäuser mittlerweile das Seniorenalter erreicht. Zum anderen ziehen immer weniger junge Menschen bzw. Familien nach

Suburbia: Einerseits, da auch in den Kernstädten die Zahl der Familienhaushalte rückläufig ist (Struktureffekt), andererseits, da sich deren Wanderungsverhalten in den letzten Jahren tendenziell zugunsten der Kernstädte verschoben hat (Verhaltenseffekt)[1]. In regional unterschiedlichem Maße unterliegt Suburbia darüber hinaus vielfach auch einer Schrumpfung der Bevölkerung.

Ziel dieses Beitrages ist es, die langfristigen demographischen Entwicklungspfade Suburbias vom Beginn der ersten Suburbanisierungswelle in den 1960er Jahren bis in die mittlere Zukunft (2030) am Beispiel der nordrhein-westfälischen Stadtregionen nach- bzw. vorzuzeichnen sowie die Herausforderungen und planerischen Handlungsansätze zu benennen, welche sich aus der gleichzeitigen Alterung großer Teile des suburbanen Wohnungsbestandes und seiner Bewohner ergeben. Im ersten Abschnitt des Beitrages wird der Interpretationsrahmen aufgespannt, indem die wesentlichen Trends der Entwicklung der deutschen Stadtregionen im Spannungsfeld zwischen Suburbanisierung und Reurbanisierung beleuchtet werden. Den Schwerpunkt des Beitrages bilden die anschließenden empirischen Analysen zum demographischen Wandel in den nordrhein-westfälischen Stadtregionen. Diese gliedern sich in zwei Betrachtungsebenen: Zunächst werden die nordrhein-westfälischen Stadtregionen insgesamt in den Blick genommen. Anschließend fokussiert sich der Beitrag auf drei Stadtregionen, die aktuell durch unterschiedliche demographische Entwicklungstrends und Entwicklungen am Wohnungsmarkt gekennzeichnet sind. Dies ermöglicht einerseits exemplarisch interregionale Unterschiede in den Entwicklungspfaden in den Blick zu nehmen, aber auch einen Blick auf die intraregionale Ausdifferenzierung der demographischen Prozesse innerhalb dieser Regionen zu werfen. Im letzten Abschnitt des Beitrages werden die Herausforderungen, welche sich aus diesen Trends für die Stadt- und Regionalentwicklung, aber auch die Bewohner des suburbanen Raumes ergeben sowie planerische Handlungsansätze skizziert.

2. Die Stadtregionen im Spannungsfeld zwischen Reurbanisierung und Suburbanisierung

Der demographische Wandel als gesellschaftlicher Megatrend bzw. die aus diesem resultierenden räumlichen Konsequenzen sind eines der Themen, welche Planungswissenschaften und -praxis seit mittlerweile gut einem Jahr-

---

[1] Struktureffekte erklären also räumliche Besonderheiten der Bevölkerungsentwicklung unter Status-quo-Bedingungen. Verhaltenseffekte beschreiben hingegen Veränderungen im altersspezifischen Wanderungsverhalten der Bevölkerung. (Münter 2012: 61f.)

Suburbia im demographischen Wandel

zehnt beschäftigen (Gravert et al. 2013). Eine einheitliche Definition dessen, was der demographische Wandel umfasst, existiert nicht. Je nach Autor werden unterschiedliche Merkmale als charakteristisch angesehen. Als grundlegende Entwicklungen werden aber i.d.R. die Schrumpfung und die Alterung der Bevölkerung angesehen (Siedhoff 2008). Beide Aspekte sind im Wesentlichen auf das dauerhaft niedrige Geburtenniveau in Deutschland – seit den 1970er Jahren liegt dieses nahezu konstant rund ein Drittel unter dem zur Bestandserhaltung notwendigen Niveau – zurückzuführen. Hieraus resultiert einerseits ein Sterbefallüberschuss, welcher von Jahr zu Jahr größer wird, sodass es immer schwieriger wird, diesen durch Wanderungen von außen auszugleichen. In der Folge schrumpft die Bevölkerung. In Bezug auf die Alterung der Gesellschaft führt das Geburtendefizit dazu, dass von Jahr zu Jahr die Zahl der potentiellen Mütter wie auch der neugeborenen Kinder abnimmt, sodass die jüngeren Alterskohorten immer schwächer besetzt sind. Die hieraus resultierende Alterung der Gesellschaft wird durch eine steigende Lebenserwartung noch verstärkt.

Bevölkerungsrückgänge können in regional deutlich unterschiedlichem Maße durch Zuwanderung aus anderen Regionen abgeschwächt oder sogar überkompensiert werden. Auf der regionalen Ebene ist die Wanderungsbilanz eng an die wirtschaftliche Performance der Region gekoppelt: Von Zuzügen profitieren insbesondere die wirtschaftlich starken Regionen. Innerhalb der Region spielt hingegen eine Vielzahl an wohnungsmarktbezogenen Einflussfaktoren, insbesondere im Hinblick auf die Verfügbarkeit von Wohnraum sowie die kleinräumigen Lage- und Objektqualitäten, eine Rolle dafür, ob eine Gemeinde bzw. ein Stadtquartier von Zuzügen aus der Region profitieren kann.

Suburbia war spätestens seit den 1960er Jahren über Jahrzehnte Gewinner von solchen intraregionalen Umverteilungsprozessen bzw. hat sich als neuer Raumtyp, welcher das heutige Bild der Stadtregionen maßgeblich prägt, erst durch diesen Prozess der Suburbanisierung, welche als der dominierende Trend der Stadtentwicklung im 20. Jahrhundert bezeichnet werden kann, herausgebildet (Siebel 2005: 1135). Der Raumtyp Suburbia wird maßgeblich durch eine Ein- und Zweifamilienhausbebauung geprägt. Etwa die Hälfte der Wohneinheiten in Suburbia entfallen auf diesen Bebauungstyp (Aring 2012: 72). Viele dieser Einfamilienhausgebiete entstanden innerhalb weniger Jahre und wurden von einer homogenen Bevölkerungsgruppe (Familienhaushalte ähnlichen Einkommens) bezogen. Mittlerweile haben deren Erstbezieher das Seniorenalter erreicht, sodass diese in den 1960er und 1970er Jahren erbauten Immobilien nach und nach als Gebrauchtimmobilien auf den Markt kommen. (ebd.: 72f.)

Dieser Generationenwechsel vollzieht sich unter der Bedingung einer rückläufigen Nachfrage nach suburbanen Wohnstandorten. Zum einen wirkt der aus dem demographischen Wandel resultierende Bevölkerungsrückgang generell dämpfend auf die Wohnungsnachfrage. Zum anderen ist seit einigen Jahren eine deutliche Abschwächung der Suburbanisierungsprozesse zu beobachten, während gleichzeitig die Attraktivität der Kernstädte als Wohnstandort steigt. Die vielschichtigen Einflussfaktoren, die die Attraktivität urbaner und suburbaner Wohnstandorte bedingen (vgl. Abbildung 1), weisen teilweise in entgegengesetzte Richtungen, teilweise verstärken sie sich gegenseitig. Besonders deutlich wird dies an den unterschiedlichen und gegenläufigen Befunden zur zukünftigen Veränderung der Wohnungsnachfrage. In der Summe führen die Einflussfaktoren aus der heutigen Perspektive zu einer weiteren Abschwächung der Stadt-Umland-Wanderung bei gleichzeitiger neuer Attraktivität der Kernstädte als Wohnstandort – nicht aber zu einer Reurbanisierung als Selbstläufer. Ausschlaggebend hierfür sind vor allem demographische Struktureffekte: Die Zahl potenzieller Stadt-Umland-Wanderer geht aufgrund einer Verschiebung des Verhältnisses der Altersgruppen der Bevölkerung, die eine Affinität zum Wohnen in der Stadt bzw. dem Umland aufweisen, zugunsten der stadtaffinen Haushalte zurück. Dies liegt unter anderem darin begründet, dass die geburtenstarken Jahrgänge der Baby-Boom-Generation das Familiengründungsalter verlassen haben, während die ebenfalls geburtenstarken Jahrgänge ihrer Kinder erwachsen werden. In den nächsten Jahren wird die umlandaffine Gruppe im Familiengründungsalter weiterhin kleiner werden, so dass keine neuen Nachfrageimpulse in Suburbia zu erwarten sind oder in den Worten des Stadtsoziologen Hartmut Häußermann gesprochen: „Der Suburbanisierung geht das Personal aus". (Häußermann 2009). Die Verhaltenseffekte sind im Gegensatz zu den demographischen Struktureffekten nicht nur auf eine Ursache – die Verschiebung der altersstrukturellen Zusammensetzung der Bevölkerung – zurückzuführen, sondern auf ein komplexes Wirkungsgefüge teilweise widersprüchlicher Einflussfaktoren, welche die Rahmenbedingungen beschreiben unter denen die Haushalte Entscheidungen über ihren Wohnstandort treffen. In der Summe tendieren auch diese dahin, dass sie eine Renaissance urbanen gegenüber suburbanen Wohnstandorten fördern. Wesentlich hierfür sind die Anforderungen der post-fordistischen Lebens- und Arbeitswelt (z.B. zunehmende berufliche Mobilitätserfordernisse oder zunehmende Frauenerwerbstätigkeit) sowie steigende Energie- und Mobilitätskosten (vgl. Abbildung 1). Die Einflussfaktoren, welche das Spannungsverhältnis der Stadtregionen zwischen Reurbanisierung und Suburbanisierung beschreiben, wirken sich außerdem in Abhängigkeit von den regionalen Rahmenbedingungen – insbesondere dem Grad der Angespanntheit der regionalen Wohnungsmärkte – von Region zu Region unterschiedlich aus bzw. sind in unterschiedlicher Intensität zu beobachten. (Münter 2012: 62ff.)

Suburbia im demographischen Wandel

Abbildung 1: Eine Renaissance der Städte als Wohnstandort bzw. eine weitere Attraktivität suburbaner Wohnstandorte fördernde und hemmende Faktoren

Eine weitere Attraktivität suburbaner Wohnstandorte...	Eine Renaissance der Städte als Wohnstandort...
...fördernde Faktoren sinkende Immobilienpreise im Umland Neue Nachfragergruppen im Umland ggf. wieder steigende Hypothekenzinsen zunehmende Bedeutung der Wohneigentumsbildung zur Altersvorsorge (private Vorsorge als 3. Säule der Altersvorsorge) weiterhin steigende Wohnungsnachfrage und Flächenmangel in vielen Kernstädten steigende Anzahl an Tele- und Heimarbeitsplätzen ermöglicht Trennung von Wohn- und Arbeitsort Verschärfung der interkommunalen Konkurrenz bei rückläufiger Bevölkerung Urbane Qualitäten sind in Folge der funktionalen Anreicherung suburbaner Standorte zunehmend auch in Teilen des Umlandes zu finden Persistenz der baulich-räumlichen Strukturen in den Stadtregionen	alten Bundesländer: kurzfristig noch zunehmende Zahl an Bildungswanderern zunehmende Zahl und zunehmender Anteil an Migrantenhaushalten (leben gegenüber der deutschen Bevölkerung überproportional in Kernstädten) zunehmende Zahl an Seniorenhaushalten und gegenüber früheren Seniorengenerationen lebensstilbedingt zunehmende räumliche Mobilität älterer Menschen Individualisierung der Gesellschaft zunehmende Vermischung der Funktionen Arbeiten und Wohnen in den Kernstädten verbesserte Lebensbedingungen in den Städten sinkende Immobilienpreise in (schrumpfenden) Kernstädten und neue Flächenpotenziale in den Kernstädten Änderungen der Subventionspolitik zugunsten zentraler Wohnstandorte Ausdünnung von Infrastrukturen und Einzelhandel im suburbanen Raum zunehmende Zahl multilokal wohnender Haushalte
...hemmende Faktoren rückläufige Zahl potenzieller Stadt-Umland-Wanderer (Altersgruppe der 30 bis 45jährigen) weiterhin geringes Niveau der Hypothekenzinsen Nachlassender Wachstumsdruck in den Kernstädten (Ausweitung des Wohnungsangebotes und Sättigungstendenzen in der Wohnungsnachfrage) steigende Arbeitszeiten und zunehmende berufliche Mobilitätserfordernisse in der Dienstleistungs- und Wissensgesellschaft zunehmende Zahl der Doppelverdienerhaushalte mit Kind(ern) und bessere Vereinbarkeit von Beruf und Familie in den Kernstädten steigende Mobilitäts- und Energiekosten und zunehmende Sensibilität für diese Kostensteigerungen Implementierung von Instrumenten zur Begrenzung der Folgen des Klimawandels und zur Reduzierung der Flächeninanspruchnahme steigendes Bewusstsein der Kommunen für die Kosten der Siedlungsentwicklung mangelnde Wertbeständigkeit von Immobilien im suburbanen Raum Wandel der Wohnleitbilder (vom „Haus im Grünen" zu einer zunehmenden Wertschätzung urbaner Qualitäten)	neue Bundesländer: kurzfristig bereits wieder abnehmende Zahl an Bildungswanderern begrenztes Flächenpotenzial in wachsenden Kernstädten führt zu Preissteigerungen Hemmnisse bei der Nutzung von Innenentwicklungspotenzialen finanzielle Restriktionen hemmen Rückwanderung aus dem suburbanen Raum in die Kernstädte Überschätzung der Rückwanderungsbereitschaft aus dem suburbanen Raum in die Kernstädte (z.B. aufgrund sozialer Bindungen an den Wohnstandort) Umweltprobleme (insb. Verkehrslärm) sowie Verkehrsprobleme (Stellplatzmangel und Stau) in den Kernstädten Nutzungskonflikte in urbanen Quartieren (z.B. zwischen Wohnen und Außengastronomie)

Quelle: Münter 2012: 66

Zusammenfassend lässt sich festhalten, dass Suburbia vor dem Hintergrund des demographischen Wandels vor der Herausforderung einer kollektiven Alterung, sowohl der Bevölkerung wie auch des Wohnungsbestandes, welche sich unter den Randbedingungen einer rückläufigen Nachfrage nach suburbanen Wohnstandorten bzw. Einfamilienhäusern und einer regionalen Ausdifferenzierung der demographischen Entwicklungsprozesse vollzieht. Im nächsten Abschnitt sollen diese demographischen Entwicklungsprozesse am Beispiel der nordrhein-westfälischen Stadtregionen nachgezeichnet werden.

3. Empirische Befunde zum demographischen Wandel in den nordrhein-westfälischen Stadtregionen

Der empirisch-analytische Teil des Beitrages zeichnet am Beispiel der nordrhein-westfälischen Stadtregionen die strukturellen Trends der demographischen Entwicklung Suburbias von den 1960er Jahren bis heute nach und gibt einen Ausblick auf die unter Status-quo-Bedingungen zu erwartenden Entwicklungen bis zum Jahr 2030. Die Einschränkung der Analysen auf ein Bundesland erfolgt aus mehreren Gründen: Im föderalen deutschen Staatsaufbau obliegt die Durchführung von Statistiken grundsätzlich den Ländern. Je länger und je kleinräumiger man zurückblicken möchte, desto mehr divergiert das Angebot der statistischen Landesämter an demographischen Daten auf der Gemeindeebene, sodass einerseits keine bundesweit vergleichbaren Daten zur Bevölkerungsstruktur und -entwicklung nach Altersgruppen zugänglich sind, über welche der demographische Wandel Suburbias in der für die Fragestellung dieses Beitrages erforderlichen Langfristperspektive nachgezeichnet werden könnte. Andererseits macht die beispielhafte Betrachtung eines Bundeslandes auch deshalb Sinn, da sich die Größenstruktur der Gemeinden in den einzelnen Bundesländern erheblich unterscheidet. Auch dies erschwert den analytischen Vergleich (BBSR 2010). Nordrhein-Westfalen wurde als Fallbeispiel gewählt, da es als größtes und am dichtesten besiedeltes Flächenland, sowohl die meisten wie auch raumstrukturell sehr unterschiedliche Stadtregionen abdeckt, und hier die benötigten Daten vergleichsweise einfach zugänglich waren.

Suburbia im demographischen Wandel

Karte 1: Großstadtregionen in Nordrhein-Westfalen 2011

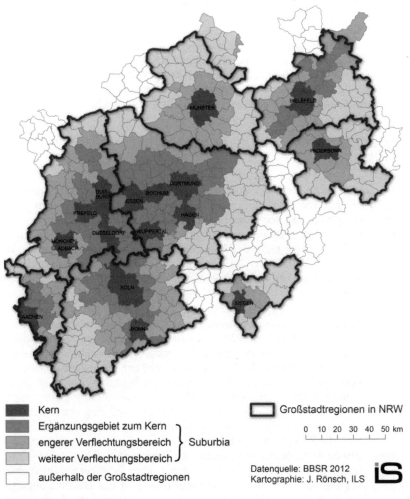

Quelle: Eigene Darstellung

Als Raumkulisse wird die gemeindescharfe Stadtregionen-Abgrenzung des BBSR zugrunde gelegt (vgl. Karte 1). Diese bildet über Pendlerdaten die Stadt-Umland-Verflechtungen der Kernstädte (definiert als Städte mit mehr als 100.000 Einwohnern, die einen Einpendlerüberschuss sowie einen Hauptpendlerstrom, welcher nicht aus einem benachbartem Zentrum kommt, aufweisen). Abgegrenzt werden ein Ergänzungsgebiet zum Kern sowie zwei

Angelika Münter

Pendlereinzugsbereiche, aus denen mind. 50 bzw. 25 bis 50% der Auspendler in die Kernstadt und ihr Ergänzungsgebiet pendeln (BBSR o.J.). Diese drei Umlandkategorien werden in diesem Beitrag zusammengefasst als *Suburbia* betrachtet.

Wie bereits in der Einleitung dargelegt, werden die Analysen auf zwei unterschiedlichen Betrachtungsebenen durchgeführt. Dies sind einerseits die nordrhein-westfälischen Stadtregionen insgesamt und andererseits drei Stadtregionen, die aktuell durch unterschiedliche demographische Entwicklungstrends und Entwicklungen am Wohnungsmarkt gekennzeichnet sind.

Betrachtungsebene: Die nordrhein-westfälischen Stadtregionen

Abbildung 2 verdeutlicht die langfristigen Trends der Bevölkerungsentwicklung in den nordrhein-westfälischen Stadtregionen über knapp sieben Jahrzehnte. Ausgangspunkt der Betrachtung ist das Jahr 1962 und damit in etwa der Beginn der ersten Suburbanisierungswelle in Westdeutschland (Mäding 2004). Bis heute sowie unter der Fortschreibung der derzeitigen Trends der Bevölkerungsentwicklung bis 2030 lassen sich vier Phasen der Bevölkerungsentwicklung in den nordrhein-westfälischen Stadtregionen identifizieren:

- *Erste Suburbanisierungswelle*: In der ersten Suburbanisierungswelle, die bis Mitte der 1970er Jahre anhielt, waren die Stadtregionen insgesamt von einem deutlichen Bevölkerungswachstum gekennzeichnet. Während die Bevölkerungszahl der Kernstädte annähernd konstant blieb, wuchs die Einwohnerzahl Suburbias innerhalb eines guten Jahrzehnts um mehr als 10%.
- *Desurbanisierung*: Bis Ende der 1980er Jahre stagnierte die Einwohnerzahl der Stadtregionen insgesamt wie auch Suburbias, während die Kernstädte in erheblichen Umfang Einwohner verloren.
- *Zweite Suburbanisierungswelle*: Zu Beginn der 1990er Jahre konnten sowohl die Kernstädte als auch Suburbia Bevölkerungszuwächse verzeichnen. Ab ca. 1993 konzentrierte sich der Bevölkerungszuwachs dann ausschließlich auf Suburbia, während die Einwohnerzahl der Kernstädte wieder leicht rückläufig war. Diese zweite Suburbanisierungswelle hat zwei Ursachen: Die geburtenstarken Jahrgänge der in den 1960er Jahren Geborenen kamen in die Familienbildungsphase und haben Eigentum gebildet. Verstärkt wurde diese Entwicklung durch die unerwartete Anspannung der Wohnungsmärkte in Folge der Wiedervereinigung und der Zuwanderung aus den osteuropäischen Ländern (Aring/Herfert 2001: 46).

Suburbia im demographischen Wandel

- *Reurbanisierung unter Schrumpfungsbedingungen*: In etwa zur Jahrtausendwende hat die Bevölkerungszahl Suburbias ihren Höhepunkt erreicht und ist seitdem rückläufig. Die Kernstädte haben hingegen seit etwa 2008 wieder leicht steigende Bevölkerungszahlen zu verzeichnen. Dieser Trend scheint unter den Status-quo-Annahmen, unter denen die Gemeindemodellrechnung zur zukünftigen Bevölkerungsentwicklung berechnet wird (IT.NRW.2012), äußerst stabil zu sein und sich bis 2030 – dem Ende des hier betrachteten Untersuchungszeitraumes – in ähnlicher Intensität wie heute fortzusetzen.

Abbildung 2: Langfristige Bevölkerungsentwicklung in den nordrhein-westfälischen Stadtregionen 1962-2030 (Index 1962 = 100)

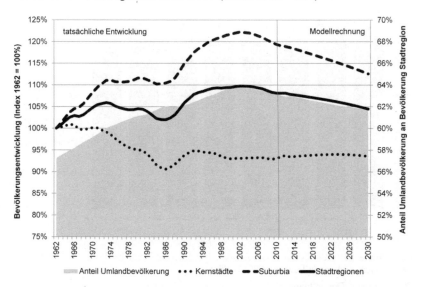

Datenquelle: IT.NRW: Bevölkerungsfortschreibung (Basis VZ 1987), Gemeindemodellrechnung 2011-2030
Quelle: Eigene Darstellung

Abbildung 2 verdeutlicht außerdem, dass die nordrhein-westfälischen Stadtregionen über vier Jahrzehnte durch erhebliche intraregionale Dekonzentrationsprozesse gekennzeichnet waren. Zwischen 1962 und 2002 ist der Anteil der in Suburbia lebenden Bevölkerung an der Einwohnerzahl der Stadtregionen insgesamt (Grad der Suburbanisierung) von 57% auf 64% gestiegen. Seitdem ist eine Umkehr dieses Trends hin zu einer intraregionalen Konzentration bzw. Reurbanisierung gekennzeichnet, welcher sich allerdings deutlich langsamer vollzieht als die Phase der Suburbanisierung. Bis 2030 wird der Anteil der Umlandbevölkerung voraussichtlich auf knapp 62% zurückgehen und damit am Ende des Betrachtungszeitraumes immer noch erheblich über dem Ausgangsniveau in den 1960er Jahren liegen. Von heute (2013) bis 2030 wird die nordrhein-westfälische Suburbia dabei ca. 5% ihrer Einwohner (ca. 0,5 Mio. Menschen) verlieren. Gerade dieser Trend des demographischen Wandels weist allerdings eine sehr große Bandbreite zwischen den (wie auch innerhalb der) einzelnen Stadtregionen auf, sodass er vertiefend am Beispiel einzelner Stadtregionen verdeutlicht werden soll (s.u.).

Abbildung 3: Veränderung der Altersstruktur in den nordrhein-westfälischen Stadtregionen 1961-2030

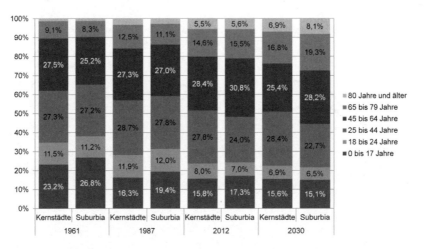

Datenquelle: IT.NRW: VZ 1961, VZ 1987, Bevölkerungsfortschreibung 2012 (Basis VZ 1987)[2], Gemeindemodellrechnung 2011-2030
Quelle: Eigene Darstellung

Der zweite grundlegende Trend des demographischen Wandels, die Alterung der Bevölkerung, vollzieht sich bereits seit Jahrzehnten flächendeckend in Deutschland. Das dauerhaft niedrige Geburtenniveau und die steigende Lebenserwartung der Bevölkerung sind verantwortlich dafür, dass das Durchschnittsalter der Bevölkerung steigt. In der öffentlichen Wahrnehmung gilt Suburbia als Wohnstandort junger Familien. Dies spiegelte sich auch über Jahrzehnte in der tatsächlichen Altersstruktur wider. So lag – als gebräuchlicher Indikator für diese Gruppe – der Anteil an Kindern und Jugendlichen

---

[2] Differenzierte Daten zur Altersstruktur der Bevölkerung auf der Gemeindeebene aus dem Zensus 2011 waren bei der Erstellung dieses Beitrages (Herbst 2013) noch nicht verfügbar.

unter 18 Jahren an der Bevölkerung Ende der 1980er Jahre noch gut drei Prozentpunkte über demjenigen in der Kernstadt. Bis heute hat einerseits – dem generellen demographischen Trend in Deutschland folgend – der Anteil der Kinder und Jugendlichen in Suburbia deutlich abgenommen und andererseits ist der Abstand zur Kernstadt deutlich auf 1,5 Prozentpunkte gesunken. Nach derzeitigem Erkenntnisstand wird der Anteil der Kinder und Jugendlichen in den Kernstädten bis 2030 entgegen dem allgemeinen Trend der Abnahme stagnieren, in Suburbia hingegen weiterhin deutlich zurückgehen, sodass relativ betrachtet 2030 in Suburbia sogar weniger Kinder und Jugendliche leben werden als in den Kernstädten.

Wesentlich dominanter ist aber ein anderer Trend: Die zunehmende Alterung Suburbias. War 1961 nicht einmal jeder zehnte Bewohner Suburbias 65 Jahre oder älter, wird es 2030 mehr als jeder Vierte sein, wobei jeder zwölfte sogar älter als 80 Jahre alt sein wird. Natürlich unterliegen auch die Kernstädte diesem generellen Trend der Alterung – dort ist er mittlerweile aber wesentlich weniger stark ausgeprägt. Lag der Anteil der Senioren in den Kernstädten 1961 und 1987 noch leicht über jenem in Suburbia, liegt er heute bereits leicht darunter. Von heute bis 2030 wird er in den Kernstädten zwar auch deutlich um 3,6 Prozentpunkte steigen, in Suburbia fällt der Anstieg mit 6,4 Prozentpunkten aber wesentlich stärker ins Gewicht. Absolut betrachtet bedeutet dies, dass bei insgesamt leicht rückläufiger Bevölkerungszahl in Suburbia bis 2030, die Zahl der Senioren von knapp 2,2 Millionen auf gut 2,7 Millionen ansteigen wird. Die überproportionale Alterung Suburbias in den nächsten Jahren stellt eine Spätfolge der ersten Hochphase der Suburbanisierung in den 1960er und 1970er Jahren dar. Die Personen, die damals als junge Familien nach Suburbia gezogen sind, erreichen zunehmend das Seniorenalter.

Um im letzten Abschnitt dieses Beitrages die Herausforderungen, denen Suburbia im demographischen Wandel unterliegt, benennen zu können, ist es außerdem wichtig, sich ein kurzes Bild über die wesentlichen siedlungsstrukturellen und wohnungsmarktbezogenen Unterschiede bezüglich der Rahmenbedingungen Suburbias im Vergleich zu den Kernstädten zu machen. Diese spiegeln im Wesentlichen die allgemeine Wahrnehmung zu den Lebensbedingungen in den Kernstädten und im suburbanen Raum wider: Suburbia ist deutlich geringer besiedelt als die Kernstädte, durch eine Einfamilienhausbebauung und das Leben im Wohneigentum geprägt. Diese aufgelockerte Siedlungsstruktur bedingt aber auch eine höhe Abhängigkeit von der Nutzung eines PKWs, welche sich in einem Vergleich zur Kernstadt deutlich höheren Pkw-Besitz in Suburbia widerspiegelt. Der Wohnungsbestand Suburbias ist zwar im Durchschnitt deutlich jünger als jener in den Kernstädten. In Bezug auf die Herausforderungen Suburbias im demographischen Wandels ist aber vor allem von Interesse, dass es sich auch im suburbanen Raum bei rund der

Hälfte des Wohnungsbestandes um mittlerweile „in die Jahre gekommene" Bestände aus den 1950er- bis 1970er Jahren handelt (vgl. Tabelle 1).

Tabelle 1: Siedlungsstrukturelle und wohnungsmarktbezogene Rahmenbedingungen in den nordrhein-westfälischen Stadtregionen

	Kernstädte	Suburbia
Bevölkerungsdichte 2011 (EW/km² Katasterfläche)	1822	425
Siedlungsdichte 2011 (EW/km² Siedlungs- und Verkehrsfläche)	3583	2039
Pkw-Dichte 2011 (Pkw je 1.000 EW)	468	548
Anteil der Wohnungen in Ein- und Zweifamilienhäusern 2011	22,6%	78,2%
Von Eigentümern bewohnte Wohnungen in Gebäuden mit Wohnraum 2011	28,2%	46,2%
Baualter der Wohnungen in Gebäuden mit Wohnraum 2011		
vor 1949	23,1%	19,1%
1949-1978	55,0%	48,3%
1979-1990	9,6%	12,6%
nach 1990	12,4%	20,0%

Quelle: Eigene Darstellung nach IT.NRW

Als weitere Rahmenbedingung, zu welcher allerdings kaum verlässliche quantitative Informationen vorliegen (BBR 2007: 221), sind die Preise am Wohnungsmarkt in den Kernstädten im Vergleich zu Suburbia zu nennen. Denn Suburbia gilt als ein im Vergleich zu den Kernstädten günstiger Wohnstandort. Das Stadt-Umland-Gefälle der Baulandpreise und Mieten bzw. das im Umland als besser empfundene Preis-Leistungs-Verhältnis ist weiterhin die Hauptursache für Stadt-Umland-Wanderungen (Münter 2012: 363ff.). Auch zeigen Analysen zur Erschwinglichkeit von Wohneigentum, dass diese in Suburbia eher gegeben ist als in den Kernstädten (z.B. Wfa 2007 oder LBS 2013). Solche Analysen beziehen sich allerdings lediglich auf die reinen Wohnkosten und lassen weitere Kostenaspekte wie die – in Suburbia meist höheren – Mobilitätskosten oder die – in Suburbia häufig geringere – Wertentwicklung von Wohnimmobilien außen vor. Modellrechnungen zu den tatsächlichen Kostenbelastungen an unterschiedlichen Wohnstandorten innerhalb einer Stadtregion deuten darauf hin, dass die Wohnkostenvorteile im Umland durch zusätzliche Mobilitätskosten egalisiert oder zumindest erheblich nivelliert werden (z.B. F+B GmbH 1999 und Albrecht et al. 2008: 93). Stadt-Umland-Wanderer beziehen in die subjektive Bewertung des Preis-Leistungs-Verhältnisses eines Wohnstandortes aber i. d. R. nur die aktuellen kalten Wohnkosten in ihrer tatsächlichen Höhe mit ein. Andere Kostenfaktoren, wie insbesondere die Mobilitätskosten, werden hingegen i.d.R. von den Haushalten nicht oder zumindest nicht in ihrer tatsächlichen Höhe in die

Wanderungsentscheidung mit einbezogen, sondern systematisch unterschätzt (Münter 2012: 374ff.).

Betrachtungsebene: Drei Stadtregionen in Nordrhein-Westfalen

Die demographischen Entwicklungspfade der Stadtregionen wie auch innerhalb der einzelnen Stadtregionen differenzieren sich zunehmend in einem Spannungsfeld zwischen Reurbanisierung und Suburbanisierung sowie Wachstum und Schrumpfung aus. Hierfür gibt es viele Gründe: Neben Unterschieden in der wirtschaftlichen Leistungskraft der einzelnen Regionen als Hauptursache, z.B. den häufig eng an die regionale Wirtschaftsentwicklung geknüpften Grad der Anspannung des regionalen Wohnungsmarktes, aber auch quartiersbezogene Faktoren, wie die Attraktivität von Wohnungsbeständen und lagebezogene Faktoren. Dies soll exemplarisch anhand von drei Fallbeispielen verdeutlicht werden, die aktuell durch unterschiedliche demographische Entwicklungstrends und Entwicklung am Wohnungsmarkt gekennzeichnet sind. Dies sind:

- Münster als Stadtregion mit wachsender Kernstadt
- Bielefeld als Stadtregion mit Kernstadt mit stagnierender Einwohnerzahl
- Der östliche Teil des Metropolraums Rhein-Ruhr mit den Kernstädten Essen, Bochum, Dortmund, Hagen und Wuppertal als schrumpfende Stadtregion.[3]

Karte stellt zunächst wesentliche Rahmenbedingungen der demographischen Entwicklung in den drei Stadtregionen dar, namentlich den Anteil der Wohnungen in Ein- und Zweifamilienhäusern sowie den Anteil der Eigentümer- und Mieterhaushalte. Während sich für die Stadtregionen Münster und Bielefeld das typische mit Suburbia assoziierte Bild einer durch Eigenheime geprägten Siedlungsstruktur sowie eine – zumindest auf der Betrachtungsebene der Gemeinden (und nicht einzelner Stadtteile) – scharfe Trennung zwischen Kernstadt und Umland zeigt, ist im östlichen Metropolraum Rhein-Ruhr als

---

3 Dass diese drei Stadtregionen ein breites Spektrum nicht nur an aktuellen demographischen, sondern auch ökonomischen und siedlungsstrukturellen Entwicklungstrends in Großstadtregionen in ganz Deutschland abbilden, verdeutlicht auch ihre Einordnung in eine jüngst im Rahmen der ExWoSt- Studie „Suburbaner Raum im Lebenszyklus" erarbeiteten Typisierung in acht Typen der Entwicklungsdynamik suburbaner Räume: Die Stadtregion Münster wird hier dem Typ I, welcher in den letzten Jahren eine überdurchschnittliche, die Stadtregion Bielefeld dem Typ IV, welcher eine durchschnittliche und das östliche Rhein-Ruhr-Gebiet dem Typ VIII, welcher eine unterdurchschnittliche Entwicklungsdynamik aufweist, zugeordnet. (BMVBS 2013: 55)

polyzentraler Region das Umland deutlich verdichteter als in den anderen beiden Regionen und die Übergänge vom Kern zum Rand sind fließend (vgl. Karte).

Karte 2: Anteil der Wohnungen in Ein- und Zweifamilienhäusern sowie Eigentümer- und Mieteranteil in drei nordrhein-westfälischen Großstadtregionen

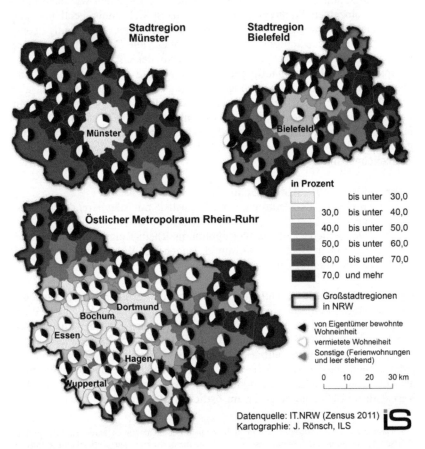

Quelle: Eigene Darstellung

Suburbanisierungsprozesse zeigen sich hier im Gegensatz zu monozentrischen Regionen weniger als Ringe um die Kernstädte, vielmehr nimmt der die großen Kernstädte umgebene ebenfalls hochverstädterte *Ergänzungsraum*

Suburbia im demographischen Wandel

eine Zwitterstellung zwischen Kern und Umland ein: Er profitiert von Suburbanisierungsprozessen aus den großen Kernstädten, verliert aber gleichzeitig Bevölkerungsanteile an das weitere weniger verdichtete Umland (Jeschke 2007: 194).

Abbildung 4: Veränderung der Altersstruktur in drei nordrhein-westfälischen Stadtregionen 1961-2030

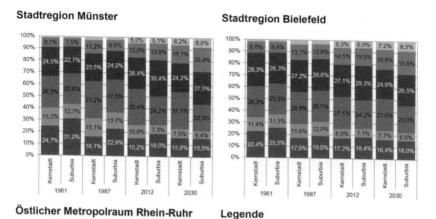

Datenquelle: IT.NRW: VZ 1961, VZ 1987, Bevölkerungsfortschreibung 2012 (Basis VZ 1987), Gemeindemodellrechnung 2011-2030
Quelle: Eigene Darstellung

Die grundlegenden Trends der Alterung der Gesellschaft, welche im letzten Abschnitt für die nordrhein-westfälischen Stadtregionen insgesamt dargestellt wurden, zeigen sich in nahezu identischer Form auch in den drei beispielhaft betrachteten Stadtregionen: Der Anteil der Kinder und Jugendlichen an der

Gesamtbevölkerung nimmt ab, während der Anteil der Senioren und Hochbetagten erheblich zunimmt. Auch in den einzelnen Stadtregionen ist Suburbia von diesen beiden Trends in den nächsten beiden Jahrzehnten deutlich stärker betroffen als die Kernstädte (vgl. Abbildung 4).

Abbildung 5: Langfristige Bevölkerungsentwicklung in drei nordrhein-westfälischen Stadtregionen 1962-2030 (Index 1962 = 100)

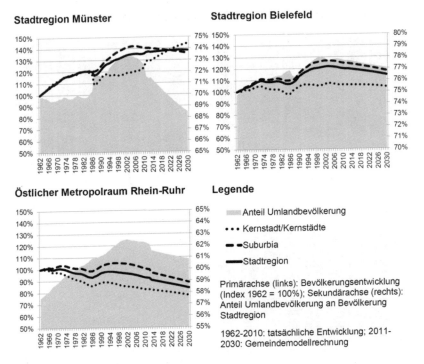

Datenquelle: IT.NRW: Bevölkerungsfortschreibung (Basis VZ 1987), Gemeindemodellrechnung 2011-2030
Quelle: Eigene Darstellung

Abbildung 5 verdeutlicht zunächst exemplarisch Unterschiede in den langfristigen Pfaden der Bevölkerungsentwicklung von Stadtregionen zwischen Wachstum und Schrumpfung. Trotz der teils erheblichen Unterschiede in der Bevölkerungsentwicklung der Stadtregionen lässt sich für alle Regionen gleichermaßen die bereits für die nordrhein-westfälischen Stadtregionen insgesamt beschriebene Trendwende von einer Phase der Suburbanisierung hin zu einer Reurbanisierung – hier definiert als relativer Bedeutungsgewinn

Suburbia im demographischen Wandel

der Kernstädte gegenüber dem Umland bzw. Zentralisierung der Bevölkerung[4] – erkennen. Diese setzte in allen Regionen in der ersten Hälfte des letzten Jahrzehntes ein und wird sich voraussichtlich in allen Regionen bis zum Ende des Betrachtungszeitraumes fortsetzen, wenn auch in unterschiedlicher Intensität.

Karte 3: Gemeindescharfe Modellrechnung zur Bevölkerungsentwicklung in drei nordrhein-westfälischen Stadtregionen

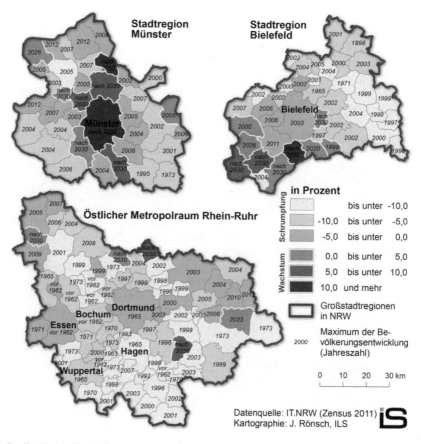

Quelle: Eigene Darstellung

---

4 Zu den unterschiedlichen Bedeutungsdimensionen der *Reuburbanisierung* und verwandter Begriffe s. z.B. Brake/Herfert 2012, Osterhage/Kaup 2012, Münter 2012: 56ff.

Aus Karte wird ersichtlich, dass kleinräumige Schrumpfungsprozesse in den drei Stadtregionen kein neues Phänomen sind. Im altindustriellen östlichen Ruhrgebiet haben viele Städte und Gemeinden ihre maximale Bevölkerungszahl bereits während der Krise der Montanindustrie erreicht und auch in den anderen beiden Stadtregionen sind vereinzelt Gemeinden zu finden, die seit Jahrzehnten nicht mehr wachsen. Die meisten Umlandgemeinden in den Stadtregionen Münster und Bielefeld wie auch im weiteren, weniger verdichteten Umland des östlichen Metropolraums Rhein-Ruhr haben den Höhepunkt ihrer Bevölkerungsentwicklung im letzten Jahrzehnt überschritten. In allen drei Regionen finden sich aber auch Gemeinden, die nach der gemeindescharfen Modellrechnung zur Bevölkerungsentwicklung des IT.NRW noch bis nach 2030 wachsen werden. Der durch den demographischen Wandel bedingte generelle Entwicklungstrend der Schrumpfung ist also kein ubiquitäres Phänomen, sondern zeigt sich derzeit in einem kleinräumigen Nebeneinander von in unterschiedlichem Maße schrumpfenden und einer immer weiter abnehmenden Zahl wachsender Gemeinden.

Die kleinräumigen Herausforderungen der Bevölkerungsentwicklung zeigen sich vor allem in der voraussichtlichen zukünftigen Entwicklung der Bevölkerungszahl. Bis 2030 werden in den Stadtregionen bis auf wenige Ausnahmen die Umlandgemeinden gegenüber heute Einwohner verlieren. Während allerdings im Münsteraner Umland zwar die deutliche Mehrheit der Gemeinden (überwiegend moderat) schrumpfen wird, finden sich in dieser Region auch noch eine Reihe überwiegend direkt an die Kernstadt angrenzende Gemeinden, denen ein Wachstum bis nach dem Ende des Betrachtungszeitraums vorausberechnet wird. Die Stadtregion Bielefeld ist durch die heterogenste intraregionale Entwicklung gekennzeichnet. Während im Südwesten der Region einige Gemeinden noch deutliche Bevölkerungsgewinne verzeichnen können, ist der östliche Teil des Umlandes von teils erheblichen Bevölkerungsverlusten gekennzeichnet. Im östlichen Metropolraum Rhein-Ruhr stellen wachsende Gemeinden die absolute Ausnahme dar.

4. Planerische Herausforderungen und Handlungsansätze für Suburbia im demographischen Wandel

Dieses abschließende Kapitel zieht Schlussfolgerungen aus den dargestellten empirischen Trends im Hinblick auf die planerischen Herausforderungen für Suburbia im demographischen Wandel, durch welche eine Raumkategorie, die jahrzehntelang als Selbstläufer galt (Wüstenrot Stiftung 2012: 12), zunehmend unter Druck gerät. Anschließend werden Handlungsansätze für den

Umgang mit diesen Herausforderungen benannt. Zusammenfassend lässt sich zunächst festhalten, dass die Auswirkungen des demographischen Wandels auf Suburbia immer deutlicher hervortreten. In der Suburbia Nordrhein-Westfalens hat ein Großteil der Gemeinden den Höhepunkt ihrer Bevölkerungsentwicklung bereits im letzten Jahrzehnt erreicht. In nur wenigen Jahren werden wachsende Gemeinden in Suburbia die absolute Ausnahme darstellen. Die Alterung der Bevölkerung vollzieht sich bereits seit langem. Während Suburbia im Vergleich zu den Kernstädten aber über Jahrzehnte eine jüngere Bevölkerungsstruktur aufgewiesen hat, wird die Bevölkerung Suburbias in den nächsten beiden Jahrzehnten überproportional altern. Neben diesen generellen Trends verdeutlichen die empirischen Analysen aber auch die Heterogenität der Entwicklungen, insbesondere hinsichtlich der Bevölkerungsentwicklung.

Wenn auch längst nicht ausschließlich, so ist die Siedlungsstruktur Suburbias in weiten Teilen durch Einfamilienhausgebiete geprägt. Viele dieser Quartiere entstanden während der ersten Hochphase der Suburbanisierung in den 1960/70er Jahren und werden vielfach immer noch von der Erbauer- bzw. Ersterwerbergeneration bewohnt. Diese Quartiere befinden sich in einer Umbruchphase im Nutzungszyklus, die zunächst durch eine kollektive Alterung sowohl der Bewohner wie auch des Wohnungsbestandes im Quartier sowie einen anschließenden Generationenwechsel unter der Bedingung einer rückläufigen Nachfrage nach suburbanen Einfamilienhäusern gekennzeichnet ist. Die kollektive Alterung in suburbanen Einfamilienhausgebieten stellt die Bewohner wie auch die räumliche Planung vor Herausforderungen:

- Für die *älteren Bewohner* ergeben sich diese vor allem aus der Diskrepanz zwischen Wohnbedürfnissen, die im zunehmenden Alter bzw. bei auftretenden Mobilitätseinschränkungen wichtig werden (barierrearme Wohnung und Umgebung, gute Erreichbarkeit von Nahversorgungsangeboten und sozialer Infrastruktur auch ohne PKW etc.) und ihrer Wohnsituation in suburbanen Einfamilienhausgebieten (Wohnen auf mehreren Ebenen, autoorientierte Standorte, geringes Nahversorgungsangebot etc.). Außerdem sehen sie bzw. ihre Erben sich insbesondere in Regionen mit entspanntem Wohnungsmarkt immer häufiger mit der Situation konfrontiert, dass der Wert der Immobilie zurückgeht (Wüstenrot Stiftung 2012: 290ff.).
- Die Herausforderungen für die *Kommunen* bestehen zum einen im Hinblick auf eine altengerechte Stadtentwicklung. Zum anderen wird kommunales Handeln in einem Quartier dann notwendig, wenn in diesem im Zuge des Generationenwechsels vermehrt Leerstände auftreten, welche die Infrastrukturversorgung des Quartieres gefährden (ebd.: 292). Welche Quartiere hiervon betroffen sind, hängt von der Makrolage (Angespanntheit des regionalen Wohnungsmarktes),

der Mikrolage (insbesondere Zentralität) sowie dem Zustand der Objekte bzw. deren Anpassungsfähigkeit an die heutigen Wohnbedürfnisse ab (Zakrzewski 2011).

Die kommunalen Handlungsansätze, um den Herausforderungen suburbaner Einfamilienhausgebiete in der Umbruchphase zu begegnen, lassen sich in gesamtstädtische und quartiersbezogene Ansätze differenzieren (vgl. Tabelle 2). Auf der gesamtstädtischen Ebene liegt der wesentliche Ansatzpunkt in einer auf eine Innenentwicklung abzielenden bestandsorientierten Siedlungsentwicklung, welche einer qualitativen Weiterentwicklung der räumlichen Strukturen Suburbias und nicht – wie in der Vergangenheit – ihrer quantitativen Ausdehnung dient.

Tabelle 2: Kommunale Handlungsansätze für suburbane Einfamilienhausgebiete der 1960/70er Jahre in der Umbruchphase

Gesamtstädtische und stadtregionale Ebene	• Innenentwicklung und Bestandsorientierung • Strategische Stadtentwicklung und Monitoring • Schaffung altengerechten Wohnraumes • Wohnberatung • …
Quartiersebene	• Anpassung der sozialen Infrastruktur • Anpassung des ÖPNV • Sicherung und Stärkung der Nahversorgung • Barrierefreie Gestaltung des öffentlichen Raumes • …

Quelle: Eigene Darstellung nach Wüstenrot Stiftung 2012: 228ff.

Dies dient in erster Linie der Vermeidung von Infrastrukturfolgekosten als „Schattenkosten" disperser Siedlungsentwicklung in Räumen mit (absehbar) schrumpfender Bevölkerung (RNE 2004: 18). Die Forderung nach kompakten Siedlungsstrukturen ergibt sich in diesem Kontext dadurch, dass disperse Siedlungsstrukturen grundsätzlich kostenintensiver sind als kompakte und Bevölkerungsrückgänge diesen Effekt verstärken. Je Einwohner werden also höhere Fixkosten für die Infrastruktur aufzubringen sein als in der Vergangenheit. Jede weitere Siedlungsflächenexpansion und der damit verbundene Infrastrukturausbau schränken die zukünftigen fiskalischen Handlungsspielräume der öffentlichen Hand weiter ein (Preuß 2009: 13). Auch die Anpassung des ÖPNV an die Anforderungen einer älter werdenden Bevölkerung und die Sicherung bzw. Stärkung einer wohnstandortnahen Nahversorgung und sozialen Infrastruktur sind umso einfacher zu erreichen, je dichter die Siedlungsstruktur ist. Und nicht zuletzt dient solch eine Strategie, die einen weitgehenden Verzicht auf die Ausweisung neuer Bauflächen beinhaltet, auch der nachhaltigen Erneuerung von Einfamilienhausgebieten in der Umbruchphase, da sie die Nachfrage in den Wohnungsbestand lenkt. Kommunale Instrumente zur Bestandsentwicklung betreffen z.B. Kommunikationsstrategien und Beratungs- und Förderangebote zur Aktivierung von Baulücken und Brachflächen (Wüstenrot Stiftung 2012: 236ff.). Da Wohnungsmärkte regionale Märkte sind, kann eine bestandsorientierte Siedlungsentwicklung nur im Rahmen einer stadtregionalen Kooperation mit den Nachbarkommunen erfolgreich umgesetzt werden, in welcher der Vorrang der Innen- vor der Außenentwicklung für alle Kommunen festgeschrieben wird und sich die ggf. notwendige Ausweisung neuen Wohnbaulandes am regionalen Bedarf orientiert. (Münter 2012:461)

Qualifizierungsstrategien für Einfamilienhausgebiete sind in die Gesamtentwicklung der kommunalen Wohnungsmarkt- und Stadtentwicklung einzubeziehen (Stichwort: Integrierte Stadtentwicklung). Diese sollten auf einem kleinräumigen Monitoring der Wohnungsmarktentwicklung aufbauen, da sich die Perspektiven von Quartieren auch innerhalb einer Gemeinde in Abhängigkeit von Lage- und Qualitätskriterien deutlich unterscheiden (Wüstenrot Stiftung 2012: 293). Um älteren Menschen, die in für ihre aktuelle Lebensphase häufig zu großen Einfamilienhäusern leben, Alternativen am kommunalen Wohnungsmarkt bieten zu können, ist ein ausreichendes Angebot an altengerechtem Wohnraum sowohl in zentralen Lagen der Kommunen wie auch quartiersbezogen notwendig. Altengerechter Wohnraum umfasst dabei barrierefreie und -arme Miet- und Eigentumswohnungen sowie spezifische Wohnformen für Senioren, wie gemeinschaftliche Wohnformen, betreutes Wohnen und Pflegeheime (Kremer-Preiß/Stolarz 2003). Die Kommunen können diesbezüglich über die Schaffung von Baurecht sowie über informatorische Instrumente aktiv werden. Hierzu zählen z.B. Wohnberatungsstellen, welche Senioren über die Möglichkeiten barrierefreier oder -armer Modernisierungen ihres Hauses, aber auch alternative Wohnformen berät und, z.B. in organisatorischen Fragen, unterstützend wirkt (Wüstenrot Stiftung 2012: 261).

Auf der Quartiersebene stellt sich zunächst die Frage nach der Legitimation planerischer Eingriffe in Einfamilienhausgebiete, da entsprechende Aufwertungs- und Qualifizierungsstrategien zu einer Steigerung der Immobilienwerte in diesen Quartieren führen, die ausschließlich den Eigentümern zufallen. Aus kommunaler Sicht ist ein Eingreifen in diese Quartiere daher vorrangig dann geboten, wenn sich in diesen Quartieren Probleme zu kumulieren drohen und auch die Infrastrukturversorgung gefährdet wird (Wüstenrot Stiftung 2012: 292). Allerdings sind die Handlungsmöglichkeiten der Kommunen im Bestand (gegenüber dem Neubau) vergleichsweise gering. Sie können vorrangig initiierend, informierend und moderierend tätig werden, um beispielsweise Anpassung im ÖPNV-Angebot oder auf bürgerschaftlichen Engagement beruhende neue Angebote im ÖPNV (wie z.B. Bürgerbusse) oder eine Sicherung und Stärkung der Nahversorgung im Quartier (z.B. über alternative Nahversorgungsmodelle wie mobile Supermärkte oder

Bringdienste) zu unterstützen. Flankierend können auch kommunale Maßnahmen zur Reduzierung von Barrieren im Wohnumfeld dazu beitragen, den Bewohnern die Alltagsorganisation zu erleichtern (Wüstenrot Stiftung 2012: 228ff.).

Auf der Ebene des einzelnen Objektes sind vor allem die Eigentümer gefragt, ihre Immobilie durch Umbau- und Modernisierungsmaßnahmen an die geänderten Wohnbedürfnisse anzupassen. Dies gilt sowohl für die Erstbeziehergeneration in Bezug auf möglicherweise notwendige altengerechte Umbauten wie auch die neuen Nutzer z.B. in Bezug auf eine energetische Modernisierung oder die Anpassung nicht mehr zeitgemäßer Grundrisse. Die Kommunen können hier vor allem über Beratungsangebote wie Wohnberatungsstellen unterstützend wirken (s.o.).

Welche Zukunft eine konkrete Gemeinde oder ein Quartier vor dem Hintergrund des demographischen Wandels hat, lässt sich auf der Makroperspektive dieses Beitrages nicht beantworten. Hierzu bedarf es detaillierterer Analysen vor Ort in den jeweiligen Kommunen und daran angepasste Handlungsansätze. Zudem unterliegen die unter Status-quo-Bedingungen dargestellten zukünftigen Entwicklungen Unsicherheiten, die umso größer werden, je kleinräumiger und je weiter man in die Zukunft blickt. Denkbar ist es z.B., dass in der Suburbia jener Kernstädte, die derzeit in besonderem Maße von einer Reurbanisierung der Bevölkerung profitieren, der zunehmend in den Kernstädten zu beobachtende Mangel an (bezahlbarem) Wohnraum (Schwaldt 2013) für einige Jahre eine neue Nachfragewelle nach Wohnraum nach sich ziehen wird. Solche kurzfristigen „Ausreißer" in den generellen Entwicklungstrends Suburbias dürfen aber nicht davon ablenken, dass es vor dem Hintergrund der absehbaren demographischen Entwicklung die in der zweiten Hälfte des 20. Jahrhunderts geschaffenen räumlichen Strukturen Suburbias qualitativ weiterzuentwickeln gilt, ohne diese quantitativ weiter auszudehnen.

Die Autorin dankt Thomas Hengsbach für die kompetente Unterstützung bei der Recherche und Aufbereitung der Daten für den empirischen Teil dieses Beitrages.

Literatur

Albrecht, Martin; Kaiser, Andreas; Marggraf, Ulrike (2008): Wohnstandortwahl, Mobilitätskosten und Klimawandel. Empirische Ergebnisse aus dem REFINA-Forschungsprojekt „Kostentransparenz", in: RaumPlanung 137, ‚S. 93–98.
Aring, Jürgen (2012): Einfamilienhäuser der 1950er bis 1970er Jahre in Westdeutschland. Eine neue Herausforderung der Stadtentwicklung, in: Eichenlaub, Alexand-

er; Pristl, Thomas (Hg.): Umbau mit Bestand. Nachhaltige Anpassungsstrategien für Bauten, Räume und Strukturen. Berlin: Dietrich Reimer, S. 69–85.

Aring, Jürgen; Herfert, Günter (2001): Neue Muster der Wohnsuburbanisierung, in: Brake, Klaus; Dangschat, Jens S.; Herfert, Günter (Hg.): Suburbanisierung in Deutschland. Aktuelle Tendenzen. Opladen: Leske und Budrich, S. 43–56.

BBR – Bundesamt für Bauwesen und Raumordnung (Hg.) (2007): Wohnungs- und Immobilienmärkte in Deutschland 2006 [Bd. 27]. Bonn.

BBSR – Bundesinstitut für Bau, Stadt-und Raumforschung (o.J.): Laufende Stadtbeobachtung – Raumabgrenzungen: Großstadtregionen. http://www.bbsr.bund.de /BBSR/DE/Raumbeobachtung/Raumabgrenzungen/Gro%C3%9Fstadtregionen/G ro%C3%9Fstadtregionen2011.html: 14.01.2014.

BBSR – Bundesinstitut für Bau, Stadt-und Raumforschung (Hg.) (2010): Gebietsreformen - politische Entscheidungen und Folgen für die Statistik [6/2010]. Bonn

BMVBS – Bundesministerium für Verkehr, Bau und Stadtentwicklung (Hg.) (2013): Suburbaner Raum im Lebenszyklus. Bonn, Berlin [24/2013].

Brake, Klaus; Herfert, Günter (Hg.) (2012): Reurbanisierung. Materialität und Diskurs in Deutschland. Wiesbaden: Springer VS.

F+B GmbH (1999): Gesamtkostenvergleich von Wohnstandorten in der Stadt und im Umland Hamburgs. Hamburg.

Gravert, Andreas; Günzel, Marian; Volkmann, Anne; Wiechmann, Thorsten (2013): Agenda Setting in der Planung - Zur Karriere von stadtplanerischen Modethemen, in: RaumPlanung 167, S. 27–32.

Häußermann, Hartmut (2009): Der Suburbanisierung geht das Personal aus. Eine Stadtsoziologische Zwischenbilanz, in: StadtBauwelt 181, 12, S. 52–57.

IT.NRW (2012): IT.NRW legt aktuelle Modellrechnung zur zukünftigen Entwicklung der Bevölkerung in den Städten und Gemeinden des Landes vor. Düsseldorf. http://www.it.nrw.de/presse/pressemitteilungen/2012/pres_274_12.html: 09.01.2014.

Jeschke, Markus A. (2007): Stadt und Umland im Ruhrgebiet. Muster und Prozesse der Bevölkerungsentwicklung und politisch-planerische Reaktionen. Rhon.

Kremer-Preiß, Ursula; Stolarz, Holger (2003): Neue Wohnkonzepte für das Alter und praktische Erfahrungen bei der Umsetzung – eine Bestandsanalyse. Zwischenbericht im Rahmen des Projektes „Leben und Wohnen im Alter" der Bertelsmann Stiftung und des Kuratoriums Deutsche Altershilfe. Köln.

LBS (2013): Eigenheime für die meisten bezahlbar. https://www.lbs.de/presse/p/ infodienst_wohnungsmarkt/details_420496.jsp: 10.01.2014.

Mäding, Heinrich (2004): Raus aus der Stadt? Zur Erklärung und Beurteilung der Suburbanisierung, in: difu-Berichte, 1, S. 1–12.

Münter, Angelika (2012): Wanderungsentscheidungen von Stadt-Umland-Wanderern. Regionaler Vergleich der Muster und Motive, Informations- und Wahrnehmungslücken sowie Beeinflussbarkeit der Wanderungsentscheidung in vier Stadtregionen. Münster: Monsenstein und Vannerdat.

Osterhage, Frank; Kaup Stefan (2012): Reurbanisierung als neue Phase der Stadtentwicklung? Eine Analyse der Bevölkerungs- und Beschäftigtenentwicklung in Deutschland 1999 bis 2009, in: Glasauer, Herbert; Hannemann, Christiene; Pohlan, Jörg; Pott, Andreas (Hg.): Jahrbuch StadtRegion 2011/2012. Leverkusen: Barbara Budrich, S. 125–141.

Preuß, Thomas (2009): Folgekosten: Herausforderungen und Chancen einer zukunftsfähigen Siedlungsentwicklung, in: Preuß, Thomas; Floeting, Holger (Hg.): Folgekosten der Siedlungsentwicklung: Bewertungsansätze, Modelle und Werkzeuge der Kosten-Nutzen-Betrachtung [Bd. III]. Berlin, S. 11–29.

RNE – Rat für nachhaltige Entwicklung (Hg.) (2004): Mehr Wert für die Fläche: Das „Ziel-30-ha" für die Nachhaltigkeit in Stadt und Land. Empfehlung des Rates für Nachhaltige Entwicklung an die Bundesregierung. Berlin.

Schwaldt, Norbert (2013): Auch 2014 steigen die Mieten und Wohnungspreise. http://www.welt.de/finanzen/immobilien/article123300858/ Auch-2014-steigen-die-Mieten-und-Wohnungspreise.html: 03.02.2014

Siebel, Walter (2005): Suburbanisierung, in: Akademie für Raumforschung und Landesplanung (Hg.): Handwörterbuch der Raumordnung. Hannover, S. 1135–1140.

Siedhoff, Mathias (2008): Demographischer Wandel - zum Begriff und Wesen eines Megatrends, in: Killisch, Winfried; Siedhoff, Mathias (Hg.): Dresdener Gespräche zum demographischen Wandel. Der demographische Wandel und seine Folgen, Dresden (= Dresdener Geographische Beiträge, Heft 13).

Statistisches Bundesamt (Hg.) (2009): Bevölkerung Deutschlands bis 2060. 12. koordinierten Bevölkerungsvorausberechnung. Begleitmaterial zur Pressekonferenz am 18. November 2009 in Berlin. Wiesbaden.

Wfa – Anstalt der NRW.BANK (Hg.) (2007): Wohnungsmarktbeobachtung Nordrhein-Westfalen: Info 2007. Schwerpunkt: Preise für Wohnen. Düsseldorf.

Wüstenrot Stiftung (Hg.) (2012): Die Zukunft von Einfamilienhausgebieten aus den 1950er bis 1970er Jahren. Handlungsempfehlungen für eine nachhaltige Nutzung. Ludwigsburg.

Zakrzewski, Phillip (2011): Alternde Einfamilienhausgebiete zwischen Revitalisierung, Stagnation und Schrumpfung, in: Drilling, Matthias; Schnur, Olaf (Hg.): Quartiere im demografischen Umbruch. Beiträge aus der Forschungspraxis. 1. Aufl. Wiesbaden, S. 47–66.

Marcus Menzl

Urbanisierungsprozesse in Suburbia? Überlegungen zur Ubiquität der urbanen Lebensweise

Zusammenfassung: Das Ende des fordistischen Zeitalters wirft die Frage auf, ob auch die suburbane Wohn- und Lebensform, die die zentrale Ausdrucksform des fordistischen Gesellschaftsregimes im Reproduktionsbereich bildete, vor grundlegenden Veränderungen, etwa im Sinne einer zunehmenden Urbanisierung steht. Tatsächlich ist zu beobachten, dass gewachsene suburbane Strukturen aufgrund der Anforderungen post-fordistischer Gesellschaften an Akzeptanz verlieren. Veränderte und gerade in Bezug auf die Rolle der Frau wesentlich komplexere Lebensentwürfe erfordern Anpassungsprozesse in Suburbia, etwa im Sinne von mehr lokalen Handlungsoptionen zur Ermöglichung verschiedenartiger Lebensentwürfe. Dieser Prozess ist nicht gleichzusetzen mit einer Erneuerung von Suburbia im Sinne einer Angleichung an eine urbane Lebensweise. Es zeigt sich, dass heute viele Haushalte „hybride Lebensentwürfe" verfolgen, die zwar postfordistisch geprägt sind, die aber auch bewusst an vielen Aspekten der suburbanen Lebensweise festhalten (Sicherheit, Naturbezug, soziale Homogenität, familiärer Rückzug). Von einer Urbanisierung der suburbanen Lebensweise kann daher nicht die Rede sein.

1. Einleitung

Der suburbane Raum wird vielfach als Gegenentwurf zur Stadt oder genauer gesagt zu den urbanen Quartieren der Stadt wahrgenommen – nicht nur in städtebaulicher und architektonischer Hinsicht, sondern auch bezogen auf seine sozialen Strukturen, die prägenden normativen Orientierungen und die gelebten Alltagsmuster seiner Bewohner. Doch stimmt das tatsächlich? Oder handelt es sich hier eher um einen durch vielerlei Stereotype genährten Scheingegensatz, der angesichts eines omnipräsenten Urbanisierungsprozesses längst seine empirische Grundlage verloren hat?
Es ist nicht ganz einfach, zu einer Erfassung und Einordnung der Urbanisierungsprozesse in den suburbanen Räumen zu gelangen. Bereits die definitorischen Annäherungen an den Begriff der Urbanisierung weisen eine ausgesprochene Vielfalt auf, man kann auch von Unschärfe oder zumindest Mehrdimensionalität sprechen. Folgt man Häußermann et al. (2008: 22), so ist

Verstädterung ein rein quantitativer Begriff, während Urbanisierung „die qualitativen Veränderungen im Zusammenleben, in der Lebensweise und in der Vergesellschaftung – oder allgemeiner: in der gesellschaftlichen Reproduktion" beschreibt. Den Autoren zufolge haben sich in der Großstadt bestimmte Lebensformen herausgebildet und dann im Zuge der Modernisierung auch in nichtstädtischen Kontexten ihre Verbreitung gefunden. Dies trifft insbesondere auf die „Trennung von Arbeit und Familie, das Leben in der Zwei-Generationen-Familie, die Wohnung als Ort der Privatheit, die urbane Mentalität und die Integration des einzelnen als Produzent und Konsument in Arbeits- und Gütermärkte" zu (ebd.: 28f.). Heute sind es andere gesellschaftliche Entwicklungstendenzen und Anforderungen, die von den Städten ausstrahlen, etwa die neuen Informations- und Kommunikationstechniken, aber auch die steigende Bereitschaft bzw. Notwendigkeit zu räumlicher Mobilität. Bezogen auf diese Aspekte gibt es vermutlich wenig Zweifel, tatsächlich von einer Verbreitung zu sprechen, die nicht an den Grenzen der Städte haltmacht – zumal es sich hier zum Teil um ganz grundlegende Kennzeichen der gesellschaftlichen Moderne handelt, die keineswegs primär von der Siedlungsform bestimmt werden.

Nun gibt es aber unterhalb dieser Ebene von Urbanisierungsprozessen noch eine weitere Betrachtungsebene, die ihren Fokus eher auf Lebensentwürfe, Formen der Alltagsorganisation, Lebensstile und normative Orientierungen legt. Speziell in diesen Bereichen wurden suburbanen Räumen über lange Zeit hinweg deutlich ausgeprägte Besonderheiten zugeschrieben. Herbert Gans ist bereits in den 1960er Jahren, basierend auf seiner Levittown-Studie (1969 und 1974), der suburbanen Lebensform nachgegangen und zu der Einsicht gelangt, dass in suburbanen Haushalten durchaus andere Lebensstile dominieren als in urbanen städtischen Kontexten (z.B. bezogen auf das Freizeitverhalten, die Konformitätsorientierung oder die stark sublokale Ausrichtung auf die Familie) (Gans 1969 und 1974). Auch Krämer-Badoni (1997: 5) führte in der Begründung seiner These vom Verschwinden der Städte das Argument an, dass die Suburbanisierung zwar ein Prozess der Verstädterung sei, aber eben eine ganz spezifische, dekonzentrierte Form der Urbanisierung mit sich bringe, die sich von Stadt in vielerlei Hinsicht unterscheide.

In den letzten Jahren häufen sich jedoch auch Stimmen, die infolge des Endes der fordistischen Epoche und der steigenden Nachfrage nach urbanen Lebensformen auch eine schrittweise Auflösung der Besonderheiten suburbaner Räume und Lebensformen beobachten oder zumindest prognostizieren: Der Suburbanisierung gehe das Personal aus (Häußermann 2009), der suburbane Raum nehme zunehmend die Gestalt der Stadt an (Hesse/Scheiner 2007: 37), Urbanität sei ortlos bzw. ubiquitär geworden (Häußermann/Siebel 1997: 306) oder wie Ash und Thrift (2002: 1) schreiben: „The city is everywhere and in everything." Zugespitzt formulierte Susanne Frank (2011) unter Ver-

Urbanisierungsprozesse in Suburbia?

weis auf Entwicklungen in den USA und eine Studie von Jahn et al. (2000) die These, dass in suburbanen Räumen erhebliche Angleichungsprozesse im Sinne einer zunehmenden Urbanisierung zu beobachten seien bzw. eine zunehmende Präsenz von „urbanistischen Suburbaniten" (ebd.: 293) auffalle, die das klassische Bild vom Leben in Suburbia zunehmend veralten lasse.

Die folgenden Ausführungen möchten sich der Frage annähern, ob es tatsächlich Hinweise auf Urbanisierungsprozesse in suburbanen Räumen gibt, auf Prozesse also, die ihren Ausdruck in Veränderungen der suburbanen Lebensweise finden. Dabei gilt es in einem ersten Schritt herauszuarbeiten, welche Strukturen die suburbane Lebensweise traditionell und in modifizierter Form bis heute kennzeichnen. Unterscheiden sie sich signifikant von der urbanen Lebensweise? Inwiefern? Und wie kommen die Spezifika zustande? Danach wird zweitens genauer betrachtet, welche Änderungen auf der Nachfrageseite zu konstatieren sind, wie sich also gerade bei der klassischen Zielgruppe suburbaner Gemeinden, den jungen Familien, Lebensentwürfe und damit Ansprüche an das Wohnumfeld aktuell weiterentwickeln. Im dritten Schritt wird an einigen exemplarischen Themenfeldern diskutiert, ob und wie die heute nachgefragten Lebensentwürfe in suburbanen Gemeinden realisiert werden können bzw. welche Diskussions- und Veränderungsprozesse sie in suburbanen Gemeinden anstoßen. Abschließend wird die Frage angesprochen, wie die Veränderungen in Suburbia einzuordnen sind – ist es angemessen, von Urbanisierungsprozessen zu sprechen? Werden urbanistische Lebensentwürfe und Lebensstile zunehmend prägend? Und befindet sich folglich die suburbane Lebensweise mit ihren spezifischen normativen Orientierungen und den dazugehörigen Strukturen in der Auflösung – oder entwickelt sie sich unter Beibehaltung einer ganz eigenen, spezifisch suburbanen Logik weiter?

Ihren empirischen Bezugspunkt haben die folgenden Ausführungen in früheren Forschungsaktivitäten des Autors zu verschiedenen suburbanen Gemeinden und innerstädtischen Quartieren in der Metropolregion Hamburg (u.a. Menzl 2014, Menzl 2011, Menzl et al. 2011, Menzl 2007). Wenn im Folgenden von Suburbia oder suburbanen Gemeinden die Rede ist, so bildet dies selbstverständlich nicht die heutige Differenziertheit suburbaner Räume in ihrer ganzen Vielfalt ab, sondern bezieht sich auf den Siedlungstypus Suburbia (in Abgrenzung zu Stadt und Dorf).

2. Die suburbane Lebensweise – Klischee oder Wirklichkeit?

Das suburbane Wohn- und Lebensmodell, das sich in seiner klassischen Form in Deutschland in den Jahrzehnten nach dem Zweiten Weltkrieg herausgebildet hat, gilt bis heute als zentraler Ausdruck einer fordistisch strukturierten Gesellschaft. Die auf Standardisierung von Arbeit abzielende Logik des Fordismus implizierte auch klar strukturierte Muster von Alltag, deren wichtigste Elemente die rigide Trennung von Erwerbs- und Reproduktionsarbeit und die feste Rollenverteilung zwischen den Geschlechtern (männlicher Haupternährer, weibliche Hausfrau) waren (vgl. hierzu etwa Läpple 2005). Seine Entsprechung im Bereich der Wohnmuster und der Raumstrukturen fand das fordistische Gesellschaftsregime in der Etablierung des Eigenheims am Stadtrand. Das gesellschaftliche Ideal der Kleinfamilie fand seinen Ausdruck in darauf zugeschnittenen Wohnformen (das mehr oder weniger standardisierte Eigenheim im Grünen, räumliche Trennung von Wohn- und Arbeitsort, Bedeutungszuwachs abgrenzbarer privater Räume) und modernen, (vor-)städtischen Lebensmodellen (geschlechtliche Rollenverteilung, Rationalisierung und Technisierung der Haushaltsführung, auf zunehmendem Wohlstand basierende Konsummuster), die einsetzende Massenmotorisierung ermöglichte die räumliche Auslagerung der fordistisch geprägten Wohn- und Lebensmuster an die Ränder der Großstädte. In bemerkenswerter Weise deckten sich dabei über lange Zeit das Wohnideal der Mittelschichtshaushalte und die in vielen suburbanen Gemeinden entstandenen Raumstrukturen, die Sicherheit, Kontinuität, ein hohes Maß an sozialer Homogenität, geeignete Lebensräume für Kinder und die Wahrung der familiären Privatsphäre versprachen.

Die interessante Frage ist nun, ob diese Deckung von Wohnidealen bzw. Lebensentwürfen einerseits und Raumstrukturen bzw. normativen Ordnungsmustern andererseits auch heute noch, in einer zunehmend postfordistisch strukturierten Gesellschaft, vorliegt. Basierend auf empirischen Erhebungen in suburbanen Gemeinden der Metropolregion Hamburg (Menzl 2011, 2007) wird hier die These vertreten, dass es eine suburbane Lebensweise nicht nur in der Hochphase des Fordismus gab, sondern dass sie auch heute noch sehr präsent ist, dass sie aber unter Veränderungsdruck geraten und (wie noch zu zeigen sein wird) in mancherlei Hinsicht brüchiger geworden ist.

Bis heute charakteristisch für den suburbanen Lebensentwurf sind insbesondere drei eng zusammenhängende Aspekte:

- *Fokussierung auf Kinder*: Die Orientierung an den Interessen und Perspektiven der Kinder ist von zentraler Bedeutung: bei der Auswahl des neuen Wohnstandortes; beim Verlauf der sozialen Integration, die stark auf Kontakten über Kinder basiert; bei den räumlichen Orientierungen, die einerseits auf kindgerechte Angebote ausgerichtet sind und andererseits eine starke Nahraumorientierung für die Mütter mit sich bringen. Mit dem suburbanen Wohnstandort werden Kindern Möglichkeiten offeriert, die in der Stadt in dieser Intensität unerreichbar erscheinen: Spiel- und Entfaltungsmöglichkeiten, Kontakte mit Gleichaltrigen, Sicherheit, Naturraumnähe. Der Preis, der für die Wahl eines stark auf Kinder zugeschnittenen Wohnstandortes häufig zu zahlen ist, besteht für die Mütter vielfach nach wie vor in Restriktionen beim beruflichen Wiedereinstieg (geringere Jobdichte in Suburbia, Notwendigkeit zu längeren Fahrzeiten, Abhängigkeit von geeigneten Kinderbetreuungsmöglichkeiten).

- *Wohnort als Rückzugsort*: Das Leben in Suburbia wird vielfach als Kontrast zu den Spezifika und den Zumutungen der Großstadt verstanden, die teilweise aus eigenem Erleben bekannt sind, teilweise auch eher den Charakter von Vermutungen und Zuschreibungen haben. Die suburbane Lebensform ist daher auch die eines Rückzugs – keines völligen Ausstiegs, aber doch einer gezielten, wenn auch partiellen Distanzierung von städtischen Massen, von Lärm, von Unsicherheit und Begegnungen mit Anderem und Fremden. Dies trifft auch auf Bewohner zu, die in Suburbia aufgewachsen sind und gar nicht oder nur zeitweilig in der Stadt gelebt haben. Bewusst wird die Reduzierung der sozialen Komplexität des Alltags gesucht, um so ein geeignetes Umfeld zur Entfaltung der Kinder und zur eigenen Erholung zu erhalten, sehr sensibel werden potentiell das Wohnideal gefährdende Entwicklungen registriert.

- *Bauliche, lebenszyklische, soziale und normative Homogenität:* Suburbane Wohnkonstellationen sind in der Regel geprägt durch Nachbarschaften, die ein hohes Maß an baulicher, lebenszyklischer, sozialer und normativer Homogenität aufweisen. Einerseits ermöglichen homogene Strukturen alltägliche Unterstützungsleistungen und wechselseitiges Verständnis für die Problemlagen der jeweiligen Lebensphase; andererseits befördern sie Statuskonkurrenzen und die Bedeutung normativer Ordnungen.

Interessant ist die Wahrnehmung dieser strukturprägenden Charakteristika des suburbanen Wohnens insbesondere bei Haushalten, die neu und ohne biographische Vorerfahrung in eine suburbane Gemeinde ziehen. Alle drei genannten Erscheinungsformen werden meist bereits mit der Entscheidung des Umzugs in den suburbanen Raum bewusst angestrebt (dezidiert vertritt diese Position Gans (1969)). Ungeachtet dessen weist die suburbane Lebensform jedoch immer auch Züge auf, die von den Bewohnern weder antizipiert noch angestrebt werden, sondern die aus den spezifischen Strukturen und Bedingungen des suburbanen Wohnstandorts resultieren. Diese Faktoren müssen bei der Organisation des Alltags berücksichtigt werden und zwingen die Haushalte zu Alltagsarrangements mit Kompromisscharakter. Solche Effekte auf die Verhaltensweisen, normativen Orientierungen und Handlungsdispositionen der Bewohner, die aus den – in der suburbanen Gemeinde unerwartet angetroffenen oder in ihrer Reichweite unterschätzten – lokalen Strukturen und sozialen Prozessen resultieren, sind als Kontexteffekte zu bezeichnen.

Klassische Felder für Kontexteffekte bilden z.b. die lokalen Kinderbetreuungsangebote, die Jobmöglichkeiten im Nahraum und die ÖPNV-Anbindungen – ortsspezifische Möglichkeitsstrukturen also, die sich oftmals eher am gewachsenen lokalpolitischen Selbstverständnis der Gemeinde als am aktuellen Bedarf orientieren und die sich in der Praxis häufig als weniger passend erweisen als ursprünglich angenommen oder erhofft. Kontexteffekte suburbanen Wohnens resultieren allerdings auch aus der baulichen, sozialen, lebenszyklischen und normativen Homogenität der Nachbarschaften (Homogenitätseffekte). Diese homogenen Strukturen werden zwar beim Zuzug in der Regel durchaus begrüßt (bzw. zum Teil auch mit dem Umzug explizit angestrebt) und bringen für die Bewohner eine ganze Reihe alltagspraktisch wertvoller Vorteile mit sich, sie entfachen jedoch hinter dem Rücken der Individuen soziale Dynamiken, denen sich nur bedingt entzogen werden kann und die insofern Einfluss gewinnen auf die jeweiligen Alltagsabläufe, die normativen Orientierungen und die persönlichen Verhaltensmuster der Bewohner.

Antrieb der meisten derartigen sozialen Dynamiken ist der Vergleich des eigenen Alltags, Lebensentwurfs und Lebensstils mit dem der Nachbarn. Diese Vergleiche sind umso intensiver, je ähnlicher sich die Lebenslagen und -entwürfe der Nachbarn sind. Entsprechend treten solche Dynamiken insbesondere in neu errichteten suburbanen Quartieren auf, in denen sich überwiegend Erstbezieher aus einer eng gefassten Zielgruppe konzentrieren. In Interviews mit Bewohnern eines solchen Quartiers wurde z.B. darauf verwiesen, wie belastend es sei, wenn 18 der 26 Kinder der Klasse der Tochter in der Bahnhofstraße wohnen: Trotz des positiven Effektes, viele Betreuungs- und Spieloptionen in direkter Nachbarschaft zu haben, würden aufgrund der großen räumlichen Nähe und einer gewissen Vertrautheit mit der Lebenssituation der Nachbarn immer wieder Vergleiche angestellt zum „richtigen" Erziehungsstil, der gewählten Haltung zur Erwerbsarbeit, aber auch zum ausgewählten Carport, dem Pflegezustand des Gartens oder der Anstellung einer Haushaltshilfe. Bei diesen Vergleichen geht es um die Wahrnehmung der eigenen sozialen Position und hierfür gewinnen unterschiedlichste, z.T. äußerst subtile Distinktionsmerkmale an Bedeutung. Ihren Ausdruck finden diese Konkurrenzen um Status und soziale Wertschätzung im Klatsch, in Prozessen sozialer Schließung und im anhaltenden Ringen um normative Ordnungen, die im Ergebnis Anpassungen, Distinktionen, Verhaltenseinschränkungen oder Ausgrenzungen zur Folge haben können (Menzl 2007).

Es entstehen somit soziale Dynamiken und Formen von Nachbarschaft, die teilweise als zu eng und als nicht mehr selbst steuerbar wahrgenommen werden. Die Erfahrung von sehr intensiven sozialen Dynamiken infolge von homogenen Nachbarschaften wird damit zu einem mehr oder weniger stark prägenden Bestandteil der suburbanen Lebensform – und das auch heute noch, zumindest in den Gebieten, die nicht bereits stark durch Generationenwechsel und damit einer schrittweisen Auflösung der homogenen Struktur geprägt sind.

Generell kann man sagen, dass die hier beschriebenen Kontexteffekte die Tendenz haben, homogenisierend und strukturkonservierend zu wirken. Wichtig ist jedoch auch, die beschriebenen Effekte nicht als einen universal greifenden Automatismus mit streng determinierender Wirkung zu verstehen, sondern zu beachten, dass sie sich sehr stark hinsichtlich der Intensität und der Ausprägungen, die sie bei den einzelnen Individuen erfahren, unterscheiden können. Es bleibt somit offen, welche Effekte die jeweiligen lokalen Gegebenheiten, die selbstverständlich zwischen den einzelnen suburbanen Standorten variieren, bei den einzelnen Individuen bewirken, mitunter lassen sich auch sehr geschickte und aus Sicht der betroffenen Personen höchst erfolgreiche Anpassungsstrategien beobachten; klar ist jedoch, dass der Kontext in individuell spezifischer Weise Auswirkungen auf das Leben der Bewohner hat.

Um auf die Ausgangsfrage zurückzukommen: Es wird erstens vom Fortbestand einer suburbanen Lebensform ausgegangen, die zweitens auch heute noch bewusst nachgefragt wird, die drittens aber in zunehmendem Maße Implikationen enthält bzw. Effekte auslöst, die mit dem Zuzug nicht intendiert waren und die zum Teil sogar Zielsetzungen des Lebensentwurfs konterkarieren.

3. Lebensentwürfe in der zweiten Moderne

In den letzten Jahren, beginnend bereits in den 1990er Jahren, kamen gesellschaftliche Wandlungsprozesse zum Tragen, die dem am suburbanen Eigenheim ausgerichteten Wohn- und Lebensmodell einiges an Attraktivität genommen haben: Die Auflösung der starren Arbeitsteilung zwischen den Geschlechtern, die Zunahme befristeter oder prekärer Beschäftigungsverhältnisse, die hohen Flexibilitäts- und Mobilitätsanforderungen aus der Erwerbsarbeit, aber auch die Bedeutungszunahme von Netzwerken und das Aufweichen der kategorischen Abgrenzung von Erwerbsarbeit und Freizeit sind einige der Faktoren, die in diesem Zusammenhang zu nennen sind (u.a. Brühl et al. 2005; Häußermann et al. 2008; Allmendinger 2008). Infolge dieser sich wandelnden Anforderungen weisen die Lebensentwürfe vieler Haushalte in der zweiten Moderne (Beck et al. 2004) die Tendenz auf, immer komplexer zu werden. Bezogen auf das Wohnstandortverhalten junger Mittelschichtsfamilien, also der klassischen Klientel suburbaner Gemeinden, ist aktuell ein

Nebeneinander von suburbanen Ausrichtungen und Entscheidungen für innerstädtisches Wohnen beobachtbar (z.B. Herfert/Osterhage 2012). Diese Heterogenität von Präferenzsetzungen und gewissermaßen „neuen Uneindeutigkeit" im Wohnstandortverhalten überrascht nicht, sie spiegelt die Individualisierungs- und Differenzierungsprozesse der zweiten Moderne nachvollziehbar wider.

Vielfach kann heute bei suburbaner wie urbaner Standortentscheidung beobachtet werden, dass Haushalte auch nach dem Einzug in die neue Wohnung hin- und hergerissen bleiben zwischen den Vorzügen des suburbanen und des urbanen Wohnens, die sie im Grunde beide realisieren wollen. Die Intensität des Dilemmas erklärt sich insbesondere daraus, dass die Wohnstandortentscheidung jeweils verknüpft ist mit einem spezifischen Lebensmodell. Das suburbane Wohnen steht hierbei für den fordistischen Lebensentwurf. Die innere Stadt repräsentiert die post-fordistischen Lebensentwürfe. Diese Lebensentwürfe implizieren eine höhere Veränderungs- und Anpassungsbereitschaft, Flexibilität und das Leben mit einem gewissen Maß an Ungewissheit. Insbesondere aber lösen sie sich von einer starren geschlechtlichen Rollenteilung, vielmehr wird die Aufgabenteilung innerhalb des Haushalts individuell abgestimmt, in den überwiegenden Fällen unter Ermöglichung der doppelten Erwerbstätigkeit der Eltern. Quartiere der inneren Stadt bieten die optimale räumliche Struktur für die Realisierung dieser Lebensentwürfe mit einem extrem breiten Spektrum verschiedenartiger Arbeitsmöglichkeiten, einer hohen Vernetzungsdichte infolge der Nähe von Wohnen und Arbeiten sowie einem heterogenen und urbanen Wohnumfeld, das viele Optionen bietet (Erwerbsarbeit, Freizeitgestaltung, Kinderbetreuung, Wohnen usw.) und das in hohem Maße öffentlich und sozial vielschichtig ist.

Im suburbanen Kontext kann der fordistische Lebensentwurf auch heute noch hervorragend umgesetzt werden und nach wie vor finden sich hier Haushalte, die gezielt in ein suburbanes Eigenheim ziehen und mit großer Überzeugung den fordistischen (oder zumindest einen stark fordistisch geprägten) Lebensentwurf realisieren. Immer deutlicher wird aber auch, dass hier eben nur der fordistisch geprägte Lebensentwurf realisiert werden kann, während andere Modelle, mit weiter reichenden Ansprüchen gerade der Frauen in diesem räumlichen Kontext nicht oder nur sehr eingeschränkt funktionieren. Anders herum bietet die innere Stadt zwar ein ideales Umfeld und oftmals sogar die alternativlose Voraussetzung, um post-fordistische Lebensentwürfe zu realisieren, doch sie vermag es nur begrenzt, Familien mit Wohnansprüchen des fordistischen Modells einen geeigneten Wohnkontext zu bieten.

Charakteristisch für die zweite Moderne ist somit die Zunahme von Haushalten, die sich zwischen den beiden Wohnidealen und den damit verbundenen Lebensentwürfen bewegen. Die hybriden Lebensentwürfe dieser Haushalte weisen Mischformen von Elementen aus beiden Wohnidealen auf,

Urbanisierungsprozesse in Suburbia?

und es ist nicht einfach für diese Haushalte, den richtigen Ort zur Realisierung ihrer Wohnansprüche zu finden, da sie sich weder von dem einen noch von dem anderen räumlichen Magneten (wie die folgende Abbildung verdeutlicht) eindeutig angezogen fühlen.

Haushalte mit hybriden Lebensentwürfen landen quasi zwangsläufig – egal, wie sie sich entscheiden – an Wohnstandorten, die sie nicht vollständig zufrieden stellen und einen mehr oder weniger stark ausgeprägten Kompromisscharakter aufweisen. Wie gehen diese Individuen mit der Hybridität ihrer Lebensentwürfe um?

Abbildung 1: Kontrastierende Lebensentwürfe und Orte ihrer Realisierung

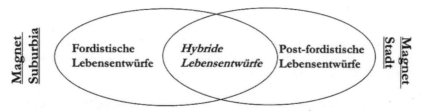

- Haupternährer & Hausfrau
- Normalarbeitsverhältnis
- Trennung von Wohnen und Arbeiten
- Starke Kinder-Orientierung
- Intensive Pendel-Mobilität
- Sozial homogenes Wohnen
- Dauerhafte Wohnentscheidung

- Doppelte Erwerbstätigkeit
- Flexible Arbeitsverhältnisse
- Nähe von Wohnen und Arbeiten
- Vielschichtige Präferenzsetzungen
- Variable Mobilität
- Urbanes Wohnen
- Temporäre Wohnentscheidung

Quelle: Eigene Darstellung

Die klassische Variante mit der Inkongruenz von individuellem Lebensentwurf und den Strukturen des gewählten Wohnstandortes umzugehen, besteht in der mehr oder weniger bewussten und sich meist schleichend vollziehenden Anpassung des eigenen Lebensentwurfes an das neue Lebensumfeld. Eine Mischung aus Gewöhnung, Pragmatismus und auch Resignation führt gerade bei Frauen im suburbanen Kontext nicht selten dazu, dass sie in Rollenmuster rutschen, die sie immer vermeiden wollten und sich an normativen Ordnungsmustern orientieren, die sie zunächst ablehnten (Menzl 2011). Besonders häufig erfolgen solche Anpassungen bezogen auf die Haltung zur Erwerbsarbeit und dem vom suburbanen Wohnstandort aus schwierig zu organisierenden beruflichen Wiedereinstieg. Faktoren wie ein geringeres Stellenangebot im Nahraum, unflexible Kinderbetreuungssysteme, Rechtfertigungsdruck gegenüber nicht erwerbstätigen Müttern (Rabenmutter-Vorwurf) tragen dazu bei. Berichtet wird aber auch von Anpassungsprozessen hinsichtlich des eigenen Lebensstils, der Freizeitgestaltung, des Mobilitätsverhaltens und des Erziehungsstils. Infolge der gelebten Alltagserfahrungen entwickeln sich die Lebensentwürfe somit weiter, und mitunter werden aus vermeintlich überzeugten Urbaniten Menschen mit hoher Affinität zum suburbanen Kontext. Solche Verläufe, die vorne als Kontexteffekte eingeführt wurden, werden von Bürgermeistern suburbaner Gemeinden dann gerne als Beispiel für die Integrationskraft suburbaner Strukturen hervorgehoben (González/Menzl 2007).

Es lassen sich heute aber auch andere Strategien des Umgangs mit der Diskrepanz von Ansprüchen aus dem eigenen Lebensentwurf und den Möglichkeiten des Wohnstandorts identifizieren. Sie verdeutlichen, dass es für viele Haushalte keineswegs mehr selbstverständlich ist, sich infolge einer Wohnstandortentscheidung auf die Spezifika eines Wohnortes einzulassen und infolgedessen Abstriche an der Realisierung des eigenen Lebensentwurfs zu machen:

- *Lebensabschnittswohnungen*: Manche Haushalte verfolgen die Strategie, durch die klare zeitliche Befristung ihrer Wohndauer, und d.h. durch die Definition der Wohnung als „Lebensabschnittswohnung" und die reservierte Annäherung an das Gemeindeleben, den Druck, der mit der Wohnstandortentscheidung verbunden ist, zu relativieren. Die Strategie der Lebensabschnittswohnung versucht ausgehend von den aktuellen Wohnbedarfen der einzelnen Haushaltsmitglieder den Wohnstandort zu optimieren. Dabei wird nicht das Ziel verfolgt, die ideale Wohnung zu finden, sondern eine bezogen auf den jeweiligen Lebensabschnitt gut passende. Ganz bewusst und sehr pragmatisch kalkulieren diese Haushalte künftige Umzüge mit ein, sie versuchen sich ihre Flexibilität zu erhalten und größere ökonomische oder soziale Bindungen zu vermeiden (Jahn et al. 2000).
- *Mobilitätsstrategien*: Haushalte mit einer expliziten Mobilitätsstrategie verfügen über eine ausgesprochen hohe Mobilitätsbereitschaft, die deutlich über das alltägliche Pendeln zwischen Wohnort und Arbeitsplatz, wie es für das suburbane Wohn- und Lebensmodell kennzeichnend ist, hinausreicht. Diese Familien sind sehr aktiv, sie verorten sich in der gesamten Region und versuchen, die Vorzüge unterschiedlicher Standorte miteinander zu kombinieren. Dazu lösen sie sich vom Gebot der Nahraumorientierung um den Wohn- oder Arbeitsort herum und suchen sich in der gesamten Region die ihren Bedürfnissen am besten entsprechenden Angebote. Das Ergebnis ist ein Netz von Aktivitätsorten, das nicht nach dem Prinzip der kurzen Wege, sondern der Qualitätsoptimierung zusammengestellt wird.

Urbanisierungsprozesse in Suburbia?

- *Additive Wohnkonzepte*: Eine andere Variante, die insbesondere Haushalte mit Wohnsitz in der inneren Stadt verfolgen, versucht durch mehrere Standorte des Wohnens die Defizite des Hauptwohnsitzes auszugleichen. Konkret heißt das: Während der Woche gehen die Familienmitglieder in der Stadt ihrer Erwerbstätigkeit nach bzw. besuchen die Schule; am Freitagabend fährt die Familie dann an den Zweitwohnsitz, der sich 50-100 km entfernt an naturräumlich attraktiven Orten befindet. Hier liegt der Fokus auf Erholung, Familienleben und Naturbezug. Nicht in Frage kommt für diesen Typus das Wohnen in Suburbia, das als „nichts Halbes und nichts Ganzes" wahrgenommen wird und zudem den täglichen Mobilitätsaufwand deutlich erhöhen würde. Varianten dieser Strategie lassen sich auch in der starken Nachfrage sehen, die seit einiger Zeit die im Umfeld urbaner Stadtquartiere liegenden Kleingärten bei den dort wohnenden Familien erfahren.

- *Anpassung von Raumstrukturen durch lokales Engagement*: Die Tatsache, dass jeder Wohnstandort mit erheblichen Einschränkungen des eigenen Lebensentwurfs verbunden ist, kann auch zu gesteigertem Engagement von Familien führen, um die Defizite zumindest zu mildern. Beispiele hierfür gibt es sowohl im suburbanen als auch im innerstädtischen Kontext zahlreiche, insbesondere wenn es um emotional besetzte Themen geht, wie die Kind bezogene Infrastruktur (Ausstattung mit Kita-Plätzen, kindgerechte Verkehrsführungen oder Sauberkeit, Sicherheit und Angebotsbreite in Freiräumen). In diesen Kontext sind auch die von Frank (2011) hervorgehobenen Tendenzen zur Schaffung von sozial homogenen Inseln inmitten urbaner Stadtquartiere einzuordnen.

Was heißt das nun? Das Spektrum der familiären Lebensentwürfe ist wesentlich breiter geworden, insbesondere da die Ausbalancierung beruflicher und familiärer Belange heute vielfach zu deutlich anderen, oftmals komplexeren Lösungen hinsichtlich der familiären Alltagsarrangements und auch der Wohnstandortentscheidungen führt, als dies in der ersten Moderne der Fall war.

Ausgeführt wurde zweitens auch, dass die familiären Lebensentwürfe heute nicht entweder suburban/fordistisch oder urban/post-fordistisch geprägt sind, sondern dass sie vielfach zwischen diesen Polen hängen. Diese hybriden Lebensentwürfe bilden vielschichtige Mischungen unterschiedlicher Bedarfe ab, was zur Folge hat, dass es nicht einfach ist, Orte zu finden, von denen aus diese Lebensentwürfe gut zu realisieren sind. Im Ergebnis werden oftmals Kompromisslösungen oder kompliziert erscheinende, aber letztlich passgenaue Nischen gesucht.

Drittens wurde schließlich deutlich, dass die klassische Zielgruppe suburbaner Gemeinden heute nicht nur sehr komplexe Lebensentwürfe verfolgt, sondern diese auch mit Nachdruck umzusetzen versucht: Sie wollen ihren eigenen Lebensentwurf nicht aufgeben (Selbstverwirklichung), ihre beruflichen und privaten Optionen nicht beschneiden, und vor allem wollen sie für ihre Kinder nur das Beste – und zwar möglichst ohne Kompromisse. Um es in den Worten des Bürgermeisters einer suburbanen Gemeinde auszudrücken: „Die Anspruchshaltung steigt, die Anpassungsbereitschaft sinkt" (González/Menzl 2007).

4. Suburbane Lebensformen im 21. Jahrhundert – zwischen Erneuerungsimpulsen und statischen Strukturen

In den beiden vergangenen Kapiteln wurde das Spannungsfeld aufgemacht, mit dem suburbane Gemeinden heute konfrontiert sind: Über Jahrzehnte gewachsene Strukturen und Lebensformen mit hohem Beharrungsvermögen einerseits, von anspruchsvollen Lebensentwürfen getriebene Haushalte andererseits. Welche Prozesse resultieren aus der Existenz dieses potentiellen Konfliktfeldes? Gibt es Bewegung, Veränderungen, Auseinandersetzungen? Das soll im Folgenden exemplarisch und jeweils bezogen auf die 25 km nördlich von Hamburgs Zentrum gelegene und 27.000 Einwohner umfassende Gemeinde Henstedt-Ulzburg betrachtet werden.

Ein seit einigen Jahren existierender Konfliktpunkt in der Gemeinde liegt in dem Kinderbetreuungsangebot, das im Vergleich zur Kernstadt Hamburg deutlich anderen Prämissen folgt. Grundsätzlich wird der geeignete Ort für Kleinkinder seitens der politischen Entscheidungsträger der suburbanen Gemeinde bei der nicht oder nur geringfügig erwerbstätigen Mutter gesehen, die Kita dient eher als Spieloption für Kinder denn als Voraussetzung zur Ermöglichung der Erwerbstätigkeit der Mutter. Entsprechend wird ein Großteil der Plätze als Halbtagesplätze angeboten (jeweils vier Stunden, teilweise vormittags, teilweise nachmittags), weitere Plätze werden nur an drei Tagen pro Woche bereitgestellt, ein Krippenangebot besteht nur für nachgewiesene Notlagen. Mit der Zunahme von Müttern, die einer Erwerbstätigkeit nachgehen wollen, ist die Konkurrenz um das ohnehin knapp kalkulierte Platzangebot enorm gestiegen, insbesondere Ganztags- und sogenannte verlängerte Vormittagsplätze (Betreuung bis 15 Uhr) sind stark nachgefragt.

Mit Argwohn betrachten die Mütter, die sich gegen eine Erwerbstätigkeit entschieden haben, diese Entwicklung und kritisieren auch offen Forderungen nach einer Ausweitung des Kita-Angebotes[5]. Es ist ihnen wichtig, in ihrem Lebensentwurf durch die Gemeinde bestätigt zu werden. Die Struktur des Kita-Angebots wird so zu einem umkämpften Politikum und setzt sowohl familien- als auch erwerbsorientierte Mütter unter erheblichen Rechtfertigungsdruck für ihren jeweiligen Lebensentwurf. Auf der konkreten Ebene der Platzvergabe führt es zu mancherlei Tricks (oder Gerüchten bzw. Unterstellungen getrickst zu haben), zum Beispiel wenn es darum geht, die obligatorische Arbeitsplatzbescheinigung vorlegen zu müssen, um einen der begehrten Vormittagsplätze zugewiesen zu bekommen.

Die von einem traditionellen Familienbild geprägte Kita-Politik der Gemeinde ist insofern ein gutes Beispiel für die Starrheit der entstandenen Strukturen und der etablierten normativen Ordnungen. Auch wenn sich die Bewohnerschaft schrittweise ausdifferenziert und zum Beispiel der Anteil erwerbsorientierter Mütter zunimmt, bleibt die Zahl derer sehr groß, die sich mit dem (von ihnen selbst gelebten) Status quo in hohem Maße identifizieren und selbst ein Nebeneinander von Strukturen, die die Realisierung von unterschiedlichen Lebensentwürfen erlauben, ablehnen. Zum Ausdruck kommt diese Haltung nicht allein bei der Frage der Kita-Struktur, sondern bei vielen Fragen der Alltagsorganisation (vgl. die Andeutungen anlässlich der Ausführungen zu Kontexteffekten). Im Falle der Kita-Struktur führt die in der Gemeinde deutlich vernehmbare Präsenz der Bestandswahrer zur Weigerung der lokalen Entscheidungsträger, sich flexibel einer (zumindest teilweise) veränderten Nachfrage anzupassen. Seitens der erwerbsorientierten Mütter erfordert es erhebliches Engagement, geeignete Lösungen zu erreichen – sei es durch Interventionen bis hin zum Bürgermeister (um wenigstens eine Einzelfallregelung zu erlangen) oder durch die Initiierung von Initiativen wie z.B. einem Mütterzentrum zur Schaffung von zusätzlichen Vernetzungs- und Betreuungsangeboten.

Neben Beispielen wie diesen, die eher auf eine ausgeprägte Starrheit suburbaner Strukturen und Ordnungsmuster hindeuten, lassen sich jedoch auch Hinweise auf Veränderung und das punktuelle Aufbrechen tradierter Strukturen erkennen. Ein Beispiel dafür sind die Kommunalwahlen 2008, die in vielen suburbanen Gemeinden hohe Gewinne für die freien Wählergemeinschaften mit sich brachten (eine Tendenz, die sich 2013 bestätigte). Auch in Henstedt-Ulzburg war dies der Fall: Angetreten insbesondere mit der Aussage, die Entwicklung eines über Jahre geplanten neuen Gemeindequar-

---

5 Exemplarisch für diese Haltung steht die Aussage einer Interviewpartnerin, dass die Kitas zu „Kinder-Aufbewahrungsstätten" verkommen. Es sei keine Zeit mehr für pädagogische Arbeit, da die Kitas sich primär um die Erfüllung der Sonderwünsche von berufstätigen Müttern kümmern. Von Müttern, die zudem vielfach gar nicht erwerbstätig sein müssten – zumindest nicht aus finanziellen Gründen: „Es gibt ja auch viele, die wollen dann gerne ihren Lebensstandard erhalten. Wo ich denn sag: ‚Musst du denn unbedingt arbeiten?' ‚Nö, aber wir wollen auch in Urlaub und wir wollen 'n neues Auto und dies und das...' Ja, und dann geht das auf Kosten der Kinder und der Qualität der Kitas" (Menzl 2007).

tiers zu verhindern, wurde die Wählergemeinschaft zur stärksten Kraft in der Gemeindevertretung (Menzl 2014). Interessant ist dieses Beispiel insbesondere deshalb, da es der Wählergemeinschaft gelungen war, ein Anliegen ganz oben auf der gemeindepolitischen Agenda zu platzieren und zu einer Grundsatzentscheidung über den künftigen Kurs der Gemeindeentwicklung (weiteres Wachstum oder Innenentwicklung und Konsolidierung) auszuweiten, das zunächst nur von einer Bürgerinitiative mit deutlichen Zügen einer NIMBY-Gruppierung (NIMBY steht für Not In My BackYard) kritisch gesehen worden war. Erstmals wurde damit durch eine Wahlentscheidung die Gemeindeentwicklungsstrategie der jahrzehntelang regierenden CDU in Frage gestellt, die stets auf die Kontinuität von bewährten Strukturen und Handlungslogiken gesetzt hatte.

Es wäre sicherlich nicht zutreffend, die Wählerschaft der Wählergemeinschaft schwerpunktmäßig in Haushalten zu sehen, die erst kürzlich aus der Stadt zugezogen sind und eine hohe Affinität zu urbanen Lebensweisen aufweisen. Doch vereint die Wähler dieser Gruppe zwei Anliegen: Die Öffnung und Hinterfragung der tradierten Strukturen und Denklogiken der lokalen Entscheidungsträger (und das umfasst auch die Wahrnehmung und lokalpolitische Berücksichtigung sich verändernder Bedarfe, z.B. von erwerbsorientierten Müttern) und die Förderung öffentlicher Diskurse. Eine besondere Errungenschaft dieser neuen lokalen Akteure ist daher auch die Gründung einer digitalen Zeitung, die die Gemeindeentwicklung kritisch begleitet und interessierten Bürgern ein Diskussionsforum bietet.

Wie schnell jedoch der Erneuerungswunsch der Wählergemeinschaft an Grenzen stößt und wie festgezurrt das Selbst- und das Fremdbild der suburbanen Gemeinde sind, illustriert folgendes Beispiel: Die Wählergemeinschaft hatte gegen erhebliche Widerstände in Lokalpolitik und Verwaltung durchgesetzt, dass erstmals ein Grundstück für eine generationenübergreifende Baugemeinschaft reserviert wird, um so den Kreis der zuziehenden Haushaltstypen und sozialen Milieus zu erweitern. Das Projekt scheiterte trotz finanzieller Anreize und intensiver Werbung in der gesamten Region, da sich keine jungen Menschen fanden, die in das Projekt einziehen wollten. Diese Erfahrung zeigt, wie weit Henstedt-Ulzburg noch davon entfernt ist, als Stadt wahrgenommen zu werden. Wer eine Familie gründet und ein günstiges Eigenheim sucht, kommt möglicherweise in die Gemeinde, doch städtisch orientierte Wohnformen sind für viele an diesem Standort nicht vorstellbar.

Die Beispiele veranschaulichen, dass die Eindeutigkeit und Unantastbarkeit normativer Ordnungen auch in Suburbia verloren gegangen ist und Öffnungs- bzw. Erneuerungsprozesse langsam in Gang kommen. Wo diese hinführen werden und was sie erreichen können, ist noch offen. Zu erwarten sind eher schleichende Veränderungen, die den Wahrern der tradierten Alltagsmuster und Gemeindestrukturen Zeit lassen, sich an neue Ausrichtungen zu gewöhnen. Und sicherlich wird es in Zukunft ein entscheidendes Differenzierungskriterium zwischen suburbanen Gemeinden sein, wie stark sich diese den Ansprüchen von Haushalten mit neuen, post-fordistisch strukturierten Lebensentwürfen öffnen. Es wird also verschiedenartige Ausrichtungen zwischen suburbanen Standorten und unterschiedliche Geschwindigkeiten im Prozess der Neuausrichtung geben, Suburbia wird insgesamt bunter und vielfältiger werden.

5. Fazit: Urbanisierungsprozesse in Suburbia?

Für die Fragestellung dieses Beitrags entscheidend ist insbesondere die Frage, ob die künftig größere Vielfalt in Suburbia dazu führen wird, stärker als bislang ausgesprochen urbane Lebensweisen in den suburbanen Gemeinden zu etablieren oder sie sogar zur Norm werden zu lassen. Kommt es somit zu einer Urbanisierung von Suburbia?

Wenn man den Begriff der Urbanisierung so weit fasst wie Hesse und Scheiner (2007) und darunter auch Prozesse der Verdichtung, der zunehmenden Funktionsmischung und der Angleichung der baulich-räumlichen Erscheinungsform versteht, dann ist es sicherlich gerechtfertigt von (in den einzelnen Teilräumen mehr oder weniger intensiv voranschreitenden) Urbanisierungsprozessen in Suburbia zu sprechen. Allerdings ist es zweifelsohne stark übertrieben, hier schon von einer „Angleichung" (ebd.: 37) zu sprechen (zumindest wenn die Quartiere der inneren Stadt als Referenz dienen), insbesondere wenn es um soziale Heterogenität oder um Lebensbedingungen wie Wohnumfeldqualitäten und Wahlmöglichkeiten geht (ebd.: 45). Selbst wenn es versucht würde, wäre es gar nicht möglich, die jahrzehntelang verfolgten funktional und sozial zum Teil hochselektiven Entwicklungsstrategien suburbaner Gemeinden innerhalb weniger Jahre zu nivellieren. Dies trifft besonders zu, wenn man eine Angleichung im Sinne kleinräumiger Mischungen vor Augen hat, die durch die zumeist stattfindenden großflächigen Ansiedlungen von Einzelhandel, Freizeiteinrichtungen und Unternehmen nicht befördert wird.

Betrachtet man als zweites die Ebene der Urbanisierung, die vielleicht als post-fordistische Urbanisierung bezeichnet werden kann und den Einzug neuer gesellschaftlicher Entwicklungstendenzen, veränderter Anforderungen aus der Arbeitswelt und komplexerer Lebensentwürfe umfasst, dann besteht kein Zweifel, dass diese Impulse auch in Suburbia angekommen sind. Dies ist schon deshalb selbstverständlich, da ein Großteil der erwerbstätigen Bewohner suburbaner Gemeinden in städtisch ausgerichtete Arbeitsmärkte integriert ist und so ganz unmittelbar mit den neuen Anforderungen konfrontiert wird. Wie gezeigt verbleibt der Erneuerungsimpuls nicht allein auf Ebene der Subjekte: Auch suburbane Strukturen geraten unter Veränderungsdruck (Beispiel Kita), sie sehen sich konfrontiert mit dem Wunsch nach lokalen Strukturen, die es möglich machen, auch komplexe Lebensentwürfe zu realisieren. Die post-fordistischen Impulse kommen also auch in Suburbia an, wie gezeigt werden sie jedoch im Vergleich zu manch innerstädtischem Quartier erheblich ausgebremst (Kontexteffekte).

Als dritte Ebene ließe sich eine Urbanisierung der normativen Ordnungen und Lebensweisen bezeichnen. Hier lässt sich basierend auf dem vorliegenden empirischen Material am wenigsten deutlich von Urbanisierungstendenzen sprechen. Auch Haushalte, die man als *urbanistische Suburbaniten* bezeichnen könnte, sind mit ihren hochgradig hybriden Lebensentwürfen keineswegs als Treiber eines Urbanisierungsprozesses zu verstehen. Sie wollen ihr Wohnumfeld nicht urbaner gestalten – im Sinne einer engen Orientierung an städtischen Mustern oder Idealen –, sondern ihren (hybriden) Lebensentwurf realisieren, der auch Aspekte wie Sicherheit, Rückzug, Naturbezug etc. beinhaltet. Und selbst wenn die *urbanistischen Suburbaniten* ihr Wohnumfeld urbaner gestalten wollten, könnten sie das nicht ohne weiteres, da sie auf erhebliche Widerstände stoßen würden in Form von lokalen Akteuren, die sich an ihren bewährten normativen Ordnungsmustern orientieren und nur über eine begrenzte Erneuerungsbereitschaft verfügen. Eine Urbanisierung läge erst dann vor, wenn – dem Ideal der Stadt entsprechend – eine Atmosphäre der Toleranz oder auch der Gleichgültigkeit bezüglich abweichender Lebensweisen und Haltungen vorherrschen würde. Oder wie Krämer-Badoni (1996: 75) schreibt: „Urbanität ist das Akzeptieren des Anderen, des Fremden. Und dies bedeutet: die Realisierung anderer Lebensentwürfe nicht nur zuzulassen, sondern zu ermöglichen." Auch wenn es diesbezüglich hier und da bereits Ansätze geben mag, ist Suburbia hiervon noch recht weit entfernt.

Wir können daher resümieren, dass es in Folge der post-fordistischen Umbrüche zu Veränderungen und Neuorientierungen in Suburbia kommt, doch man weder dem Begriff der Urbanisierung noch den stattfindenden Prozessen in Suburbia gerecht wird, wenn man auf Ebene der normativen Orientierungen und Lebensweisen von einer *Urbanisierung von Suburbia* spricht. Interessanterweise bilden die stattfindenden Veränderungen nämlich gerade keinen Prozess ab, der versucht, eine Lebensform so weit als möglich in einen anderen Raum zu übertragen, sondern es geht um die Herausbildung neuer Schnittmengen. Das Ideal von Haushalten mit hybriden Lebensentwürfen ist eben nicht die urbane Lebensweise, sondern eine Mischform mit Elementen aus traditionell urbanen und suburbanen Kontexten – hierfür gibt es zahlreiche empirische Belege etwa in Bezug auf Rückzugsbedarfe, Vorstellungen von sozialer Mischung, Ordnungsbedarfen in Freiräumen etc. (u.a. Menzl 2007, Jahn et al. 2000). Die in diesem Zuge entstehenden Mischungen können sehr unterschiedliche, individuell geprägte Gestalt annehmen, weshalb es im Fokus der Veränderungsbemühungen post-fordistisch orientierter

Haushalte steht, die Optionsbreite und d.h. das Spektrum der ortsspezifischen Möglichkeitsstrukturen im Sinne von größeren Handlungsspielräumen und echten Wahlmöglichkeiten auszuweiten. Für dieses Anliegen sind auch die politischen Erfolge der Wählergemeinschaften wichtige Belege.

Das, was wir in suburbanen Räumen (in sehr unterschiedlichen Dynamiken) beobachten können, ist somit der Einzug der zweiten Moderne oder der post-fordistischen Gesellschaft. Für viele suburbane Gemeinden stellt sich die interessante Frage, ob sie sich – den tiefen Prägungen aus dem fordistischen Zeitalter zum Trotz – tatsächlich erneuern können, ob sie eine attraktive und zukunftsfähige Vision der Gemeinde entwickeln können. Diese Vision kann nicht Stadt heißen, sie wird vielmehr nur dann überzeugen, wenn sie etwas Eigenes darstellt, das die Qualitäten (und aus Sicht des Städters vielleicht auch: die Begrenzungen) suburbanen Wohnens mit den Anforderungen und Ansprüchen der post-fordistischen Gesellschaft vereint. Suburbia verändert sich also, urban wird sie deswegen jedoch noch lange nicht.

Literatur

Allmendinger, Jutta (2008): Das Nest zieht in die Stadt – Die Entwicklung der Sozialstruktur, weibliche Lebensentwürfe und das Leben in der Stadt, in: Schader-Stiftung (Hg.): Zuhause in der Stadt – Herausforderungen, Potenziale, Strategien. Darmstadt: Schader-Stiftung, S. 32-39.
Ash, Amin; Thrift, Nigel (2002): Cities. Reimaging the Urban. Cambridge: Polity Press.
Beck, Ulrich; Bonß, Wolfgang; Lau, Christoph (2004): Entgrenzung erzwingt Entscheidung. Was ist neu an der Theorie reflexiver Modernisierung?, in: Beck, Ulrich Beck; Lau, Christoph (Hg.): Entgrenzung und Entscheidung. Frankfurt: Suhrkamp, S. 13-62.
Brühl, Hasso; Echter, Claus-Peter; Frölich von Bodelschwingh, Franciska; Jekel, Gregor (2005): Wohnen in der Innenstadt – eine Renaissance? Difu-Beiträge zur Stadtforschung 41. Berlin.
Frank, Susanne (2011): Je näher man hinschaut, desto fremder schaut es zurück. Aktuelle Diskussionen um Suburbanisierung und Gentrifizierung, in: Herrmann, Heike; Keller, Carsten; Neef, Rainer; Ruhne, Renate (Hg.): Die Besonderheit des Städtischen. Entwicklungslinien der Stadt(soziologie). Wiesbaden: VS-Verlag, S. 285-300.
Gans, Herbert (1969): Die Levittowner. Soziographie einer „Schlafstadt". Gütersloh/Berlin: Bertelsmann.
Gans, Herbert (1974): Urbanität und Suburbanität als Lebensformen: Eine Neubewertung von Definitionen, in: Herlyn, Ulfert (Hg.): Stadt- und Sozialstruktur. Arbeiten zur sozialen Segregation, Ghettobildung und Stadtplanung. München: Nymphenburger Verlag, S. 67-90.

González, Toralf; Menzl, Marcus (2007): Entwicklungspfade suburbaner Räume. Die Regionen Berlin und Hamburg im Vergleich. (unveröff. Ms. im Rahmen des DFG-Projekts „Suburbanisierung im 21. Jahrhundert. Stadtregionale Entwicklungsdynamiken des Wohnens und Wirtschaftens").

Häußermann, Hartmut (2009): Der Suburbanisierung geht das Personal aus. Eine stadtsoziologische Zwischenbilanz, in: Stadtbauwelt 181, 12, S. 52-57.

Häußermann, Hartmut; Läpple, Dieter; Siebel, Walter (2008): Stadtpolitik. Frankfurt: Suhrkamp.

Häußermann, Hartmut; Siebel, Walter (1997): Stadt und Urbanität, in: Merkur, 51, 4, S. 293-307.

Herfert, Günter; Osterhage, Frank (2012): Wohnen in der Stadt: Gibt es eine Trendwende zur Reurbanisierung? Ein quantitativ-analytischer Ansatz, in: Brake, Klaus; Herfert, Günter (Hg.): Reurbanisierung. Materialität und Diskurs in Deutschland. Wiesbaden: Springer, S. 86-112.

Hesse, Markus; Scheiner, Joachim (2007): Suburbane Räume – Problemquartiere der Zukunft?, in: Deutsche Zeitschrift für Kommunalwissenschaften, 46, II, S. 35-48.

Krämer-Badoni, Thomas (1996): Hat Urbanität eine Zukunft?, in: Der Architekt, 2, S. 73-76.

Krämer-Badoni, Thomas (1997): Das Verschwinden der Städte – eine Einführung, in: Krämer-Badoni, Thomas; Petrowsky, Werner (Hg.): Das Verschwinden der Städte. Bremen: Universität Bremen, S. 2-6.

Jahn, Walther; Lanz, Stephan; Bareis, Ellen; Ronneberger, Klaus (2000): Refugien der Sicherheit. Einblicke in den suburbanen Alltag, in: Widersprüche, 20, 78, S. 27-38.

Läpple, Dieter (2005): Phönix aus der Asche: Die Neuerfindung der Stadt, in: Berking, Helmuth; Löw, Martina (Hg.): Die Wirklichkeit der Städte, Sonderband Soziale Welt 16. Baden-Baden: Nomos, S. 397-413.

Menzl, Marcus (2007): Leben in Suburbia – Raumstrukturen und Alltagspraktiken am Rand von Hamburg. Frankfurt/New York: Campus.

Menzl, Marcus (2011): Die Vielfalt von Lebensentwürfen in „trägen Raumstrukturen" – sind suburbane Räume erneuerungsfähig?, in: Herrmann, Heike; Keller, Carsten; Neef, Rainer; Ruhne, Renate (Hg.): Die Besonderheit des Städtischen. Entwicklungslinien der Stadt(soziologie). Wiesbaden: VS-Verlag, S. 301-319.

Menzl, Marcus; González, Toralf; Breckner, Ingrid; Vogelsang, Sybille (2011): Wohnen in der HafenCity. Zuzug, Alltag, Nachbarschaft. Hamburg: Junius.

Menzl, Marcus (2014): Nimby-Proteste – Ausdruck neu erwachten Partizipationsinteresses oder eines zerfallenden Gemeinwesens?, in: Gestring, Norbert; Ruhne, Renate; Wehrheim, Jan (Hg.): Stadt und soziale Bewegungen. Wiesbaden: Springer, S. 65-81.

Boris Sieverts und Thomas Sieverts

Elemente einer Grammatik der Ränder

Zusammenfassung: Ortsränder haben sich von einer kategorischen Grenze zwischen Stadt und Land zu Formen vielfältiger Durchdringung gewandelt, typisch für die gegenwärtige Stadtlandschaft. Die randreiche Zerklüftung ist zu einem globalen Merkmal aller Agglomerationen geworden. Die in der Regel auf Fußgängerentfernung begrenzten Abstände zwischen Baugebieten und offener Landschaft deuten auf ein Grundbedürfnis vieler Menschen, städtische und ländliche, im Alltagsleben zu verbinden.
Acht Beispiele illustrieren die Unterschiede in den Randausbildungen. Bei großem Siedlungsdruck, hohen Bodenpreisen und guten Agrarböden wird der Ortsrand zu einer Linie zusammengedrückt. In Regionen mit Brachflächen und geringem Nutzungsdruck bleibt Raum sowohl für schwächere, unangepasste Gruppen wie auch für Pioniere, die beide ein selbstorganisiertes Leben führen wollen. Es stellt sich die Frage, wie die besondere Rolle des Stadtrands als sozialer Schutzraum und als Entfaltungsraum für Experimente und Pioniere erhalten werden kann.

Vom historischen Ortsrand zu gegenwärtig typischen Randformen

Die Stadtränder haben sich in den letzten beiden Jahrhunderten stark verändert und spiegeln in ihrer Veränderung die technischen, sozialen und kulturellen Umwälzungen seit dem Ende des Feudalismus und seit der industriellen Revolution. Die fein abgestuften Stadt- bzw. Dorfränder, beginnend mit dem Kranz der Scheunen und den intensiv bepflanzten und gepflegten Gärten, über Kleintierhaltung, Streuobstwiesen und Sonderkulturen bis zur offenen Feldflur, gibt es nur noch in Spuren. Diese fein abgestuften Nutzungsabfolgen, die sich wie ‚Thünensche Ringe' um die Ortschaften legten, sind mit Wirtschaftswandel und Industrialisierung der Landwirtschaft verschwunden.

Die uralten Gegensätze zwischen Stadt einerseits und Land andererseits, die sich gewissermaßen gegenseitig definierten und sich bis in die Rechtsformen hinein grundlegend unterschieden haben, sind mit dem Verschwinden des Feudalismus und der Bauern mit ihren ganzheitlichen Wirtschafts- und Lebensformen ebenfalls verloren gegangen. Die alten Kontraste, die mit der Unterscheidung zwischen Innenbereich und Außenbereich noch die Planungsgesetzgebung des BauGB von 1962 bestimmt haben, sind vielerorts durch die vielfältigen Durchdringungen von bebauten und unbebauten Flächen aufgelöst. Anstelle des alten Gegensatzes ist etwas Neues entstanden. Dieses Neue ist einerseits – gesellschaftlich und ökonomisch betrachtet – durchaus Stadt, es ist aber – ökologisch, nach Lebensstil und nach der Bebauungsform betrachtet – etwas anderes. In Deutschland wird es bezeichnet als Vorort, Suburbia oder Zwischenstadt, im französischen Sprachraum als *terrain periurbain* oder *metapolis* (Ascher 1995). Noch gibt es keinen verbindlichen Begriff dafür, der die großen zusammengewachsenen Stadtfelder, in denen heute in Deutschland etwa zwei Drittel aller Menschen wohnen und arbeiten, zusammenfassend und verbindlich kennzeichnen würde. Es sind Stadtlandschaften in Form von polyzentrisch organisierten Stadtfeldern. In dieser neuen Form von *StadtLand* (Eisinger/Schneider 2005) sind die Ränder in neuen Dimensionen und Formen zu einem der interessantesten Merkmale heutiger Agglomerationsentwicklung geworden. Im Verlaufe der Ausdehnung und des Zusammenwachsens kompakter Städte mit den Nachbargemeinden zu großen, offenen Stadtfeldern mit mehreren Zentren und Kernen unterschiedlicher Funktionen, sind die inneren und äußeren Stadtränder, verglichen mit den Rändern alter kompakter Städte bzw. alter geschlossener Dorflagen, enorm gewachsen. Sie haben an Vielfalt gewonnen und kennzeichnen geradezu die Muster dieser noch jungen Stadtform.

Die randreiche Zerklüftung als globales Merkmal der Agglomerationen

Im regionalen Maßstab betrachtet gleichen sich die Agglomerationen darin, dass sie tief zerklüftet und durchlöchert erscheinen, in der Art einer buchten- und inselreichen Durchdringung des bebauten Raums mit Freiflächen. Die zahlreichen Ränder erinnern an mathematisch konstruierte Fraktale, die durch die Eigenschaft gekennzeichnet sind, dass sie – unabhängig von den unterschiedlichen, entweder der Übersichts- oder der Detailbetrachtung dienenden Betrachtungsmaßstäben – immer eine ähnliche Form der verzahnten Grenzlinien zeigen, eine Tatsache.

Es scheint nach Humpert ein Grundmuster allen Stadtwachstums zu geben, das dafür sorgt, dass die meisten bebauten Flächen einer Stadt in Fußgängerentfernung zu größeren landschaftshaltigen Stadträndern liegen (Humpert et al. 2002). Wenn die Stadt zu groß wird, um den Stadtrand noch zu Fuß zu erreichen, bleiben innere Stadtränder stehen, die inneren Freiflächen entsprechen, die wiederum in Fußgängerentfernung zur Bebauung liegen. Wachsen einzelne Städte zu Agglomerationen zusammen, werden die äußeren Stadtränder zu inneren Stadträndern. Der Reichtum an fraktal ausgeformten Rändern zwischen bebauten und unbebauten Flächen ist das Charakteristikum aller Metropolräume und trägt dazu bei, die Stadtfelder auch als Stadtlandschaften mit großen Natur- und offenen Landschaftsbereichen zu lesen: Die meisten Randzonen bilden in diesen Stadtlandschaften besonders artenreiche Zonen, und zwar nicht nur an Allerweltsarten, sondern auch an seltenen, geschützten Pflanzen und Tieren.

Abbildung 1: Siedlungsfläche Philadelphia

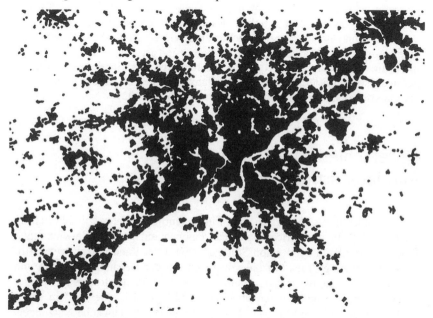

Quelle: Humpert et al. 2002: 93

Auch bei vielen Menschen sind sie als Lebensräume sehr beliebt. Ein wesentlicher Grund für dieses immer wieder nachgewiesene Muster des Randreichtums scheint darin zu liegen, dass viele Menschen gleichzeitig die Nähe zur offenen Landschaft und zur Stadt suchen. Am Rande können sie an beiden Welten teilhaben.

Vielleicht könnte man ein solches Verhalten – in einer ganz unwissenschaftlichen Spekulation – sogar auf eine archaische Frühstufe der Menschheit zurückführen: Nach einer verbreiteten Auffassung hat sich der Homo sapiens am lichten Rande von Savannen-Wäldern Afrikas entwickelt, der einerseits die Jagd auf Großtiere in der offenen Savanne erlaubt, aber andererseits auch den schutzsuchenden Rückzug in dichte Wälder – in seiner Evolution wurden beide Landschaftsräume wirksam. Orians (1980) hat daher die Hypothese aufgestellt, dass sich so auch manche heutige Wohnpräferenzen erklären lassen, wie zum Beispiel der Umstand, dass viele Menschen Randbereiche, die sowohl Elemente von Geschlossenheit als auch Offenheit bieten, als Wohnorte bevorzugen (Orians 1980). Auch wenn diese Theorie durchaus umstritten ist, bleibt es eine wichtige Anregung, den Stadtrand als einen vielfältige Möglichkeiten bietenden, besonderen Übergangsraum zu verstehen.

Wie dem auch sei, alle Stadtagglomerationen – wie Humpert in 57 Agglomerationen auf der ganzen Welt nachgewiesen hat – zeigen diese Muster, wobei der Grad der Zerklüftetheit des Siedlungskörpers abhängig ist vom Wohlstand und damit der Autodichte einer Gesellschaft: Je wohlhabender eine Gesellschaft, je arbeitsteiliger sie organisiert ist und je mehr Fläche sie pro Einwohner bereitstellt, desto zerklüfteter ist das Siedlungsfeld, desto geringer ist die Entfernung von jedem Punkt des Siedlungsfelds zu den Rändern landschaftshaltiger Freiflächen (Humpert et al. 2002).

Unterschiedliche Typen von Randausformungen

Diese Ränder sind sehr verschieden. Ein wesentlicher Unterschied besteht in ihrer „Tiefe". In prosperierenden Stadtregionen mit großem Entwicklungsdruck – wie z.B. in der Region Stuttgart – wird der Rand unter wirtschaftlichem Ausnutzungsdruck sowohl von innen mit der Bebauung als auch von außen von der Landwirtschaft zu einer Linie zusammengedrückt. In weniger prosperierenden Stadtregionen ohne Entwicklungsdruck, wie z.B. im Ruhrgebiet, finden sich am Stadtrand häufig wirtschaftlich schwache Nutzungen, wie provisorische Wohngebiete für Obdachlose, alte Kleingartensiedlungen und vorläufige Gewerbegebiete, die Säume von einer gewissen Tiefe bilden (Reicher et al. 2011). Wesentliche Unterschiede bestehen auch im Maß der räumlichen und zeitlichen Verfestigung. So zeigen diese Ränder, im Einzelnen und in einem detaillierteren Maßstab betrachtet, große Unterschiede: Manche dieser Ränder sind mit Bauwerken verfestigt und bilden wieder eine neue Art von Stadtmauer; sie schließen damit den Siedlungsraum wieder endgültig ab. Damit kann eine kräftige und dichte Bebauung des Stadtrandes gleichzeitig einen Schutzwall gegen die offene Landschaft bilden.

Andere Stadtränder verharren im Wartestand einer kommenden Stadterweiterung und sind mit zeitlich begrenzten Übergangs- und Zwischennutzungen besetzt, die auch ökonomisch schwächeren Stadtbewohnern Raum geben.

In diesen Formen kann der Stadtrand auch ein Refugium für bestimmte unangepasste Nutzungen und häufig auch für bestimmte Menschen sein, die in der konventionellen Stadt keinen Raum finden, z.b. weil sie dort aus verschiedenen Gründen unerwünscht sind

Diese Eigenart des Stadtrandes als Peripherie ist so alt wie die Stadt: Bestimmte Berufsgruppen durften in der Regel nicht in der Stadt selber, sondern mussten vor den Mauern, in der Vorstadt leben: Z.B. die Gerber, die Abdecker, die Scharfrichter (als sog. „unreine Gewerbe") oder auch Volksgruppen, wie die Juden und das „fahrende Volk".

Wieder andere Siedlungsränder sind durch Kleingärten mit öffentlichen Freizeitwegen geprägt und bilden damit einen Saum, den man sowohl als Teil der Siedlung oder auch als Teil einer Form von urbaner Landbewirtschaftung lesen kann. Ein solcher Saum kann auch der ökologischen Anreicherung mit Gartenbiotopen dienen.

Man kann die Ränder auch nach Art und Intensität der Verflechtungen der aneinander grenzenden Nutzungen von Siedlung und Landschaft unterscheiden. Die meisten der gegenwärtigen Stadtränder zeigen jedoch keine Verflechtung mehr: Der Rand, der z.B. aus einer fensterlosen Industriehalle, angrenzend an einen Rübenacker, gebildet wird, zeigt weder funktionale noch visuell-ästhetische Verflechtungen. Das Wohngebiet, das zwar mit Gärten, aber mit Zäunen an eine Weide grenzt, zeigt immerhin ein Minimum an Verflechtung visueller – und über den Saum der Gärten – auch Verflechtungen ökologischer Art, aber auch diese Art der Verflechtung ist äußerst begrenzt. Das vorgelagerte Gartenland oder der vorgelagerte Park können eng mit ihrem besiedelten Hinterland verflochten werden und eine bereichernde Wechselwirkung erzeugen. Aber eine solche Randausbildung ist heute leider eher die Ausnahme als die Regel.

Beispiele

Die folgenden Beispiele stammen aus einer permanent fortgeschriebenen Sammlung, die gleichermaßen der Beschreibung des Reichtums an Phänomenen, wie ihrem Vergleich untereinander und dem Versuch einer systematischen Ordnung dient. Die Ränder sind ausgesucht nach der Klarheit ihrer Struktur, ihrer Unterschiedlichkeit aber auch nach ihrem ästhetischen Reiz.

Boris Sieverts und Thomas Sieverts

Beispiel I: Fraktaler Rand

Der fraktale Rand zeichnet sich durch eine Maximierung der Randlänge in allen Maßstäben aus. Fraktale Ränder bilden häufig Vexierbilder aus, in denen ein permanenter Umschlag der Wahrnehmung von bebauter bzw. unbebauter Fläche als Figur bzw. Grund stattfindet.

Dieser beständige Wechsel der Wahrnehmung führt dazu, dass sich die Umgebung niemals „abnutzt", sondern stets aufs Neue wahrgenommen und interpretiert wird. Fraktale Ränder erzeugen somit *ästhetische Nachhaltigkeit*. Der fraktale Charakter von Rändern ist gut beschreibbar und von der Vielzahl der hier beschriebenen Fälle das am ehesten als Gestaltungswerkzeug einsetzbare Strukturmerkmal. Fraktale Ränder erzeugen eine hohe Selbstähnlichkeit. Sie sind die Grundlage von Fall 2, dem endlosen Rand.

Abbildung 2: Bornheim-Widdig

Quelle: Google Earth

Elemente einer Grammatik der Ränder

Beispiel II: Endloser Rand

Der endlose Rand ist eine bis an die Grenzen der räumlichen Vorstellungskraft reichende fraktale Struktur, deren Ränder nicht ausschließlich aus der Begegnung von bebauter und unbebauter Fläche bestehen, sondern auch aus dem Wechsel verschiedenartiger Bebauungen, Nutzungsarten, Freiflächentypen, Enge und Weite, öffentlich und privat, formell und informell und einer Vielzahl weiterer Abbrüche und Anfänge bestehen können. Das Paradebeispiel für den endlosen Rand ist das Ruhrgebiet: Wer einmal den diffusen Übergang zwischen zwei beieinander liegenden Städten im Ruhrgebiet erlebt hat und sich vorstellt, dass sich solche räumlichen Situationen und Atmosphären so oder so ähnlich über die 40 Kilometer fortsetzen, den überkommt ein seltsames Gefühl der Verlorenheit in einem monumentalen Ganzen, das sich aus einer unbenennbaren Zahl großenteils unscheinbarer Teilsituationen zusammensetzt.

Abbildung 3: Schwarzplan Ruhrgebiet - Ausschnitt Herne

Quelle: Reicher et al. 2011

Innerhalb dieses unendlichen Gebildes gibt es keine linearen Gefälle, weder von peripher zu zentral noch irgendeiner anderen Art, lediglich ein unruhiges und unbeständiges Auf und Ab – ein Rauschen. Man hat freie Sicht und bewegt sich doch durchs Dickicht, eine fortlaufende Ausdehnung von Selbstähnlichkeit, beständiger Anfang und Abbruch, dann wieder unmerkliches Hinübergleiten und Verschmieren bis zur nächsten Kante, hinter der es so weiter geht. Jedes Hinaustreten ist doch nur das Hineintreten ins Nächste, es gibt keinen Blick von außen, nur noch den untereinander vergleichenden. Selbstähnlichkeit wird hier vom Struktur- zum Gestaltmerkmal. Der ständige Anfang und Abbruch erzeugt eine Pionierlandschaft. Schrumpfung geschieht ohne sichtbare Änderung in der Struktur der Stadt, weil die Randlängen so groß sind, dass sie sich durch die Schrumpfung zwar kleinräumlich verschieben, aber insgesamt nicht verlängern.

Beispiel III: Epischer Rand

Der epische Stadtrand erzählt eine große, Generationen und Kulturen umspannende Geschichte. Häufig ist es die Geschichte des Wandels von der agrarischen zur industriellen Gesellschaft, es kann aber auch die Geschichte von Flucht und Vertreibung, Ankunft und Abfahrt, Existenzverlust und Neuanfang, Familiengründung und Hausbau, Natursehnsucht und anderen großen Menschheitsthemen sein.

Orte dieser Geschichte(n) sind z.B. Flughäfen, Friedhöfe, Einfamilienhaussiedlungen (im Bau), Grabeländer, Hochhaussiedlungen, Asylantenheime, Gefängnisse, Reiterhöfe, Mülldeponien, Baggerlöcher und Kasernengelände. Ein epischer Rand par excellence ist der nordöstliche Stadtrand von Paris: Wie ein dickes, aufgeschlagenes Buch liegt hier das Drama der Moderne vor dem Betrachter ausgebreitet: Die Überformung der bäuerlichen Ackerlandschaft durch Kleinsiedlungen und Eisenbahnbau, die Ankunft und Unterbringung hunderttausender Heimkehrer aus den Kolonien sowie der zahlreichen Einwanderer in gewaltigen Hochhausscheiben, die Durchsetzung des Automobils auf drei Autobahnringen mit ihren Querverbindungen und Kreuzungsbauwerken, das Festhalten an einem „Stück Natur" in den zahlreichen legal und illegal angelegten Gärten, die Auflösung des republikanischen Ideals einer unteilbaren Nation in *Gated Communities* etc.

Elemente einer Grammatik der Ränder

Abbildung 4: Albert Renger-Patzsch: Essen-Stoppenberg (1920er Jahre)

Quelle: Wilde/Wilde 1982

Abbildung 5: Montmagny bei Paris

Foto: Boris Sieverts

Das alles sind Geschichten, die jede große Stadt so oder so ähnlich zu erzählen hat. Episch wird diese Gemengelange an Erzählungen durch die Art und Weise, wie sich ihre Zeugnisse räumlich durchdringen. Durch die Überlagerung einer extrem kleinteiligen Verwaltungsstruktur einerseits („Groß Paris" jenseits des *Boulevard Periphérique* besteht aus rund 80 Gemeinden, die sich im Wesentlichen in den Grenzen der alten Kirchspiele befinden) und einer extrem zentralistischen Planungskultur andererseits, kommt es hier zu einer Durchdringung bzw. einem dichten Nebeneinander von Erzählsträngen, das, zumindest in Europa seinesgleichen sucht. Hinzu kommt eine bewegte Topografie, deren zahlreiche Hügel eindrucksvolle Panoramablickpunkte darstellen.

Eine besondere Ausprägung stellt auch der Rand der Pariser Vorstadt Sarcelles dar. Dort ist seit Jahrzehnten eine Autobahn geplant, deren Realisierung bis heute unsicher ist. Auf dem breiten Streifen enteigneten Landes haben die Bewohner begonnen Gemüsegärten anzulegen. Diese und weitere informelle Nutzungen machen aus der unvollendeten Autobahn die ideale Ergänzung der rationalistischen Großsiedlung Sarcelles. In Anlehnung an die langen französischen Sommerferien mit ihrer Notation des weitgehenden Verlassens der Alltagsroutine trägt das Areal den Spitznamen *Les Grandes Vacances*.

Abbildung 6: Les Grandes Vacances – Sarcelles bei Paris

Quelle: Google Earth

Elemente einer Grammatik der Ränder

Am epischen Rand „passiert" Geschichte, noch bevor die vorhergehende Geschichte abgeschlossen oder unsichtbar geworden ist. Es kommt zu einer Gleichzeitigkeit der Zeitereignisse und ihrer Zeugnisse. Vor dem Betrachter erstreckt sich ein Zeit-Raum mit enormer Tiefenausdehnung.

Beispiel IV: Innerer Rand

Jede europäische Großstadt hat Ränder, die bis tief in ihr Herz reichen: Es sind die Eisenbahntrassen und Autobahnen der zweiten Hälften des neunzehnten und des zwanzigsten Jahrhunderts. Diese Trassen, die in dicht bebaute Innenstädte geschlagen wurden, erzeugten eine Abkehr der Stadt zu beiden Seiten. Bei aller Trostlosigkeit, die auf diesen Verkehrsbändern und an ihren Rändern herrscht, gibt es doch auch eine Anzahl an Phänomenen, die sie mit den reichhaltigen, diffusen Rändern am Rande der Stadt teilen:

- Der Abriss von dichter Bebauung für die Schneise legt Wände der Nachbarbebauung frei, die nie zur Ansicht bestimmt waren. Materialien, Vor- und Rücksprünge ergeben sich aus den benachbarten Parzellenverläufen und nicht aus einer geplanten, weitgehend bündigen Straßenansicht. Restgrundstücke bleiben „ungelöst" liegen und dienen als informelle Parkplätze, Obdachlose errichten hier ihre Buden, in den Gebüschen leben Kaninchen. Das alles sind „wilde" Nutzungen und Formmerkmale, wie sie auch den wildwüchsigen, unreglementierten Stadtrand kennzeichnen.
- Die großen Straßendurchbrüche der Nachkriegszeit und die innerstädtischen Eisenbahntrassen des ausgehenden 19. Jahrhunderts sind offene oder schlecht vernarbte Wunden. Die sie begleitende, große, detailreiche Oberfläche erzählt von ihrer Entstehung. Auch hier liegt ein Buch offen, das eine Geschichte erzählt. Es ist eine groteske Geschichte. In der Groteske ist das Ideale geborgen, denn die Groteske ist die verzerrte Darstellung großer Vorgänge. Im Unterschied zur Verschrobenheit, die eine Verzerrung von Unwichtigem darstellt und ihre Blüten bekanntlich in geschützten und geordneten Bedingungen treibt.
- Ein besonders interessanter Fall von innerem Rand ist die Kölner Nord-Süd-Fahrt mit ihren eingehängten Schnellverkehrsstraßen: Hier wurden bewusst nicht bestehende Straßen erweitert, sondern das historische Straßennetz in seinem Querschnitt erhalten und die neuen Straßen zwischen die Häuserblöcke geschlagen. So entstand die autofreundliche Stadt quasi zusätzlich zu der alten Stadt der Fußgänger. Daher verblüfft bis heute die Abgeschiedenheit der in-

nerhalb des Kölner Altstadtringes gelegenen Wohnviertel. Das kleinbürgerliche Milieu, das sich hier gehalten hat, stellt innerhalb der City dieser Metropole eine Eigenartigkeit dar, deren Entstehung und Bewahrung man nur begreift, wenn man diese Viertel als Nischen an den Rändern der großen Straßen versteht.

Abbildung 7: Straßendurchbruch für die Kölner Nord-Süd-Fahrt in den 1950er Jahren

Quelle: Rheinisches Bildarchiv

Abbildung 8: Köln, Ankerstraße mit Blick auf Nord-Süd-Fahrt

Foto: Boris Sieverts

Elemente einer Grammatik der Ränder

Beispiel V: Abschieberand

Der Abschieberand ist eine Zone, in die die Stadt all das verdrängt, was in ihr entweder keinen Platz hat, zu laut und zu dreckig ist oder nicht gesehen werden soll. Das sind z.B. Deponien, Autobahnringe und Umgehungsstraßen, emittierende Industrie, Kiesgruben, Kriegsgefangenenlager, Asylantenheime, Friedhöfe und Verschiebebahnhöfe. Der Abschieberand befindet sich häufig an einem aktuellen oder ehemaligen Stadtrand. Seine Raumstruktur ist das Patchwork. Da auch die Nachbarstadt ihre unliebsamen aber notwendigen Einrichtungen womöglich hierhin verschiebt, entsteht ein breiter Saum aus Unwirtlichem. Jede Großstadt und jeder Ballungsraum hat solche „Mondlandschaften". Da sie sich im äußersten Sichtschatten der Öffentlichkeit befinden bzw. von dieser ausgeblendet werden, bieten sie eine Vielzahl an ökologischen Nischen und sozialen und ökonomischen Experimentierräumen.

Abbildung 9: Köln, Siedlung und Grube am Heckpfad

Foto: Boris Sieverts

Ein Beispiel dafür ist die Kölner Siedlung am Heckpfad. Auf dem Gelände einer ehemaligen Ziegelei und Kiesgrube im Kölner Norden wurde seit den 1940er Jahren ohne Baugenehmigung gebaut. Das Areal liegt abseits der Hauptverkehrsachsen, zwischen Verschiebebahnhof, Kleingartenanlagen, großem Friedhof, ehemaligen Industriedeponien und Resten von Ackerland.

Im Sichtschatten der allgemeinen Wahrnehmung haben Bastler und mittellose Stadtbewohner sich hier über Jahrzehnte die Möglichkeit eines weitgehend selbstbestimmten Wohnens und Arbeitens geschaffen. Die Siedlung und ihr Umfeld kennzeichnet ein dichtes Nebeneinander von Bebauung und Natur sowie Nutzflächen und Brachland. Nachbarn der Siedlung am Heckpfad sind unter anderem eine Siedlung für Sinti und Roma aus den 1970er Jahren sowie ein sogenannter Pferdeschutzhof.

Beispiel VI: Bildhafter Rand

Der bildhafte Rand ist ein Fotostar. Er enthält eine Vielzahl klassischer Stadtrandmotive, wie Gemüsefelder, Hochhäuser, Hochspannungsleitungen, Einfamilienhäuser, Autobahnen sowie Eisenbahngleise in erzählerischer Anordnung und in einer Staffelung, die räumliche Tiefe erzeugt. Ein berühmtes Beispiel für einen fiktiven bildhaften Rand findet sich in Jörg Müllers Schweizer Bildband „Alle Jahre wieder saust der Presslufthammer nieder oder die Veränderung der Landschaft" aus dem Jahre 1974. Ein echter „Hingucker" ist auch der Nordrand von Frankfurt-Oberrad an der Stadtgrenze zu Offenbach. Parallel zur ICE-Strecke von Frankfurt nach Fulda erstrecken sich hier Felder, auf denen Kräuter für die Frankfurter Grüne Soße angebaut werden.

Abbildung 10: Frankfurt-Oberrad

Quelle: Google Earth

Elemente einer Grammatik der Ränder

Die Furchen der Felder bilden perspektivische Muster, die den Betrachter in die Tiefe des Horizonts ziehen. Das nach Oberrad leicht ansteigende Gelände der Felder und Gewächshäuser reicht bis tief in die dahinter liegende Bebauung hinein. Diese wiederum setzt sich zusammen aus mehreren Schichten zwei- bis dreigeschossiger Kleinstadtbebauung und sich dahinter erhebenden Großsiedlungsbauten der 1960er und 70er Jahre. Besonders eindrucksvoll erlebbar wird das Bild durch die Möglichkeit der Betrachtung aus dem parallel dazu fahrenden Zug bzw. vom parallel dazu verlaufenden Fuß- und Radweg von Frankfurt nach Offenbach. Das stets gleiche Grundmotiv – Felder, dahinter mehrere Schichten niedriger Bebauung, dahinter Großsiedlung – wird so in zahlreichen Variationen durchgespielt, ohne dass sich die hierfür so wichtige Blickführung hangaufwärts entlang der Ackerfurchen verschiebt. Das ist großes Stadtlandschaftskino!

Beispiel VII: Plötzlicher Rand

Am plötzlichen Rand hört die Bebauung so plötzlich auf, dass ein beinahe schockartiges Erlebnis von Weite zustande kommt. Einen geläufigen Fall von plötzlichem Rand bilden die unvermittelten Übergänge von städtischer Bebauung zu aufgelassenen, ehemaligen Truppenübungsplätzen, hier besonders zu deren Panzerübungsgeländen.

Abbildung 11: München, Panzerwiesen

Quelle: Google Earth

Die Panzerwiesen westlich der Münchener Allianz-Arena sind so ein Musterbeispiel für plötzlichen Rand. Bemerkenswert und zugleich typisch ist hier das Geflecht aus Trampelpfaden, das die großen Wiesenflächen überzieht. In ihnen bildet sich der nahe Stadtrand mit seinen zahlreichen Anknüpfungs- und Übertrittspunkten ab. Das beinahe unerhörte Nebeneinander von Bebauung und verschwenderischer Weite, das nur im Moment des Übertritts, aber weder im Bild der Siedlung noch in demjenigen der bloßen Wiese erkennbar wird – im Bild des Geflechts aus Trampelpfaden ist es anwesend!

Beispiel VII: Geordneter Rand (Architektenrand)

Der geordnete Rand ist das Ergebnis einer stringenten Anwendung, Durchsetzung und Befolgung von Flächennutzungs- und Bebauungsplänen. In ihnen wirkt die Idealvorstellung einer klar ablesbaren Zuordnung zu bebaut oder unbebaut. Das Feindbild dieses Ideals ist die Zersiedelung. Klare Ränder findet man z.B. im Umland von Stuttgart, wo die dörflichen Gemeinden zwar längst über ihre dörflichen Verhältnisse hinaus- und aufeinander zugewachsen sind, aber eisern auf die Einhaltung der Grünzäsuren sowie auf eine homogene Bebauungsdichte innerhalb der ausgewiesenen Baufelder achten.

Abbildung 12: Stuttgart-Möhringen

Quelle: Google Earth

Der Rand ist dann einfach die Stelle, an der diese homogene Struktur willkürlich „abgeschnitten" wird. Variationen, Durchdringungen, Undeutlichkeiten, Mehrfachdeutungen sind ausgeschlossen. Das schafft zwar eine auf den ersten Blick erkenn- und erfassbare Ordnung, aber es hat dem zweiten, dritten und vierten Blick nur noch wenig zu bieten. Der Rand bleibt hier weit unter seinen Möglichkeiten eines Beitrags zu ästhetischer, ökologischer und sozialer Nachhaltigkeit.

Ökonomische Bedingungen lebendiger Randausbildungen

Die leider heute überwiegend verarmte Ausbildung der Siedlungsränder als räumlich unwirksame Grenzlinien hat meist einfache ökonomische Ursachen: Wie schon skizziert wollen sowohl der profitorientierte Bauentwickler als auch der agroindustriell arbeitende Landwirt ihre Flächen maximal wirtschaftlich nutzen. Dadurch wird der Rand zu einer Grenzlinie zusammengedrückt, die keine eigene Ausformung mehr erlaubt. Das bedeutet gegenüber früheren, heute historisch gewordenen Strukturen eine ökologische und visuell-ästhetische Verarmung, und deswegen sollte man nach Beispielen und Planungsansätzen suchen, die neue zeitgemäße Verflechtungen ermöglichen.

Wie skizziert, zeigt sich, dass derartige Verflechtungen unter den gegenwärtigen ökonomischen Bedingungen nur dort noch lebendig zu funktionieren scheinen, wo die Verfügbarkeit und Gestaltbarkeit des Raums noch nicht vom Bodenpreis diktiert werden, also quasi nur noch dort, wo es „herrenlosen" billigen Boden gibt oder wo die Kommune derartigen Boden zur Aneignung zur Verfügung stellt.

Das oben skizzierte Beispiel der mit der Siedlung durch öffentliche Fußwege verbundenen, von der Gemeinde ausgewiesenen Kleingärten bzw. Grabeland verweist auf eine gute, gesetzlich gesicherte und wirtschaftlich realisierbare sowie auch ästhetisch gestaltbare verflochtene Ausbildung des Siedlungsrandes: Der Rand wird als eine Art gesetzlich geschützter Saum doppelt codiert und ist damit sowohl als Bestandteil der Siedlung wie auch als eine besondere Form urbaner Landwirtschaft zu lesen, oder – anders ausgedrückt – sowohl als Element des Innen- wie des Außenraums definiert.

Derartige doppelt codierte Randsäume lassen sich unter gegenwärtigen polit-ökonomischen Bedingungen nicht nur mit Kleingärten, sondern auch mit öffentlichen Anlagen, wie Sportanlagen, Friedhöfen, Schulhöfen, Parks und dergleichen, primär funktional bestimmten Freiräumen bilden, wenn man sie öffentlich zugänglich macht und parkartig ausbildet. Eine privatwirtschaftliche Sonderform bildet z.B. die Pferdewirtschaft der Freizeit-Reiter, die ebenfalls mit ihren Reiterhöfen und pferdebezogenen Wohnformen neue

Verflechtungsränder bilden können. Auch Golfplätze können ein Stück Stadtrand als besonders ausgeprägten Saum attraktiv prägen, wenn sie, z.B. wie in Schottland oder Irland, öffentlich zugänglich sind und nicht – wie in den USA häufig praktiziert – von exklusiven *Gated Communities* umgeben und damit der Öffentlichkeit entzogen sind.

Wird der Betrachtungsmaßstab noch detaillierter und lässt man sich wie im vorangegangenen Kapitel über die Versuche einer systematischen Ordnung der verschiedenen Randformen der gegenwärtigen Stadtlandschaft hinaus auf die Einzigartigkeit der sinnlichen Qualitäten vieler Stadtränder ein, dann entdeckt man einen unerwarteten Reichtum an unterschiedlichen, unkonventionellen Lebenswelten, ästhetischem Ausdruck und räumlichen Konstellationen, ein Reichtum, der aus dem bis dahin Skizzierten nicht so ohne weiteres zu erklären ist und der auch nicht in eine einfache Ordnung zu bringen ist.

Ränder als *New Frontier*

Lebendige Randausbildungen haben etwas mit spontanen, ungeplanten Entwicklungen oder – anders ausgedrückt – mit gelockerten Vorschriften und Kontrollen zu tun. In einfachen, für sich stehenden Städten, die wir hier als vereinfachtes Modell nehmen, nimmt das Maß der Ordnung und Kontrolle der baulichen und wirtschaftlichen Struktur vom meist hoch geordneten Kern in der Regel zu den Rändern hin ab. An der Peripherie der Stadt haben sich – in unserem vereinfachten Modell – die Ordnung und Kontrolle so weit gelockert, dass Freiräume entstehen für andere, eigenbestimmte Lebens- und Arbeitswelten mit je eigenem Ausdruck. Eine wichtige Bedeutung erhält hierbei der aus der amerikanischen Siedlungsgeschichte entlehnte Begriff der *Frontier*, der in vielen Publikationen – auch zum Stadtrand – auf jüngere Phänomene der Stadtentwicklung bezogen wird: So betitelte beispielsweise Joel Garreau sein bekanntes Buch über die Entwicklung postsuburbaner Dienstleistungszentren mit „Edge City – Life on the New Frontier" (Garreau 1991). Insofern kann man insbesondere den inneren Rand in vielfältiger Hinsicht auch als *New Frontier* lesen, die von den Raumpionieren in Anspruch genommen wird. Für jede Stadt ist eine solche *New Frontier* unverzichtbar, als ‚Brutraum' für neue Entwicklungen.

Es stellt sich die Frage, ob Städte und Gemeinden die Entstehung und Entfaltung derartiger freier Entwicklungsflächen fördern sollten. Denn wirtschaftliche Voraussetzung für das Entstehen von Freiräumen, für die Entstehung andersartiger, nicht vom Bodenmarkt diktierter sozialer und ökonomischer Strukturen ist das Bodenpreisgefälle vom Zentrum zur Peripherie, das mit einem Ordnungs- und Kontroll-Gefälle einhergeht. Jede Stadt müsste dafür sorgen, dass derartige Freiräume erhalten und geschützt werden! Und

Elemente einer Grammatik der Ränder

wo das Bodenpreisgefälle nicht ausreicht, wie z.b. in den Wachstumsräumen Süddeutschlands, sollte man sich in Zukunft neue, von der Kommunalpolitik geförderte und geschützte Räume ausdenken und realisieren können, wie z.B. das Projekt „Land for free" (Legenda 2014). Dieses Projekt hatte vorgeschlagen, einen Teil der industriellen Brachflächen und Verschnittflächen von Infrastrukturen des Ruhrgebiets Einzelpersonen und Gruppen, die sich darum mit Projektideen bewerben, ohne Entgelt, aber auch ohne Vorleistung in Erschließung, Kanalisation etc. sowie unter weitest gehendem Verzicht auf bürokratische Auflagen zur Verfügung zu stellen. Im Ergebnis sollte eine Art informelle Stadt in der Stadt entstehen, in der einerseits ökonomische, bauliche und soziale Ideen realisiert und geprüft werden können und die sich andererseits mit der vorhandenen, zerklüfteten und strukturreichen Eigenart der brachliegenden Areale arrangiert, statt sie zu überformen. Das Projekt war Teil der Bewerbung des Ruhrgebiets um den Titel „Kulturhauptstadt Europas" gewesen und dort auch beschlossen worden. Es fehlte aber offensichtlich noch an Mut zur Realisierung, obwohl es mangels Nachfrage im Ruhrgebiet Brachflächen im Überfluss gibt.

Das oben skizzierte monozentrische und für sich existierende Stadtgefüge bildet ein idealtypisches Modell; dieses Modell des Bedeutungs- und Preisgefälles vom Kern zum Rand gilt jedoch in der Realität nur noch sehr eingeschränkt. Das ursprüngliche Modell der für sich allein stehenden Stadt hat sich meist – wie eingangs skizziert – in ein komplexes Stadtfeld mit mehreren Zentren und Kernen verwandelt: Je nach Lage im Kräftefeld der Stadt gehören auch die inneren und äußeren Ränder entweder mehr zu den eher teuren oder den eher preiswerteren Bereichen. Bei entsprechenden Lagevorteilen sind die Bodenpreise am Rande bisweilen höher als im Kern: Für die Teilhabe an der Natur der offenen Landschaft sowie an den Segnungen der Stadt wird – wenn die Landschaft besonders schön und die Stadt gut erreichbar ist – ein hoher Preis gezahlt! Besonders in Wachstumsgebieten unter Entwicklungsdruck gibt es das idealtypische Preisgefälle vom Zentrum zur Peripherie kaum noch, so dass es dort auch kaum noch spontane Verflechtungen gibt.

Die Vielfalt der Randformen und die unterschiedlichen Bewertungen sind auch darauf zurückzuführen, dass die Agglomeration in Raum und Zeit inhomogen geworden ist, gekennzeichnet von „kalten" Bereichen einheitlich stabiler Ordnung neben „heißen" dynamischen Zonen unterschiedlicher, je eigen bestimmter, in Bewegung befindlicher Lebens- und Arbeitswelten, letztere auch in zeitlich begrenzter flüchtiger Form. Immer noch jedoch sind in vielen Gemeinden, wenn auch eher in den wirtschaftlich schwächeren Regionen, die Ränder der Stadt typische und bevorzugte Orte für eigenbestimmte Lebens- und Arbeitswelten, deren Bedeutung für die Stadtentwicklung es nahe legt, wenigstens manche, besonders ausgeprägte freie Randausprägungen als „kleine Anarchien" durch *benign neclect*, (das heißt durch wohlwollende Vernachlässigung) durch die städtische Verwaltung zu schützen oder zu ermöglichen (wie z.b. durch das Beispiel „Land for free" illustriert).

Um die Bedeutung der Randlage noch viel weitgehender zu verallgemeinern und zu abstrahieren: Es hat sich in der Geschichte immer wieder gezeigt, dass das geschichtlich Neue häufig nicht von den kontrollierten Zentren der Macht ausging, sondern von Peripherien der geringer kontrollierten Provinzen, von den Freiheiten der Ränder.

Schluss: Zum Umgang mit Rändern

Städte in Europa sind gebaut. Die Bevölkerungszahl stagniert oder schrumpft, nur wenige wachsen noch. Neubaubedarf entsteht hauptsächlich durch das Wachstum der spezifischen Flächen. In manchen Ländern, z.B. in der Schweiz und in Deutschland, gibt es das Staatsziel, die bebaute Fläche nicht mehr – oder nur noch ganz geringfügig – wachsen zu lassen und mit den vorhandenen bebauten Flächen durch bauliche Verdichtung, Umbau und Nutzungsanpassungen auszukommen. Das ist rein rechnerisch in Bezug auf die allgemeine Umbaurate, die latenten Flächenreserven und die Umnutzungspotentiale auch gut möglich (die politische Umsetzbarkeit steht auf einem anderen Blatt).

Die Stadtentwicklung in Europa soll in Zukunft nicht mehr extensiv durch Expansion geschehen, sondern durch Intensivierung des Vorhandenen realisiert werden. Mit der konsequenten Verfolgung einer solchen, auf Intensivierung abzielenden Stadtentwicklungspolitik würden die bestehenden Ränder der Ortschaften zu langfristig gültigen Grenzen zwischen bebaut und unbebaut. Im Zuge der Intensivierung und Qualifizierung der bestehenden Stadt müssten dann auch die Ränder kultiviert und qualifiziert werden.

Hierfür sind – je nach Randsituation – mehrere Möglichkeiten denkbar:

- Die Stadtentwicklungsplanung könnte an den dafür prädestinierten Abschnitten eine maßvolle, für Fußgänger durchlässige bauliche Verdichtung anstreben. Die aufgrund ihrer fraktalen Struktur in ihrer Abwicklung sehr langen Ränder könnten ein großes bauliches Volumen aufnehmen. Mit einer solchen baulichen Verdichtung könnten die Ränder stabilisiert und auch gestalterisch sowie ökologisch qualifiziert werden, wenn das Vorfeld gleichzeitig ökologisch wirksam in Form von Gärten, Parks oder Sportflächen umgestaltet und gut mit Fuß- und Radwegen an das bebaute Hinterland angeschlossen würde.

- Als aktive Maßnahme zur Förderung der Toleranz sollten als Ausgleich an anderen Abschnitten, im Kontrast zur baulichen Verfestigung, offene, unkonventionell, aber lebendig angeeignete erhalten werden, als Reservate für unangepasste Lebens- und Arbeitsräume. Diese Reservate sollten einer Eigenentwicklung überlassen werden: Jede Stadt, jede Gesellschaft hat Gruppen und Subkulturen, die diese Freiheitsräume brauchen! Solche Randabschnitte muss man vor Planung und – wie schon gesagt – durch *benign neglect*, durch wohlwollende Nichtbeachtung schützen!
- Stadtpolitik sollte auch so offen sein, neue Experimentierräume am Stadtrand auszuweisen, z.B. für tatkräftige Gruppen mit neuen, frischen Ideen u.a. auf dem Feld des solidarischen Zusammenlebens der Generationen, aber auch für neue Geschäftsideen und in neuen Unternehmensformen. Jede Gesellschaft, jede Stadt braucht den Stadtrand auch als *New Frontier*, an der Neues ausprobiert wird und wo sich die Gesellschaft mit ihrer Stadt weiterentwickelt.

Dort, wo sich Spuren von alten, vor- und frühindustriellen Stadtrandformen von besonderer Eigenart und Schönheit erhalten haben, sollte man sie in Verbindung mit dem Landschaftsschutz unter Denkmalschutz stellen: Solche Stadtränder können viel über die Geschichte der Stadt, ihrer Wirtschaft und ihrer Menschen erzählen, manchmal mehr als die konventionellen Monumente der Zentren!

Als Grundlage für einen solchen Umgang mit den Rändern müsste eine sorgfältige Bestandsaufnahme und Analyse der Charakteristiken, der Qualitäten und Potentiale erarbeitet werden. Wir stehen – nach eineinhalb Jahrhunderten der Stadtexpansion – vor einer flächenmäßigen Konsolidierung der Städte, verbunden mit einer Intensivierung der bestehenden Stadt. In diesem Zusammenhang werden die Ränder besonders wichtig!

Literatur

Ascher, François (1995): Metapolis. Paris: Jacob.
Eisinger, Angelus; Schneider, Michael (Hg.) (2005): Stadtland Schweiz. Untersuchungen und Fallstudien zur räumlichen Struktur und Entwicklung in der Schweiz. Zürich: Birkhäuser.
Garreau, Joel (1991): Edge city - Life on the new frontier. New York: Doubleday.
Humpert, Klaus; Brenner, Klaus; Becker, Sibylle (Hg.) (2002): Fundamental Principles of Urban Growth. Wuppertal: Müller + Busmann KG.
Legenda - Gesellschaft für explorative Landeskunde e.V. (2014): Land for Free: Aus den Archiven des utopischen Ruhrgebiets.

http://legendista.wordpress.com/2012/08/05/aus-den-archiven-des-utopischen-ruhrgebiets-land-for-free/: 16.04.2014.

Müller, Jörg (1973): Alle Jahre wieder saust der Presslufthammer nieder oder: Die Veränderung der Landschaft. Aarau: Sauerländer.

Orians, Gordon H. (1980): Habitat selection: General theory and applications to human behavior, in: Lockard, J.S. (Hg.): The Evolution of Human Social Behavior. New York: Elsevier, pp. 49-66.

Reicher, Christa; Kunzmann, Klaus R.; Polivka, Jan; Roost, Frank; Utku, Yasemin; Wegener, Michael (Hg.) (2011): Schichten einer Region, Kartenstücke zur räumlichen Struktur des Ruhrgebiets, Berlin: Jovis.

Wilde, Ann; Wilde, Jürgen (Hg.) (1982): Albert Renger Patzsch, Ruhrgebiet-Landschaften 1927-1935. Köln: Dumont.

Norbert Fischer

Patchwork-Landschaft im stadtregionalen Raum: Das Hamburger Umland

Zusammenfassung: Das Hamburger Umland repräsentiert die sich wandelnden Räume zwischen Stadt und Land. Als stadtregionale Postsuburbia steht es beispielhaft für einen neuen Raumtypus, der durch eine starke funktionale Ausdifferenzierung gekennzeichnet ist. Dabei hat sich hier ein räumliches Patchwork entwickelt, das für die mobilen Akteure ein pluralistisches Angebot von Nutzungs- und Wahrnehmungschancen offeriert. Klassische Landschaftskonzepte können diesem räumlichen Wandel nur noch bedingt gerecht werden, stattdessen lässt er sich mit neuen Ansätzen wie der Mikrolandschafts-Theorie analysieren.

1. Einführung

Das Hamburger Umland repräsentiert die sich wandelnden Räume zwischen Stadt und Land, wie sie sich seit dem späten 20. Jahrhundert entwickelt haben und seither mit unterschiedlichen Begriffen wie Zwischenstadt, Stadtregion, urbane Landschaft, *Beyond Metropolis* oder Postsuburbia erfasst worden sind. Jenseits aller begrifflichen Vielfalt handelt es sich um einen neuen Raumtypus, der durch eine starke funktionale Ausdifferenzierung gekennzeichnet ist. Dabei hat sich ein räumliches Patchwork entwickelt, das ein pluralistisches Angebot von Nutzungs- und Handlungschancen offeriert (Sieverts 1997, Aring 1999, Bölling/Sieverts 2004, Boczek 2007, Läpple/Soyka 2007).

Das Hamburger Umland – als Kernbestandteil der heutigen Metropolregion Hamburg – umfasst nach regionalplanerischer Definition die vier direkt an die Großstadt grenzenden schleswig-holsteinischen Kreise Pinneberg, Segeberg, Stormarn und Herzogtum Lauenburg im Norden sowie die beiden niedersächsischen Kreise Harburg und Stade im Süden. Bis zur Mitte des 20. Jahrhunderts hinein waren sie – abgesehen von vereinzelten Ausnahmen kleinerer Städte und verstädterter Zonen im direkten Hamburg-Randgebiet – agrarisch-kleingewerblich strukturiert. Gleichwohl hatte ihre exponierte Lage frühzeitig zu grenzüberschreitenden Fluktuationen und vielfältigen Verflechtungen mit der Großstadt geführt, insbesondere zu Berufspendlertum und Siedlungsdruck. Daher unterlagen die Hamburg-Umlandkreise auch relativ früh einem verstärkten Zugriff der Regionalplanung – die nördlichen noch eher und stärker als die südlichen –, was ihre Entwicklung entscheidend beeinflusste. Seit den 1950er Jahren unterliegt die Region einer besonderen räumlichen Dynamik. Unter stetig wachsendem wirtschaftlichen und gesellschaftlichen Stellenwert wurde das Umland im Verlauf der zweiten Hälfte des 20. Jahrhunderts immer stärker in eine grenzübergreifende Stadt- und Regionalplanung einbezogen, die in den 1990er Jahren in das aktuelle Konzept der Metropolregion Hamburg mündete (Döring et al. 2003). Gegenwärtig zeigt sich das Hamburger Umland als eine planerisch gesteuerte funktionale Gemengelage von Wohn- und Gewerbegebieten, Verkehrsachsen, Freizeit- und Naturlandschaften sowie inselhaften Einsprengseln historischer Ensembles, kurz: Ein räumlich reguliertes Patchwork unterschiedlicher Funktionsflächen.

Klassische Landschaftskonzepte können - wenn man Landschaft als gesellschaftsspezifische Anschauung von Raum und Umwelt begreift (Fischer 2012a) - diesem Wandel nur noch bedingt gerecht werden, da sie auf der Vorstellung homogener, in sich geschlossener Räume basieren. Grundsätzlich wird das Verständnis von Landschaft in Europa geprägt durch die unterschiedlichen Perspektiven von Natur- und Kulturwissenschaften. Aus naturwissenschaftlicher Sicht entsteht und verändert sich Landschaft durch die konkreten materiellen Wechselwirkungen zwischen Natur und Mensch, sprich: Aus der menschlichen Arbeit an der Natur. Historisch zeigte sich dies zunächst in den unterschiedlichen Varianten agrarwirtschaftlicher Tätigkeit, später auch durch die Folgewirkungen der Industrialisierung. Hingegen dominiert beim Landschaftsbegriff aus kulturwissenschaftlicher Perspektive die subjektiv-ästhetisierte Wahrnehmung ausgewählter Gegenden, die als in sich homogen aufgefasst werden und zumeist von Natur geprägt sind: Landschaft als „schöne Gegend". Neuere landschaftstheoretische Ansätze hingegen, wie z.B. das Konzept der Mikrolandschaft dekonstruieren das klassische, homogene Landschaftsverständnis und betrachten das Umland von Metropolen eher als funktionales Patchwork – wie in Abschnitt 4 noch ausführlicher zu erläutern sein wird.

2. Zur Vorgeschichte

Ihren Ursprung hatten diese Entwicklungen im frühen 20. Jahrhundert, nachdem sich das damals territorial noch wesentlich kleinere Hamburg zur Millionenstadt entwickelt hatte. Die Stadt litt im Zeitalter von Hochindustrialisierung, Hafenexpansion und Zuwanderung unter massiven Raumnöten. Hamburg-interne Lösungsversuche stießen jedoch an ihre Grenzen, weil das Umland zu Preußen gehörte, somit weder politisch noch planerisch ohne Weiteres greifbar war. Angesichts begrenzten urbanen Raumes kamen konzeptionelle Überlegungen zu einem Groß-Hamburg auf. Sie wurden nach dem Ersten Weltkrieg von dem Architekten, Städteplaner und Hamburger (Ober-) Baudirektor Fritz Schumacher vorangetrieben. Bekanntestes und bis heute nachwirkendes Beispiel ist das von Schumacher ausgearbeitete so genannte Achsenkonzept, das eine Verdichtung von Wohnsiedlungen und Gewerbe von sternförmig ins Umland verlaufenden Entwicklungsbändern entlang von Hauptverkehrstrassen vorsah.

Aber auch im Hamburger Umland wurden raumplanerische Konzeptionen entworfen. Hier spielte insbesondere der Stormarner Landrat Friedrich Knutzen eine bedeutsame Rolle. Aus Perspektive des Umlandes ergab sich durch die genannten Probleme Hamburgs ein enormer Siedlungsdruck. Dies galt vor allem für jene ländlichen Kommunen, die verkehrstechnisch bereits erschlossen waren, vor allem durch Schienenanbindung. Die Dynamik sowohl des urbanen als auch suburbanen Raumes im frühen 20. Jahrhundert forderte jedenfalls Lösungen, die sich aus Sicht der Großstadt und des Hamburger Umlandes jeweils unterschiedlich darstellten (Fischer 2012b). Jedoch führten die nationalsozialistische Diktatur und das so genannte Groß-Hamburg-Gesetz von 1937 dazu, dass alle grenzüberschreitenden Planungen im Großraum Hamburg handstreichmäßig abgewürgt und das Problem zunächst einseitig zu Gunsten Hamburgs durch massive Gebietserweiterungen gelöst wurde.

3. Strukturwandel und regionale Modernisierung

Nach dem Zweiten Weltkrieg änderten sich die Voraussetzungen erneut. Im nördlichen Hamburger Umland, vor allem in den Kreisen Pinneberg und Stormarn, setzte in den 1950er Jahren ein struktureller Wandel ein, der Gesellschaft, Wirtschaft und Landschaft grundlegend veränderte (im südlichen Umland erfolgte dieser Strukturwandel erst mit zeitlicher Verzögerung). Aus ländlich-agrarisch-kleingewerblichen Zonen wurden gewerblich-industrielle Wachstumsgebiete. Die Ursachen waren vielfältig. Zunächst lagen sie im sozialen und wirtschaftlichen Druck, der sich aus den besonderen Umständen der Kriegs- und Nachkriegszeit ergab, insbesondere einem massiven Zustrom von Hamburger Bombenflüchtlingen und Flüchtlingen und Vertriebenen aus den ehemaligen Ostgebieten. Dies gebot dringend die Schaffung neuer Arbeitsplätze. Katalysatorisch wirkte sich hier die in den 1950er Jahren einsetzende, von Hamburg ins Umland ausstrahlende Industriesuburbanisierung aus, den die Umlandkreise, vor allem Pinneberg und Stormarn, durch die Gründung von Wirtschaftsförderungsgesellschaften und die systematische Ausweisung neuer Gewerbegebiete stützten. Diese Wirtschaftsförderungsgesellschaften, im Kreis Pinneberg 1952 und im Kreis Stormarn 1957 gegründet, wurden in der Folge zu wichtigen Akteuren des Strukturwandels. In Stormarn stieg in Folge rasch wachsender Ansiedlungen der Industrieumsatz zwischen 1957 und 1975 um 284%, die Zahl der Industriebeschäftigten um 174%. Dieser wirtschaftliche Strukturwandel bildete den Motor jener regionalen Modernisierung im Hamburger Umland, die in den späten 1950er Jahren einsetzte, in den 1970er Jahren zu einem vorläufigen Abschluss kam und der von Regionalsoziologen in seinen allgemeinen Zügen als fordistische Modernisierung charakterisiert wird. Neben der gewerblich-industriellen und bevölkerungsmäßigen Expansion im Hamburger Umland zog er die Ausrichtung von Lebensweise und Lebensstandards an urbanen Leitbildern nach sich. Architektonisch-städtebaulich wurden aus einst ländlich-agrarisch-kleingewerblichen Räumen neuartige Zonen, die zwischen Stadt und Land oszillierten (Fischer 2008: 25-34).

Beispielhaft lässt sich diese Entwicklung am Raum Reinbek/Glinde im Kreis Stormarn veranschaulichen. Katalysatorisch wirkte ein 1960 angelegtes, gemeindeübergreifendes Gewerbegebiet, das in der Folge stetig erweitert wurde. Dieses Gewerbegebiet, das auf kommunalen Flächen von Reinbek, Glinde und Schönningstedt lag, zog in den 1960er Jahren viele Betriebe an und bot neue Arbeitsplätze, was wiederum Wohnsiedlungsbau erforderte. Reinbeks Bevölkerungszahl stieg zwischen 1961 und 1970 von knapp 11.000 auf über 15.000. Architektonisches Zeugnis der raschen Verstädterung Reinbeks war ein 20-geschossiges Hochhaus, das 1965 als höchstes Wohnhaus in Schleswig-Holstein galt. Dem systematisch betriebenen Ausbau Reinbeks als Wohn- und Gewerbestadt folgten verbesserte Verkehrsanbindungen nach Hamburg: Elektrifizierung der Bahnstrecke und Einbindung in den Hamburger Verkehrsverbund sowie eine Anschlussstelle an die Autobahn A 24 Hamburg-Berlin.

Noch rasanter verlief die Verstädterung in Glinde, das sich vom kleinen ländlichen Gutsdorf zu einer Industrie- und Arbeiterwohngemeinde wandelte. Die Einrichtung des genannten Gewerbegebiets ergab auch hier einen erheblichen Bevölkerungsschub und umfangreichen Siedlungsbau. Bis 1968 vervierfachte sich die Einwohnerzahl gegenüber dem letzten Vorkriegsstand (1939) und erreichte fast 9.000. In den 1960er Jahren wurde dank stark gestiegener kommunaler Gewerbesteuer mit der Errichtung eines neuen, am Reißbrett geplanten „modernen" Ortszentrums mit mehrstöckigen Büro- und Geschäftshäusern begonnen. Die alte Durchgangsstraße musste zu diesem Zweck innerhalb des Ortszentrums verlegt werden. Zuvor hatte ein großer Gutsbetrieb Glindes Ortsmitte geprägt, der in diesem Kontext vollständig abgerissen wurde.

Eine Schlüsselrolle bei dieser Modernisierung spielte die rasch vorangetriebene verkehrstechnische Erschließung des Umlandes. Erst jüngst ist die Bedeutung der Verkehrsinfrastruktur für die Konstruktion territorialpolitischer, planerischer, gesellschaftlicher und lebensweltlicher Räume herausgearbeitet worden (Neubert/Schabacher 2013). Die allumfassende verkehrstechnische Erschließung des Hamburger Umlandes basierte zunächst vor allem auf einer seit den 1960er Jahren zunehmend vom Automobil und preiswerten Treibstoff geprägten Gesellschaft. Die Automobilisierung des Alltags ermöglichte eine individuelle Mobilität, so dass auch jene Räume des Hamburger Umlandes, die nicht von Bahnstationen bedient wurden, enger mit der Metropole Hamburg verknüpft werden konnten. Kurzum: Räumliche Entfernungen spielten für das wirtschaftliche und gesellschaftliche Leben eine immer geringere Rolle. Begünstigt durch die massenhafte Verbreitung des Automobils, kam es seit den 1960er Jahren zu einer zweiten Zuzugswelle ins Umland: Die so genannte Bevölkerungssuburbanisierung. Die Dörfer übernahmen zunehmend reine Wohn- und Freizeitfunktionen oder wurden – vor allem in verkehrsgünstigen Lagen an den Autobahnen – gewerblich-industriell verdichtet (wie Buchholz/Nordheide im südlichen oder Bargteheide im nördlichen Umland).

Die ins Umland abgewanderte Bevölkerung setzte sich aus Stadtbenutzern zusammen, für die kontinuierlich bessere verkehrstechnische Anbindungen an die Großstadt geschaffen wurden. Bereits die in den 1950er Jahren begonnene B 404 (heute teilweise A 21) durchschnitt die Kreise Segeberg und Stormarn – später kamen die Elbtunnel-Autobahn A 7, die A 23 Richtung Pinneberg/Elmshorn sowie die quer durch den Kreis Herzogtum Lauenburg verlaufende Autobahn Hamburg-Berlin (A 24) hinzu. Darüber hinaus erhielten Städte wie Bad Oldesloe (Nordtangente) und Ahrensburg (Ostring) inner- und außerörtliche, großzügig dimensionierte Umgehungsstraßen, die auf gewachsene räumliche Strukturen nur begrenzt Rücksicht nahmen (Fischer 2008).

Der Öffentliche Personennahverkehr unterstützte diese Entwicklung. Der bereits Mitte der 1960er Jahre gegründete Hamburger Verkehrsverbund (HVV) griff mit seinem Liniennetz von U- und S-Bahnen sowie Bussen teilweise weit ins Umland aus, vor allem ins nördliche. Mitte der 1990er Jahre kam es unter dem Stichwort Regionalisierung zu einer politisch gewollten Reorganisation des öffentlichen Personennahverkehrs. Diese verkehrspolitische Wende führte zu einer grundlegenden Verbesserung des Angebots. Im Hintergrund stand die Überlastung des Straßennetzes. Diese Entwicklung war nicht zuletzt eine Folge der verstärkten Pendlerbeziehungen zwischen Metropolen und Umland. Die im Umfeld der Großstädte zunehmenden Staus auf den Zufahrtsstrecken führten zu enormen Zeit- und Energieverlusten. Hinzu kamen stark steigende Treibstoffpreise sowie das politische Umdenken in Richtung Umweltschutz und Ressourcenschonung. Eines von vielen Beispielen im Hamburger Umland ist die Verlängerung der S-Bahnlinie 3 im Jahr 2007 nach Stade.

Auch auf der Planungsebene wurden Hamburg und das Umland immer stärker miteinander verflochten. Industrie- und Bevölkerungssuburbanisierung sowie der Ausbau der Infrastruktur waren eingebettet in eine länderübergreifende Raumplanung. Besonders zwischen den vier schleswig-holsteinischen Umlandkreisen und Hamburg fand eine enge, allerdings gelegentlich auch konfliktgeladene Abstimmung in Sektoren wie Verkehr, Wohnungsbau, Bildungswesen und anderen statt. Raumordnerisch diente diese – bereits in den 1950er Jahren und damit für bundesdeutsche Verhältnisse relativ früh einsetzende – länderübergreifende Regionalplanung in erster Linie dem Ziel, die gewerblich-industrielle und bevölkerungsmäßige Verdichtung innerhalb des Umlandes auf bestimmte Räume, die bereits erwähnten so genannten Achsen, zu konzentrieren. Es ging hier, um es verallgemeinert zu formulieren, um die raumplanerische „[...] Bereitstellung von Nutzflächen für ausgewogene Befriedigung menschlicher Bedürfnisse" (Werlen 1995: 517). Aus den regionalen Modernisierungsprozessen im großstädtischen Umland resultierte letztlich ein neuer Raumtypus, der durch eine starke soziale und funktionale Ausdifferenzierung der ehemals ländlichen Räume im großstädtischen Umland gekennzeichnet ist: Wohnen, Gewerbe, Dienstleistungen, Bildungs-, Freizeit- und andere Infrastruktureinrichtungen (Läpple/Soyka 2007, Boczek 2007).

Dies ist nicht zuletzt eine Folge von übergreifenden gesellschaftlichen und ökonomischen Entwicklungen, die im Allgemeinen unter dem Begriff der Postmoderne zusammengefasst werden. „In den achtziger Jahren", so urteilt der Zeithistoriker Anselm Doering-Manteuffel, „zerfiel das Gesellschaftsmodell der Nachkriegszeit" (2007: 572). Die in der Folge einsetzende gesellschaftliche und kulturelle Neuorientierung verkörperte das Ende des verbindlichen Rahmens der Nachkriegs-Gesellschaft. Im Hintergrund standen fundamentale Veränderungen der wirtschaftlichen Strukturen, vor allem der Überwindung der rohstoffabhängigen, fließbandmäßigen Industriearbeit des fordistischen Zeitalters. Auch im Freizeitbereich vollzog sich eine Differenzierung des Angebotes. Der traditionelle Feierabend wurde von individualisiert-mobilen Formen der Freizeitgestaltung und Erholung ersetzt (Döring-Manteuffel 2007: 560, 575; Aring 1999: 73,75).

Allerdings zeigten sich diese Entwicklungen im nördlichen Umland früher und stärker als im südlichen. Was waren die Gründe für dieses Nord-Süd-Gefälle? Für den Landkreis Harburg beispielsweise wirkte sich die im Vergleich zum nördlichen Umland schlechte verkehrstechnische Anbindung an die Großstadt negativ aus – die Elbe wirkte bis zur Eröffnung des neuen Elbtunnels 1975 als Barriere. Entscheidendes Kriterium bei der Wahl eines neuen Ansiedlungsortes war für die Betriebe nämlich die relative Nähe zum bisherigen Standort in Hamburg bzw. zu Hamburgs City. Ebenso spielte die Anbindung an U- und S-Bahn bzw. Vorortbahn eine entscheidende Rolle bei der Standortentscheidung. All dies begünstigte zunächst die nördlichen Umlandkreise.

Eine besondere Entwicklung hingegen nahm im südlichen Umland der Raum Stade. Hier entstand seit Ende der 1960er Jahre in Bützfleth an der Niederelbe mit öffentlicher Förderung ein neues industrielles Zentrum, dessen Flächen durch Eindeichungsmaßnahmen nach der für diese Region verheerenden Sturmflut 1962 überhaupt erst geschaffen wurden (seit 1972 gehört die zuvor selbständige Gemeinde Bützfleth durch eine Gebietsreform zur Stadt Stade). Die sich ansiedelnde Großindustrie mit zahlreichen neuen Arbeitsplätzen veränderte die Wirtschafts- und Sozialstruktur im Raum Stade. Katalysatorische Faktoren waren ein vorhandenes Arbeitskräftepotenzial, preiswerte Energie, günstige Rohstoffbedingungen, politische Unterstützung der Landesregierung und regionalpolitische Förderung sowie der Ausbau der Infrastruktur auf öffentliche Kosten.

Das Hamburger Umland ist inzwischen Teil der Metropolregion Hamburg geworden. Bereits die Terminologie dokumentiert den Wandel: Wurden Metropole und Region bis ins späte 20. Jahrhundert hinein als Polaritäten gesehen, werden sie nun begrifflich zusammengeführt. Das Hamburger Umland wurde damit Element eines Konglomerats, das unterschiedliche Formen raumplanerischer Zusammenarbeit und neue Formen netzwerkartig gestalteter Infrastrukturen geschaffen hat. Die Metropolregion Hamburg zeigt sich als Ausdruck jenes Paradigmenwechsels, der das vorangegangene Konzept der alten Stadt mit ihren klaren Stadt-Umland-Abgrenzungen überwindet. (Döring et al. 2003; Adam et al. 2005; Ludwig 2008)

4. Räumlicher Wandel und Landschaftstheorie

Die Wandlungsprozesse in Stadtregionen, wie dem Hamburger Umland bzw. der Metropolregion Hamburg, haben die Begrifflichkeit von Räumen und Landschaften beeinflusst. Dabei wird Raum im Folgenden im Sinne eines Container-Begriffs als flächenmäßig eindeutig zu definierende Synopse unterschiedlicher Orte verstanden, während Landschaft als Konstrukt begriffen wird, das auf je unterschiedlich motivierte, interessengeleitete Wahrnehmungsformen verweist. Landschaften haben für bestimmte soziale Gruppierungen in ihrem eigenen Umfeld eine spezifische Bedeutung. Diese Bedeutung ist in der Regel sowohl kulturell als auch sozioökonomisch begründet. Sie verändert und entwickelt sich im Zuge historischen Wandels. „Wir sprechen von Landschaften, wenn wir etwas im Interesse seiner besonderen Formation, Gestaltung oder Organisation betrachten und es damit zugleich distanzierend beschreiben. Landschaften zu sehen, heißt zunächst, sich ein Bild von etwas zu machen" (Wendt 2009).

Der klassische bürgerliche Landschaftsbegriff basiert auf dem Konstrukt eines ästhetisierten, „schönen" Raumes, dessen Wahrnehmung ursprünglich auf die Idealisierung von Natur zurückgeht. Um 1800 erweiterte sich der Begriff dann zur Bezeichnung ländlicher Gegenden, wobei die alte Bedeutung insofern einfloss, als hier der romantische Blick des Stadtbürgers auf einen idealerweise als unverfälscht-*rural* empfundenem Raum zu Grunde lag. Mit Industrialisierung und Urbanisierung wurde Landschaft auch zum kompensatorischen, positiv konnotierten Gegenpol der (Groß-) Stadt.

Diese traditionelle Trennung zwischen Stadt und Land jedoch hat, wie schon mehrfach betont, inzwischen ihre Bedeutung verloren. Nicht zufällig wird daher gegenwärtig der Begriff Landschaft in unterschiedlichen wissenschaftlichen Disziplinen kontrovers diskutiert, neu konzeptionalisiert und theoretisch ausgeleuchtet. Neue Schulen der Landschaftsforschung mit einer Vielfalt an Theorien, Konzeptionen und Themen sind entstanden. Das Spektrum reicht vom klassisch-neuzeitlichen Landschaftsbegriff bis zur partikularisierten Landschaftsauffassung postmoderner Ansätze (Küster 2012; Krebs/Seifert 2012). Von der so genannten Neuen Kulturgeografie her wirkte die *New Landscape School* mit ihrem Verständnis von Landschaft als zu interpretierendem Text wegweisend für ein dynamisches Landschaftsverständnis (McDowell 1994). Entscheidend für die Weiterentwicklung landschaftstheoretischer Ansätze in Stadt-, Regional- und Landschaftsplanung ist die Transformation der Grenzen zwischen Stadt und Land gewesen, aber auch der Einbezug des vermeintlich Hässlichen. Der US-amerikanische Landschaftsforscher John Brinckerhoff Jackson fordert dies bereits seit langem (Brinckerhoff Jackson 1994). Neue Begriffsbildungen innerhalb der Landschaftstheorie verweisen auf diese Entwicklungen: *Landscape urbanism* (Waldheim 2006) und *landscapes abused* (Institut für Landschaftsarchitektur 2007).

Damit werden auch in der Terminologie der Landschaftsforschung die Entwicklungen des postindustriellen Zeitalters aufgegriffen und verarbeitet. Zwischenzonen im Umfeld der Metropolen werden nicht mehr als landschaftliche terra incognita betrachtet. Die aus dem bürgerlichen Zeitalter stammende Vorstellung geschlossener räumlicher Einheiten mit ihrer vermeintlich identitätsstiftenden Wirkung wurde landschaftstheoretisch aufgelöst zugunsten von Konzepten, die der Spezifik räumlich-funktionaler Patchworks gerecht werden können.

Für das Beispiel stadtregionaler Landschaften erweist sich dabei der jüngst entwickelte Ansatz der Mikrolandschaften als besonders fruchtbar zur Analyse neuer räumlicher Strukturen. Dies gilt nicht nur, weil er hierarchiefreie Zwischen-Terrains zueinander in Beziehung setzt, sondern auch, weil der Ansatz eine der Grundvoraussetzungen der neuartigen Stadt-Land-Beziehungen einbezieht, nämlich die rasch wachsende Mobilität „Beschleunigung und [...] Mobilität haben die Landschaft nicht zum Verschwinden gebracht. Doch veränderte Bewegungspraktiken führen zu neuen Landschaftskonzepten. [...] Die zeitgenössische Ausdrucksform der Landschaft verstehen wir als eine Agglomeration von Zwischenräumen, die wir als Mikrolandschaften bezeichnen. Mit einem überkommenen Begriff von ‚Landschaft' und deren ‚Schönheit' verbindet sie nur noch wenig" (Franzen/Krebs 2006: 12).

Im Hamburger Umland bzw. später in der Metropolregion Hamburg haben sich seit den 1960er-Jahren durch die erwähnten Entwicklungen die räumlichen Strukturen *verflüssigt*. In der Folge entstand ein Teppich funktionaler Klein-Landschaften. Diese Mikrolandschaften sind als Agglomerationen verschiedenster, in Bewegung erfahrener Zustände von Umwelt zu betrachten, die den agierenden Menschen mit einschließen und die als gesellschaftlich-kulturelles Konstrukt betrachtet und analysiert werden kann (Franzen/Krebs 2006: 14-16).

5. Ein Patchwork von Mikrolandschaften

Blicken wir nun abschließend auf einige aktuelle Ausprägungen im Hamburger Umland. Als Beispiel für die Veränderungen soll im Folgenden die zwischen Hamburg und Stade liegende Stadt Buxtehude dargestellt werden. Buxtehude hat nach dem Zweiten Weltkrieg eine rasante Entwicklung genommen und seine Bevölkerungszahl auf heute knapp 40.000 vervielfacht. Die historische Altstadt, die um den alten Hafen gruppiert ist, erscheint im räumlichen Maßstab heute als fast miniaturhaft klein. Die wirtschaftlich bedeutenden Zonen der Stadt sind an die frühere Peripherie verlagert worden. Verkehrsgünstig gelegen, entfalten sie dort ihre Sogwirkung, die Stadt fasert ins Umland aus. Die Innenstadt verlor ihre stadtspezifische Eigenart. Stattdessen sind am Rande Buxtehudes konfektionierte Gewerbegebiete zu eigentlichen (Einkaufs-) Zentren geworden. Das sind verallgemeinerbare Entwicklungen: Die wirtschaftlichen Zentren werden an den Stadtrand (Brune/Pump-Uhlmann 2009). Dies sind zugleich Hinweise darauf, dass die wachsende Mobilität zu einem zunehmend großräumigeren Handeln der Akteure führt, zumal dann wenn das öffentliche Verkehrsnetz den Aktionsradius vergrößert. Die Innenstädte sind nur noch ein Handlungsfeld unter vielen.

Blicken wir ins nördliche Hamburger Umland. Neben Mittelstädten sollen nun auch kleinere Städte, Großgemeinden und Dörfer behandelt werden. Vergleichbares gilt für Bad Oldesloe im nördlichen Umland. Hier ist der historische Stadtkern prinzipiell bis heute erhalten geblieben, hat jedoch bezeichnenderweise seine frühere Bedeutung verloren. Am Reißbrett entworfene Strukturen ergänzten und erweiterten die traditionelle Topographie der Stadt. Die Wohn-, Verwaltungs- und Geschäftsbauten der 1950er bis 1970er

Jahre zeigten eine neuartige, „moderne" Architektur, die die Stadt nun zunehmend prägte. Um die historische Altstadt, die durch zahlreiche kleine Häuser und eine teilweise verwinkelte Straßenführung charakterisiert war, gruppieren sich vielgeschossige Bauten. Zum architektonischen Symbol des modernen Stadtbildes wurde das 1961 errichtete erste Oldesloer Hochhaus an der Kurparkallee. Weitere mehrgeschossige Wohnblocks entstanden – vor allem in den 1960er Jahren. In der Innenstadt zeigte sich dabei ein starker Verlust historischer Bausubstanz. Auch die großzügige Ausweisung der Oldesloer Gewerbegebiete war Ausdruck der neuen funktionalen Aufteilung der Stadt. Die Betriebe sollten nicht mehr, wie bisher, auf beliebigen freien Flächen innerhalb der Stadt angesiedelt, sondern auf wenigen Flächen konzentriert werden (Zander 2008).

Ein weiteres Fallbeispiel betrifft eine jüngere Stadt, und zwar das an der südöstlichen Hamburger Stadtgrenze gelegene Glinde. Bis in die 1930er Jahre hinein ein typisches Gutsdorf, wurde in der Zeit des Nationalsozialismus ein bedeutender Militärstandort. In den 1960er Jahren wurde die Ortsmitte, die zuvor von einem dann weitgehend abgerissenen Gutsbetrieb dominiert worden war, neu geplant. Dabei setzte man auf extreme Verdichtung durch Hochhausbau und City-Center-Bildung. Um 1980 jedoch endete diese am Leitbild der Großstadt orientierte Ära der Modernisierung. Besonders gut wird der Paradigmenwechsel durch den Erhalt der so genannten Deputatshäuser als historisch-ländliche Architektur in der alten Dorfstraße veranschaulicht (1983). Dies gilt auch für den Umgang mit dem unbebauten Raum, etwa die Wiederherstellung von Glinder Au und Mühlenteich als Natur- und Naherholungsräume sowie der systematische Aufbau von Grün- und Waldflächen (Fischer 2000: 96-99).

Die Konservierung historischer Strukturen als Mikrolandschaften zeigt sich ebenso bei der Neugestaltung des Ortszentrums der Stormarner Großgemeinde Ammersbek. Im Gegensatz zu den beschriebenen Entwicklungen in den 1960er-Jahren, als man bei der Gestaltung der Ortskerne zur radikalen, meist vielgeschossigen Neubebauung im Sinne einer „City-Bildung" neigte, wurden hier historische Strukturen im Mittelpunkt des Ortes erhalten. Die Großgemeinde Ammersbek war überhaupt erst mit Wirkung vom 1. Januar 1978 aus den beiden zuvor selbstständigen Gemeinden Hoisbüttel und Bünningstedt bei einer nunmehrigen Einwohnerzahl von rund 8.000 gebildet worden. Zur Gestaltung des neuen Ortszentrums diente eine nahe der B 434 gelegene hofähnliche Fläche um den ehemaligen Pferdestall eines früheren Gutshofes (Fischer 2008: 112f.).

Ein letztes konkretes Beispiel betrifft die Gemeinde Hoisdorf bei Ahrensburg. Sie entwickelte sich im Verlauf des 20. Jahrhunderts von einem Bauerndorf zu einer großstadtnahen Wohngemeinde. Dies veränderte die dörfliche Landschaft, denn der Ort verteilte sich auf mehrere Siedlungen. Der alte Dorfanger, also der historische Ortskern mit Dorfteich, steht heute unter

Denkmalschutz. Zusammen mit den umliegenden Gehöften symbolisiert dieser Anger ebenso das ländlich-bäuerliche Milieu wie das nahgelegene Stormarnsche Dorfmuseum, in dem Relikte dieser vergangenen Lebenswelten dokumentiert werden. Dorfanger und Dorfmuseum sind für die gegenwärtige Sozialstruktur der Gemeinde längst nicht mehr repräsentativ und bilden nicht mehr das Zentrum. Dennoch gehören sie als eigenständige Mikrolandschaften zum heutigen Erscheinungsbild des Ortes. Von besonderer Bedeutung ist die Tatsache, dass inmitten des Ortes eine als Naturschutzgebiet ausgewiesene Landschaft mit mehreren Gewässerflächen liegt Die so genannten Hoisdorfer Teiche (Fischer 2000: 71ff.).

Dies zeigt, dass im entstehenden Patchwork stadtregionaler Mikrolandschaften mittlerweile klassische Landschaftskonstrukte nicht verschwinden. Auf sie wird beispielsweise dann zurückgegriffen, wenn Landschafts- und Naturschutzgebiete ausgewiesen oder Fluss- und Teichlandschaften renaturiert werden. So entstanden Naherholungsgebiete, die mit geschwungenen Wegen, naturnah gestalteter Kleinarchitektur und künstlichen Wasserflächen imaginierten Naturlandschaften nachempfunden waren. Ein wichtiger Akteur war diesbezüglich der 1972 gegründete Verein „Naherholung im Umland Hamburg e.V.", dessen Aufgabe die Pflege und Unterhaltung von Naherholungseinrichtungen war. Da die Ausstattung der Naherholungszonen immer demselben Muster folgte, waren die verschiedenen Wald-, Seen-, Park- oder Moorlandschaften des Hamburger Umlandes für jeden Besucher bald gleichmäßig vertraut: Natur wurde konfektioniert. Ihre konsequente Zuspitzung fand die Modellierung der Natur in der Ausweisung von Naturschutzgebieten, deren Zahl im Hamburger Umland besonders groß und deren Fläche häufig sehr klein ist. Die Naturschutzgebiete konservieren künstlich einen als *natürliches Ideal* betrachteten Zustand, der auf traditionellen Landschaftsvorstellungen basiert.

In ihrem inselhaften Charakter zeigen sich diese naturnahen Mikrolandschaften als lebensweltlich-kompensatorische Räume zwischen Verkehrsachsen und verstädterter Bebauung. Gerade weil Naturflächen aus dem allgemeinen Strukturwandel ausgegliedert und „stillgestellt" wurden, wurden sie zum funktionalen Bestandteil dieses Wandels und der mikrolandschaftlichen Patchwork-Topografie. Sie bilden ästhetisch-kompensatorische Äquivalente zu den Gewerbe- und Neubaugebieten.

Weitere kompensatorische Mikrolandschaften kommen im Hamburger Umland hinzu. Sie entstammen als ländlich-historisierte Ensembles dem Bereich der Dorfverschönerung und Denkmalpflege: Erhaltene bzw. wiederhergestellte alte Dorfanger, reetgedeckte Häuser, Mühlenteiche, historische Gotteshäuser mit Kirchhöfen. In der Historisierung des funktional ja längst überkommenen ländlichen Lebens wird hier zugleich ein immaterielles Flechtwerk kultureller Symbole produziert, das ein Beispiel für die Komplexität des landschaftlichen Patchworks in stadtregionalen Räumen bietet (und dabei auf klassische Vorstellungen des Landschafts- und Heimatschutzes der Zeit um 1900 zurückgreift).

Resümierend lässt sich festhalten: Die Patchwork-Landschaften im verstädterten Hamburger Umland sind ein Produkt wirtschaftlicher und gesellschaftlicher Prozesse der letzten Jahrzehnte, insbesondere des planerisch gesteuerten Strukturwandels und der wachsenden Partikularisierung der Lebenswelten (Arbeit, Wohnen, Einkaufen, Kultur, Freizeit, Erholung). Dabei schöpft das mikrolandschaftliche Patchwork noch aus dem Reservoir klassischer Landschaftswahrnehmung, indem es inselhaft naturlandschaftliche oder historisierte Ensembles produziert. Gesellschaftlich hat die funktionale Neugliederung des postmodernen Raumes eine Plattform für mobile, segregierte Lebenswelten geschaffen, die immer wieder neu miteinander kombiniert werden können.

Literatur

Adam, Brigitte; Göddecke-Stellmann, Jürgen; Heidbrink, Ingo (2005): Metropolregionen als Forschungsgegenstand. Aktueller Stand, erste Ergebnisse und Perspektiven, in: Informationen zur Raumentwicklung 7, S. 417-430.
Aring, Jürgen (1999): Suburbia – Postsuburbia – Zwischenstadt. Hannover.
Boczek, Barbara (2007): Transformation urbaner Landschaft: Ansätze zur Gestaltung in der Rhein-Main-Region. Wuppertal: Müller und Busmann.
Bölling, Lars; Sieverts, Thomas (Hg.) (2004): Mitten am Rand. Auf dem Weg von der Vorstadt über die Zwischenstadt zur regionalen Stadtlandschaft. Wuppertal: Müller und Busmann.
Brinckerhoff Jackson, John (1994): Discovering the Vernacular Landscape. New Haven: Yale University Press.
Brune, Walter; Pump-Uhlmann, Holger (2009): Centro Oberhausen - Die verschobene Stadtmitte: Ein Beispiel verfehlter Stadtplanung. Wiesbaden: Immobilien Zeitung Gmbh.
Döring, Martin E.; Engelhardt, Gunther H.; Feindt, Peter H.; Oßenbrügge, Jürgen (Hg.) (2003): Stadt – Raum – Natur. Die Metropolregion als politisch konstruierter Raum. Hamburg: Hamburg University Press.
Doering-Manteuffel, Anselm (2007): Nach dem Boom. Brüche und Kontinuitäten der Industriemoderne seit 1970, in: Vierteljahrshefte für Zeitgeschichte 55, 4, S. 559-581.
Fischer, Norbert (2000): Die modellierte Region. Stormarn und das Hamburger Umland vom Zweiten Weltkrieg bis 1980. Neumünster: Wachholtz.
Fischer, Norbert (2008): Vom Hamburger Umland zur Metropolregion. Hamburg: Dobu-Verlag.
Fischer, Norbert (2012a): Landschaftsgeschichte – Landschaftstheorie – Landschaftswandel: Konzeptionen und Fallstudien., in: Flusser Studies 14 – November 2012. http://www.flusserstudies.net/pag/current.htm.

Fischer, Norbert (2012b): Am Rand der Großstadt. Fritz Schumacher, Landrat Knutzen und die „Entdeckung" des Hamburger Umlandes, in: Hempel, Dirk; Schröder, Ingrid (Hg.): Andocken. Hamburgs Kulturgeschichte 1848-1933. Hamburg: Dobu-Verlag, S. 348-358.

Franzen, Brigitte; Krebs, Stefanie (2006): Einleitung, in: Franzen, Brigitte; Krebs, Stefanie (Hg.): Mikrolandschaften. Landscape Culture on the Move. Münster, S. 12-19.

Krebs, Stefanie; Seifert, Manfred (Hg.) (2012): Landschaft quer denken: Theorien – Bilder – Formationen. Leipzig: Leipziger Universitätsverlag.

Küster, Hansjörg (2012): Die Entdeckung der Landschaft. Einführung in eine neue Wissenschaft. München: C.H. Beck.

Läpple, Dieter; Andreas Soyka (2007): Stadt – Zwischenstadt – Stadtregion: raumwirtschaftliche Transformationen in der Stadtregion Frankfurt/Rhein-Main. Wuppertal: Müller und Busmann.

Institut für Landschaftsarchitektur (Hg.) (2007): Landscapes Abused – Missbrauchte Landschaften. Zürich: Gta Verlag, S. 69-71.

Ludwig, Jürgen (Hg.) (2008): Metropolregionen in Deutschland. 11 Beispiele für Regional Governance. Baden Baden: Nomos.

McDowell, Linda (1994): The Transformation of Cultural Geography. In: Gregory, Derek; Martin, Ron; Smith, Graham (Hg.): Human Geography. Society, Space and Social Science. London: Palgrave Macmillan.

Menzl, Marcus (2007): Leben in Suburbia. Raumstrukturen und Alltagspraktiken am Rand von Hamburg. Frankfurt/M., New York: Campus.

Neubert, Christoph; Schabacher, Gabriele (Hg.) (2013): Verkehrsgeschichte und Kulturwissenschaft. Analysen an der Schnittstelle von Technik, Kultur und Medien. Bielefeld: Transcript.

Sieverts, Thomas (1997): Zwischenstadt. – zwischen Ort und Welt, Raum und Zeit, Stadt und Land. Braunschweig und Wiesbaden: Vieweg.

Waldheim, Charles (Hg.) (2006): The Landscape Urbanism Reader. New York: Princeton Architectural Press.

Wendt, Karin (2009): Worin wir leben – Landschaften, in: Tà katoptrizómena. Das Magazin für Kunst, Kultur, Theologie, Ästhetik 62: Landschaft. http://www.theomag.de/62/kw64.htm.

Werlen, Benno (1995): Landschaft, Raum und Gesellschaft – Entstehungs- und Entwicklungsgeschichte wissenschaftlicher Sozialgeographie, in: Geographische Rundschau 47, 9, S. 513-522.

Wixforth, Jürgen; Jörg Pohlan (2005): Typisierung der Umlandgemeinden in den Stadtregionen Hamburg und Berlin-Potsdam nach sozioökonomischen Kriterien – Ein methodischer Beitrag mit ersten Interpretationsansätzen Hamburg.

Zander, Sylvina (2008): Oldesloe – Die Stadt, die Trave und das Wasser. Neumünster: Wachholtz.

Barbara Schönig

Umbauen, reparieren, umdenken – Suburban Retrofitting in der Krise

Zusammenfassung: Postsuburbane Räume in den USA sind in erheblichem Maße erneuerungsbedürftig und werden in den USA unter den Stichwörtern *suburban retrofitting* und *sprawl repair* mittlerweile als ein wichtiger Gegenstand von Stadterneuerung behandelt. Diese Strategien knüpfen inhaltlich an die baulich-räumlich orientierten Strategien der *Anti-Sprawl*-Bewegung der 1990er Jahre an. Doch diese baulich orientierten Retrofitting-Strategien sind nur in Ansätzen geeignet, den drei zentralen Herausforderungen Postsuburbias – Ausdehnung, Alterung und Armut – zu begegnen. Dies gilt insbesondere weil mit der jüngsten Immobilien- und Finanzkrise (Post-)suburbia in seiner wesentlichen Funktion im US-amerikanischen Modell des Wohlfahrtsstaats als Motor von Konjunktur und Garant individueller Absicherung durch das Eigenheim im Grünen gescheitert ist.

Im letzten Jahrzehnt sind in den USA etliche Publikationen zum Themenfeld *suburban retrofitting* oder *sprawl repair* erschienen (Tachieva 2010; Dunham-Jones/Williamson 2011; Buntin/Pirie 2013). Diese Publikationen setzen einen wichtigen Akzent: Sie etablieren den Bestand des verstädterten Raums jenseits der Kernstädte als Gegenstand der Stadterneuerung, indem sie seine Erneuerungs- und Umbaupotentiale diskutieren. Zu Recht: Denn bereits jetzt sind suburbane Räume in erheblichem Maße erneuerungsbedürftig und eher kurz- als mittelfristig wird sich Handlungsbedarf an vielen Stellen im suburbanen Siedlungsbestand zeigen, wenn zum Beispiel großflächiger Einzelhandel brach fällt oder Einfamilienhausgebiete leerlaufen, weil sie den Anforderungen an Platz und Ausstattung nicht mehr genügen.

Diese weitgehend baulich-räumlich orientierten Strategien zur suburbanen Stadterneuerung knüpfen inhaltlich an die interdisziplinäre, so genannte *Anti-Sprawl-Bewegung* an, die sich in den 1990er Jahren in den USA formiert hatte (Bodenschatz/Schönig 2004). Diese breite gesellschaftliche Bewegung artikulierte aus verschiedenen Perspektiven Kritik an den vorherrschenden Entwicklungsparadigmen US-amerikanischer Stadtregionen: Autoorientiert und ressourcenintensiv, also ökologisch untragbar, Motor und Ursache ethnischer und sozialer Segregation sowie sozialräumlicher Ungleichheiten und Benachteiligungen, ökonomisch ineffektiv aus volkswirtschaftlicher, individueller ebenso wie unternehmerischer Perspektive, aber auch ein

Problem aus gesundheitspolitischer und baukultureller Sicht – *sprawl* erschien als Ursache und räumlicher Ausdruck zentraler Probleme der US-amerikanischen Gesellschaft zugleich – eine These, die sich auf geradezu unheimliche Weise, wenn auch aus ganz anderen Gründen, mit der jüngsten Immobilienkrise bewahrheiten sollte, durch die die eigentliche volkswirtschaftliche Hypothek der massenhaften Produktion unterfinanzierter Eigenheime zum Katalysator einer nationalen und internationalen Finanz- und Wirtschaftskrise offen sichtbar wurde.

Aus der breiten, interdisziplinären Auseinandersetzung mit *sprawl* erwuchsen ganz unterschiedliche Lösungsansätze, von denen vor allem einige der planerischen Konzepte des *Smart Growth* sowie die (städte-)baulichen Aspekte des (an sich wesentlich umfassenderen) *New Urbanism* diskursive Macht und konzeptionellen Einfluss auf die US-amerikanische Planungs- und Baupraxis entfalteten. Mittlerweile hat sich innerhalb der Auseinandersetzung mit *sprawl* der Fokus auf den Umgang mit dem Siedlungsbestand, auf die Reparatur des *sprawl*, verschoben. Hilfestellungen hierfür bieten Handbücher, die für unterschiedliche städtebauliche Typologien und Nutzungsstrukturen planerische Lösungen und Entwurfsansätze anbieten (Tachieva 2010; Dunham-Jones/Williamson 2011; Buntin/Pirie 2013).

Kennzeichnend für diese Handbücher ist ein vergleichsweise schematisches Verständnis der tatsächlich drängenden Aufgabe suburbaner Stadterneuerung als städtebaulicher Reparaturmaßnahme, das zum Teil erstaunlich wenig Notiz von den Bewohner/innen dieser Räume und ihrer Bedürfnisse nimmt, obgleich sie im suburbanen Raum ja zumeist sogar Eigentümer sind. Sie tauchen lediglich als Akteure auf, deren Überzeugung für die als notwendig gesetzten Maßnahmen gewonnen werden müsse.[6] Zwar werden die zum Umbau oder vielfach auch Abriss vorzusehenden Quartiere nicht als *Slums* deklariert. Die grundlegende und allgemein gültig gesetzte mangelnde Wertschätzung bestimmter städtebaulicher Typologien erinnert in Ansätzen allerdings schon an den Umgang mit innerstädtischen Quartieren zu Zeiten der US-amerikanischen Form der innerstädtischen Kahlschlagsanierung, des *urban renewal* (Dreier et al. 2004: 130-132).

---

[6] Im *Sprawl Repair Manual* (Tachieva 2010) klingt dies so: „In the best-case scenario the homeowners' associations will initiate the retrofitting process, but in all cases they should be engaged from the beginning [...] It ist he responsibility of this governing body to convince the individual property owners that the retrofitting efforts, which may even include the removal or relocation of their homes, will be for the later good, for the establishment for a more liveable, sustainable neighbourhood. [...] The acquisition of foreclosed properties should happen more easily [...]" (Tachieva 2010: 76). Der im *Sprawl Repair Manual* empfohlene Fahrplan zum Umbau einer Wohnsiedlung sieht dann auch erst als zehnten von 13 Schritten einen öffentlichen Beteiligungsprozess vor, der lediglich eine Beteiligung an der Gestaltung der bereits beschlossenen und durch Aufkauf der Grundstücke auch in vorbereiteten Neuplanung ermöglichen soll (Tachieva 2010: 89).

Doch davon abgesehen: *Suburban retrofitting* in den USA ist dringend notwendig. Es erfordert jedoch weit mehr, als sich in typologischen Entwurfshandbüchern zeigen lässt. Das lässt sich spätestens seit der jüngsten Immobilienkrise nicht mehr verhehlen. Ausgehend von den US-amerikanischen Ansätzen zum *suburban retrofitting* werden nachfolgend drei Problemfelder identifiziert, an denen ein Umbau der Stadtregionen in den USA ansetzen müsste, die sich plakativ mit drei Worten fassen lassen: Ausdehnung, Alterung und Armut.

1. Post-Suburbia – eine begriffliche Vorbemerkung

Einst weckte das Stichwort *suburbia* USA eindeutige Assoziationen: Einfamilienhausteppiche, achtspurige Autobahnen (je Fahrtrichtung), *commercial strips* mit Werbetafeln entlang von Durchgangsstraßen und Shopping Malls, wie sie in einer Vielzahl US-amerikanischer Serien und Filme gezeigt wurden. Dass *suburbia* sich verändert hat, zeigt mittlerweile ebenso eindeutig das US-amerikanische Fernsehen: Ob Mafiaboss italienischer Abstammung (Die Sopranos), mutmaßlicher studentischer Terrorist aus dem Iran (Homeland), neureiche Latinos, alleinerziehende *White Anglo-Saxon Protestants* und *Double Career Couples* (Desperate Housewives) – sie alle leben im suburbanen Raum, wenn auch in Siedlungen ziemlich unterschiedlicher baulicher und räumlicher Qualität. *Suburbia* war nie in Gänze homogen und weiß (Dunham-Jones/Williamson 2011: 18), doch mittlerweile ist es als *Bourgeois Utopia* (Robert Fishman), in dem sich das bürgerliche Lebensideal durch die harmonische Verbindung von Natur und Stadt miteinander wenigstens dem Anschein nach versöhnen ließe, kaum mehr vorstellbar. Sozial und ethnisch hat sich der verstädterte Raum jenseits der Kernstädte stark diversifiziert, ebenso pluralisiert haben sich auch die Lebensstile und Familienmodelle, die auch neue Wohnungs- und Bautypologien ebenso wie andere städtebauliche Strukturen erforderten (Frank 2003: 328f.; Dunham-Jones/Williamson 2011: 18f.).

So finden sich neben klassischen Einfamilienhausgebieten mit charakteristischen, *lollipops* und *cul de sacs* genannten Sackgassen auch stärker verdichtete, kleinstädtisch anmutende Quartiere mit Reihen- und Einfamilienhausgebieten oder Apartmenthäuser; neben *Big Box Stores* auch Wohn- und Bürohochhäuser oder Shopping Malls, die kleinteilige Bau- und Einzelhandelsstrukturen in städtischer Atmosphäre simulieren.[7]

---

[7] Einen Überblick über suburbane städtebauliche Typologien gibt Tachieva (2010), Beispiele städtischer Wohnformen werden von Buntin und Pirie (2013) vorgestellt.

Abbildung 1: Wohnen in der Edge City, Tysons Corner, Virginia (2010)

Foto: Barbara Schönig

Zugleich lässt sich *suburbia* in Gänze längst nicht mehr in seiner klassischen Definition als ein der Kernstadt untergeordneter Raum verstehen. Es finden sich hier alle wesentlichen Aspekte städtischen Lebens wie Wohnen, Arbeiten, Kultur, Freizeit, Verwaltung, Bildungseinrichtungen, Infrastruktur. Hier wohnen mittlerweile 51% der US-Amerikaner/innen (Gallagher 2013: 9), dort sind mittlerweile die meisten Arbeitsplätze lokalisiert und 40% des Büroraums der USA (Dunham-Jones/Williamson 2011: 13). Auch wenn die Ränder der Stadtregionen langsamer als ihre inneren Bereiche wachsen (Frey 2012) gilt: Der Alltag der Mehrheit der US-Amerikaner findet jenseits der Kernstädte der Metropolregionen statt und dieser stellt auch einen erheblichen Teil des Siedlungsbestandes der USA dar.

Angesichts dieser Bestandsaufnahme liegt es nahe, den solchermaßen skizzierten, komplex vernetzten, sozial, ethnisch, funktional und bautypologisch heterogenen Raum auch begrifflich vom klassischen *suburbia* abzugrenzen. Er wird hier mit dem Begriff Postsuburbia gefasst (Kling et al. 1995: ix). Ungeachtet dieser allgemeinen Entwicklungstendenzen aber gilt es stets zu berücksichtigen, dass das Umland und seine Siedlungsstrukturen ebenso wie die Kernstädte ihren ganz eigenen Entwicklungslogiken folgen: Detroit ist nicht Los Angeles und Los Angeles ist nicht New York City, so ist auch das jeweilige Umland nicht vergleichbar. Metropol- und Stadtregionen in den USA unterscheiden sich erheblich untereinander, in ihrem Verhältnis zu den jeweiligen Kernstädten, ihren sozioökonomischen und geografischen Bedingungen ebenso wie planungsrechtlichen Kontexten. Folgerichtig finden sich auch die hier skizzierten Trends in ganz unterschiedlichen Ausprägungen und haben ihre je spezifische Geschichte.

Abbildung 2: Wohnen in der Edge City, Nähe Airport Orange County, Kalifornien (2013)

Foto: Barbara Schönig

2. Ausdehnung oder: Das Prinzip Karawane

Auf das Grundproblem der Ausdehnung der Stadtregionen in die Fläche hat seit Mitte der 1990er Jahre machtvoll die *Anti-Sprawl-Bewegung* hingewiesen, denn nichts anderes, wenn auch etwas drastischer formuliert, bedeutet letztlich *sprawl*, das sich in etwa mit „wild wuchern" ins Deutsche übersetzen lässt. *Sprawl* bezeichnet eine autoorientierte Form gering verdichteten Siedlungswachstums, bei der der Siedlungsflächenverbrauch pro Kopf schneller steigt als das Bevölkerungswachstum (Fulton et al. 2000: 3). *Sprawl* geht in den USA zudem einher mit erheblicher sozioökonomischer und ethnischer Segregation und Polarisierung der Stadtregion. Städtebaulich funktioniert er nach dem Prinzip der Aneinanderreihung an sich unverbundener, funktionaler Module, die durch Straßen, also autoorientiert, miteinander vernetzt werden. Rein planerisch gesehen ist *sprawl* in den USA das Ergebnis eines interkommunalen Wettbewerbs um steuerkräftige Unternehmen und möglichst wohlhabende Einwohner, die ein Maximum an öffentlichen Einnahmen durch Grund- und Verkaufssteuern und ein Minimum an Ausgaben produzieren. Dieser Wettbewerb wird mittels kommunal gesteuerter Flächennutzungsplanung, Schulentwicklung und -finanzierung sowie kommunalen Gebühren und Steuern[8] ausgefochten. Die Kommunen nutzen diese Instrumente ganz bewusst, um ihre räumliche und soziale Entwicklung nach der Maßgabe zu steuern ihre öffentlichen Haushalte möglichst wenig zu belasten (Bodenschatz/Schönig 2004: 60-62). *Sprawl* wurde zudem über die letzten 80 Jahre hinweg nahezu durchgehend direkt oder indirekt staatlich gefördert: Durch nationale Subventionen suburbaner Wohneigentumsbildung und Straßenbau und die Vernachlässigung innerstädtischer Quartiere, die den Umzug für Unternehmen und Wohnstandortverlagerung in den suburbanen Raum zusätzlich attraktiv werden ließen (Dreier et al. 2004: 104).

Eine Steuerung stadtregionaler Entwicklung erfolgt allenfalls in Form freiwilliger interkommunaler Kooperation oder durch sektorale Planungen bspw. im Bereich des Naturschutzes oder der Verkehrsplanung. Überörtliche ebenso wie stadtregionale Planung gibt es darüber hinaus in den USA nur ansatzweise in Ausnahmefällen. Vielfach werden von Seiten der Bundesstaaten Anreizsysteme genutzt, um bestimmte Flächen vor Urbanisierung zu schützen und in Wachstumskorridore zu lenken (Übertragung von Baurechten auf andere Grundstücke durch *transfer of development rights*, Förderung von Entwicklung in Zentren oder Wachstumskorridoren etc.) (Schönig 2011: 177-186.).

Aus ökologischer wie ökonomischer Perspektive steht diese Form der Siedlungsentwicklung wegen ihres ineffizienten, kostenintensiven und ökologisch schädlichen Verbrauchs von Ressourcen (Erdöl ebenso wie Fläche), der mit dem autoorientierten Städtebau einhergehenden Automobilität verbundenen hohen Schadstoffemissionen schon lange öffentlich in der Kritik (Bruegmann 2005: 127). Aber auch die soziale Segregation, die infolge des kommunalen Werbens um möglichst wohl situierte Einwohner/innen und den kommunal politisch gewünschten Mangel an preiswertem Wohnungsbau in wohlhabenden Kommunen entsteht, wurde in diesem Zusammenhang problematisiert (z.B. Dreier et al. 2004: 59). Die Kritik an *sprawl*, die von der *Anti-Sprawl-Bewegung* artikuliert wurde, ist mittlerweile in den USA weit verbreitet und geradezu hegemonial geworden (Bruegmann 2005: 161).

Dieser Kritik, vielfachen Reformvorschlägen der *Anti-Sprawl-Bewegung* und allen (zum Teil zaghaften) Reurbanisierungstendenzen in den Kernstädten der USA zum Trotz jedoch wuchsen die Metropol- und Stadtregionen bis zum Beginn der Immobilienkrise 2008 auch weiterhin erheblich in Einwohnerzahl und Fläche an den Rändern, insbesondere in den Wachstumsregionen des *sunbelts* (Harlander 2009: 178f.; Frey 2010: 49). Betroffen von dieser letzten großen Suburbanisierungswelle waren vor allem die äußeren, so ge-

---

8 Relevant sind hier insbesondere die vor allem auf Grundstücks- und Hauseigentumswerte erhobenen Vermögenssteuern (*property taxes*) (Blatter 2007: 134f.).

nannten *exurbanen*, im Deutschen *periurban* genannten Bereiche der Stadtregionen fernab der Arbeitsplatzzentren der Stadtregion, in denen Grundstückspreise noch günstig, allerdings um den Preis erheblicher Pendelkosten zu haben waren (exemplarisch für Kalifornien erläutert dies: Schaffran 2012: 672 f.).

Das wesentliche Problem der Ausdehnung der Stadtregionen jedoch zeigt sich nun in ihrem Inneren seit einigen Jahren verstärkt und ist letztlich ein wesentlicher Grund, warum man sich in den USA mit *suburban retrofitting* befasst. Bereits jetzt erleiden Teile des postsuburbanen Raum selbst die Folgen jenes Prinzips marktgesteuerter Stadtentwicklung, dem sie ihr Wachstum einst verdankten: Der radikalen Aufgabe und dem damit einhergehenden Wertverfall von Grundstücken und Immobilien, deren Nutzungszyklus überschritten ist. Angesichts des mittlerweile mehr als 60 Jahre andauernden extensiven Ausbaus der Metropol- und Stadtregionen erstaunt es kaum, dass der Bestand an Siedlungsstruktur im postsuburbanen Raum Alterungserscheinungen zeigt und den gegenwärtigen Nutzungsanforderungen nicht mehr in jeder Hinsicht entspricht. War dies bislang vor allem ein Problem innerstädtischer Quartiere oder der so genannten *inner ring suburbs*, sehen sich zunehmend mehr Kommunen im postsuburbanen Raum damit konfrontiert, dass manche Shopping Malls, Büroparks oder Einfamilienhausgebiete den Ansprüchen heutiger Nutzer nicht mehr entsprechen und sukzessive leer laufen. Schätzungen zufolge werden in den nächsten fünfzehn Jahren allein mehr als eine Million Hektar Fläche durch brachfallende Shopping Malls entstehen (Dunham-Jones/Williamson 2010: 10). Diese Entwicklung aber hat verheerende Folgen für die betroffenen Kommunen: Die aufgelassenen Areale bilden große unattraktive Brachflächen und damit Barrieren inmitten der Siedlungen, zugleich fallen Arbeitsplätze und Versorgungsmöglichkeiten für die umliegenden Siedlungen weg. Darüber hinaus aber senkt dies die Werte der Anrainergrundstücke und damit die Steuereinnahmen der Kommunen aus der Vermögenssteuer (*property tax*). Diese aber ist die wichtigste kommunale Steuer, also die wesentliche Einnahmequelle für US-amerikanischen Kommunen (Orfield 2002: 89). Mit den Einnahmen sinken zwangsläufig die Chancen der betroffenen Kommunen, eine im stadtregionalen interkommunalen Wettbewerb konkurrenzfähige Infrastruktur aufrecht zu erhalten.

Insoweit diese Aufgabe von Flächen im – mittlerweile – inneren, bereits besiedelten suburbanen Raum der Metropolregionen jedoch parallel zur Ausdehnung der Siedlungsfläche am Rand der Metropolregion erfolgt, wiederholt sich ein Prozess der Implosion bestehender städtischer Strukturen, der sich analog zur Implosion der Kernstädte in den 1970-80er Jahren in den USA verstehen ließe, sich jedoch dezentral an verschiedenen Orten im postsuburbanen Raum gleichzeitig vollzieht: Die Karawane zieht – den baulichen Nutzungszyklen folgend – nun auch innerhalb des postsuburbanen Raums weiter nach außen. Als Resultat dieser dezentralen Implosion entsteht eine durchlöcherte, perforierte und untergenutzte Landschaft. Viele der kleinen Kommunen, die von dieser Entwicklung betroffen sind, verfügen jedoch in geringerem Maße über die Ressourcen zum Umgang mit dem städtebaulichen ebenso wie sozialen und infrastrukturellen Problemen, vor die sie diese Entwicklung stellt.

Ziele und Strategien

Suburban retrofitting richtet sich deshalb darauf, brachgefallene oder vom Wertverlust bedrohte Grundstücke durch den Import neuer Nutzungen und/oder städtebaulicher Typologien neuen Verwertungszyklen zuzuführen und damit einer weiteren Ausdehnung suburbaner Zersiedelung durch Stadtumbau, Stadterneuerung und Nachverdichtung im Bestand vorzubeugen.

Städtebaulich setzen sich diese Konzepte von den Paradigmen des *sprawl* ab und knüpfen an die Konzepte der *Anti-Sprawl-Bewegung* an: Anstelle der ehemaligen autoorientierten Siedlungen entstehen fußläufige, mischgenutzte und kleinteilige Quartiere mit öffentlichen Räumen, die im Idealfall eingebettet sind in ein stadtregionales Netz öffentlichen Nahverkehrs. Genutzt werden hierfür einerseits sogenannte *greyfields* (z.B. ehemalige Malls) oder *brownfields* (ehemals industriell oder militärisch genutzte Flächen), auf denen durch Konversion des ungenutzten baulichen Bestands und Nachverdichtung im Umfeld neue Quartiere innerhalb bestehender Siedlungsstrukturen entstehen. Andererseits werden bestehende Siedlungsstrukturen, z.B. Wohngebiete, *Edge Cities* oder *Office Parks* nachverdichtet und durch einzelne Maßnahmen im öffentlichen Raum oder die Sanierung von Infrastruktur und Gebäudebestand aufgewertet. Während auf *brown-* und *greyfields* vielfach Abriss- und Neubaumaßnahmen durchgeführt werden, erschwert die komplexe Eigentümerstruktur den Umbau bestehender suburbaner Wohnquartiere vielfach (z.B. Dunham-Jones/Williamson 2011: 27). Anstelle der radikalen Konzepte zur Kahlschlagsanierung, wie sie das *sprawl repair manual* vorsieht, werden daher auch kleinteilige Strategien zur partiellen Nachverdichtung oder zum Umbau des Straßennetzes mit dem Ziel einer stärkeren Vernetzung und Verkürzung der Wege verfolgt (Dunham-Jones/Williamson 2011: 25-35).

In zahlreichen Metropolregionen werden derzeit Nachverdichtungskonzepte für so genannte *Edge cities* entwickelt, die als – oftmals – diffus gewachsene suburbane Geschäftszentren den Zentren der Kernstädte in ihren Dimensionen kaum nachstehen, aber geprägt sind durch ihren suburbanen und autoorientierten Städtebau. Dabei werden die bislang von Parkplätzen und Rasenflächen umgebenen Bürohochhäuser in eine städtisch anmutende Blockstruktur eingebettet, die aus mehrgeschossigen Wohnhäusern, Townhouses sowie Einkaufsmöglichkeiten und Dienstleistungsangeboten besteht.

Barbara Schönig

Zusätzlich werden öffentliche Räume (Plätze, Parks, aufwendig gestaltete Straßenräume mit Gehwegen) innerhalb der neuen Quartiere geschaffen. Durch die Nachverdichtung entsteht so ein mischgenutztes Quartier mit einer Vielfalt an, in der Regel hochpreisigen, Wohnangeboten. Eher selten gelingt es, eine solche Nachverdichtung zugleich in ein stadtregionales Nahverkehrskonzept einzubetten, wie in *Tysons Corner* bei Washington D.C., wo der Umbau zugleich als nahverkehrsorientierte Stadtentwicklung geplant wurde (Fairfax County Virginia 2014). Dort erfolgen die Nachverdichtung und der Ausbau der ehemaligen *Edge City* zu einem neuen mischgenutzten Zentrum der Stadtregion parallel zum Ausbau der U-Bahn-Verbindung zwischen der Hauptstadt und dem internationalen Flughafen. Doch nicht nur Wohnen, auch Kultureinrichtungen oder Kongresszentren lassen sich als *infill* an solchen Orten platzieren. Auch wenn deren räumliche Organisation sich mit der europäischen Idee eines städtischen Zentrums nicht verstehen lässt, so unterscheiden sich diese Orte als intern fußgängerorientierte Zentren doch deutlich von der traditionellen suburbanen Typologie des autoorientierten Solitärs. Nichtsdestotrotz bleiben diese Zentrums-Module Bestandteil einer insgesamt autoorientierten städtischen Landschaft. Sie bilden einen Hybrid zwischen Stadt und *suburb* (Dunham-Jones/Williamson 2011: 13), eine neue, eben postsuburbane Form des Zentrums.

Abbildung 3 & 4: Edge City-Zentrum: öffentlicher Raum, Kongresszentrum und Theater in Orange County, Kalifornien (2013)

Umbauen, reparieren, umdenken

Fotos: Barbara Schönig

3. Alterung oder: *NORCs* in Postsuburbia

Durch die Nachverdichtung oder Umnutzung bestehender Strukturen in Postsuburbia ist die Frage der Alterung von baulichen Strukturen und Infrastrukturen bereits angesprochen. Nicht nur der bauliche Bestand aber auch die Bevölkerung, die in Postsuburbia lebt, altert. Von 2010 bis 2050 wird Prognosen des U.S.-Census Bureau zufolge der Anteil derjenigen, die älter als 65 Jahre sind an der US-amerikanischen Bevölkerung von 13 auf 20% steigen (Vincent/Velkoff 2010: 10), wobei sich insbesondere auch der Anteil der über 85-Jährigen von knapp 2 auf 4,3% erhöht (ebd.: 4). Mit dem Eintritt der zwischen 1946 bis 1964 geborenen Baby-Boomer-Generation hat 2011 die erste Generation das Seniorenalter erreicht, die als vollständig suburban sozialisierte Generation gilt (Golant 2009), die also aufgrund der Suburbanisierungs-Entscheidungen ihrer Eltern im suburbanen Raum aufgewachsen ist, dort selbst ihre Kinder großgezogen und gearbeitet hat und schließlich als *Empty-Nesters* im suburbanen Raum verblieben ist. Entgegen der verbreiteten Vorstellung von der sonnendurchfluteten Rentnersiedlung in Florida oder der urbanophilen Senioren in Downtown ziehen es jedoch keineswegs alle Senioren vor, ihre Häuser sowie ihre angestammte Umgebung zu verlassen und ihre sozialen Netzwerke aufzugeben, um etwa in die Innenstadt oder in eine *retirement community* zu ziehen (Kim 2011: 14; Pekmezaris et al. 2013:

356). Zudem ist zu berücksichtigen, dass dies in erster Linie eine Option für diejenigen Senioren ist, die über hinreichend Vermögen und Einkommen verfügen, um einen solchen Wohnortwechsel zu vollziehen. Deren Zahl aber ist durch die Immobilienkrise gesunken (Golant 2009). Denn der Erwerb von Wohneigentum erfolgt in den USA nicht nur zur Verwirklichung eines Wohntraums. Wohneigentum war ein wesentlicher Teil der Absicherung von Lebensrisiken (Krankheit, Unfall etc.), der langfristigen Vermögensbildung zur Finanzierung von Bildungsausgaben und Altersvorsorge. Es wurde auch erworben mit Blick auf die absehbare Steigerung des Werts einer Immobilie und einen möglichen Vermögensgewinn, der zur Reinvestition in andere, teurere Immobilien und zur Befriedigung höherer Wohnansprüche hinsichtlich Größe, Ausstattung oder Lage der Immobilie genutzt werden konnte, also z.B. für den Erwerb seniorengerechten Wohnraums. Die Immobilienkrise hat dieses System des *Sich-Hochwohnens* (Anacker/Carr 2009: 284) durch den Preisverfall im Wohneigentum zum Einstürzen gebracht. Sie hat nicht nur die Zahl derjenigen, die einen Umzug finanzieren können reduziert, sondern zugleich auch die Chancen Käufer zu finden erheblich gesenkt (Golant 2009). Nicht nur aufgrund einer geringen Wohnmobilität der über 65-jährigen also, sondern auch aufgrund reduzierter ökonomischer Möglichkeiten einen Wohnstandortwechsel zu realisieren, wird davon ausgegangen, dass *aging in place*, also das Altern im angestammten Heim, der dominante Trend der Zukunft in Postsuburbia sein wird. Zunehmend werden damit sogenannte NORCs (*naturally occuring retirement communities*) entstehen, also Orte, die schlicht durch die Alterung ihrer Bewohner, die einst in der Familiengründungsphase zugezogen waren und nun im Alter dort bleiben, zu *retirement communities* werden (MacIlwain 2011).

Für die Bedürfnisse der dezentral alternden Bevölkerung sind die bestehenden postsuburbanen Quartiere ebenso wie der gesamte postsuburbane Raum allerdings in mehrfacher Hinsicht nur mangelhaft gerüstet. Siedlungen und Wohngebäude sind ursprünglich auf die Bedürfnisse von Familien ausgerichtet – es gibt Schulen, aber keine medizinischen oder sozialen Einrichtungen für Senioren. Öffentliche Räume mit Aufenthaltsqualität jenseits des Straßenraums gibt es innerhalb der autoorientiert gebauten Quartiere nicht, Gehwege sind, sofern vorhanden, nicht barrierefrei gebaut. Die Pflege sozialer Kontakte, die Besorgung von Einkäufen, der Besuch von Freizeit- ebenso wie sozialen und medizinischen Einrichtungen sind aufgrund der Siedlungsstruktur und mangels öffentlichen Nahverkehrs nur mit dem Auto zu bewältigen. Sie sind daher insbesondere für kranke, arme und sehr alte Menschen, die nicht (mehr) Auto fahren, nicht selbständig zu erreichen. Umgekehrt aber ist die Versorgung durch mobile Dienste aufgrund der langen Anfahrtswege besonders kostenintensiv. Die großen Wohnhäuser sind baulich und ökonomisch nicht auf die Bedürfnisse älterer Menschen zugeschnitten: Sie sind mit Rollatoren oder Rollstühlen nicht bewohnbar und ihre Instandhaltung, Klimatisierung bzw. Beheizung und Pflege ist arbeits- und kostenintensiv. Zudem zahlen die Bewohner Vermögenssteuern für Wohnraum, den sie faktisch nicht mehr nutzen (Golant 2009; Pekmezaris et al. 2013: 356-358). Insgesamt schränken die gering verdichteten suburbanen Siedlungsstrukturen die Mobilität und die sozialen Kontakte alter Menschen ein und erschweren ihre medizinische und pflegerische Versorgung. Betroffen von den Folgen der mangelnden Erreichbarkeit und hohen Kosten sind insbesondere arme und sehr alte Menschen, deren Gesundheitszustand durchschnittlich schlechter ist und die tendenziell auch in Quartieren mit schlechterer sozialer Infrastruktur und älterem Baubestand wohnen (Pekmezaris et al. 2013: 358; Dunham-Jones/Williamson 2011: 20). Altersarmut und mangelnde finanzielle Ressourcen sowie soziale Netzwerke werden in Umfragen insbesondere von Nicht-Weißen Bewohnern Suburbias beklagt (Pekmezaris et al. 2013: 363).

Ziele und Strategien

Die sektoralen Strategien, mit denen auf diese unterschiedlichen Probleme reagiert wird, um das *aging in place* zu ermöglichen, sind vielfältig. Sie reichen von der Schulbusnutzung für Senioren (NYC) oder kostenfreien Taxifahrten zum Einkauf und zur medizinischen Versorgung für über 60-Jährige (Project Independence, North Hempstead), Strategien zur Integration von Senioren in zivilgesellschaftliche Aktivitäten und *Telehealth Services*, durch die in peripheren Regionen kurzfristige medizinische Beratung erfolgen soll, bis zur lokalen und regionalen Förderung von Seniorenwohngemeinschaften oder dem Zuzug junger Familien in entstehende NORCs, um einer Alterssegregation vorzubeugen (Pekmezaris 2013: 362f.; McIlwain 2011).

Der baulich-räumliche Umbau Postsuburbias, auf den *suburban retrofitting* in diesem Zusammenhang zielt, richtet sich nicht darauf Siedlungen für Senioren zu schaffen, sondern soll ein selbstständiges Leben auch im Alter in altersgemischten Quartieren ermöglichen. Dabei lassen sich grundsätzlich zwei Strategien unterscheiden: Einerseits werden bestehende Siedlungen nachverdichtet und nachgerüstet, andererseits werden neue Siedlungen generationengerecht gestaltet, die beispielsweise auf Konversionsflächen entstehen. Auch diese Strategien stehen den Konzepten der *sprawl*-kritischen Städtebaubewegung *New Urbanism* nahe und werden teilweise auch von denselben Akteuren entwickelt.[9] Anders als noch in den 1990er Jahren werden sie jetzt jedoch auch unter dem Aspekt der *generationengerechten Stadt* (übersetzt mit *lifelong community*) propagiert und in den Details und Begründungen entsprechend auch auf diesen Aspekt zugespitzt. Den Maximen des *New*

---

9 So wurde der von der *Atlanta Regional Commission* herausgegebene Leitfaden zu altersgerechten Siedlungen unter Mitarbeit des *New Urbanism* Büro Duany Plater-Zyberk erarbeitet (ARC 2012).

Barbara Schönig

Urbanism folgend entstehen fußgängerorientierte Siedlungen mit engmaschigem Straßennetz, öffentlichen Räumen (Plätzen und Parks) und einem Zentrum mit Einkaufsmöglichkeiten sowie sozialen und medizinischen Einrichtungen, Schulen etc. (ARC 2012: 6f.). Um eine Durchmischung von Generationen und Lebensformen zu erreichen, werden verschiedene Wohnformen in unterschiedlichen Gebäudetypologien integriert. Stets werden die einzelnen Quartiersbausteine als Teile einer insgesamt durch öffentlichen Nahverkehr vernetzten Stadtregion gedacht, die bspw. durch quartiersverträgliche Shuttle-Bussysteme mit geringer Kapazität realisiert werden könnten (ARC 2012: 11). Denn allen Versuchen der baulichen kleinräumlichen Durchmischung zum Trotz blieben die *walkable mixed use communities* in großräumlicher Hinsicht ein städtebauliches Patchwork einzelner Module, die nur durch breite Straßen und Highways miteinander großmaschig vernetzt sind und folgerichtig nur mit dem Auto zu erreichen sind. Auch hier bleibt jedoch im Einzelnen die Frage, inwieweit die hierfür notwendigen Reformen stadtregionaler Verkehrssysteme realisiert werden können.

Diese Strategien zur Schaffung von generationengerechten Siedlungen fügen sich nahtlos ein in das Konzept der Nachverdichtung der Stadtregion, das unter dem Aspekt *Ausdehnung* angesprochen wurde. Insofern hierbei nicht brachgefallene oder untergenutzte Flächen nachverdichtet werden, sondern bestehende und (nun im doppelten Sinne) alternde Quartiere umgebaut werden sollen, geht auch dieser Umbau mit einer – mindestens zeitweisen – Umsetzung der betroffenen und aufgrund ihres Alters tendenziell eher immobilen Bevölkerung einher. Es bleibt abzuwarten, inwieweit es Kommunen gelingt und im Sinne der Eigentümer und Bewohner ist, dass der postsuburbane Raum in diesem Sinne umgebaut wird. Zusätzlich aber wird dieser Umbau, ebenso wie *suburban retrofitting* insgesamt, wohl nur an jenen Standorten erfolgen können, wo er sich aus Perspektive der Stadt, der Eigentümer und potentieller Investoren lohnt. Dies sind jene Orte innerhalb der Stadtregion, an denen mit einer Nachfrage von Arbeitnehmern und Familien und also mit einer erheblichen Steigerung des Werts der Immobilien zu rechnen wäre, die entlang spezifischer Verkehrskorridore und Knotenpunkte liegen (Dunham-Johnes/Williamson 2011: 9f.; Tachieva 2010: 8). Die größere Aufgabe besteht daher wohl darin, die Versorgung jener alternden Teile der Bevölkerung zu garantieren, die gerade nicht an diesen Standorten wohnt: In den exurbanen Siedlungen am Rand der Metropolregion, die weit entfernt sind von den Arbeitsplatzzentren der Metropolregion und in den peripheren inneren und alten *suburbs*, die aufgrund von Armut und Kriminalität stigmatisiert sind.

4. Armut oder: Am Ende des *American Dream*

Gerade an diesen Orten aber stellt sich insgesamt die drängendste Frage stadtregionaler Entwicklung, die Frage danach, wie mit dezentralisierter Armut[10] in den erheblich sozialräumlich polarisierten Stadtregionen umzugehen ist.

Zwei Trends sind in diesem Zusammenhang relevant: Erstens steigt die Zahl an Kommunen im postsuburbanen Raum, in denen sich Armut konzentriert und die über mangelnde kommunale Ressourcen verfügen. Längst lässt sich das Bild einer sozioökonomischen und ethnischen Polarisierung zwischen *suburbs* und Kernstädten nicht mehr in jedem Fall belegen: Stattdessen ist eine soziale und ethnische Diversifizierung des postsuburbanen Raums zu beobachten, die mit der Pluralisierung der US-amerikanischen Gesellschaft, ihrer Alterung, der Ausdifferenzierung von Lebensstilen einhergeht. Auch lassen sich Immigranten, die überdurchschnittlich von Armut betroffen sind, in den USA mittlerweile direkt im postsuburbanen Raum nieder (Kneebone/Berube 2013: 46). Diese Diversifizierung erfolgt jedoch nicht innerhalb einzelner suburbaner Standorte und führt daher auch nicht zu einer stärkeren gesellschaftlichen Durchmischung (Orfield 2002). Stattdessen ist eine großflächige Segregation zu beobachten, also eine erhebliche soziale Polarisierung des suburbanen Raums in kleine Archipele unterschiedlichen Wohlstands, Lebensstils und Hautfarbe. Suburbane *gated communities* oder Rentnerparadiese sind zum Symbol dieser stadtregionalen Segregation geworden, stellen jedoch nur die sichtbaren Extreme einer ganz alltäglichen sozialräumlichen Entmischung dar. Am anderen Ende der Skala finden sich arme Kommunen, die kaum Einnahmen durch Arbeitsplätze generieren, in denen jedoch zugleich eine verhältnismäßig arme Bevölkerung mit einem hohen Bedarf an sozialer Infrastruktur wohnt. Diese Kommunen finden sich insbesondere im inneren und im äußersten Ring der Stadtregion. Während die *suburbs* im inneren Ring ihre alternde, sanierungsbedürftige Infrastruktur kaum erneuern können und ihre überdurchschnittlich arme, ethnisch diversifizierte und alternde Bevölkerung nicht hinreichend mit sozialen Einrichtungen versorgen können, sind manche *suburbs* im äußersten Ring vielfach gar nicht in der Lage die notwendige und bei Planung der neuen Siedlungen vorgesehene Infrastruktur überhaupt bereitzustellen (Orfield 2002: 2; Dunham-Jones/Williamson 2011: 19f.; Kneebone/Berube 2013: 91-94). Dies gilt umso mehr, als die Immobilienkrise gerade hier am stärksten sichtbar wurde,

---

10 Die US-amerikanischen Publikationen zum Thema nutzen unterschiedliche Indikatoren, um individuelle Armut zu definieren. Statistische Daten sind verfügbar insbesondere zum absolut bemessenen *U.S. Federal Poverty Threshold* (entspricht ungefähr der *Armutsgrenze*). Im Kontext der Wohnungsversorgung wird Armut hingegen meist relativ im Verhältnis zum regionalen Einkommen (*Area Median Income* (AMI)) gemessen (*low income* entspricht 80% des AMI, *very low income* 50% des AMI.) (Kneebone/Berube 2013: 14f.).

weil die Häuser hier den stärksten Wertverfall hatten und noch mit den größten Hypotheken belastet waren (Schaffran 2012: 679). Zweitens aber nimmt individuelle Armut in den *suburbs* insgesamt als Phänomen zu. Zu Beginn des 21. Jahrhunderts lebten erstmals mehr Arme in den *suburbs* als in den Kernstädten (Kneebone/Berube 2013: 18f.). Dies geschah nicht erst mit der Immobilienkrise, durch diese aber ist die Zahl der von Armut betroffenen im postsuburbanen Raum abermals gestiegen (Kneebone/Berube 2013: 52). Laut Brookings Institution lebt derzeit einer von drei armen US-Amerikanern im suburbanen Raum der einhundert größten Metropolitan Areas, „making them home to the largest and fastest-growing poor population in the country" (Kneebone/Berube 2013: 18). Prozentual gesehen, sind die Kernstädte dieser Metropolregionen noch immer stärker von Armut betroffen als der postsuburbane Raum (21 vs. 11% der Bevölkerung 2010), Armut im postsuburbanen Raum wächst jedoch schneller und übersteigt in absoluten Zahlen jene in den Kernstädten (Kneebone/Berube 2013: 19f.).

Armut aber erweist sich im postsuburbanen Raum individuell vielfach als besonders problematisch: Arme sind tendenziell stärker isoliert, sind aufgrund mangelnden öffentlichen Nahverkehrs und der hohen Mobilitätskosten abgeschnitten vom Zugang zu sozialen Einrichtungen, persönlichen Netzwerken sowie vielfach auch vom Zugang zu guten Bildungseinrichtungen (Kneebone/Berube 2013: 76). Und obgleich sich Arbeitsplätze für geringqualifizierte Arbeitskräfte gerade auch im postsuburbanen Raum finden, sind diese ohne Auto für potentielle Arbeitskräfte schlicht nicht zu erreichen (Kneebone/Berube 2013: 57). Zudem sind, wie bereits oben erwähnt, die Kommunen hier weder institutionell noch finanziell darauf vorbereitet, die neue arme Bevölkerung hinreichend zu versorgen.

Ziele und Strategien

Bezüglich dieser zentralen Fragen nach dezentralisierter Armut im postsuburbanen Raum und nach sozialer Polarisierung bleiben die konkreten Strategien des *sprawl repair* bislang leidenschaftslos bis ohne Antworten (dies gilt bspw. für Tachieva 2010: 8f.; Dunham-Jones/Williamson 2011: 13; Buntin/Pirie 2013: iii). Die Strategien zur Inwertsetzung von Flächen durch Neunutzung oder Nachverdichtung mögen zwar mit Blick auf ökologische und ökonomische Aspekte oder demographische Fragen hilfreiche Ansätze bieten und können auch drohenden Wertverlust von Grundstücken und Gebäuden an ausgewählten Standorten abwenden. So ließe sich die großräumige Segregation zwar durchbrechen, indem bezahlbarer Wohnraum in neuen Quartieren, z.B. in sozial gemischten Quartieren auf Konversionsflächen geschaffen wird. Dies aber bedürfte gezielter Förderstrategien und des Willens der jeweiligen Projektentwickler und Kommunen. Die bisherigen Erfahrungen mit

Projekten des *suburban retrofitting* allerdings zeigen, dass eine soziale Durchmischung in den meist hochwertig ausgestatteten und teuren Projekten selten realisiert wird (Roost 2012: 118), da sie von den Investoren vielfach als nicht rentabel erachtet wird und von den Kommunen und Anrainern vielfach auch nicht erwünscht ist.

Stattdessen wären, jenseits von sozialen und ökonomischen Programmen zur Soforthilfe oder strukturellen Beseitigung von Armut[11], eher stadtregionale Ansätze und institutionelle Konzepte in diesem Zusammenhang zu diskutieren. Denn es ist die planerische und politische Organisation von Stadtregionen, d.h. die *Metropolitan Governance* in den USA, die die Dezentralisierung der Stadtregion und die daran gekoppelte sozialräumliche Polarisierung durch interkommunalen Wettbewerb und mangelnde stadtregionale Planung erst entstehen lässt. Kommunale Grenzen mögen in den Stadtregionen der USA in der Lebenspraxis zwar nur von geringfügigem Interesse sein: In welchen Kommunen einzelne Bedarfe des Lebens wie Einkaufen, Arbeiten, Kinderbetreuung, Wohnen erledigt werden, entscheidet sich nach Kosten, Qualität des Angebots und vor allem nach der Erreichbarkeit via *highway*. Für die Steuerung räumlicher Entwicklung der Stadtregion aber sind, wie bereits erwähnt, kommunale Grenzen in hohem Maße relevant, denn Entscheidungen über Wohn- oder Unternehmensstandorte werden wesentlich durch die lokalen Rahmenbedingungen, Höhe der Steuern, Qualität der Schulen und verkehrliche Anbindung, beeinflusst, die je nach Bundesstaat in unterschiedlichem Ausmaß in kommunaler Hoheit liegen (Orfield 2002: 93f.). So wird die lebenspraktische und funktionale Vernetzung konterkariert durch eine politische und planerische Fragmentierung der Stadtregion. Ergebnis dieser politischen und planerischen Fragmentierung ist nicht nur die beschriebene starke Zersiedelung der Stadtregionen, sondern eben auch ihre starke sozialräumliche Polarisierung (Schaffran 2009: 666).

Versuche, stadtregionale Steuerungsmechanismen formell oder informell, staatlich oder zivilgesellschaftlich zu etablieren, und damit dem Problem der politisch-planerischen Fragmentierung strukturell entgegen zu wirken, gab es zahlreich, ebenso Ansätze zur Umverteilung von Steuereinnahmen. Faktische Steuerungsmacht konnten sie angesichts der Dominanz der Idee autonomer kommunaler Planungs- und Steuersatzhoheit jedoch kaum entfalten.[12] Etabliert werden stattdessen hilfsweise Strategien zur interkommunalen Zusammenarbeit, die beispielsweise eine gleichmäßige Verteilung bezahlbaren Wohnraums in der Stadtregion sichern sollen, integrierte Sied-

---

11 Zum Beispiel individuelle Programme zur Finanzierung von Bildung, Zugang zu Arbeit oder Wohnung etc., Zuschüsse für Kommunen oder andere Träger zu Wohnungsbau, Verbesserung von Gesundheitsversorgung oder Schulen etc. (Vgl hierzu Kneebone/Berube 2013).
12 Historisch und systematisch aufgearbeitet wird die institutionelle Dimension bei Blatter (2007), die planerischen Konzepte und zivilgesellschaftliche Strategien bei Schönig (2011).

lungs- und Nahverkehrsentwicklungen entwickeln oder soziale Dienstleistungen Kommunen übergreifend bereit stellen sollen (Kneebone/Berube 2013: 103ff.).

Die neuen Muster stadtregionaler räumlicher Ungleichheit allerdings verdeutlichen aufs Neue die Notwendigkeit stadtregionale Steuerungsmechanismen zu nutzen, um infrastrukturell riskante, unrentable Investitionen und Siedlungserweiterungen zu verhindern und Integration auf stadtregionaler Ebene anzustreben (Schaffran 2009: 684). In diesem Zusammenhang bedarf es vor allem aber auch einer neuen Auseinandersetzung mit der Funktion von Wohneigentum und Bauen im postsuburbanen Raum in den USA.

5. Retrofitting Postsuburbia in der Krise – Anmerkungen zur gesellschaftlichen Funktion Postsuburbias in den USA

Armut im postsuburbanen Raum hat durch den Zusammenbruch des Immobilien- und Finanzmarkts in den USA eine neue Dimension erreicht, die offenbart, dass die größte Herausforderung im Umgang mit dem postsuburbanen Raum in den USA nicht nur mit unmittelbar stadtplanerischen Fragen sondern auch mit der gesellschaftlichen Funktion Suburbias zu tun hat. (Post-)*Suburbia* ist mehr als nur der räumliche Ausdruck einer kollektiven Phantasie des *American Dream* – es ist zugleich die räumliche Materialisierung einer mittlerweile gescheiterten volkswirtschaftlichen Strategie um die konjunkturelle Krise des Postfordismus durch Finanzialisierung zu überwinden und die wohlfahrtsstaatliche Absicherung individueller Lebensrisiken durch Wohneigentum zu gewährleisten. Dabei geht es durchaus nicht mehr nur um die US-amerikanische Mittelklasse, sondern ebenso um die Unterschicht der USA (Schaffran 2009: 682).

Jede neue Welle suburbaner Entwicklung war seit den 1930er Jahren gesellschaftspolitisch ebenso wie konjunkturpolitisch erwünscht und gefördert: Sowohl im *New Deal* als auch in der Nachkriegszeit richteten sich die Anstrengungen diesbezüglich vor allem darauf, durch staatliche Subventionen den privaten Bau von Einfamilienhäusern ebenso wie staatliche Straßenbauprogramme zu fördern, um Bauwirtschaft, die Automobilwirtschaft und die Konsumgüterindustrie zu unterstützen, Konjunktur anzukurbeln und auf diese Weise ökonomische Krisen zu überwinden (Schönig 2012: 139-143). Blieb das Ziel auch gleich, so veränderte sich doch die Strategie: Der Bau von Einfamilienhäusern wurde nun mehr denn je auch zu einem Geschäft der Finanzindustrie. Denn durch die gesetzliche Absenkung von Regularien zur Vergabe von Krediten in den 1990er Jahren wurde der Finanzindustrie der

Zugang zu einem breiteren Kundenkreis eröffnet, der zuvor mangels Kredit kein Hauses gekauft hätte und nur durch die mehrfache Beleihung des Hauses schultern konnte (Anacker/Carr 2009: 289). Hierzu gehörten insbesondere auch Immigranten und Minderheiten, die nun auch besonders stark von den Folgen der Immobilienkrise betroffen sind (Schaffran 2012: 678-681). Da zugleich mit dem Abbau sozialer Sicherungssysteme und zurückgehender Lohnzuwächse bei der (unteren) Mittelschicht die Bedeutung des Wohneigentums als individuelle Absicherung von Lebensrisiken (Harlander 2009: 185; Fahey/Norris 2010: 493) stieg, war diese Strategie umso erfolgreicher aber gleich doppelt riskant: Denn – wie sich 2008 zeigte – bedeutete sie nicht nur, dass die vielfach überzeichneten und als solche am Finanzmarkt zugleich überbewertet gehandelten Hypotheken mit dem Platzen der Immobilienblase den Bankrott etlicher, auch quasi-staatlicher Geldinstitute (FanniMae und FreddyMac) herbeiführte. Sie bedeutete neben dem Verlust des Eigentums für die betroffenen Eigentümer auch den Verlust ihrer sozialen Absicherung.

Mit dem Scheitern dieses Modells stellt sich nun die Frage nach dem *retrofitting (post-)suburbias* auf ganz neue Weise: Zu fragen ist nicht nur, auf welche Weise der postsuburbane Raum umgebaut werden kann, um auf veränderte Nutzungsansprüche, Bewohnerbedürfnisse und die ökologischen Fragen zu reagieren. Zu fragen ist auch, welche Funktion Postsuburbia zukünftig gesellschaftlich erfüllen kann, nachdem das Prinzip gescheitert ist, den *American Dream* vom Eigenheim im Grünen unter mehrfach veränderten gesellschaftlichen Bedingungen zu nutzen, um den Bestand des Wohlfahrtsstaats US-amerikanischer Prägung zu sichern. Zuletzt nahm hierbei der private Eigenheimbesitz eine zentrale Funktion ein: Dem Eigenheim kam dabei nicht nur die Funktion der Gewährleistung von privatisierter Absicherung von Lebensrisiken, wie Arbeitsplatzverlust, Krankheit und Altersvorsorge zu. Der boomende Markt an Eigenheimkrediten gewährleistete auch in erheblichem Maß die Akkumulation von Mehrwert. Diese wohlfahrtsstaatpolitische Dimension stadtregionaler Entwicklung muss jedes Nachdenken über Postsuburbia ebenso wie *(post-)suburban retrofitting* zukünftig mitberücksichtigen.

Literatur

Anacker, Katrin B.; Carr, James H. (2009): Die Immobilienkrise in den USA: Ursachen, Wirkungen und ein vorläufiger Ausblick, in: Die alte Stadt, 36, 2, S. 283-296.
ARC – Atlanta Regional Commission (2012): Lifelong communities. A regional guide to growth and longevity, Atlanta.

Blatter, Joachim (2007): Governance – theoretische Formen und historische Transformationen – Politische Steuerung und Integration in Metropolregionen der USA (1850-2000), Baden-Baden: Nomos.
Bodenschatz, Harald; Schönig, Barbara (2004): Smart Growth – New Urbanism – Liveable Communities. Programm und Praxis der Anti-Sprawl-Bewegung in den USA, Wuppertal: Müller + Busmann KG.
Bruegmann, Robert (2005): Sprawl – a compact history. London, Chicago; USA: The University of Chicago Press.
Buntin, Simmons B.; Pirie, Ken (2013): Unsprawl – Remixing Spaces as Places, Lexington, USA: Planetizen Press.
Dreier, Peter; Mollenkopf, John; Swanstrom, Todd (2004): Places Matters – Metropolitics for the twenty-first century. Kansas, USA: University Press of Kansas.
Dunham-Jones, Ellen; Williamson, June (2011): Retrofitting Suburbia – Urban Design Solutions for Redesigning Suburbs, Hoboken, New Jersey: John Wiley & Sons.
Fairfax County Virginia (2014): Transforming Tysons. http://www.fairfaxcounty.gov/tysons/: 27.03-2014.
Fahey, Tony; Norris, Michelle (2010): Housing, in: Castles, Francis G.; Leibfried, Stephan; Lewis, Jane; Obinger, Herbert; Pierson, Christopher (Hg.): The Oxford Handbook of the Welfare State, S. 479-493.
Frank, Susanne (2003): Stadtplanung im Geschlechterkampf – Stadt und Geschlecht in der Großstadtentwicklung des 19. Und 20. Jahrhunderts, Opladen: Leske + Budrich.
Frey, William H. (2012): Demographic reversal: Cities thrive, suburbs sputter, in: State of Metropolitan America, www.brookings.edu: 30.08.2013.
Fulton, Williams; Solimar Research Group (2002): Holding the Line: urban Containment in the United States. Washington D.C.: The Brookings Institution Center on Urban and Metropolitan Policy.
Gallagher, Leigh (2013): The End of Suburbs – Where the American Dream Is Moving, New York, USA: Penguin Group.
Golant, Stephen M. (2009): Aging in the American Suburbs: A Changing Population, http://todaysgeriatricmedicine.com: 31.07.2103.
Harlander, Tilman; Schubert, Dirk (2009): Suburbanisierung und Reurbanisierung, Wohnungsbau und Immobilienkrise in den USA, in: Die alte Stadt, 36, 2, S. 177-283.
Kim, Sungyop (2011): Intra-regional residential movement of the elderly: testing a suburban-to-urban migration hypothesis, in: Annals of Regional Science, 46, S. 1-17.
Kling, Rob; Spencer, Olin; Poster Mark (Hg.) (1995): Postsuburban California. The Transformation of Orange County since World War II. Berkely, Los Angeles, London: University of California Press.
Kneebone, Elizabeth; Berube, Alan (2013): Confronting Suburban Poverty in America, Washingon, D. C.: Brookings Institution Press.
McIllwain, John K. (2011): Suburbs, Cities, and Aging in Place, http://urbanland.uli.org: 31.07.2013.
Orfield, Myron (2002): American Metropolitics – The new Suburban Reality, Washington, D.C.: The Brooking Institution.

Pekmezaris, Renee; Kozikowski, Andrzej; Moise, Gregory (2013): Aging in Suburbia: An Assessment of Senior Needs, in: Educational Gerontology, 39, S. 355-365.
Roost, Frank (2012): Mixed Developments – Städtebauliche und soziale Mischung in den USA, in: Harlander, Tilman, Kuhn Gerd (Hg.): Soziale Mischung in der Stadt, Case Studies – Wohnungspolitik in Europa – Historische Analyse, Ludwigsburg/Stuttgart: Wüstenrot-Stiftung und Karl Kraemer Verlag, S. 114-127.
Schafran, Alex (2013): Origins of an Urban Crisis: The Restructuring of the San Francisco Bay Area and the Geography of Foreclosure, in: International of Urban and Regional Research 37, 2, S. 663-688.
Schönig, Barbara (2011): Pragmatische Visionäre – Stadtregionale Planung und zivilgesellschaftliches Engagement in den USA, Frankfurt/New York: Campus.
Tachieva, Galina (2010): Sprawl Repair Manual, Washington/Covelo/London: Island Press.
Vincent, Grayson K.; Velkoff, Victoria A. (2010): The next four decades. The Older Population in the United States 2010-2050, in: Current Population Reports, P25-1138, U.S. Department of Commerce, Economics and Statistics Administration, U.S. Census Bureau, Washington.

Analysen und Kommentare

Johannes Boettner

Der Kampf ums Dixi-Klo – Incivilities im öffentlichen Raum und im Agenda-Setting-Prozess der Gemeinwesenarbeit

Zusammenfassung: Der Beitrag berichtet von einem Feldexperiment, das im Rahmen des Stadtteilbüros Datzeberg, einer Lehrpraxis- und Lehrforschungsstelle der Hochschule Neubrandenburg, in Gestalt eines im öffentlichen Raum platzierten Toilettencontainers durchgeführt wurde. Skizziert werden die Prozesse bürgerschaftlicher Kommunikation, aus der die Idee zu dem Experiment hervorgegangen ist, die unterschiedlichen Positionen, die innerhalb der Bürgerschaft vertreten wurden sowie die teils moderierende Rolle der Gemeinwesenarbeit in diesem Zusammenhang. Im Ergebnis zeigt sich eine partizipatorische Alternative zu den eher repressiv exkludierenden Strategien, die den kommunalpolitischen Umgang mit den sogenannten Incivilities nicht selten charakterisieren.

1. Auftakt: Man pinkelt dem Gemeinwesen nicht vors Canapé!

Begreift man, einer Idee Walter Benjamins folgend, Straßen und Plätze als „Wohnraum des Kollektivums" (1982: 994), dann liegt es in der Logik dieser Analogie, dass einigen Orten eine Bedeutung zufällt, die ungefähr dem entspricht, was man früher einmal die „gute Stube" genannt hat. Dies impliziert dann nicht nur gewisse Mindestanforderungen an die Qualität des städtebaulichen Interieurs, sondern auch und vor allem solche an das Verhalten der Menschen, die sich an diesen Orten aufhalten: Man pinkelt dem Gemeinwesen nicht vors Canapé!

Der Funktions- und Strukturwandel von öffentlichen Stadträumen im Zuge der wachsenden Mobilität und Mediendurchdringung des Alltagslebens scheint normative Mindestansprüche dieser Art nicht aus der Welt geschaffen zu haben. Zwar werden die Ansprüche nicht immer erfüllt; aber auch die Empörung, die das dann nicht selten hervorruft, belegt die Normativität des öffentlichen Raumes oder jedenfalls herausgehobener Teile davon. Wer im Rahmen seiner beruflichen Tätigkeit als Gemeinwesenarbeiter/in oder Quartiermanager/in im quartiernahen Rahmen öffentliche Kommunikation anregt und moderiert, wird unweigerlich mit Klagen konfrontiert, die sowohl den äußeren Zustand des öffentlichen Raumes betreffen als auch das ungebührliche Verhalten einiger seiner Dauernutzer: Das „Herumlungern", der exzessive Alkoholkonsum und nicht zuletzt das damit ursächlich verbundene öffentliche Urinieren der Männer.

In der Literatur wird solches den „verorteten Normen" (Klamt 2007) des öffentlichen Raumes zuwider laufende Verhalten unter dem Begriff *incivilities* mit physischen Zeichen der Verwahrlosung zusammengefasst und im Kontext von Kriminalitätsfurcht und Kriminalitätsprävention diskutiert (Lewis/Salem 1986; Häfele 2013). Die anstößigen Verhaltensweisen werden dabei nicht als solche, d.h. in ihrer Anstößigkeit, thematisiert, sondern als Indizien für Schlimmeres genommen – mit dem Nebeneffekt, dass die spezifische sozialmoralische Qualität des öffentlichen Raumes weitgehend aus dem Blick gerät.

Freilich ist der öffentliche Raum nicht homogen (Selle 2010). Einige besonders herausgehobene Orte fungieren als Visitenkarte und Aushängeschild der gesamten Stadt, während andere in den peripher gelegenen Wohngebieten nur für die im näheren Umfeld lebenden Menschen mit ihren unterschiedlichen und zum Teil auch gegenläufigen Nutzungsinteressen bedeutsam sind (Dangschat 2011). Hier wie dort finden Auseinandersetzungen darüber statt, was im öffentlichen Raum noch „geht" und was nicht mehr akzeptabel ist. Während allerdings in den Citylagen gut organisierte und artikulationsstarke Interessengruppen das Spiel bestimmen, bleibt die Auseinandersetzung auf Stadtteilebene, zumal in den sogenannten benachteiligten Vierteln – aus Toleranz oder aus Mangel an bürgerschaftlicher Organisation – nicht selten unterschwellig. Eine auffällige Minderheit wird zwar „schief angeguckt", viele verspüren Widerwillen, Ärger, starke Ressentiments – aber der Unmut artikuliert sich folgenlos nur im kleinen Kreis. Eine Art Pattsituation. Die einen tun's einfach, die anderen ärgern sich darüber.

Eine konsequente – und das heißt vor allem ergebnisoffene – Bürgerbeteiligung kann hier als eine Art Katalysator wirken, wie im Folgenden an einem Beispiel gezeigt wird. Inhaltlich geht es dabei um einen bürgerschaftlichen Diskurs, der über einen Zeitraum von mehreren Jahren in dem Neubrandenburger Plattenbaugebiet Datzeberg stattfand und als inklusive Problemlösung schließlich eine provisorische öffentliche Toilette hervorbrachte – und zwar in Gestalt eines Toilettencontainers, der (obwohl es sich um das Fabrikat eines anderen Anbieters handelte) allgemein nur *Dixi-Klo* genannt wurde. Ein Gewinn an ästhetischer Qualität war das nicht. Die Banalität und auch Unansehnlichkeit des Gegenstandes stehen jedoch in einem krassen Missverhältnis zur Bedeutsamkeit – um nicht zu sagen: Ansehnlichkeit des Prozesses bürgerschaftlicher Kommunikation, aus dem diese Lösung hervorgegangen ist.

2. Bürgerbeteiligung und Agenda-Setting

Die Episode ereignete sich im Arbeitszusammenhang des Stadtteilbüros Datzeberg, das die Hochschule Neubrandenburg seit 2007 in Kooperation mit den beiden großen lokalen Wohnungsunternehmen in dem gleichnamigen Stadtteil betreibt und das als Lehrpraxis- und Lehrforschungsstelle des Fachbereichs Soziale Arbeit, Bildung und Erziehung eine doppelte Funktion erfüllt: Den Bewohnern des von Abriss, Rückbau und sozialer Umschichtung betroffenen Stadtteils hilft das Stadtteilbüro ihre auf das Wohngebiet bezogenen Ambitionen, Anliegen und Veränderungsinteressen in der lokalen Arena wirksam zur Geltung zu bringen; den Studierenden bietet es die Chance im praktischen Selbstversuch herauszufinden, wie das geht: Bürgerschaftliches Engagement fördern, niedrigschwellig Bürgerbeteiligung organisieren.[13]

Dieser Aufgabenstellung liegt selbstredend die Annahme zugrunde, dass der Wohnort Themen und Handlungsanlässe liefert, die eine über rein individuelle Privatangelegenheiten hinausgehende Bedeutung haben, d.h. ihrem sachlichen Charakter nach als öffentliche Angelegenheiten (*public issues*) behandelt werden können. Das können im Einzelnen sehr unterschiedliche Dinge sein, darunter auch so vermeintlich private Handlungen wie Trinken und Urinieren, sobald sie im öffentlichen Raum stattfinden. Denn der öffentliche Raum und damit auch alles, was in ihm geschieht, ist schon per definitionem eine öffentliche Angelegenheit.

Fragt sich nur, ob solche potentiell öffentlichen Angelegenheiten auch öffentlich beachtet und zum Gegenstand öffentlicher Kommunikation gemacht werden. Die Frage so stellen heißt, zwei zentrale Sinnkomponenten des Öffentlichkeitsbegriffs zu unterscheiden. Das Attribut *öffentlich* meint ja etwas Verschiedenes, je nachdem ob man es als Gegenbegriff zum Privaten oder zum Geheimen versteht. In dem ersten Fall geht es um einen Unterschied in der Sache (Sachverhalte, die ihrem Charakter und ihrer Bedeutung nach das Gemeinwesen betreffen), in dem anderen Fall geht es vor allem um einen bestimmten Modus der Kommunikation und die freie Verfügbarkeit von Wissen. Beide Sinnkomponenten sind nicht völlig unabhängig voneinander; es gibt zwischen ihnen durchaus eine normative Verknüpfung – die aber regelmäßig missachtet wird und zwar in doppelter Hinsicht: Genauso wie Privates nicht immer (und wie es scheint sogar immer seltener) diskret behandelt wird, obwohl eine überkommene bürgerliche Tugend eben dies fordert, werden Themen, die der Sache nach öffentlichen Angelegenheiten betreffen, keineswegs immer in aller Öffentlichkeit verhandelt, sondern stattdessen recht oft in exklusiven, durch Geheimhaltung limitierten Elitekreisen,

---

13 Was im Folgenden abstrakt der Einrichtung zugeschrieben wird, ist nicht ausschließlich, aber doch ganz überwiegend das Werk von Tom Liebelt, der dort seit sieben Jahren als hauptamtlicher Gemeinwesenarbeiter tätig ist.

obwohl das demokratische Ideal eigentlich etwas anderes vorsieht (Habermas 1990). Dass eine Regel häufig gebrochen und/oder durch mehr oder weniger überzeugend legitimierte Ausnahmekonstruktionen relativiert wird, nimmt ihr freilich nicht ihren Sinn und ihre Berechtigung.

Betrachtet und vergleicht man vor diesem Hintergrund die Projekte und Einrichtungen, die ihre Tätigkeit als Gemeinwesenarbeit, Quartiermanagement etc. beschreiben, so bietet sich als Unterscheidungskriterium u.a. die Frage an, ob und mit welcher Konsequenz die Projekte und Einrichtungen bestrebt sind, in ihrem jeweiligen Zielgebiet der Basisregel demokratischer Kommunikationsverhältnisse „Was der Sache nach eine öffentliche Angelegenheiten ist, muss auch dem Modus der Kommunikation öffentlich verhandelt werden!" Geltung zu verschaffen. Damit kommen Prozesse in den Blick, die in der Medien- und Politikforschung unter dem Begriff *Agenda-Setting* (Weaver et al. 2004) thematisiert werden. Wie und von wem wird über die Themen und Anliegen entschieden, die zu einem bestimmten Zeitpunkt in den Kreis der als vordringlich zu behandelnden *public issues* aufgenommen werden? Politikwissenschaftler stellen diese Frage gewöhnlich nicht mit Blick auf Bürgerengagement und Bürgerbeteiligung im Stadtteil; ihnen geht es um die Tagesordnung der „großen Politik". Die Frage stellt sich aber auch im Kleinen.

Als Einrichtung der Hochschule und gesegnet mit einer auskömmlichen Finanzierung durch zwei Wohnungsunternehmen, die das Wagnis eines offenen, nicht durch Vorabfestlegung der zu bearbeitenden Probleme reglementierten Handlungskonzepts eingegangen sind, hat das „Stadtteilbüro Datzeberg" den notwendigen Handlungsspielraum, um die Bürgerbeteiligung schon mit dem Agenda-Setting-Prozess beginnen zu lassen.[14] Ein einfaches Verfahren, das der Gemeinwesenarbeit hierfür zur Verfügung steht ist die *aktivierende Befragung* (Hinte/Karas 1989, Lüttringhaus/Richers 2003). Dabei handelt es sich im ersten Schritt um eine einfach strukturierte Tür-zu-Tür-Befragung nach dem Schema *Was gefällt ihnen hier? Was stört sie? Was regt sie auf?* Die Befragungsergebnisse werden dann grob zusammengefasst und den Befragten zeitnah in einer Versammlung zur gemeinsamen Auswertung

---

14 Dieser Spielraum ist in den meisten im Kontext der *Sozialen Stadt* entstandenen Projekten schon aus förderpraktischen Gründen nicht gegeben (Fritsche/Güntner: 2012). Er ist auch im Falle des Stadtteilbüros Datzeberg nicht unbegrenzt. Denn obwohl der Kooperationsvertrag die fachlichen Entscheidungen ganz in die Hand der Hochschule legt, gibt es im praktischen Binnenverhältnis doch insofern eine Begrenzung des Dispositionsspielraum, als Fragen, die das privatrechtliche Mietverhältnis mit einem der beiden Partner betreffen, außerhalb der Zuständigkeit der Stadtteilbüros bleiben. Die Adressaten werden nicht in ihrer Rolle als Mieter sondern als Bürger angesprochen, eine Unterscheidung, die zwar generell eindeutig, im Einzelfall aber nicht immer leicht zu ziehen ist. In diesem Grenzbereich ist dann auch hier immer mit einer an den Interessen der Geldgeber orientierten Neigung zur Themenvermeidung zu rechnen, die in der Literatur als *Non-Decision-Making* beschrieben wird (Bachrach/Baratz 1963).

und weiteren Diskussion vorgelegt. Auf diese Weise wird ein ergebnisoffener Kommunikationsprozess initiiert, der sich vom Einzelgespräch über das Auswertungstreffen bis hin zur großen Bürgerversammlung erweitert und in dessen Verlauf die einbezogenen Bürger sich über jene Anliegen verständigen, die sie im doppelten Sinne *bewegen*: Die sie aufregen und zum gemeinsamen Handeln motivieren. Das heißt nicht, dass diese bürgerschaftlichen Beweggründe immer sehr spektakulär sind. Zumeist geht es um banale, im Grunde vorhersehbare Dinge.

3. Beispiel Datzeberg: Das Problem

Auch die beiden aktivierenden Befragungen, die vom Stadtteilbüro in unterschiedlichen Teilgebieten des Stadtteils durchgeführt wurden, ergaben nur im Detail variierende Themenlisten: Hundekot auf den Straßen, Plätzen und Grünflächen, wilde Müllplätze, parkende LKWs im Wohngebiet, unzureichende Freizeitmöglichkeiten für Kinder und Jugendliche sowie schließlich eine Reihe von Beschwerden, für die der um Neutralität bemühte Gemeinwesenarbeiter die sperrige Formulierung „nicht richtiges Verhalten in der Öffentlichkeit" fand. Bemerkenswerter als die puren Befragungsergebnisse, die sich gewiss so oder so ähnlich auch in den meisten anderen Stadtteilen ergeben würden, ist das Gespräch der Befragten über diese Ergebnisse. Die Frage ist dann nicht mehr allein, was genau stört, sondern inwiefern es stört, wie wichtig die Sache ist, was man zwecks Abhilfe tun kann und ob man sich in diesen Punkten auf eine gemeinsame Sicht verständigen kann. Zur Illustration eine Situation aus einem ersten Auswertungsgespräch, an dem rund dreißig der insgesamt etwa 200 befragten Bürger teilnahmen.[15]

Nachdem der Gemeinwesenarbeiter „das nicht richtige Verhalten" gleichsam mit spitzen Fingern zur Sprache gebracht und die Versammelten um Stellungnahmen gebeten hatte, konzentrierte sich das Gespräch rasch auf die sogenannte *Nettogruppe*, eine Gruppe von Männern mittleren Alters, die sich in der Vergangenheit regelmäßig in der unmittelbaren Nähe des gleichnamigen Supermarktes getroffen und dort stundenlang aufgehalten hatten, große Mengen Alkohol konsumierend. Inzwischen hatte sich der Treffpunkt dieser Gruppe zwar in einen Pavillon verlagert, der im Zuge der Neugestaltung einer durch Abriss entstandenen Freifläche im Zentrum des Stadtteils entstanden war. Der Name war der Gruppe aber geblieben, genauso wie ihr schlechter Ruf. Selbstredend nahm niemand, der zu der Gruppe gehörte oder auch nur Kontakt zu ihr hatte, an dem Auswertungsgespräch teil. Die Gruppe

---

15 Das Gespräch wurde mit Einwilligung der Teilnehmer/innen zu Lehr- und Forschungszwecken mit Video aufgezeichnet.

war dort nur als Thema zugegen. Und sogar als Thema waren sie umstritten, denn gleich zu Beginn der Aussprache machte jemand darauf aufmerksam, dass es sich hier ja eigentlich gar nicht um etwas stadtteilspezifisches, sondern um ein allgemeines gesellschaftliches Problem handelt. Ein männlicher Teilnehmer warf ein, die Leute säßen doch da nur so rum und würden keinem was tun. Nun schaltete sich eine ältere Frau ein:

> „Ja, gut, sie tun keinem was, da kann man vorbeigehen, die pöbeln einen nicht an, nichts. Aber was mich da ganz besonders stört: Man kann vorbeigehen, es steht immer einer in der Ecke und …tja."

Sie spricht das Unaussprechliche nicht aus, woraufhin eine andere Frau erläutert und allgemeines Kichern erntet:

> „Klar, oben rein und unten raus." „Ja, genau", ergreift nun die erste Sprecherin wieder das Wort, „oben rein und unten raus. Und das ist es, was stört. Das ist… wenn man als Frau da vorbeigeht, es ist ekelhaft, es ist… freilich, man geht dann schon so (sie zeigt, was sie meint, indem sie sich zur Seite wendet), und man dreht sich wirklich um, obwohl man auf einem öffentlichen Weg geht, nicht. Das ist das, was ganz besonders stört. Nicht wenn die da mal sitzen… gut, die sitzen ständig da, ob man nun um acht hingeht oder am Abend, sie sitzen da immer. Aber ich meine, solange sie einen nicht anpöbeln und nichts machen… Aber dieses in den Hecken Urinieren, das ist furchtbar."

„Aber wie will man das ändern?" fragte jemand ein bisschen ratlos. Auch die Frau, die das Thema eingebracht hatte, zuckte nun mit den Schultern und griff die Frage auf:

> „Ja, wie will man das ändern? Entweder stellt man da irgendwas hin oder man macht eine Baumhecke oder was, aber es geht doch nicht, dass man die da immer so stehen sieht. Also ich weiß nicht, vielleicht… aber so geht es wirklich nicht."

Es folgte allgemeines Gemurmel, aus dem heraus schließlich eine einzelne Männerstimme vernehmbar wurde. Es handelte sich um ein Mitglied der örtlichen Bürgerinitiative. Der Mann erhob sich und erklärte im mahnenden Tonfall: „Also, ich möchte erst mal grundsätzlich sagen: Wir können es uns natürlich nicht erlauben, wenn wir schon über gesellschaftliche Verhältnisse reden, diese Leute einfach auszuschließen. Das geht auf keinen Fall." „Das habe ich auch nicht gemeint", beteuerte daraufhin sofort die erste Sprecherin. Auch sonst erhob sich kein Widerspruch. Alle hörten andächtig zu, als der Mann fortfuhr:

> „Also, wir müssen sie so integrieren, wie sie schon sagen… die gesellschaftlichen Verhältnisse sind nun mal so, es gibt die Bürger, die arbeitslos sind und die kein Geld haben und die morgens die zwei Flaschen Bier zurückbringen, damit sie sich die dritte

und vierte holen können, das ist nun mal heute so, und dann müssen wir sie auch integrieren."

Dieser kurze Wortwechsel verdeutlicht gut: Es wurde ein Anliegen eingebracht, das die Sprecherin sehr zu bewegen schien. Das anstößige Verhalten – Urinieren am falschen Ort – weckte bei ihr derart starke Schamgefühle, dass ihr sogar die Verbalisierung des Sachverhalts zunächst nur in der rhetorischen Form der bedeutungsvollen Auslassung möglich war. Durch die Intervention des Mitglieds der Bürgerinitiative verdoppelten sich darüber hinaus die normativen Bezüge des Gesprächs. Einerseits ging es um die Missachtung von Anstandsnormen, die unter den Anwesenden offenbar unstreitig waren. Gleichzeitig ging es jetzt aber auch um Normen und Werte, die den richtigen Umgang mit Minderheiten betrafen. Auch das Gebot, dass man die Leute nicht ausschließen dürfe (was in dieser Runde niemand explizit gefordert hatte), blieb unwidersprochen. Die erste Sprecherin sah sich sogar veranlasst, den Verdacht, sie könnte es doch so gemeint haben, sofort zurückzuweisen. Die Promptheit dieser Reaktion und zuvor der mahnende Charakter, mit der das Inklusionsgebot gleichsam vorbeugend in die Diskussion eingebracht wurde, legen zwei Folgerungen nahe: Zum einen besaß der Vertreter der Bürgerinitiative in diesem Kreis offenbar die Autorität eines Meinungsführers, der aber – zum anderen – Gründe zu haben schien, der Inklusionsneigung seiner Mitbürger nicht recht zu trauen.[16]

Im Effekt wurden durch den zitierten Wortwechsel die Rahmenbedingungen für die weitere Bearbeitung des angesprochenen Problems definiert. Einerseits wurde *Urinieren am falschen Ort* als ernsthaftes und drängendes Problem anerkannt; andererseits war klar, dass die nahe liegende Möglichkeit, das Problem durch Platzverweise oder andere restriktive Maßnahmen mit Vertreibungseffekt zu lösen, von vornherein ausschied.

Dies war der gemeinsame Nenner, auf dessen Grundlage schon im weiteren Verlauf der Versammlung erste Lösungsideen entwickelt wurden. Als sich auf Nachfragen des Gemeinwesenarbeiters herausstellte, dass schon sehr viel über, aber noch nicht mit der *Nettogruppe* geredet worden war, verabredeten sich einige Frauen, gemeinsam zu dem Treffpunkt zu gehen, um den dort versammelten Männern zu erklären, wie abstoßend ihr Verhalten auf sie als Frauen wirke. Die Aktion fand einige Tage später auch tatsächlich statt und hat sogar einen gewissen Erfolg. Einige der angesprochenen Männer war die Sache sichtlich peinlich; sie versprachen Besserung. Die guten Vorsätze wurden aber nicht dauerhaft umgesetzt, was, den Aussagen von Betroffenen zufolge, nicht zuletzt auch physiologische Ursachen hatte. Damit bekam eine

---

16 Dies verdient auch deshalb festgehalten zu werden, weil sich analoge Konstellationen später wiederholten – etwa bei einer gut besuchten Podiumsdiskussion mit Verantwortlichen der Stadt, die als Konsequenz des Auswertungsgesprächs zustande kam. Auch andere Mitglieder der Bürgerinitiative agierten dann ganz ähnlich und mit ähnlichem Effekt wie der hier zitierte Sprecher.

andere Lösungsidee Auftrieb, die auch vorher schon erwogen, zugunsten der weitaus kostengünstigeren Ermahnungslösung zunächst aber nicht weiter verfolgt worden war: Die Installation einer öffentlichen Toilette.

4. Beispiel Datzeberg: Die Lösung

Wenn man mit Moral nicht weiterkommt, dann hilft manchmal Technik, in diesem Fall Sanitärtechnik. Leider liegt die Zeit, da öffentliche Toiletten ganz selbstverständlich zur infrastrukturellen Ausstattung des öffentlichen Raumes gehörten, schon länger zurück. Soweit sie nicht ersatzlos verschwunden sind, wurden sie zumeist durch Bezahltoiletten ersetzt, was im vorliegenden Fall gewiss keine realistische Lösung darstellte. Es war zwar durchaus möglich, dass die Nettoleute mit Rücksicht auf die Gefühle der Passanten bereit sein würden, ihr Geschäft in einem schlichten Pissoire zu erledigen; ganz sicher aber würden sie für diese Rücksichtnahme keine 50 Cent bezahlen. Folglich schied die Barzahlungsvariante aus. Stattdessen musste etwas geschaffen werden, was heute so selten geworden ist wie öffentliche Telefonzellen, nur nicht so überflüssig: Eine frei zugängliche und kostenlos benutzbare Toilette.

Eine öffentliche Toilette an einem Ort ohne jeden touristischen Wert, bedeutsam allenfalls für die lokale Bevölkerung? Erwartungsgemäß traf der Vorschlag auf wenig Gegenliebe, als er an Verwaltung und Kommunalpolitik herangetragen wurde. Überraschend war eher schon die Art, wie die Ablehnung begründet wurde. Anders als erwartet ging es dabei nicht allein um die Kosten bzw. Folgekosten. Diese wurden zwar genannt – genauso wie bestimmte technische Probleme und gesetzliche Bestimmungen, etwa der Zwang ein Handwaschbecken vorzuhalten. Auch das intrakommunale Gleichheitsprinzip wurde ins Feld geführt, verbunden mit dem Hinweis auf die städtische Hierarchie der Orte, die eine solche Einrichtung, wenn überhaupt, dann aber gewiss nicht in einem marginalen Wohngebiet wie dem Datzeberg, sondern allenfalls im Stadtzentrum oder an der Seepromenade rechtfertigen würde. Neben diesen mehr oder weniger sachbezogenen Argumenten spielte aber, gerade bei den Erstreaktionen, noch etwas anderes mit, wie sich beispielhaft an einer Gesprächssequenz zeigen lässt. Sie ist aus einer Verhandlungsrunde entnommen, an der neben engagierten Bürgern, die sich für die Toilettenlösung stark machen wollten, auch Vertreter der für Planung, Genehmigung und Betrieb einer solchen Einrichtung zuständigen Verwaltungsstellen teilnahmen. Die Sequenz setzt ein, nachdem einige von Studierenden des Studiengangs Landschaftsarchitektur entwickelten Ideen für Low-Budget-Lösungen vorgestellt worden waren, die städtischen Fachleute ihre

Bedenken dagegen gehalten hatten und ein Moment der Stille eingetreten war.[17]

> Gemeinwesenarbeiter (an die Fachleute gewandt): „Ja, ehm ... haben sie eine Idee, vielleicht?"
>
> Planer: „Ja, dass die Leute auf ihre eigenen Toiletten gehen, nämlich da, wo sie wohnen. Denn das sind Datzeberger."
>
> Gemeinwesenarbeiter: „Okay, das ist keine neue Idee..."
>
> Planer: „Ne, aber, wie ich finde, eine bestechende Idee, weil das macht jeder normale Mensch, der irgendwo meint, er muss in der Öffentlichkeit was trinken, das ist heutzutage nichts Außergewöhnliches... so, und dann suche ich mir entweder ein öffentliches Klo, und wenn es das nicht gibt, dann muss ich nach Hause gehen. Und hier ist es so: Die Leute wohnen auf dem Datzeberg."

In dieser am Konzept des normalen Menschen orientierten Sicht, macht es in der Tat wenig Sinn, das kritisierte Fehlverhalten durch besondere Aufwendungen auch noch zu belohnen. Die Befürworter der Toilettenlösung reagierten darauf nun mit zwei Argumenten. Zum einen betonten sie, dass es hier überwiegend um Alkoholkranke gehe, die nach Auskunft von Fachleuten schon aus rein körperlichen Gründen die gestellte Forderung nicht erfüllen könnten. Zum anderen machten sie klar, dass es gar nicht in erster Linie darum ging, etwas für die Nettogruppe zu tun. Es seien ja nicht die Männer, die mit der bisherigen Praxis ein Problem hätten, sondern die Passanten, denen der Anblick urinierender Männer erspart werden sollte. Bei dem Versuch diese Konstruktion des Problems der Diskussion zugrunde zu legen, agierten sie recht erfolgreich mit verteilten Rollen: Die Frauen unter ihnen ließen erkennen, dass sie durchaus in eigener Sache argumentierten, wenn sie das öffentlichen Urinieren als ein Problem für die normalen Bürger darstellten, das aus Rücksicht auf ihre Schamgefühle dringend beendet werden müsse. Niemand mochte ihnen da widersprechen. Andere machten sich insofern zu Fürsprechern der Nettogruppe, als sie, wie zuvor in der Bürgerversammlung, strikt alle auf Exklusion hinauslaufenden Problemlösungen zurückwiesen. Auch dem mochte niemand offen widersprechen.

So endete die Diskussion mit den zuständigen Fachleuten der Stadt zwar nicht mit einem vollen Erfolg, aber doch immerhin mit in einer Art Vergleich. Die Planer versicherten individuell guten Willens zu sein und den engagierten Bürgern nach Kräften helfen zu wollen. Auch wenn sie in ihrer behördlichen Rolle den Wunsch nach einer öffentlichen Toilette nicht erfüllen könnten, so wollten sie den Bürgern doch keine Steine in den Weg legen,

---

17 Das Gespräch wurde mit Einwilligung der Teilnehmer/innen zu Lehr- und Forschungszwecken mit Video aufgezeichnet.

falls eine für die Stadt kostenneutrale Lösung, zum Beispiel durch Sponsoring, gefunden würde.

Da sich ein Bürger des Datzebergs schon vor einiger Zeit bereit erklärt hatte, einen Toiletten-Container als vorübergehende Notlösung zu sponsern, beschlossen die um den Gemeinwesenarbeiter versammelten Bürger, die zugesagte Kooperationsbereitschaft sogleich für die Realisierung einer Übergangslösung mittels Container-Toilette in Anspruch zu nehmen.

Weil die Vertreter der Kommune das Projekt zwar nicht behindern, es aber auch nicht selbst betreiben wollten, fiel die Rolle des Betreibers dieser halböffentlichen Sanitäreinrichtung für die Dauer eines halbjährlichen Probelaufs dem Stadtteilbüro und damit faktisch der Hochschule zu. Somit war die Hochschule Neubrandenburg von September 2012 bis März 2013 die wohl weltweit einzige Institution ihrer Art, die über eine Außentoilette in einem Plattenbauwohngebiet verfügte. Der teils amüsiert, teils pikiert reagierenden Öffentlichkeit wurde das Projekt als Forschungstoilette vorgestellt – durchaus zutreffend, denn es sollte ja tatsächlich erprobt werden, ob eine solche Lösung von den unterschiedlichen Nutzergruppen des Platzes akzeptiert würde oder ob sich die im Vorfeld geäußerten Bedenken (Zerstörung, Verschmutzung, Nichtbenutzung) bewahrheiten würden. Ergänzend zu den sporadischen Besuchen des Gemeinwesenarbeiters wurden daher in einem annähernd wöchentlichen Rhythmus die Vorgänge auf dem Platz teilnehmend beobachtet sowie Einzel- und Gruppengespräche mit der Nettogruppe, mit anderen Nutzergruppen und mit sonstigen Passanten geführt.

Gleich in den ersten Wochen wurde der Container zweimal über Nacht umgeworfen. Danach konnten jedoch keine weiteren aggressiven Akte dieser Art mehr festgestellt werden, was möglicherweise (auch) ein Nebeneffekt der forcierten Kommunikation zum Thema war. Jedenfalls lassen die vorliegenden 74 Gesprächsprotokolle recht deutlich eine im Zeitverlauf wachsende Akzeptanz dieser Problemlösung erkennen.[18]

Während das Projekt zunächst, ähnlich wie auch schon im Gespräch mit den städtischen Fachleuten, nicht selten als ein unverdientes Geschenk an die Nettogruppe interpretiert wurde, und auch Leute, die ihm prinzipiell wohlwollend gegenüber standen, Zweifel an der Benutzung, Benutzbarkeit und Überlebenschancen der Einrichtung äußerten, hellte sich im weiteren Verlauf das Bild auf. Offenbar entging den Gesprächspartnern nicht, dass das Gros der befürchteten Ereignisse nicht eintrat. Die Toilette wurde benutzt. Sie wurde nicht zerstört und sie blieb, obwohl sie nur einmal pro Woche gereinigt wurde, in einem (auch für die Initiatoren) überraschend benutzbaren

---

18 Die Gespräche waren methodisch als leitfadengestützte Interviews angelegt und wurden nach der Aufstellung des *Dixi-Klos* von Julia Kittendorf und Anne Henning am Ort des Geschehens durchgeführt. Sie nahmen regelmäßig den Charakter von relativ offenen, „eroepischen" (Girtler 2001: 147ff.) Gruppengesprächen an, was im Sinne eines ethnographisch orientierten Forschungsverständnisses auch durchaus erwünscht war.

Der Kampf ums Dixi-Klo

Zustand. So ergab sich in der Gesamtbilanz ein deutliches Übergewicht von 60 Gesprächen, in denen die positiven Stellungnahmen dominierten. Da keine urinierenden Männer mehr zu sehen seien und auch der Gestank nachgelassen habe, sei der Weg, so die Auffassung der allermeisten Passanten, jetzt für sie wieder zwanglos begehbar – für sie und vor allem auch für die Kinder, die nach Ansicht vieler Eltern durch den Anblick urinierender Männer besonders belastet und/oder geschädigt würden.[19]

Selbstverständlich entging den Leuten nicht, dass der Container nicht gerade zur Verschönerung des Platzes beitrug, die meisten Gesprächspartner waren aber, als die von vielen befürchtete Beschädigung und Verschmutzung ausblieb, bereit, die Unansehnlichkeit des Objektes zumindest vorübergehend hinzunehmen. Das war nur in den Gesprächen mit radikalen Gegnern der Gruppe anders. Hier war der Toiletten–Container bloß ein weiteres Element der Verschandelung des Platzes durch die Nettogruppe, die aber selbst der eigentliche Schandfleck sei, den es aus dem öffentlichen Raum zu entfernen gelte. Zwar wurde offen für diese Exklusionslösung nur in 11 Gesprächen plädiert; dieser geringe Anteil könnte freilich auch der Tatsache geschuldet sein, dass die Studierenden, die die Gespräche führten, dem Stadtteilbüro und damit dem Initiator der Toilettenlösung zugerechnet wurden. Dies mag – in Verbindung mit dem Einfluss der oben eben erwähnten lokalen Meinungsführer – die Neigung, offen Radikallösungen zu vertreten, gedämpft haben.

Immerhin war die Dämpfung aber sogar für die Mitglieder der *Nettogruppe* spürbar. Denn auch in den Gesprächen, die am Treffpunkt der Gruppe stattfanden, wurde eine positive Veränderung des allgemeinen Meinungsklimas konstatiert. Das sei überhaupt der größte Nutzen des Projektes: Die Leute würden sich jetzt nicht mehr so über sie aufregen.

Indes gehört der Betrieb öffentlicher Toiletten bekannter Maßen nicht zu den Regelaufgaben einer Hochschule. Der Versuch wurde also beendet, die durchweg positiven Erfahrungen wurden ausgewertet und der lokalen Öffentlichkeit im Rahmen eines Stadtteilfestes vorgestellt. Die Presse berichtete. Ein Versuch von Mitgliedern der Nettogruppe, den Container aus eigenen Mitteln weiter zu finanzieren, wurde unternommen, scheiterte dann aber etwas kläglich an alternativen Verwendungsmöglichkeiten für das eingesammelte Geld. Auch die Bürgerinitiative nahm sich erneut der Sache an und beantragte in der Stadtvertretung eine Kostenübernahme durch die Stadt – überraschender Weise mit einem Teilerfolg. Der OB ließ umgehend mitteilen, dass die Stadt mit Rücksicht auf den positiv verlaufenen Versuch nunmehr bereit sei, für den Rest des Jahres die Kosten einer erneuten Anmietung des Toiletten-Containers zu übernehmen und während dieser Zeit eine dauer-

---

19 Leider lässt sich aus den Gesprächsprotokollen und auch aus dem vorhandenen Videomaterial von Bürgerversammlungen nicht sicher erschließen, an welche Art von Gefährdung dabei genau gedacht wurde.

hafte Lösung zu erarbeiten. Das *Dixi-Klo vom Datzeberg* kehrte nach einer Interimszeit von drei Monaten an seinen alten Platz zurück.

5. Fazit

Gewiss, in Anbetracht von Armut und sozialer Polarisierung in den Städten kann man sich relevantere Themen vorstellen als die Belästigung durch öffentliches Urinieren; auch ist Krummachers (2007) These nicht von der Hand zu weisen, dass der im Zeichen von Sicherheit, Ordnung, Sauberkeit geführte kommunalpolitische Kampf gegen *Incivilities* dazu tendiert, die Bekämpfung sozialer Probleme durch die Bekämpfung ihrer Opfer und deren Vertreibung aus dem öffentlichen Raum zu ersetzen. Der Punkt ist nur – es war im vorliegenden Fall nicht so.

Dass es hier anders war, ist zu einem Gutteil einem überschaubaren Kreis von Aktivbürgern zu verdanken, die das Inklusionsgebot auch im Umgang mit einer „(unbeliebten) Minderheit" (ebd.: 56) hochhielten. Anders als bei einem von Schmitt (2004) in Chemnitz untersuchten Beispiel, taten sie das aber nicht rein operativ mittels einer strategischen Ausgrenzung unpassender Positionen im Sinne einer gleichsam bürgerschaftlichen Variante paternalistischer Geheimpolitik, sondern indem sie ihren Einfluss als lokale Meinungsführer im öffentlichen Austausch mit dem ebenfalls als legitim anerkannten Anliegen, auf dem Platz bestimmte Anstandsnormen zu wahren, zur Geltung brachten. Das Ergebnis war ein bemerkenswerter und bemerkenswert konstruktiver Aushandlungsprozess. Deshalb – als Symbol dieses Aushandelns – ist das Dixi-Klo vom Datzeberg zuletzt doch noch ein schönes Objekt.

Literatur

Bachrach, Peter; Baratz, Morton S. (1963): Decisions and Nondecisions: An Analytical Framework, in: American Political Science Review, 57, S. 632-642.
Benjamin, Walter (1982): Gesammelte Schriften, Bd.V2. Das Passagen-Werk. Frankfurt/M.
Dangschat, Jens S. (2011): Partizipation, Integration und öffentlicher Raum. eNewsletter Netzwerk Bürgerbeteiligung 01/2011 vom 12.12. 2011.
Fritsche, Miriam; Güntner, Simon (2012): Partizipation ohne Teilhabe. Fallstricke der Beteiligungsarbeit in der Umsetzung von Förderprogrammen zur Quartiersentwicklung, in: standpunkt: sozial 1+2, S. 58-67.
Girtler, Roland (2001): Methoden der Feldforschung. Wien, Köln, Weimar.

Habermas, Jürgen (1990): Strukturwandel der Öffentlichkeit. Untersuchungen zu einer Kategorie der bürgerlichen Gesellschaft. Frankfurt/M: Suhrkamp Verlag.

Häfele, Joachim (2013): Die Stadt, das Fremde und die Furcht vor Kriminalität. Wiesbaden: Springer.

Hinte, Wolfgang; Karas, Fritz (1989): Studienbuch Gruppen- und Gemeinwesenarbeit: Eine Einführung für Ausbildung und Praxis. Neuwied/Frankfurt a.M: Luchterhand.

Klamt, Martin (2007): Verortete Normen. Öffentliche Räume, Normen, Kontrolle und Verhalten. Wiesbaden: Verlag für Sozialwissenschaften.

Knoblauch, Hubert (2001): Fokussierte Ethnographie, in: sozialersinn, 1/2001, S. 123-141.

Krummacher, Michael (2007): Sicher – Sauber – Schön. Die ‚Soziale Stadt' im Sozialstaatsumbau, in: Fischer-Krapohl, Ivonne; Waltz, Viktoria (Hg.): Raum und Migration. Differenz anerkennen – Vielfalt planen – Potenziale nutzen. Dortmunder Reihe zur Raumplanung 128. Dortmund: Informationskreis für Raumplanung, S. 51-66.

Lewis, Dan A.; Salem, Greta W. (1986): Fear of Crime. Incivility and the Production of a Social Problem. New Brunswick: Transaction Books.

Lüttringhaus, Maria; Richers, Hille (2003): Handbuch Aktivierende Befragung. Bonn: Stiftung Mitarbeit.

Schmitt, Jürgen (2004): „Wer plant hier für wen…?" Feldforschung in der Interaktionsgemeinde eines ostdeutschen Prozesses der Stadtteilarbeit. Wiesbaden: Verlag für Sozialwissenschaften.

Selle, Klaus (2010): Stadträume in Spannungsfeldern: Untersuchungsperspektiven. Neue Blicke auf Plätze, Parks und Promenaden, in: Berding, Ulrich; Havemann, Antje; Pegels, Juliane; Perenthaler, Bettina (Hg.) Stadträume in Spannungsfeldern. Plätze, Parks, und Promenaden im Schnittbereich öffentlicher und privater Aktivitäten. Detmold: Dorothea Rohn, S. 23-45.

Weaver, David; McCombs, Maxwell; Shaw, Donald L. (2004): Agenda-Setting Research: Issues, Attributes, and Influences, in: Kaid, Lynda Lee (ed.): Handbook of Political Communication Research. Mahwah, New Jersey, London: Routledge, pp. 257-282.

Dieter Rink, Matthias Bernt, Katrin Großmann und Annegret Haase

Governance des Stadtumbaus in Ostdeutschland – Großwohnsiedlung und Altbaugebiet im Vergleich

Zusammenfassung: Der Stadtumbau in Ostdeutschland steht angesichts differierender Stadtentwicklungen und veränderter Politiken vor neuen Anforderungen. Am Beispiel der Großstädte Leipzig (wachsend) und Halle (stabil) wurden Governance-Strukturen des Stadtumbaus in vergleichender Perspektive zwischen Großwohnsiedlung und Altbau untersucht. In beiden Städten zeigt sich eine Schwerpunktverlagerung auf Sanierung und Erneuerung im innerstädtischen Altbau; der Rückbau in Großwohnsiedlungen ist demgegenüber praktisch zum Erliegen gekommen. Die Governance-Arrangements, zumeist Netzwerke geprägt von wohnungswirtschaftlichen Akteuren, lokaler Verwaltung und zivilgesellschaftlichen Gruppen, fanden sich ursprünglich als grant coalitions durch die juristischen, fiskalischen und politisch-programmatischen Rahmensetzungen des Programms Stadtumbau Ost zusammen. In den letzten Jahren haben sich die Akteursstrukturen und die verfügbaren Ressourcen jedoch verändert, der Stadtumbau wird dadurch schwieriger. Staatlichen Akteuren und Fördermitteln kommt daher auch in Zukunft eine zentrale Bedeutung für die Handlungsfähigkeit der Governance-Strukturen im Stadtumbau zu.

1. Einleitung

Mehr als zehn Jahre nach dem Start haben sich die Rahmenbedingungen für den Stadtumbau Ost gravierend geändert. Schrumpfung und Überhänge auf den Wohnungsmärkten sind kein flächendeckendes Problem mehr in Ostdeutschland. Vielmehr zeigt sich mittlerweile ein differenziertes Bild: Wenige Städte wachsen, wie etwa Dresden oder Leipzig, einige andere verzeichnen eine Stabilisierung ihrer Einwohnerzahlen, wie beispielsweise Chemnitz, Halle oder Magdeburg, viele andere jedoch schrumpfen nach wie vor. Während man Reurbanisierung und Bevölkerungswachstum fast ausschließlich in Großstädten findet, ist Schrumpfung weiterhin der vorherrschende Trend in den ostdeutschen Klein- und Mittelstädten. In einigen Großstädten steht der Stadtumbau demzufolge vor neuen Herausforderungen, nach Jahren, in denen Abriss im Vordergrund stand, hat nunmehr die Aufwertung der Innenstadt an

Übergewicht gewonnen. Die veränderten Rahmenbedingungen haben Auswirkungen auf die Interessenlagen der beteiligten Akteure und die im Stadtumbau etablierten Governance-Strukturen.[20] Diese stehen im Mittelpunkt dieses Artikels, in dem folgende Fragen diskutiert werden sollen: Welche Entwicklungen gab es bei den Governancestrukturen, wie stabil und handlungsfähig sind diese? Wie stellen sie sich auf die neuen Rahmenbedingungen und Interessenlagen ein? Wie haben sich die Interessenlagen der beteiligten Akteure im Zuge des Stadtumbaus und der neuen Rahmenbedingungen verändert?

In unserem Beitrag beziehen wir uns auf zwei ostdeutsche Großstädte, Halle und Leipzig und hier jeweils auf eine Großwohnsiedlung und ein innerstädtisches Altbaugebiet. Sie stehen prototypisch für wachsende bzw. sich stabilisierende Großstädte und besitzen somit keine Geltung für Städte, die fortgesetzter Schrumpfung unterliegen. Dafür eröffnen sich mit den vergleichenden Governance-Analysen zu Altbauvierteln und Großwohnsiedlungen interessante Perspektiven. Im Beitrag wird zunächst kurz der Forschungs- und Diskussionsstand zur Governance des Stadtumbaus skizziert, dann folgen die Fallstudien aus den beiden Städten, vervollständigt durch eine Diskussion der Befunde.

2. Zum Diskussionsstand Governance des Stadtumbaus

Das Programm Stadtumbau Ost startete mit einem gehörigen Planungs- und „Kooperationsoptimismus" (Bernt/Haus 2010), mittels integrativer Stadtentwicklungskonzepte und der Einbeziehung der relevanten Akteure sollte das Programm auf wesentlich breiterer Basis angegangen werden als vorausgegangene Stadterneuerungsprogramme. Allerdings wurde mit Bezug auf die Unterschiedlichkeit der Problemlagen schon zu Beginn der Diskussion die Einbeziehung der Eigentümer als problematisch gesehen. So schätzte etwa Glock bereits 2002 ein, dass sich der Stadtumbau aufgrund der homogenen Eigentümerstrukturen auf die Großwohnsiedlungen beschränke, „wie der

---

20 Im Folgenden wird die Definition von UN Habitat verwandt, die wie folgt lautet: Urban governance is the sum of the many ways individuals and institutions, public and private, plan and manage the common affairs of the city. It is a continuing process through which conflicting or diverse interests may be accommodated and cooperative action can be taken. It includes formal institutions as well as informal arrangements and the social capital of citizens. Fokus auf (UN Habitat). Der Fokus der Analyse lag auf den angewandten Politiken und Instrumenten, den Interaktionen zwischen den involvierten Akteuren sowie den institutionellen Rahmenbedingungen auf unterschiedlichen Ebenen (Multi-Level-Governance).

Stadtumbau in den innerstädtischen Altbauvierteln organisiert werden kann, ist dagegen noch völlig offen" (Glock 2002: 8).

Die wissenschaftliche Auseinandersetzung mit dem Stadtumbau konzentrierte sich in der Folge eher auf praxisrelevante Fragen (Altrock 2005), das Thema Governance wurde dabei zunächst nur punktuell behandelt, wenngleich Steuerungsaspekte schon frühzeitig eine Rolle spielten (Weiske, Hannemann, Kabisch 2006). Die Governance-Forschung zum Stadtumbau stützte sich zunächst auf einige grundsätzliche Darstellungen zu Motiven und Handlungsspielräumen von Akteuren und fußte im Wesentlichen auf einer begrenzten Anzahl von Einzelfallstudien (Haller/Altrock 2010: 160). Mittlerweile hat sich die Situation gewandelt, so sind neben den eher planungswissenschaftlich interessierten Arbeiten (Altrock 2005) politikwissenschaftliche Governance-Analysen getreten (Bernt 2009, Bernt et al. 2010). Nach wie vor mangelt es aber an vergleichenden Studien, die systematisch unterschiedliche Stadttypen und Quartiere in den Blick nehmen. Die Governance-Forschung ist letztlich dem Fokus des Stadtumbaus gefolgt und hat sich auf Großwohnsiedlungen konzentriert. Die Diskussion kreist um folgende Kernfragen: Wer ist in die Governance einbezogen? Wie lassen sich die Governance-Arrangements charakterisieren?

Im Folgenden soll der Forschungs- und Diskussionsstand hinsichtlich der hier relevanten Fragen skizziert werden, ohne dass dies dem Anspruch eines Überblicks genügen könnte, was allerdings ein Desiderat im Forschungsfeld ist.

Bezüglich der Frage des Zuschnitts der Governance-Arrangements, d.h. welche Akteure in welcher Form einbezogen werden, gibt es weitgehende Einigkeit in der Literatur. Stadtumbau wird in einer komplexen Gemengelage aus Institutionen, Akteuren und Interessen verortet und als „Spiel, das von unterschiedlichen städtischen Akteursgruppen veranstaltet wird" charakterisiert: Stadtplanern, städtischen Politikern, Vertretern der Zivilgesellschaft, Wissenschaftlern und Experten, Hausbesitzern, Grundstückseigentümern und Wohnungsgesellschaften (Bernt/Haus 2010: 16). Konsens besteht bezüglich der „Selektivität der Kooperationsbeziehungen" (Haller/Altrock 2010: 170), so sind in fast allen Kommunen die kommunalen Wohnungsunternehmen und die Wohnungsgenossenschaften und natürlich Stadtplanung und Stadtpolitik in den Stadtumbau eingebunden. Weitere Akteure, wie etwa städtische Infrastrukturunternehmen, andere Verwaltungsressorts, Vertreter der Zivilgesellschaft oder Banken sind in deutlich geringerem Maße bzw. anlass- oder themenbezogen eingebunden. Gerade private Eigentümer im Altbau sind meist nicht in die Planung einbezogen, kennen diese nicht und halten sie auch nicht für handlungsrelevant (Bernt/Haus 2010: 24). Als Grund dafür wird in der Literatur auf die Rahmenbedingungen des Programms Stadtumbau Ost verwiesen, die einen „rigiden Akteurs- und Interessenrahmen" (Bernt/Haus 2010: 27) setzten und den Aufbau enger Arbeitsbeziehungen zwischen Stadtverwaltung und Wohnungsunternehmen beförderten. Altrock meint zwar, dass der Bürgerbeteiligung eine Schlüsselrolle in Bezug zum Stadtumbau zukommen dürfte (Altrock 2005: 149), die vorliegenden Arbeiten dazu rechtfertigen diese Hoffnungen jedoch nicht (BMVBS/BBSR 2009; Fritsche 2011). Auf die Rolle der Banken wird nur relativ selten eingegangen, in der Governance-Forschung ist ihre Rolle völlig unterbelichtet. Eine Ausnahme ist diesbezüglich Schiffers, der am Beispiel der Stadt Zeitz systematisch die Rolle von Banken und Kapitalanlegern behandelt (Schiffers 2009: 153ff.).

In der Mehrzahl der Studien zum Stadtumbau wird betont, dass es sich bei den Entscheidungsstrukturen, die den Stadtumbau tragen, um „völlig neue Governance-Arrangements" (Haller/Altrock 2010: 176) handele. Die Governance-Arrangements werden mit Bezug auf den kooperativen Bias, wie auch vorhandene Interessenunterschiede bzw. -gegensätze ganz unterschiedlich charakterisiert. Nelle spricht recht neutral von „Allianzen zwischen Erneuerungsakteuren" (2012: 167), Haller und Altrock von einem „konventionellen Zweckbündnis aus öffentlicher Hand und Wohnungsunternehmen" bzw. von „Notgemeinschaften von Akteuren", die gemeinsam wenigstens über die Ressourcen verfügen, die ihr Überleben in einem schwierigen Umfeld sichern helfen (2010: 176f.). Andere Autoren betonen demgegenüber die Interessenunterschiede und die daraus resultierenden Konsequenzen für die Governance: Konflikte, Blockaden und schwierige Aushandlungen. Insbesondere Bernt beschreibt die Arrangements als *grant coalition* (Bernt 2009): als Koalitionen von Wohnungsunternehmen und Stadtverwaltung, mit dem Ziel, Zugang zu Bundes- und Landesfördermitteln zu erhalten. Diese Koalitionen seien nur so lange stabil, wie es attraktive Fördermittel zu verteilen gebe und sie würden sich in ihrer Themensetzung stark an den Bedürfnissen der Fördermittelgeber ausrichten. In ähnlicher Weise schreibt Altrock von „Zweckbündnissen", deren Wirkung eher beschränkt sein werde (Altrock 2005: 156). Insgesamt herrscht also in der Diskussion weitgehende Einigkeit bezüglich der beschränkten Handlungsfähigkeit und Reichweite der Governance, es überwiegen skeptische bis kritische Stimmen.

Nimmt man den zentralen Ansatz des Programms ernst, der Stadtumbau vor allem als Kooperationsaufgabe versteht, so werden hier in der Governance-Diskussion die Defizite und Probleme der Kooperation klar herausgearbeitet. Die – durchaus unterschiedlichen – Befunde zeigen, dass der Schlüssel für die Umsetzung der ehrgeizigen Ziele des Programms in ihrem eigenen Zuschnitt liegt. Die Vorstrukturierung des Handlungs- und Akteursfeldes durch das Programm bestimmt auch den Zuschnitt der Governance-Arrangements und dessen Reichweite. Dies hat sich durch die oben beschriebene Differenzierung der ostdeutschen Stadtentwicklung sowie die neuen politischen Rahmenbedingungen geändert. Was derzeit fehlt, sind Governancestudien, die diese neuen Entwicklungen abbilden und die systematisch vergleichend Großwohnsiedlungen und Altbaugebiete einbeziehen, statt sich in Einzelfallstudien zu erschöpfen. Im Folgenden soll den Fragen anhand von vier Fallstudien nachgegangen werden.

3. Projektrahmen und Fallstudien

Die Untersuchungen zur Governance des Stadtumbaus waren eingebettet in ein EU-Projekt, das sich mit der Governance von Schrumpfung im europäischen Vergleich beschäftigte, wobei der Fokus auf Osteuropa lag (Helmholtz Center for Environmental Research 2013). In Ostdeutschland waren die beiden Großstädte Halle und Leipzig die Fallstudien, gleichwohl diese eine Reihe von Besonderheiten gegenüber den anderen postsozialistischen Städten aufweisen. Halle ist ein Beispiel für eine sozialistische Entwicklungsstadt, die im Zuge der post-sozialistischen Transformation zu einer schnell schrumpfenden Stadt geworden war, die sich zum Ende der 2000er Jahre aber stabilisiert hat. Leipzig ist demgegenüber ein Beispiel für eine Stadt mit Langzeitschrumpfung, die seit Anfang der 2000er Jahre Reurbanisierung und Wachstum erfährt. Im Rahmen des Projekts wurden in vier Quartieren in Leipzig und Halle die Governancestrukturen des Stadtumbaus untersucht, dazu wurden jeweils eine Großwohnsiedlung und ein Gründerzeitquartier ausgewählt und über den Zeitverlauf seit Beginn der 2000er Jahre betrachtet. Konkret waren dies Halle-Glaucha und Halle-Silberhöhe sowie Leipzig-Grünau und der Leipziger Osten. Die beiden Großwohnsiedlungen waren in ihren Städten in den 2000er Jahren jeweils der Fokus von Stadtumbau, in ihnen wurden jeweils große Anteile der für die jeweilige Gesamtstadt vorgesehenen Abrisse realisiert. Die beiden Altbauviertel sind demgegenüber schon seit langem Gegenstand von Stadterneuerung, die bereits in der DDR in den 1970er bzw. 1980er Jahren einsetzte. Das waren sowohl Sanierungen und Modernisierungen der Altbaubestände, als auch Flächenabrisse und Neubebauung durch Plattenbauten. Während Halle-Glaucha bislang kaum von der Bevölkerungsstabilisierung Halles profitieren konnte, verzeichnet der Leipziger Osten seit Ende der 1990er Jahre wieder Zuwächse (Haase et al. 2012). Die Studien zielten auf die Akteure, Interessen und die Formen der Interaktion sowie auf die Fähigkeit der Governance-Strukturen, auf die jeweiligen Problemlagen zu reagieren. Die Ergebnisse des Projekts werden hier erstmals dem deutschen Fachpublikum präsentiert (Rink et al. 2014; Helmholtz Center for Environmental Research 2013). Im Folgenden werden die Fallstudien kurz vorgestellt, jeweils Großwohnsiedlung und Altbaugebiet im direkten Vergleich.

Halle-Silberhöhe

Silberhöhe war Ende der 1980er Jahre eine der größten und dichtesten Großwohnsiedlungen in Halle, in den ca. 15.000 Wohnungen lebten damals etwa 39.000 mehrheitlich junge Bewohner. Die Siedlung war zwischen 1979 und 1989 auf 239 ha vor allem für die Chemiearbeiter von Buna und Leuna gebaut, allerdings nie fertig gestellt worden – so fehlten das Zentrum sowie Handels- und Dienstleistungseinrichtungen. Infolge der Deindustrialisierung verlor Silberhöhe bereits unmittelbar nach der Vereinigung rasch an Bevölkerung, bis 2010 ging die Einwohnerzahl auf ca. 13.000 Einwohner zurück und damit um zwei Drittel. Vorrangig junge, gut ausgebildete Einwohner wanderten ab und trugen somit zu einer raschen Alterung und einem Statusverlust bei. Zwar wurde bereits in den 1990er Jahren mit Mitteln aus dem Programm Erneuerung von Großwohnsiedlungen mit der Sanierung und Modernisierung des Wohnungsbestandes begonnen, jedoch machten sich ab Mitte der 1990er Jahre die ersten Leerstände bemerkbar. Im Jahr 2000 standen dann über 20% der Wohnungen leer, danach wuchs der Leerstand auf 39% im Jahr 2002. Silberhöhe geriet dadurch frühzeitig in den Fokus einer wohnungsmarktpolitischen Diskussion. Im Jahr 1999 hatte sich in Halle eine Plattform Wohnungspolitik aus den Genossenschaften heraus gegründet, die versuchte, das Problem auf die Agenda zu setzen. Mit der Implementierung des Programms Stadtumbau Ost wurde Silberhöhe zum Fokus des Rückbaus in Halle. Für eine erste Phase war im Integrierten Stadtentwicklungskonzept der Abriss von 4.500 Wohnungen geplant, beginnend mit den Hochhäusern im Zentrum der Großwohnsiedlung. Im Weiteren war der Abriss von etwa 7.000 Wohnungen vorgesehen, knapp 50% des ursprünglichen Bestandes (Stadt Halle 2007). Im Zuge des Stadtumbaus wurden bislang ca. 6.000 der ehemals 15.000 Wohnungen abgerissen, außerdem wurden Infrastrukturen zurückgebaut und Einrichtungen wie Kitas und Schulen geschlossen (18 von 20 Kitas, 6 von 8 Schulen). Dadurch konnten der Wohnungsmarkt und die wirtschaftliche Situation der Wohnungsunternehmen stabilisiert und das Viertel durch Wohnumfeldmaßnahmen aufgewertet werden. Mit der Waldstadt Silberhöhe wurde ein neues Leitbild kreiert, das der geschrumpften Siedlung am Stadtrand entsprechen soll. Die sukzessive Etablierung von Wald soll die neue Siedlungsstruktur einbetten. Silberhöhe war von Anfang an in die Netzwerke des Stadtumbaus integriert, für den Stadtteil wurde eigens eine Arbeitsgruppe des Stadtumbaus gegründet. Um die Beteiligung der Bewohner zu gewährleisten wurde ein Bewohnerrat implementiert. Zur Abstimmung und Sicherung ihrer Interessen gründeten die Wohnungsgenossenschaften die Plattform Wohnungspolitik, den sog. Elferrat. Er war in die Planungen des Stadtumbaus und dessen Abwicklung im Netzwerk Stadtumbau maßgeblich vertreten. Das war eine wesentliche Bedingung für die weitgehend effiziente Abwicklung des Stadtumbaus in Halle. Für dessen Umsetzung vor Ort wurde außerdem ein Quartiersmanagement des Programms Soziale Stadt eingerichtet. In der Retrospektive wird der Prozess von den beteiligten Akteuren als konstruktiv eingeschätzt und die Stadtumbauplanungen als gemeinsam ausgehandelter Konsens beschrieben. Die Situation auf dem Wohnungsmarkt hat sich Ende der 2000er Jahre allerdings durch Privatisierungen und Verkäufe von Wohnungen gravierend verändert, mittlerweile befinden sich ca. 30% der verbliebenen Bestände in Silberhöhe in der Hand privater Eigentümer. Das ehedem überschaubare Feld der Akteure ist dadurch größer, heterogener und fragmentierter geworden. Das hat zunächst die Umsetzung der ursprünglichen Pläne des Stadtumbaus ausgebremst, da die neuen Eigentümer kein Interesse am Abriss haben und der errungene Konsens nun durch ein verändertes Interessenfeld der Akteure ins Wanken geriet. Dadurch sowie durch die Stabilisierung der Einwohnerzahl und damit der Nachfrage ist der Stadtumbau in Silberhöhe praktisch zum Erliegen gekommen. Die von Bernt (2009) für den Stadtumbau diagnostizierten Beschränkungen von *grant coalitions* machen sich jetzt, nach der weitgehenden Ausschöpfung der Altschuldenhilfe, geltend. Gegenwärtig werden kaum noch Abrisse in Silberhöhe vorgenommen – im Gegenteil, in Politik und Zivilgesellschaft, aber auch sogar in der bisher stark am Abriss interessierten Wohnungswirtschaft, lassen sich immer mehr Stimmen hören, die für eine Stabilisierung und Aufwertung und ein stärkeres Engagement der öffentlich Hand in der Silberhöhe werben. Die ehemals klare Orientierung auf den Umbau der Großwohnsiedlung zur Waldstadt steht damit zusehends in Frage und für die Zukunft muss mit zunehmenden Schwierigkeiten für weitere Abrisse gerechnet werden.

Leipzig-Grünau

Grünau entstand zwischen 1976 und 1988 als eine der größten Großwohnsiedlungen in der DDR und war für 100.000 Einwohner vorgesehen. Unmittelbar nach seiner Fertigstellung erreichte das Gebiet 1989 mit ca. 89.000 Einwohnern den Höhepunkt des Bevölkerungswachstums, danach schrumpfte es auf ca. die Hälfte (derzeit ca. 43.000 Einwohner; Kabisch/Großmann 2013). Im Unterschied zu Silberhöhe war Grünau noch als sozialistische Stadt geplant und anfänglich auch errichtet worden. Die letzten Wohnkomplexe wurden mit städtebaulichen Abstrichen und in verdichteter Form gebaut, auch hier fehlte nach der Übergabe der Siedlung deren Zentrum. Um die Siedlung aufzuwerten, wurden die Bestände mit Mitteln des Programms Erneuerung von Großwohnsiedlungen modernisiert. Auch hier kam es aber in der zweiten Hälfte der 1990er Jahre zur Zunahme von Leerständen, wenngleich diese nicht die Ausmaße wie in den innerstädtischen Altbaugebieten von Leipzig erreichten. Bei der Implementierung des Stadtumbau Ost wurde Grünau als Umstrukturierungsgebiet festgelegt und zum Fokus des Rückbaus in Leipzig. Im Rahmen der Erstellung eines Integrierten Stadtentwicklungskonzeptes wurde 2001 auch für Leipzig Grünau ein Konzept erarbeitet, dass den Rückbau von mehreren tausend Wohnungen vorsah. An der Konzepterarbeitung waren Vertreter der Stadt, der Wohnungsunternehmen und der Sächsischen Aufbaubank (SAB) maßgeblich beteiligt; die Interessen der jeweiligen Akteure spiegeln sich dabei in sehr unterschiedlichem Maße im letztlich verabschiedeten Planwerk wider (Bernt 2005). Im Zuge des Stadtumbaus wurden ca. 7.600 Wohnungen abgerissen und zahlreiche Wohnumfeldmaßnahmen durchgeführt. Der Rückbau erfolgte nicht nach dem ursprünglichen Konzept, obwohl die privaten Bestände von Anfang an aus den zum Abriss vorgesehenen Beständen herausdefiniert wurden. Als Reaktion auf diese Entwicklung wurde im Zuge der Aufnahme des Gebiets in das Programm Soziale Stadt die Strategie Grünau 2020 erarbeitet, die 2007 verabschiedet wurde. Dieses Konzept unterscheidet ein zu stabilisierendes Zentrum von einem weiter zu reduzierenden Außenbereich, dem Stadtumbaugürtel. Die Infrastrukturinvestitionen sollen demzufolge in den Kernbereich fließen, während man öffentliche Infrastrukturen aus dem Stadtumbaugürtel zurückziehen will. Wie in Silberhöhe gab es in Grünau Privatisierungen und Verkäufe von Wohnungsbeständen, teilweise auch an internationale Investoren, wie z.B. Level One oder die aus der Übernahme des gesamten kommunalen Wohnungsbestands in Dresden bekannte Gagfah. Anders als in Halle-Silberhöhe überwogen zu Beginn des Stadtumbaus fragmentierte Interessen und Konflikte innerhalb der Eigentümer (Bernt 2005). Über Mittel des Programms Soziale Stadt wurde 2006 ein Quartiersmanagement eingesetzt, zur Begleitung des Stadtumbaus wurde ein Quartiersrat gebildet. Über die vom Quartiersmanagement initiierte AG Wohnungswirtschaft bildete sich Ende der 2000er Jahre – auch mit Einbezug privater Gesellschaften – eine wohnungswirtschaftliche Lobby für Grünau heraus, die als Credo ihrer Zusammenarbeit festgestellt hat, so ein Vertreter einer Genossenschaft, dass sie „entweder gemeinsam etwas bewege für Grünau oder zusammen untergehen" (Interview mit Vertretern einer Wohnungsgenossenschaft, 10.03.2011). Nicht zuletzt durch das Bevölkerungswachstum in der Gesamtstadt sind die Rückbauvorhaben zum Erliegen gekommen. Im Jahr 2012 verzeichnete Grünau erstmals leichten Zuzug. Mittlerweile lassen sich hier sogar wieder Neubauaktivitäten beobachten; eine Genossenschaft baut im Stadtumbaugürtel derzeit drei neue Mehrgeschosser. Eine Überarbeitung der mittlerweile schon wieder überholten Strategie Grünau 2020 ist 2014 gestartet. Die Akteure hoffen nun darauf, dass das dynamische Bevölkerungswachstum in Leipzig sich auch in einer wachsenden Nachfrage in Grünau bemerkbar macht.

Dieter Rink, Matthias Bernt, Katrin Großmann und Annegret Haase

Halle-Glaucha

Bei Glaucha handelt es sich um ein innerstädtisches Altbaugebiet südlich der Altstadt Halles mit überwiegend gründerzeitlicher Bebauung. In dem ehemaligen Arbeiterviertel leben derzeit auf etwa 42 ha Fläche ca. 5.000 Einwohner. Nachdem auch hier der typische Verfall zu DDR-Zeiten zu einem starken Einwohnerrückgang geführt hatte, geriet das Gebiet bereits Ende der 1970er Jahre in den Fokus der DDR-Stadterneuerung und wurde komplexes Rekonstruktionsgebiet. Neben Neubau war dabei die Instandsetzung und Modernisierung des Altbaubestandes vorgesehen. Ein Teil des Altbaubestandes wurde abgerissen und durch Plattenbauten sowie einige Hochhäuser ersetzt. Aufgrund dieser Sanierungs- und Baumaßnahmen stand Glaucha in den 1990er nicht im Zentrum von Sanierungsmaßnahmen in Halle. Glaucha wurde dann zwar 2001 formal als Umbaugebiet im Rahmen des Stadtumbaus ausgewiesen, dieser konzentrierte sich in den 2000er Jahren aber zunächst auf andere Gebiete, wie insbesondere Silberhöhe. In Folge dessen stockten Sanierung und Modernisierung: 2007 waren erst ca. die Hälfte der Wohnhäuser saniert bzw. modernisiert, der Leerstand war zu diesem Zeitpunkt auf ca. 25% angewachsen. Glaucha hatte dadurch an Bevölkerung verloren, zwischen 2000 und 2007 waren das allein 13% der Einwohner. Erst 2007 geriet das Gebiet im Zusammenhang mit der Internationalen Bauausstellung (IBA) Sachsen-Anhalt „Weniger ist Zukunft" wieder in den Fokus von Stadterneuerung. Nach z.T. kontroversen Debatten beschloss die Stadt Halle, Glaucha zu einem Teil ihres Beitrags zur IBA 2010 zu machen. Die Ziele des Stadtumbaus in Glaucha waren die Beseitigung des Leerstands durch Sanierung und Modernisierung, die Aufwertung des Viertels und die Verbesserung des Images. Dazu wurden Sicherungsmittel aus dem Stadtumbau eingesetzt und aus dem ExWoSt-Programm eine Standortgemeinschaft unterstützt. Als Schlüssel bei der Aufwertung erwies sich der Einsatz eines Eigentümermoderators, der die Eigentümer ausfindig machte, sie beriet, Kontakte zu Ämtern und Banken herstellte und sie zu Sanierungsmaßnahmen motivierte.

Zivilgesellschaftliche Akteure, wie Vereine und Initiativen, waren hier von Anfang an in die Governance aktiv involviert, die Stadt war gleichwohl der entscheidende Akteur. Durch die Vernetzung der Akteure und die Kombination verschiedener Programme wurde eine aktivierende Politik betrieben. Innerhalb kurzer Zeit wurden ein Drittel der leerstehenden Gebäude saniert, die Attraktivität und das Image des Gebiets gesteigert, was sich in Zuzug niederschlägt. Glaucha wurde zu einer Erfolgsstory, einem Modell für den Stadtumbau in Altbauvierteln (Nelle 2012; BMVBS 2012: 42). Betont werden sollte allerdings, dass der Erfolg des „Glaucha-Modells" zu einem großen Teil auf Sonderkonditionen beruhte, die nur begrenzt verallgemeinerbar sind. Zu nennen ist hier vor allem der Rückenwind durch die IBA 2010, der eine außergewöhnliche flexible Förderpraxis möglich machte und das starke Interesse von Immobilienanlegern in Investitionen in „Betongold" nach der Finanzkrise von 2008. Von einigen Pionieren wird dieser Erfolg heute eher ambivalent eingeschätzt, da diese durch die von ihnen mitgetragenen Maßnahmen teilweise verdrängt wurden. Momentan ist allerdings nicht klar, ob die Aufwertung in eine klassische Gentrifizierung und den damit verbundenen Verdrängungen mündet.

Leipziger Osten

Der Leipziger Osten ist ein gründerzeitliches Mischgebiet, das in der zweiten Hälfte des 19. Jahrhunderts als Arbeiter- und Gewerbeviertel entstand. Zeichnete sich das Gebiet früher durch eine sehr hohe Bewohnerzahl und Dichte aus, so leben heute noch etwa 42.000 Einwohner auf den ca. 340 ha. Die Nachkriegszeit war auch hier durch Desinvestment und Verfall geprägt, der sich hier infolge der alten, teilweise vorgründerzeitlichen und einfachen Bebauung besonders verheerend auswirkte. Dadurch geriet auch dieses Gebiet – ähnlich wie Halle-Glaucha – bereits in den 1970er Jahren in den Fokus von Stadterneuerung und wurde komplexes Rekonstruktionsgebiet. Hier war – im Unterschied zu Glaucha – eine Flächensanierung vorgesehen, 60% der Wohnbebauung sollten abgerissen und durch Plattenbauten ersetzt werden. Das sollte auch zu einer Stabilisierung der Bevölkerungszahlen beitragen, denn das Gebiet verlor bereits seit den 1970er Jahren an Bevölkerung. Ende der 1980er Jahre rief das allerdings Widerstand auf den Plan, im Herbst 1989 gründete sich hier eine der ersten Bürgerinitiativen in Leipzig, die gegen den geplanten Abriss des Viertels Neustädter Markt mobilisierte. Die Volksbaukonferenz leitete dann Anfang 1990 mit der Durchsetzung des Abrissstopps den Paradigmenwechsel in der Stadterneuerung in Ostdeutschland ein. In der Folge wurden die Erhaltung des Gebiets und seine Modernisierung und behutsame Sanierung zu den leitenden Zielen, dazu wurden Anfang der 1990er Jahre im Leipziger Osten drei relativ große Sanierungsgebiete ausgewiesen. Bis Ende der 1990er Jahre konnten dann mittels öffentlicher Fördermittel und privater Investitionen ca. zwei Drittel der Bausubstanz saniert werden. Die Sanierungserfolge wurden allerdings durch den enormen Bevölkerungs- und Nachfragerückgang im Gebiet konterkariert. Um das Jahr 2000 war der Leipziger Osten mit über einem Viertel einer der Schwerpunkte des Leerstands sowie städtebaulicher und sozialer Probleme. Allerdings veränderte sich diese Situation durch neue Zuwanderung v.a. jüngerer Haushalte sowie eine substanzielle Zuwanderung migrantischer Bevölkerung seit Ende der 1990er Jahre; der Leipziger Osten profitiert seither von der Reurbanisierung (Haase et al. 2012). Im Zuge des Stadtumbaus wurde ein neuerlicher Paradigmenwechsel in der Stadterneuerung vollzogen, die Rückkehr zum Abriss. Der im Rahmen des Stadtumbaus für den Osten entwickelte Konzeptionelle

Stadtentwicklungsplan Leipziger Osten (2003) sah den Abriss von ca. einem Viertel des Wohnungsbestandes (etwa 8.000 WE) in einem längeren Zeitraum vor. Allerdings sollten diese dann unter dem Leitbild „Mehr Grün, weniger Dichte" durch Grünflächen ersetzt werden. In den 2000er Jahren wurde dann im Stadtumbau eine größere Gebietskulisse der Leipziger Osten einschließlich der drei Sanierungsgebiete festgelegt. Mit dem Forum Leipziger Osten wurde eine Governance-Struktur etabliert, die auf die Einbeziehung möglichst aller Akteure, insbesondere auch der Eigentümer und zivilgesellschaftlicher Akteure zielte. Zusätzlich wurde innerhalb des Programms Soziale Stadt ein Quartiersmanagement implementiert sowie Mittel aus den EU-Programmen EFRE und ESF zur Umsetzung der Stadtumbauziele einbezogen. Die experimentelle Strategie der „Perforation" (Lütke Daldrup 2003) konnte im Leipziger Osten kaum durchgesetzt werden. Der Abriss einer gründerzeitlichen Häuserzeile und ihrer Ersetzung durch den dunklen Wald rief abermals zivilgesellschaftlichen Protest hervor, der Mitte der 2000er Jahre zusammen mit der Änderung der Ausrichtung des Programms Stadtumbau Ost die Abrissstrategie der Perforation obsolet machte. Damit rückte erneut die Erhaltung des Gebiets auf die Agenda – allerdings mit eher vagen Aussichten. Der Stadtumbau konzentrierte sich im Osten im Folgenden auf das Wohnumfeld, wie z.B. die Gestaltung und Erneuerung der Magistrale des Gebiets, die Lösung sozialer und von Integrationsproblemen. Dazu wurde dann im Jahr 2011 unter breiter Beteiligung ein neues integratives Konzept erarbeitet. Die Governance im Gebiet war bis Ende der 2000er Jahre relativ stabil, das Forum Leipziger Osten ist sehr partizipativ, es sind viele Akteure involviert. Allerdings muss es als ressourcenschwach eingeschätzt werden, die Aufgaben beschränken sich auf „weiche" Mittel, wie Integrations- und Bildungsangebote. Im Quartier Bülowviertel im Leipziger Osten wurde erfolgreich eine Eigentümerstandortgemeinschaft etabliert, des Weiteren gibt es Wächterhäuser, das Selbstnutzerprogramm sowie die Gestattungsvereinbarung. Mit diesen Instrumenten soll langfristig eine Aufwertung erreicht werden. Durch aktuelle Kürzungen steht die Netzwerklandschaft im Leipziger Osten jedoch vor einer prekären Situation. Andererseits eröffnen sich mit dem anhaltenden Wachstum der Stadt nunmehr auch für den Osten noch weitreichendere Chancen durch die oben erwähnte Reurbanisierung. Zwar ist der Leerstand hier immer noch relativ hoch, allerdings ist mittlerweile auch hier die neue Sanierungswelle angekommen.

4. Fazit

Zunächst lässt sich festhalten, dass in beiden Städten der Stadtumbau im Sinne von Rückbau bzw. Abriss so gut wie zum Erliegen gekommen ist. Das hat mehrere, unterschiedliche Gründe: die Ausschöpfung der Abrissquoten der Altschuldenhilfe, die Konsolidierung der wirtschaftlichen Situation der Wohnungsunternehmen, die Privatisierung bzw. der Verkauf von Beständen, die Konsolidierung der Viertel, neue Nachfrage bzw. die Erwartung steigender Nachfrage. In beiden Städten zeigt sich deutlich die Schwerpunktverlagerung vom Rückbau/Abriss in den Großwohnsiedlungen zur Aufwertung in den innerstädtischen Altbauquartieren. Wenig überraschend ist, dass die Governance-Probleme in den einzelnen Strukturtypen (Großwohnsiedlung und Gründerzeit) ganz unterschiedlich gelagert sind. Die Governance in Großwohnsiedlungen hat durch die Altschuldenhilfe und die Subventionierung von Rückbau einen klaren Rahmen, der die Verständigung auf Abrissmengen ermöglicht hat, wenngleich diese – wie der Fall Leipzig-Grünau zeigt - nicht immer ganz einfach waren. In beiden Fällen – Grünau und Silberhöhe - ist die bekannte mangelnde Steuerungsfähigkeit bezüglich der ursprünglichen integrativen Planung zu konstatieren. Abrisse erfolgten vor allem entsprechend den jeweiligen Interessen der Wohnungsunternehmen, deren Aushandlung war zentraler Gegenstand der Governance.

In beiden Großwohnsiedlungen hat sich im Verlauf des Stadtumbaus die Akteursstruktur durch Verkäufe und Privatisierungen substanziell verändert. Die neuen privaten Eigentümer, teilweise internationale Investoren und Anlagefonds, können fast nicht (Halle-Silberhöhe) oder nur partiell (Leipzig-Grünau) in die Governance integriert werden. Der Modus der Governance hat sich von einem eher kooperativen und konsensorientierten zu einem stärker durch partikulare Interessen geprägten gewandelt. Die Beschränkungen von *grant coalitions* kommen in der gegenwärtigen Phase des Stadtumbaus mehr und mehr zum Tragen. Bereits gegenwärtig wird die Governance des Stadtumbaus im Sinne der ursprünglichen Umbauziele erschwert, für die Zukunft sind Handlungsblockaden in Bezug auf weitere Abrisse zu erwarten.

In den beiden betrachteten Altbauquartieren - die sich trotz ähnlicher Ausgangssituation Anfang der 1990er Jahre sehr unterschiedlich entwickelt haben – war die Initiierung und Steuerung von Aufwertung von Anfang an viel schwieriger. Insbesondere die Einbeziehung der vielen Einzeleigentümer erwies sich als aufwändig und kompliziert. Hier wurden in den letzten Jahren teilweise durch andere Programme bzw. Instrumente (ExWoST, IBA) neue Formen und Arrangements entwickelt bzw. gefunden, die sich als erfolgreich erwiesen haben. Bespiele hierfür sind etwa die Eigentümermoderation in Glaucha und die Eigentümerstandortgemeinschaft im Leipziger Osten. Unter den Rahmenbedingungen in Halle und Leipzig – stabile bzw. wachsende Nachfrage in der Innenstadt – kann der Stadtumbau mit spezifischen Instrumenten wie Sicherungsmaßnahmen und Eigentümermoderation Impulse setzen. Hier zeigt sich, dass zivilgesellschaftliche Akteure beim Stadtumbau ganz unterschiedliche Rollen spielen. In den Großwohnsiedlungen werden sie in eine eher passive, akzeptierende Rolle gedrängt, in den Altbauquartieren dagegen werden sie viel aktiver, das zeigen etwa die Wächterhäuser oder die Zwischennutzungen im Leipziger Osten und in Halle-Glaucha. Gleichwohl geraten diese Akteure damit in die Rolle von Pionieren bei Aufwertungsprozessen und der Stadtumbau gerät in die Gefahr, zur Verdrängung der eingesessenen Bevölkerung beizutragen. Auch hier sind zwar Konflikte vorprogrammiert, allerdings deutet sich eine Chance für die Erhaltung und Erneuerung der Gebiete an.

Übergreifendes Ergebnis unserer Governance-Analyse ist, dass es sich um sehr komplexe und ausdifferenzierte Governance-Strukturen handelt, im Einzelnen sind das:

- Netzwerke Stadtumbau auf gesamtstädtischer Ebene,
- Arbeitsgruppen bzw. Foren für die jeweiligen Stadtumbaugebiete
- und teilweise für Themen und spezifische Fragen sowie
- bilaterale Runden zwischen Wohnungsunternehmen und Banken.

Diese Strukturen lassen sich graphisch wie folgt (vgl. Abbildung 1) darstellen:

Abbildung 1: Governance des Stadtumbaus in Ostdeutschland

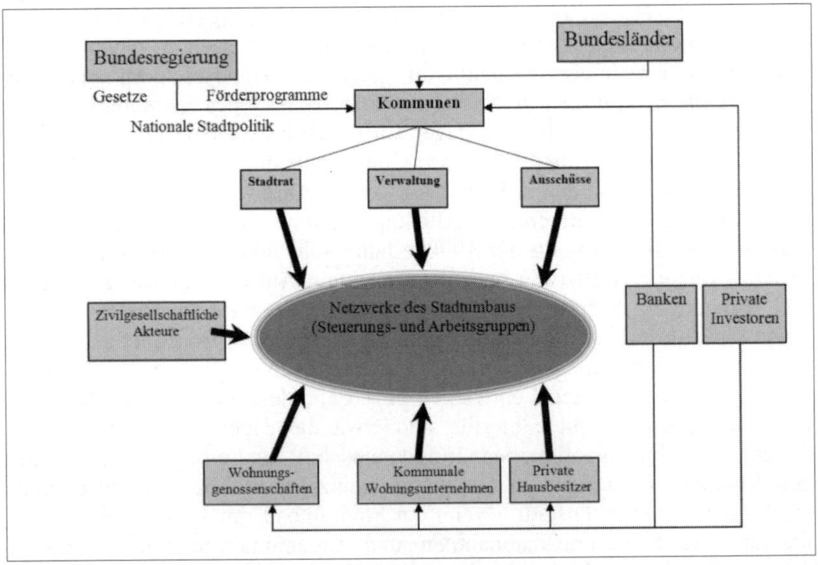

Quelle: Eigene Abbildung

Durch die oberen Governance-Ebenen des Bundes und der Länder wird der Rahmen gesetzt (institutionell, politisch, juristisch, fiskalisch). Die Akteure auf kommunaler Ebene sind direkt in die Governance einbezogen (dicke Pfeile), außer Banken und privaten Investoren, die ihre Interessen anders zur Geltung bringen. Bezüglich der eingangs konstatierten Diskussion zur Stabilität der im Stadtumbau etablierten Governance-Arrangements kann gesagt werden, dass sie ihre Stabilität dem politischen Rahmen und den Ressourcen des Programms Stadtumbau Ost verdanken. Die zu Programmstart prognostizierten Handlungsblockaden konnten durch die Förderpakete des Programms und die auf dieser Grundlage neu etablierten Governance-Strukturen zeitweise aufgelöst werden und ermöglichten es, den Rückbau bestehender Wohnungsmarktüberhänge entscheidend voran zu bringen. In beiden Städten hat eine Formierung jeweils spezifischer Interessen stattgefunden. So hat etwa die Wohnungswirtschaft eigene Strukturen etabliert, in beiden Städten haben sich die genossenschaftlichen Wohnungsunternehmen informell zusammengeschlossen, wie zum Beispiel die Plattform Leipziger Wohnungsgenossenschaften (Wohnen bei uns 2014) oder der sogenannte Elferrat der Genossenschaften und kommunalen Wohnungsunternehmen in Halle. Innerhalb dieser informellen Arrangements werden Entscheidungen häufig vorstrukturiert und als gemeinsame Position in die Verhandlungen eingebracht. Des Weiteren haben die Ämter untereinander neue Arbeitsstrukturen etabliert, im Leipziger Osten wurde etwa eine Ämterrunde institutionalisiert. Schließlich haben sich auch die zivilgesellschaftlichen Akteure zusammengeschlossen, etwa im Netzwerk Stadtforen Mitteldeutschland, das sich mit dem Stadtumbau in Altbaugebieten befasst (Netzwerk Stadtforen Mitteldeutschland 2014). Eine wesentliche Stabilisierung haben die Governance-Arrangements auch durch weitere staatliche Programme erfahren. Durch diese werden zusätzliche Ressourcen bereitgestellt, die die Akteure handlungsfähig machen. Diese vermögen es häufig recht geschickt und flexibel, durch die Kombination von Programmen und Instrumenten wie Stadtumbau Ost, Soziale Stadt, EFRE, EXWoSt und IBA ihre Ziele zu verfolgen. Auch wenn die öffentlichen Mittel nunmehr nicht mehr in dem Maße wie vordem bereitstehen, muss das nicht zu einer Auflösung von einmal gebildeten Strukturen führen. Es lässt sich vielmehr beobachten, dass diese einer schleichenden Aushöhlung infolge mangelnder Ressourcen und eingeschränkter Handlungsmöglichkeiten unterliegen. Einige Teile der Governance-Arrangements sind aber auch von vornherein schwach formalisiert sowie zeitlich und räumlich begrenzt, wie etwa die IBA in Halle oder die Eigentümerstandortgemeinschaft im Leipziger Osten.

In beiden Städten haben die veränderten Rahmenbedingungen der Stadtentwicklung wie die neuen Schwerpunktsetzungen des Stadtumbaus die Governance-Arrangements verändert. Während in den Großwohnsiedlungen der Eintritt neuer Akteure in Form privater Wohnungsunternehmen den Stadtumbau schwieriger macht, haben sich die Bedingungen für die Aufwertung von Altbaugebieten wie Glaucha und dem Leipziger Osten verbessert. Um die Handlungsfähigkeit der Governance zu gewährleisten, ist aber die Unterstützung durch staatliche Programme wie Stadtumbau Ost weiterhin und langfristig notwendig. Staatlichen Akteuren kommt damit auch in Zukunft eine zentrale Rolle in der Governance-Struktur des Stadtumbaus zu.

Literatur

Altrock, Uwe (2005): Stadtumbau in schrumpfenden Städten – Anzeichen für ein neues Governance-Modell?, in: Arbeitskreis Stadterneuerung (Hg.): Jahrbuch Stadterneuerung 2004/05, Berlin: Universitätsverlag der TU Berlin.

Bernt, Matthias (2005): „Da kommst Du einfach nicht ran!" Plan und Wirklichkeit beim Stadtumbau in Leipzig-Grünau, in: Berliner Debatte Initial 16.6, S. 13-23.

Bernt, Matthias (2009): Partnerships for Demolition: The Governance of Urban Renewal in East Germany's Shrinking Cities, in: International Journal of Urban and Regional Research, 33, 3, pp. 754-769.

Bernt, Matthias; Haus, Michael; Robischon, Tobias (Hg.) (2010): Stadtumbau komplex: Governance, Planung, Prozess, Darmstadt: Schader.

Bernt, Matthias; Haus, Michael (2010): Stadtumbau als Problem der Governance-Forschung, in: Bernt, Matthias; Haus, Michael; Robischon, Tobias (Hg.): Stadtumbau komplex: Governance, Planung, Prozess, Darmstadt: Schader, S. 12-29.

BMVBS (2012) – Bundesministerium für Verkehr, Bau und Stadtentwicklung: 10 Jahre Stadtumbau Ost – Berichte aus der Praxis, Berlin.

BMVBS/BBSR (2009) – Bundesministerium für Verkehr, Bau und Stadtentwicklung/ Bundesinstitut für Bau-, Stadt- und Raumforschung: Bürgermitwirkung im Stadtumbau. Forschungen, 140, Bonn.

Fritsche, Miriam (2011): Mikropolitik im Quartier. Bewohnerbeteiligung im Stadtumbauprozess. Wiesbaden: VS Research.

Glock, Birgit (2002): Schrumpfende Städte, in: Berliner Debatte Initial, 13, 2, S. 3-10.

Haase, Annegret; Herfert, Günter; Kabisch, Sigrun; Steinführer, Annett (2012): Reurbanizing Leipzig (Germany): Context Conditions and Residential Actors (2000-2007), in: European Planning Studies 20, 7, pp. 1173-1196.

Haller, Christoph; Altrock, Uwe (2010): Neue Stagnations- und Schrumpfungskoalitionen im Stadtumbau, in: Haus, Michael; Bernt, Matthias; Robischon, Tobias (Hg.) Stadtumbau komplex: Governance, Planung, Prozess. Darmstadt: Schader, S. 158-179.

Helmholtz Center for Environmental Research (2013): Shrink Smart. www.shrinksmart.eu: 07.04.2014

Kabisch, Sigrun; Großmann, Katrin (2013): Grosswohnsiedlungen als gestaltungsraum des demographischen Wandels, in: disP The Planning Review 193, 49, 2 S. 60-74.

Lütke Daldrup, Engelbert (2003): Die „perforierte Stadt" - neue Räume im Leipziger Osten. In: Informationen zur Raumentwicklung 1/2, S. 55-67.

Nelle, Anja (2012): Städtebauförderung unter Schrumpfungsbedingungen: Stadtumbau Ost in innerstädtischen Altbauquartieren, in: Arbeitskreis Stadterneuerung (Hg.): Jahrbuch Stadterneuerung. Berlin: Universitätsverlag der TU Berlin, S. 157-172.

Netzwerk Stadtforen Mitteldeutschland (2014): http://www.netzwerk-stadtforen.de./: 01.04.2014.

Rink, Dieter; Couch, Chris; Haase, Annegret; Krzysztofik, Robert; Nadolu, Bogdan; Rumpel, Petr (2014): The Governance of Urban Shrinkage in Cities of Postsocialist Europe, submitted to: Urban Research and Practice.

Schiffers, Bertram (2009): Verfügungsrechte im Stadtumbau. Handlungsmuster und Steuerungsinstrumente im Altbauquartier. Wiesbaden: VS Research.

Stadt Halle (2007): Integriertes Stadtentwicklungskonzept (ISEK) - Gesamtstädtische Entwicklungstendenzen und Entwicklungsziele, Halle.

Weiske, Christine; Hannemann, Christine, Kabisch, Sigrun (2006): Kommunikative Steuerung des Stadtumbaus, Wiesbaden: Westdeutscher Verlag.

Wohnen bei uns (2014): http://www.wohnen-bei-uns.eu/: 01.04.2014.

Katharina Anna Dörfert und Julia Schwarz

Wie Nachbarschaft Gesundheit beeinflusst: Erkenntnisse aus einer kriteriengeleiteten Recherche

Zusammenfassung: Bisher liegt für Deutschland wenig empirisch gesichertes Wissen über Qualität und Inhalt nachbarschaftlicher Beziehungen sowie über deren Auswirkungen auf die Gesundheit vor. Es ist jedoch zu vermuten, dass die soziale Nachbarschaft aufgrund der räumlichen Nähe zu anderen Menschen eine Quelle potentiell unterstützend wirkender sozialer Kontakte bietet, die bei kleinen und großen Alltagsproblemen zeitnah und unbürokratisch abgerufen werden kann. Um Einsichten in die Zusammenhänge von sozialer Nachbarschaft und Gesundheit in Deutschland zu erhalten, wurde eine Literaturrecherche durchgeführt anhand derer sechs Studien zur Thematik ermittelt und analysiert werden konnten. Die Auswertung der identifizierten Studien ergab, dass soziale Faktoren einer deutschen Nachbarschaft einen unabhängigen und empirisch belegbaren Einfluss auf die Gesundheit ihrer Bewohner ausüben. Dabei spielt die Zeit, die eine Person den sozialen Merkmalen einer Nachbarschaft ausgesetzt ist, eine effektvermittelnde Rolle.

1. Einführung

Ein Großteil der bisher durchgeführten Untersuchungen zur Thematik nachbarschaftlicher Einflüsse auf die Gesundheit konzentriert sich vorwiegend auf die physischen Komponenten der Wohnumgebung (Richter/Wächter 2009: 11f.). Diese beinhalten beispielsweise den Zugang zu medizinischer Versorgung, die Nähe zu Parks und Grünanlagen oder das Aufkommen von Lebensmittel- und Genussmittelanbietern (Halpern 1995: 34; Ellaway/Macintyre 1998: 141; Macintyre et al. 2003: 207ff.; Cubbin et al. 2008: 2; Babones 2009: 39f.; Meijer et al. 2012: 1204f.). Daneben bildet die Analyse der Auswirkungen des sozioökonomischen Status einer Nachbarschaft auf die Gesundheit ihrer Bewohner einen weiteren Themenschwerpunkt. So berichtete zum Beispiel Günter Tempel in einem Beitrag aus dem Jahrbuch StadtRegion 2007/08 über einen Zusammenhang zwischen dem sozioökonomischen Status von Bremer Stadtgebieten und der Sterblichkeit der jeweiligen Einwohner (Tempel 2008: 14ff.).

Eine in der gesundheitsbezogenen Nachbarschaftsforschung bisher weniger berücksichtigte Komponente sind die Aspekte sozialer Beziehungen unter Nachbarn und deren Wirkpotentiale auf die Gesundheit der Anwohner. Dabei können Nachbarschaftsnetzwerke und das darin enthaltene soziale Kapital effektive Gesundheitsressourcen bereitstellen. Daraus erwachsende potentielle Unterstützungsleistungen gewinnen vor den aktuellen gesellschaftlichen Herausforderungen, wie der demografischen Entwicklung, der Zunahme chronischer Krankheiten und dem sich zukünftig noch weiter verschärfenden Mangel an Pflegekräften in Deutschland, sowohl für den Einzelnen als auch für die Wissenschaft und Praxis, zunehmend an Bedeutung (Günther 2005: 428).

Der vorliegende Beitrag präsentiert die Ergebnisse einer Untersuchung, die am Fachbereich Gesundheit, Pflege und Management der Hochschule Neubrandenburg durchgeführt wurde (Dörfert/Schwarz 2013).[21] Diese Untersuchung verfolgte das Ziel, den aktuellen Stand der Forschung zum Zusammenhang von sozialer Nachbarschaft und Gesundheit in Deutschland zu erheben. Dafür wurden relevante Studien anhand einer kriteriengeleiteten Literaturrecherche identifiziert und bezüglich der darin verwendeten Daten, Methoden und Modellannahmen analysiert. Darüber hinaus wurden die Ergebnisse der identifizierten Studien dahingehend verglichen, ob die Annahme eines gesundheitsrelevanten Einflusses von sozialer Nachbarschaft auf die Gesundheit ihrer Bewohner eher Bestätigung oder eher Ablehnung findet.

2. Theoretischer Hintergrund

Für die vorliegende Untersuchung wurden Begriffsbestimmungen herangezogen, die auf den sozialräumlichen Charakter der Nachbarschaft zielen. Nach wie vor aktuell ist hier die Definition von Hamm (1973), der Nachbarschaft als eine soziale Gruppe charakterisiert, die vorrangig wegen der Gemeinsamkeit des Wohnortes miteinander interagiert. (Hamm 1973: 17f.). Weber (1976) versteht Nachbarschaft als eine Form der Gemeinschaft, deren soziales Handeln auf subjektiv gefühlter Zusammengehörigkeit der Beteiligten beruht und sich durch räumliche Nähe und eine gemeinsame Interessenlage kennzeichnet. Nachbarschaft stellt nach Ansicht von Weber ein Gewebe aus gesellschaftlichen Beziehungen dar, die auf Gegenseitigkeit und Freiwilligkeit beruhen (Weber 1976, zitiert nach: Weber 2006: 21 & 215).

Mit Blick auf die sozialen Einflussfaktoren einer Nachbarschaft gilt, dass nachbarschaftliche Beziehungen grundsätzlich wertgeladen sind und sowohl

---

21 Die Studie kann online im Bibliothekskatalog der Hochschulbibliothek Neubrandenburg eingesehen oder bei den Autorinnen angefordert werden.

vertrauensvoll, intim und hilfreich als auch konfliktbeladen, entwertend und feindselig sein können. Je nach Ausprägung wird die Gesundheit dadurch entweder gefördert oder geschädigt (Berkmann/Melchior 2008: 79). Für die Intensität nachbarschaftlicher Beziehungen spielt die Größe der Siedlung, in der sich eine Nachbarschaft befindet, keine Rolle (Hamm 1998: 175). Laut Schnur (2012) entscheidet letztendlich die soziale Distanz bzw. Nähe zwischen den Nachbarn, ob nachbarschaftliche Beziehungen eher eng oder eher oberflächlich, eher freundschaftlich oder eher konflikthaft ausfallen (Schnur 2012: 455f.). Soziale Faktoren, wie gemeinsame Interessen, übereinstimmende Verhaltensnormen oder Ähnlichkeiten der sozialen Lage und des Lebensstils, begünstigen die Bildung sozialer Nachbarschaftsnetzwerke (Richter/Wächter 2009: 39; Siebel 2009: 8).

3. Methodisches Vorgehen

Die Ergebnisse der hier vorgestellten Untersuchung[22] beziehen sich auf eine schrittweise, kriteriengeleitete Literaturrecherche die in den online verfügbaren Literaturdatenbanken OneSearch, Pubmed, Jstor, SpringerLink und ScienceDirect sowie den Online-Journalen Das Gesundheitswesen und Demographic Research durchgeführt wurde. Für die Identifizierung geeigneter Informationen wurden Suchtermini mit einschlägigen Schlüsselwörtern bzw. deren Derivate verwendet (z.B. Nachbarschaft, Gesundheit, Deutschland, soziale Umwelt, Mortalität, Morbidität). Um die Suche nach geeigneten Publikationen weiter zu verfeinern, kamen zudem bestimmte Filtergrößen zur Anwendung. Bei diesen Filtergrößen handelte es sich um: Von Experten begutachtete Artikel in akademischen Fachzeitschriften; Publikationszeitraum zwischen 1990 und 2013; Publikationssprache: Deutsch oder Englisch; Publikation ist online als Volltext abrufbar und zugänglich.

Die so erhaltenen Suchergebnisse wurden anhand von im Vorfeld aufgestellten Inklusions- und Exklusionskriterien auf Relevanz geprüft und selektiert. Zu den Kriterien für die Aufnahme bzw. Beibehaltung von Literatur zur späteren Analyse zählten:

---

22 Der Begriff der schrittweisen, kriteriengeleiteten Literaturrecherche beschreibt ein wissenschaftliches Vorgehen, mit dem Kernergebnisse und -folgerungen von ansonsten nicht handhabbaren Mengen an Untersuchungen objektiv zusammengefasst, ausgewertet und weiterkommuniziert werden können. Es handelt sich dabei um einen Vorgang, durch den sich Forschungsergebnisse zu im Vorfeld formulierten Fragestellungen identifizieren und auswählen lassen (Kirch 2008: 1376). Die schrittweise, kriteriengeleitete Untersuchung der Literatur kann dabei helfen Klarheit darüber zu erlangen, welche Annahmen und Schlussfolgerungen überhaupt existieren, welche davon wahrscheinlicher sind als andere und worauf gegebenenfalls Unterschiede beruhen (Petticrew/Roberts 2006: VI und 2f).

- die Publikation enthält Angaben über einen Vergleich der Gesundheit von Gruppen in einer Nachbarschaft, die sich in Deutschland befindet;
- die Publikation enthält Angaben über positive oder negative Einflüsse der sozialen Nachbarschaft auf die Gesundheit.
- Kriterien für den Ausschluss von Publikationen waren unter anderem:
- die Publikation bezieht sich ausschließlich auf Daten, die nicht in Deutschland erhoben wurden;
- die Publikation verfolgt keinen Bezug zur Gesundheit;
- die Publikation analysiert einzig und allein Aspekte nicht sozialer oder sozioökonomischer Art (z.B. infrastrukturelle, baulich-räumliche oder umweltbelastende Rahmenbedingungen), die Auswirkungen auf die Gesundheit haben könnten;
- die Publikation betrachtet hauptsächlich Zusammenhänge von sozialer Ungleichheit oder von Umweltgerechtigkeit und Gesundheit.

Wenn das beschriebene Screening einer Trefferliste darauf schließen ließ, dass eine Publikation interessante Hinweise zur Thematik soziale Nachbarschaft und Gesundheit in Deutschland liefert, wurde eine Vollversion der Veröffentlichung bezogen. Durch die manuelle Suche in den Referenzen identifizierter Publikationen konnte eine weitere relevante Fachpublikation in Buchform ausfindig gemacht werden (Wolf 2004).

Nachdem sichergestellt wurde, dass sich keine Duplikate mehr unter den gewonnenen Texten befanden, konnten anhand der kriteriengeleiteten Literaturrecherche insgesamt sechs wissenschaftliche Publikationen endgültig für eine Analyse hinsichtlich des Forschungsziels übernommen werden (Dittmann/Goebel 2010; Dragano et al. 2007; Oswald et al. 2011; Pollack et al. 2004; Riedel et al. 2012; Wolf 2004).

4. Ergebnisse

Die Analyse der Daten zeigt, dass den untersuchten Publikationen verschiedene Modellannahmen zum Zusammenhang von sozialer Nachbarschaft und Gesundheit zugrunde lagen. Allen Untersuchungen gemein war die Annahme, dass die kontextuelle Umgebung einen Einfluss auf die Gesundheit ihrer Bewohner ausübt, sowohl anhand von sozialen Faktoren der Nachbarschaft (das Ausmaß der Bewohnerfluktuation, der Überbevölkerung, des Familienstatus, der sozialen Bindungen und der sozialen Probleme innerhalb einer Nachbarschaft) als auch durch sozioökonomische Merkmale der Umgebung (die regionale Arbeitslosenrate, der Anteil der Wohneigentumsbesitzer und das aggregierte Einkommen oder die aggregierte Bildung der Bewohner einer Nachbarschaft). (Dittmann/Goebel 2010; Dragano et al. 2007; Oswald et al. 2011; Pollack et al. 2004; Riedel et al. 2012; Wolf 2004)

Dittmann und Goebel (2010), Riedel et al. (2012) und Wolf (2004) vermuten, dass die sozialen Faktoren Bewohnerfluktuation und Familienstatus in einer Nachbarschaft, je nach Ausprägung, Grundlage für soziale Isolation bzw. soziale Integration der Anwohner sind. Eine solche soziale Isolation oder Integration kann sich entsprechend negativ oder positiv auf die Gesundheit des Einzelnen auswirken. Die Studie von Dittmann und Goebel (2010) zeigt beispielsweise, dass Menschen, die häufig mit ihren Nachbarn in Kontakt stehen, eine höhere Lebenszufriedenheit aufweisen.

Dragano et al. (2007) und Wolf (2004) gehen davon aus, dass sozioökonomische Kontexteffekte, wie eine hohe Arbeitslosenrate, starke Überbevölkerung oder soziale Probleme, das gesundheitsbezogene Verhalten der Nachbarschaftsbewohner beeinflussen und auf diese Weise Veränderungen an deren Gesundheit bewirken können. Die Untersuchung von Dragano et al. (2007) kam u.a. zu dem Ergebnis, dass Bewohner einer Nachbarschaft mit hoher Arbeitslosenrate und starker Überbevölkerung vermehrt die kardiovaskulären Risikofaktoren Rauchen, Adipositas und Bewegungsmangel aufweisen.

Oswald et al. (2011), Pollack et al. (2004) und Riedel et al. (2012) haben angenommen, dass die *Zeit* einen vermittelnden Einfluss auf die Ausprägung der Effektstärke kontextueller Faktoren hat. So hat beispielsweise die Studie *Insomnia and urban neighbourhood contexts* einer Forschergruppe aus dem Ruhrgebiet (Riedel et al. 2012) einen Zusammenhang zwischen zunehmenden Schlafstörungen und der Zeit, die ein Mensch in einer Nachbarschaft mit hoher Arbeitslosigkeit und Bewohnerfluktuation ausgesetzt ist, nachgewiesen.

Der Einfluss sozialer Kontexteffekte auf die Gesundheit der Bewohner wurde in allen analysierten Studien hinsichtlich seiner *Unabhängigkeit* überprüft. Um auszuschließen, dass identifizierte Effekte nicht hauptsächlich von personenspezifischen individuellen Einflüsse herrühren, wurden Kontrollvariablen herangezogen, wie zum Beispiel Alter, Geschlecht, Nationalität, Einkommen, Bildung und in Ost- oder Westdeutschland lebend.

Bei der Überprüfung ihrer Modellannahmen konnten alle Studien Hinweise darauf finden, dass soziale Faktoren der Wohnumgebung einen unabhängigen Einfluss auf die Gesundheit der Bewohner ausüben. Die Mehrzahl dieser Ergebnisse erwies sich dabei als signifikant. Zusammengefasst kann gesagt werden, dass soziale Effekte der Nachbarschaft sich sowohl auf die körperliche und psychische Gesundheit als auch auf die Lebenszufriedenheit und den selbstbewerteten Gesundheitszustand der Bewohner auswirken. Hinsichtlich einer Aussage über die tendenziell eher positive oder eher negative Wirkungsbeziehung zwischen der sozialen Nachbarschaft und der Gesundheit zeigte sich, dass gesundheitsförderliche Effekte vom sozioökonomischen Status der Nachbarschaft abhängig sind. Je besser eine Nachbarschaft und deren Bewohner sozioökonomisch aufgestellt sind, desto förderlicher sind auch die sozialen Faktoren innerhalb des entsprechenden Nachbarschaftsnetzwerks und umgekehrt.

5. Diskussion

In Deutschland scheint der gesundheitsbezogenen Nachbarschaftsforschung als Zweig der Sozialwissenschaften während der letzten zwei Jahrzehnte keine große Bedeutung zugeordnet worden zu sein. Letztendlich konnten nur sechs Studien für die anschließenden Analysen übernommen werden. Auffällig bei der kriteriengeleiteten Recherche war, dass die Suche nach Veröffentlichungen zum Zusammenhang von sozialer Nachbarschaft und Gesundheit häufig zu einer großen Anzahl erster Treffer[23] führte. Nach näherer Betrachtung erwiesen sich von diesen Publikationen jedoch nur wenige bis keine als geeignet für die angestrebte Untersuchung. Dies lag zum einen daran, dass der Großteil der Publikationen sich nicht auf Populationen in Deutschland bezog. Zum anderen stellte sich heraus, dass die Hälfte der identifizierten, auf Deutschland bezogenen Untersuchungen keine Einflüsse sozialer Kontextmerkmale einer Nachbarschaft auf die Gesundheit berücksichtigte. Eine weitere Erklärung für die geringe Ausbeute bei der Literaturrecherche kann sein, dass die Methode der kriteriengeleiteten Literaturrecherche in elektronischen Online-Datenbanken Schwächen aufweist, wenn es darum geht, Publikationen zu weniger populären Forschungsthemen zu identifizieren. Es ist also möglich, dass für Deutschland weitere Studien zum Kernthema dieser Arbeit existieren, die anhand der Recherchen in den gewählten Datenbanken nicht aufgezeigt worden sind.

Fast alle analysierten Publikationen untersuchten große Stichproben, deren Daten aus bevölkerungsbezogenen Sekundärdatenquellen stammen, die nicht ohne Weiteres an die speziellen Anforderungen der sozialen Nachbarschaftsforschung angepasst werden können. Meijer et al. (2012) stellen fest, dass kleine Einheiten, die weniger Einwohner umfassen, einen statistisch stärkeren Effekt auf die Gesundheit der Bewohner aufweisen als großräumig erfasste Nachbarschaftsabgrenzungen. Sie nehmen daher an, dass Personen von ihrer direkten Umgebung am stärksten beeinflusst werden, wohingegen größere geographische Gebietseinteilungen eine geringere Bedeutung in Bezug auf die Gesundheit aufweisen (Meijer et al. 2012: 1210). Daraus lässt

---

23 Die Darstellung der Trefferzahlen sortiert nach Datenbank und Suchtermini ist im Anhang der von Dörfert/Schwarz (2013) durchgeführten Untersuchung aufgeführt.

sich schlussfolgern, dass die Untersuchungsergebnisse zu Einflüssen der sozialen Nachbarschaft auf die Gesundheit ihrer Bewohner mit zunehmender Größe des betrachteten Gebiets an Intensität verlieren.

Ebenfalls auffällig ist, dass die verwendeten Indikatoren für soziale Aspekte einer Nachbarschaft in fast allen Studien ausschließlich aus Merkmalen zusammengesetzt sind, von denen angenommen wird, dass sie Konzepte sozialer Beziehungen beeinflussen. So wird die Bewohnerfluktuation stellvertretend für die Stärke sozialer Bindungen und den Grad der sozialen Integration in einer Nachbarschaft mit der Gesundheit der Bewohner in Beziehung gesetzt (Dittmann/Goebel 2010; Riedel et al. 2012). Die Überbevölkerung in einer Nachbarschaft oder einem Haushalt wird als Hinweis auf sozialen Stress gesehen (Dragano et al. 2007; Pollack et al. 2004; Riedel et al. 2012), der sich nachträglich auf die Gesundheit auswirkt. Lediglich Oswald et al. (2011) und Pollack et al. (2004) messen den direkten gesundheitsrelevanten Einfluss sozialer Beziehungen in einer Nachbarschaft. Die Qualität des sozialen Kapitals zum Beispiel wird in keiner der sechs Untersuchungen unmittelbar als Indikator für soziale Eigenschaften einer Nachbarschaft berücksichtigt. Dies ist erneut darauf zurück zu führen, dass fast alle analysierten Publikationen für ihre Untersuchungen auf Sekundärdatenquellen zurückgreifen, bei deren Erhebung die Erfassung sozialer Kontakte und Beziehungen der Befragten nicht im Vordergrund stand.

6. Resümee

Die Wirkmechanismen sozial-nachbarschaftlicher Komponenten bezüglich förderlicher oder schädlicher Einflüsse auf die Gesundheit fanden in Deutschland bisher in nur wenigen Forschungsvorhaben Berücksichtigung. Dennoch wurden sechs Studien identifiziert, die empirische Beweise für die Annahme enthalten, dass die soziale Nachbarschaft einen Einfluss auf die Gesundheit ihrer Bewohner ausübt. Es ist daher zu vermuten, dass setting-orientierte Maßnahmen zur Förderung sozialer Beziehungen in einer Nachbarschaft potentiell positive Effekte hervorrufen, welche die Gesundheit von Quartiersbewohnern verbessern können. Somit sollte im Rahmen der gesundheitsbezogenen Nachbarschaftsforschung zukünftig das Augenmerk verstärkt auf soziale Prozesse zwischen den Bewohnern einer Nachbarschaft gelegt werden. Dabei wäre es wünschenswert, dass zusätzlich zu Sekundärdaten aus Panel- und Zensusquellen auch eigenständige Erhebungen von Primärdaten realisiert werden. Dies umso mehr, da nicht-nachbarschaftsspezifisch ausgelegte Datenquellen weniger dafür geeignet sind, soziale Prozesse und Qualitäten innerhalb einer Nachbarschaft adäquat abzubilden. Forschungsvorhaben im Setting Nachbarschaft sollten daher, unter Zuhilfenahme quantitativer und qualitativer Messmethoden, Nachbarschaftsindikatoren enthalten, die gesundheitsrelevante soziale Konzepte wie das soziale Kapital, das soziale Netzwerk oder den Grad der sozialen Integration von Bewohnern innerhalb einer Nachbarschaft direkt erfassen.

Literatur

Babones, Salvatore J. (2009): Social inequality and public health. Bristol, Portland: Policy Press.
Berkmann, Lisa; Melchior, Maria (2008): Ein Modell für zukünftige Entwicklungen - wie Sozialpolitik durch Beeinflussung von gesellschaftlicher Integration und Familienstruktur die Gesundheit fördert, in: Siegrist, Johannes; Marmot, Michael (Hg.): Soziale Ungleichheit und Gesundheit: Erklärungsansätze und gesundheitspolitische Folgerungen. Bern: Hans Huber Verlag, S. 77-98.
Cubbin, Catherine; Pedregon, Veronica; Egerter, Susan; Braveman Paula (2008): Where we live matters for our health: Neighbourhoods and Health: Robert Wood Johnson Foundation (Commission to build a healthier America), in: Issue Brief, 3.
Dittmann, Joerg; Goebel, Jan (2010): Your House, Your Car, Your Education: The Socioeconomic Situation of the Neighborhood and its Impact on Life Satisfaction in Germany, in: Social Indicators Research 96, 3, pp. 497-513.
Dörfert, Katharina Anna; Schwarz, Julia (2013): Erhebung des aktuellen Stands der Forschung zum Zusammenhang von sozialer Nachbarschaft und Gesundheit in Deutschland. Ergebnisse einer kriteriengeleiteten Literaturrecherche zu den Auswirkungen der sozialen Ressourcen sowie des sozioökonomischen Status einer Nachbarschaft auf die individuelle Gesundheit. Masterarbeit. Fachbereich Gesundheit, Pflege und Management. Hochschule Neubrandenburg.
Dragano, Nico; Bobak, Martin; Wege, Natalia; Peasey, Anne; Verde, Pablo E.; Kubinova, Ruzena et al. (2007): Neighbourhood socioeconomic status and cardiovascular risk factors: a multilevel analysis of nine cities in the Czech Republic and Germany, in: BMC Public Health 7, 1, pp. 255-266.
Ellaway, A.; Macintyre, S. (1998): Does housing tenure predict health in the UK because it exposes people to different levels of housing related hazards in the home or its surroundings?, in: Health & Place 4, 2, pp. 141-150.
Günther, Julia (2005): Das soziale Netz der Nachbarschaft als System informeller Hilfe, in: Gruppendynamik und Organisationsberatung 36, 4, pp. 427-442.
Halpern, David (1995): Mental health and the built environment. More than bricks and mortar? London, Bristol: Taylor & Francis Press.
Hamm, Bernd (1973): Betrifft: Nachbarschaft. Verständigung über Inhalt und Gebrauch eines vieldeutigen Begriffs. Gütersloh, München: Bertelsmann Fachverlag.
Hamm, Bernd (1998): Nachbarschaft. In: Hartmut Häußermann (Hg.): Großstadt. Soziologische Stichworte. Opladen: Leske + Budrich Verlag, S. 172-181.

Kirch, Wilhelm (Hg.) (2008): Encyclopedia of Public Health. Dordrecht: Springer Verlag.

Macintyre, Sally; Ellaway, Anne; Hiscock, Rosemary; Kearns, Ade; Der, Geoff; McKay, Laura (2003): What features of the home and the area might help to explain observed relationships between housing tenure and health? Evidence from the west of Scotland., in: Health & Place 9, 3, pp. 207-218.

Meijer, Mathias; Röhl, Jeannette; Bloomfield, Kim; Grittner, Ulrike (2012): Do neighborhoods affect individual mortality? A systematic review and meta-analysis of multilevel studies, in: Social Science & Medicine 74, music, pp. 1204-1212.

Oswald, Frank; Jopp, Daniela; Rott, Christoph; Wahl, Hans-Werner (2011): Is aging in place a resource for or risk to life satisfaction?, In: The Gerontologist 51, 2, pp. 238-250.

Petticrew, Mark; Roberts, Helen (2006): Systematic reviews in the social sciences. A practical guide. Malden: Blackwell Publishing.

Pollack, C. E.; von dem Knesebeck, O.; Siegrist, J. (2004): Housing and health in Germany, in: Journal of Epidemiology & Community Health 58, 3, pp. 216-222.

Richter, Antje; Wächter, Marcus (2009): Zum Zusammenhang von Nachbarschaft und Gesundheit (Forschung und Praxis der Gesundheitsförderung) [Bd. 36]. Köln: Bundeszentrale für gesundheitliche Aufklärung.

Riedel, Natalie; Fuks, Kateryna; Hoffmann, Barbara; Weyers, Simone; Siegrist, Johannes; Erbel, Raimund; Viehmann, Anja; Stang, Andreas; Scheiner, Joachim; Dragano, Nico (2012): Insomnia and urban neighbourhood contexts – are associations modified by individual social characteristics and change of residence? Results from a population-based study using residential histories, In: BMC Public Health 12, 1, pp. 810-824.

Schnur, Olaf (2012): Nachbarschaft und Quartier, In: Frank Eckardt (Hg.): Handbuch Stadtsoziologie. Wiesbaden: VS Verlag für Sozialwissenschaften, S. 449-474.

Siebel, Walter (2009): Ist Nachbarschaft heute noch möglich? In: Daniel Arnold (Hg.): Nachbarschaft. München: Callwey Verlag, S. 7-13.

Tempel, Günther (2008): Sozialräumliche Polarisierung und Mortalitätsentwicklung, In: Norbert Gestring, Herbert Glasauer, Christine Hannemann, Werner Petrowsky und Jörg Pohlman (Hg.): Jahrbuch Stadt/ Region 2007/08. Schwerpunkt: Arme reiche Stadt. Opladen: Budrich Verlag, S. 14-34.

Weber, Max (2006): Wirtschaft und Gesellschaft. Paderborn: Voltmedia Verlag.

Wolf, Christof (2004): Wohnquartier und Gesundheit: eine Mehrebenenanalyse, In: Robert Kecskes, Michael Wagner und Christof Wolf (Hg.): Angewandte Soziologie. Wiesbaden: VS Verlag für Sozialwissenschaften, S. 103-126.

Dirk Schubert

Kontinuitäten und Reorganisationen – Stadtplanerausbildung zwischen Sparzwang und Neuorientierung

Zusammenfassung: In dem Beitrag wird die Entwicklung der Stadtplanerausbildung in Hamburg dargestellt. Zunächst als Grundstudiengang konzipiert, wurde er zu einem Vollstudiengang ausgebaut und mit dem ersten Bachelor-Abschluss weiter entwickelt. Institutionelle Reorganisationen sahen erst den Ausbau, dann eine neue Hochschule und schließlich unter Sparzwängen ein neues Konzept vor. Die Neuorientierung ist vor dem Hintergrund von Akkreditierungen und der (Re-)Positionierung anderer Planerstudiengänge zu verstehen.

Im Jahr 2006 wurde die HafenCity Universität Hamburg (HCU) für Baukunst und Raumentwicklung als Zusammenführung von vier Fachbereichen aus drei Hamburger Hochschulen gegründet. Als fokussierte Universität sollte sie sich – so der politische Gründungsauftrag – auf Themen des Planens, Bauens, Gestaltens und der Architektur in Metropolregionen konzentrieren. Der seit 1983 an der TU Hamburg-Harburg eingerichtete Studiengang Stadtplanung wurde im Rahmen dieser Restrukturierung an der HCU „angesiedelt". Die Geschichte des Stadtplanungsstudiums in Hamburg ist mit vielen Akteuren, Institutionen, kontroversen Interessen und (partei-)politischen Einflüssen verbunden. Sie mag exemplarisch stehen für andere Studiengänge, die in den Strudel derartiger Mahlströme gerieten und deren Streichung, Reform oder Ausbau nur wenig mit fachlichen Begründungen zu tun haben. Nach 30 Jahren Lehre im Bereich der Stadtplanung und ambitionierter Stadtforschung mag ein Rückblick auf die mit der Einrichtung des Studiengangs verbundenen Vorstellungen, die Verwerfungen, die aktuelle Situation und die anstehenden Probleme auch für ähnlich aufgestellte Studiengänge hilfreich sein.

Stadtplanerausbildung an der TU-Hamburg-Harburg

Die Diskussion zur Gründung einer Technischen Hochschule oder Technischen Universität in Hamburg war immer unter zwei Aspekten geführt worden: Unter einem regional- und unter einem strukturpolitischen Aspekt.

Bei der regional-politischen Dimension ging es um die Stärkung des norddeutschen Raumes und der Metropolfunktion Hamburgs. In diesem Kontext ging es bei der Planung der TU Hamburg-Harburg (TU-HH) vor allem um die Stärkung des Hamburger Süderelberaumes, also des von der Krise der Seehafenindustrien und der Deindustrialisierungsprozesse stark betroffenen Bezirks Hamburg-Harburg. Bezüglich der strukturpolitischen Dimension war vor allem der Aspekt der relativ ungünstigen Branchenstruktur der Hamburger Wirtschaft insgesamt relevant. Die Hamburger Wirtschaftsstruktur war Anfang der 1970er Jahre gekennzeichnet durch einen Rückgang von Betrieben des produzierenden Gewerbes, von Werft- und Hafenarbeitsplätzen sowie durch einen geringen Anteil von Wachstumsbranchen bei einer zeitgleichen unterproportionalen Zunahme der Arbeitsplätze im Dienstleistungssektor, die die Abnahme der anderen Bereiche nicht kompensieren konnte. Die Politik versprach sich also vor allem Wirtschaftsförderung durch die neue Universität. In diesem Kontext wurde auch Stadtplanung – Städtebau als ein universitäres Lehr- und Forschungsfeld diskutiert.

Seit den 1960er Jahren hatte sich – nicht nur in Hamburg, in Wirtschaft, Politik und Forschung die Erkenntnis Bahn gebrochen, dass Inhalte der Stadtplanung kaum in den traditionell künstlerisch-technisch strukturierten Studiengängen der Architektur vermittelt werden könnten – so denn überhaupt der damalige Lehrkörper sich mit derartigen Positionen auseinandersetzte, sondern dass eigenständige Planerstudiengänge eingerichtet werden müssten. Anders als bei der objekt-bauwerksbezogenen Architekturausbildung müssten hier komplexere methodisch-systematische Kenntnisse vermittelt und ein anderer Kanon von Fähigkeiten eingeübt werden. Neben Interdisziplinarität wurden ein hoher Stellenwert von Gesellschaftswissenschaften (Psychologie, Soziologie, Ökonomie, Politologie) und Arbeiten in der Gruppe sowie konzeptionelle auch methodische Kompetenzen eingefordert. Hatten die damals vorwiegend in der Verwaltung tätigen Stadt- und Regionalplaner bis Anfang der 1970er Jahre ihre ingenieurwissenschaftlichen und künstlerischen Fähigkeiten autodidaktisch durch Zusatzqualifikationen ergänzt, galt es nun, vor dem Hintergrund neuer und immer komplexerer Herausforderungen eigenständige Curricula für Stadtplanung zu entwickeln.

Mit der „Abnabelung" von der Architektur wurden an vorhandenen Universitäten neue Institute und/oder Fachbereiche für Stadt- und Regionalplanung eingerichtet (Technische Universität Berlin). Insbesondere aber im Rahmen der Neugründung von Universitäten wurden von vornherein Planerstudiengänge vorgesehen (Universität Dortmund 1968, Technische Universität Berlin 1972, Universität Kaiserslautern 1972, Universität Oldenburg 1972, Gesamthochschule Universität Kassel 1973 und auch an der Technischen Universität Hamburg-Harburg 1983).

1975 wurde ein vom Senat in Auftrag gegebenes Fächergrobstruktur-Gutachten vorgelegt, und vorgeschlagen, Forschungsschwerpunkte für Hochbau und Stadterneuerung und Werterhaltung einzurichten. Die Einrichtung letzteren Forschungsschwerpunktes wurde wie folgt begründet:

> „In Zukunft werden sich die Stadtplanung und der Städtebau in stärkerem Maße auf die Stadterneuerung und die Werterhaltung von Stadtteilen und Gebäuden zu konzentrieren haben, da die Aufgaben der Siedlungsentwicklung in der Zukunft weniger im Siedlungswachstum, sondern vor allem in der Weiterentwicklung der bestehenden Siedlungen zu sehen sind. Hier liegt ein dringlicher Forschungsbedarf. [...] Da den Aufgaben Stadterneuerung und Werterhaltung in Forschung, Praxis und Ausbildung innerhalb der BRD noch nicht genügend Aufmerksamkeit gewidmet wird, hat dieser Forschungsschwerpunkt innovatorischen Charakter. [...] Ein vergleichbarer Forschungsschwerpunkt besteht an einer anderen Hochschule bisher nicht." (Freie und Hansestadt Hamburg 1972)

Die Struktur der neu zu gründenden Universität sollte sich zunächst an Forschungsschwerpunkten orientieren, denen teilweise Studiengänge zugeordnet waren. Die Begründung von 1975 mutet auch heute – fast 40 Jahre später – noch erstaunlich aktuell an:

> „Obschon Städtebau und Stadtplanung in den letzten Jahren eine wachsende Bedeutung erlangten, ist die Ausbildung für diese Tätigkeiten in den Hochschulen bisher unzureichend entwickelt. [...] Der Stand der Ausbildung für Städtebau und Stadtplanung ist von einer besonderen Uneinheitlichkeit gekennzeichnet. [...] Die Gutachter bekräftigen den Ausgangspunkt ihrer Überlegungen, wonach die Planung der Fächerstruktur sich an den zukunftsrelevanten sowie für den norddeutschen Raum besonders bedeutsamen und die Hamburger Wirtschaft in der Hamburger Region langfristig sinnvoll beeinflussenden Forschungsschwerpunkten zu orientieren hat." (Freie und Hansestadt Hamburg 1972)

Die zunächst geplanten Studienplatzzahlen wurden allerdings schrittweise reduziert.

Im Errichtungsgesetz 1978 waren die Bereiche Architektur, Bauingenieurwesen und Städtebau und Stadtplanung unter insgesamt 11 Studiengängen und sechs Forschungsschwerpunkten geplant. Die Einrichtung eines Forschungsbereichs Architektur wurde nach 1979 an der TU-HH nach heftigen Diskussionen nicht weiter verfolgt. Der an der Hamburger Hochschule für bildende Künste bereits existierende (Diplom-)Studiengang Architektur verblieb dort und wurde weitergeführt. 1980 erfolgten dann erste Berufungen von Professoren für den Forschungsschwerpunkt Stadterneuerung und Werterhaltung an der TU-HH.

Der kleine Kreis der Lehrenden war sich einig, möglichst umgehend die Lehre im Bereich Stadtplanung zu konzipieren. Die Entwicklung des Hauptstudienganges Städtebau-Stadtplanung beschränkte sich, wie vorgegeben, von vornherein auf den zweiten Studienabschnitt, also nach dem Vordiplom ab dem fünften Studiensemester. Die Kommission erarbeitete bis Januar 1983 eine Diplom-Prüfungsordnung und eine Studienordnung für ein Hauptstudium Städtebau-Stadtplanung. Ziel und Besonderheit des Studienganges Städtebau-Stadtplanung an der TU-HH sollte der Versuch sein, ein Studium anzubieten, das Elemente des Raumplanerstudiums einerseits und des Architekturstudiums andererseits zusammenfasst und mittels Studierender mit Vordiplom aus verwandten Studiengängen die Interdisziplinarität (Harburger Mischung) befördern sollte.

Ein Blick auf die Studieninhalte damals mag hilfreich sein, um spätere Kontinuitäten, Brüche und Innovationen auszuloten. Es galt ein Curriculum zu konzipieren, das die heterogenen Vorqualifikationen konstruktiv nutzte, dabei Defizite auszugleichen suchte und mit einem Diplom abschloss, das wettbewerbsfähig mit anderen Vollstudiengängen war. So bildeten „geborene" Studierende mit Vordiplom Stadt-, Regional- Raumplanung sowie „gekorene" Studierende mit Vordiplom Soziologie, Geographie, Landschaftsplanung etc. und Studierende mit Abschluss Fachhochschule die besondere Zusammensetzung der Studierenden.

Das Curriculum war in Fächergruppen unterteilt und die Studienprojekte sollten – wie in anderen Planerstudiengängen – den zentralen Bestandteil der Ausbildung darstellen. Dabei handelt es sich um problembezogene, praxisorientierte Arbeitsvorhaben, in denen die verschiedenen Inhalte der Ausbildung mit dem Ziel der Konzeptentwicklung zusammengeführt werden. Das Studieren im Projekt sollte den Studenten durch exemplarisches und interdisziplinäres Lernen die Orientierung an dem späteren Berufsfeld und die für die Stadtplaner wesentlichen Fähigkeiten vermitteln.

Der ambitionierte Kanon von Fähigkeiten beinhaltete, übergreifende Aspekte und Faktoren der Stadtentwicklung zu planerischem Handeln zusammenzuführen, sie angemessen zu gewichten und entsprechend gegeneinander abzuwägen, tragfähige Situations- und Problemanalysen zur Erkennung neu auftretender Probleme zu erstellen, Arbeits- und Lösungsansätze (Arbeitspläne, Ablaufpläne) zu formulieren, nach sachgebundenen Vorgaben und nach Plan zu arbeiten, alternative Konzeptionen, Bewertung, Darstellung einzubeziehen und dies gegenüber anderen zu vertreten sowie schließlich die Arbeit in Gruppen und Organisationen zu erlernen.

Welcher Art ein Problemlösungsvorschlag als Ergebnis der Projektarbeit sein sollte, wurde nicht festgelegt oder vorbestimmt. Zentrale Elemente der Projektarbeit waren die gemeinsame Analyse komplexer Problemzusammenhänge und die darauf basierende Konzept- und Strategieentwicklung. Es musste nicht zwingend ein städtebaulicher Entwurf (Entwürfe wurden damals „von Hand" gezeichnet!) sein. Dies führte zu teilweise starken Irritationen in der Hamburger Bauverwaltung, die davon ausging, dass immer ein finaler Plan das Ergebnis des Tuns und Handelns von Stadtplanern sei. Da das Curriculum an der Rahmenprüfungsordnung Raumplanung orientiert war – Akkreditierungsverfahren gab es damals nicht und das zuständige Senatsamt (Behörde für Wissenschaft) genehmigte die Prüfungsordnung – gab es relativ detaillierte Vorgaben für das Curriculum und nur wenig Optionen für die Ausgestaltung von Alleinstellungsmerkmalen des Studiengangs. Die weiteren

Kontinuitäten und Reorganisationen

Fächergruppen waren ähnlich wie in vergleichbaren Planerstudiengängen, Einzelaspekte der Stadtplanung, Theoretische und methodische Grundlagen in der Stadtplanung und Fachwissenschaftliche Grundlagen der Planung sowie die Gruppe der Wahlfächer.

Der Studienbetrieb im Studiengang Städtebau-Stadtplanung begann im WS 1983/84 mit 25 Studierenden und ca. 20 Lehrenden. Rückblickend können damit optimale Zustände für Lehrende und Lernende konstatiert werden, die an den Ivy League Universities in den USA nicht besser sein konnten. Zudem sicherte eine Ausfinanzierung (zunächst) personelle Kontinuitäten und eröffnete inhaltliche Optionen für Forschung. Von Beginn an standen allerdings von Seiten der TU-HH der Stadtplanung ein eklatantes Unverständnis gegenüber und der Vorwurf, nicht hinreichend ingenieurwissenschaftlich orientiert zu sein.

Die Aufnahme des Studiums Anfang der 1980er Jahre fiel in eine Zeit von strukturellen Veränderungen der Studiensituation und der Berufsperspektiven. Es ging um neue Spezialisierungen und um Erweiterung und Umorientierung fachspezifischer traditioneller Qualifikationen bei gleichzeitiger fachübergreifender Verknüpfung unterschiedlicher Praxisbereiche. Diese Arbeitsformen waren (und sind) häufig gekoppelt an Formen demokratischer Selbstverwaltung, Entspezialisierung und Funktionsrotation, Aufhebung von Arbeitsteilungen und ganzheitlichen Vorstellungen von Leben, Wohnen und Arbeiten.

Bei der Absolventenbefragung zum 10-jährigen Jubiläum (Becker 1994) des Studienganges 1994 wurden die Möglichkeiten der flexiblen Spezialisierung – die mit dem Studiengang angelegt waren – für die Berufschancen sehr positiv bewertet. Bei der zunehmenden Diversifizierung der Tätigkeitsfelder der PlanerInnen bot diese Orientierung gute Berufsaussichten sowohl für die traditionellen Tätigkeiten in Ämtern (Bauleitplanung etc.) als auch in neuen Feldern und Nischen eröffnet.

Abschaffung oder Ausbau des Studiengangs?

Bei dem an den Vorgaben der Rahmenprüfungsordnung Raumplanung orientierten Studiengang Stadtplanung handelte es sich also nicht – wie häufig fälschlich angenommen wurde – um eine Variante der Architekturausbildung, sondern um eine als *urban planning*, *town* oder *city planning* bzw. *urbanisme* international etablierte Ausbildung. Bis 1997 hatten etwa 450 Studierende verschiedenster Herkunftsdisziplinen das Studium abgeschlossen. Die Perspektive des Referendariats mit der zweiten Staatsprüfung und die Mitgliedschaft in der Architektenkammer (Stadtplanerliste) wurden eröffnet, der Gründungsauftrag der TU-HH in die Region zu wirken umgesetzt.

1997 wurde dann eine „Kommission zur Begutachtung der Struktur des hamburgischen Studienangebots im Bereich Architektur und Stadtplanung" eingesetzt. Im Ergebnis schlug die Kommission vor, den Studiengang Städtebau/Stadtplanung an der TU-HH ersatzlos zu schließen. Der Studiengang sei nicht zukunftsfähig. Hamburg müsse sparen und solle sich auf die Ausbildung einer kleinen Architektur-Elite an einer „Neuen Architekturschule Hamburg" konzentrieren. „Gutachter empfehlen Spitzen-Akademie" und „wir brauchen die Neugründung eines kleinen, feinen, international besetzten Studiengangs" zitierte Die Welt Hamburgs Oberbaudirektor Egbert Kossak. Weiter in der Presse:

> „Das Architekturstudium in Hamburg muß neu organisiert werden. Der Grund: Derzeit werden zu viele Studenten auf diesem Gebiet ausgebildet – und das auch noch zu schlecht." Drei gleiche Studiengänge seien unnötig erklärte eine andere Zeitung. „Nur: Es gibt in Hamburg heute schon keine drei gleichen Architektur-Studiengänge. Die TU Harburg bildet Städteplaner aus." (Schubert 2013: 16)

Angesichts der einseitigen Zusammensetzung der Kommission mit Architekten und Praktikern, ihrer Evaluation unter Verzicht auf eine systematische Problem- und Bedarfsanalyse, die Einschätzung der Studiengänge ohne Angabe von Sachargumenten und ohne Anhörung der Beteiligten und Betroffenen löste der Vorschlag unter den Lehrenden, Studierenden der Stadtplanung wie der TU-HH und der Fachöffentlichkeit eine heftige Reaktion aus. In einem Protestbrief der Lehrenden an den Senator hieß es:

> „Wir sehen die Gefahr, dass kurzsichtiges, sparbürokratisches Handeln die Oberhand gewinnt und ein erfolgreicher, gesellschaftlich notwendiger und zeitgemäßer Studiengang aufgelöst wird." (Schubert 2013: 16)

Die vorgeschlagene Einstellung des Studiengangs wie die veränderten politischen Konstellationen lösten umgehend vielfältige Aktivitäten und Initiativen aus. Die Fachöffentlichkeit (Vereinigung für Stadt-, Regional- und Landesplanung, Architektenkammer, Deutsche Akademie für Städtebau und Landesplanung) wurde informiert und über problematische Aussagen des Gutachtens unterrichtet, die Lokalpolitik und Parteien wurden einbezogen. Eine breite Allianz für die Beibehaltung des Studiengangs wurde erreicht. Anhörungen und unzählige Gespräche folgten und es gelang, aus der geplanten Abschaffung des Studiengangs eine Neukonzeption zu entwickeln, die innovative Elemente beinhaltete und mit neuen Stellenzuweisungen verbunden war.

Unter Berücksichtigung der Forderungen der Kostenneutralität für die TU-HH wurde im WS 1999/2000 der erste Bachelor-Stadtplanungsstudiengang in Deutschland eingerichtet. Der neue grundständige Studiengang sah eine Regelstudienzeit von zehn Semestern vor. Einem Vordiplom nach vier Semestern folgte der Bachelor-Abschluss nach sechs Semestern mit vier weiteren Semestern Vertiefungsstudium bis zum Diplomabschluss. Die ersten beiden Semester waren in Kooperation mit dem Studiengang Bauingenieurwesen und Umwelttechnik konzipiert (Studienverbund Planen-Bauen-Umwelt BPU). Nach dem Bachelor-Abschluss waren die Vertiefungsrichtungen Stadtstruktur und Gestaltung, Planungsmanagement und Projektentwicklung sowie Stadt, Umwelt und Infrastruktur vorgesehen. Möglich wurde die Ausweitung der Stadtplanung, da keine zusätzlichen Kosten entstanden und Ressourcen an der TU-HH „nur" umverteilt wurden. Damit konnten das gesamte Curriculum abgedeckt und Neuakzentuierungen implementiert werden.

Der neue Bachelor-Studienabschluss Stadtplanung war zunächst integriert in den Diplomstudiengang. Vielfach war bei der Umstellung Studienstrukturreform ohne Studienreform betrieben worden: Das Diplom wurde zum Master und der Bachelor (als Regelabschluss) zum aufgewerteten Vordiplom, bestehende Studiengänge erhielten – eine Art Etikettenschwindel neue Abschlussbezeichnungen. Während in anderen Studiengängen weder an den Studieninhalten noch am Studienaufbau Wesentliches geändert wurde, ging es an der TU-HH um eine Neuorientierung, nicht zuletzt auch vor dem Hintergrund sich rasch wandelnder Berufspraxisfelder. Einher ging mit den neuen Abschlüssen die Einführung konsekutiver (gestufter) Studiengänge, die Modularisierung und Berechnung des Arbeitsaufkommens nach dem *European Credit Transfer System* (ECTS).

Mit der Einführung der neuen Abschlüsse (Bachelor und Master) gerieten die Hochschullandschaft und die Planerstudiengänge in Bewegung. Die Rahmenprüfungsordnungen (Raumplanung) traten in den Hintergrund und Akkreditierungsagenturen übernahmen die inhaltliche Arbeit der Wissenschaftsministerien, die weiter formal die Abschlüsse folgend „nur" genehmigten. Der Verfahrensaufwand für die Akkreditierung war erheblich, die Zusammenstellung der Antragsunterlagen arbeitsintensiv.

Die Stadtplanerausbildung war damit ab 1999 zu einem grundständigen Studiengang ausgebaut, personell komplettiert, in die Struktur der TU-HH besser integriert, mit einem Bachelor-Abschluss an den Bologna-Prozess angepasst und auf neue Praxisfelder hin restrukturiert worden. Der Anlass der Reform, die Dopplung der Architekturausbildungsstätten aufzulösen, war hierdurch allerdings nicht angerührt worden. So monierte die Architektenkammer verärgert und enttäuscht eine „Nulllösung", die von „nichts anderem als von Reformunfähigkeit zeugt und jeden politischen Gestaltungswillen vermissen lässt" (Hamburgische Architektenkammer 1998: 40).

2003 nahmen an einer Befragung ca. 36% der 330 Absolventinnen des Studiengangs Stadtplanung teil. Viele arbeiteten inzwischen in der Region Hamburg, national oder international, gravierende Probleme auf dem Arbeitsmarkt wurden nicht vermeldet. Allerdings gab es eine bemerkenswerte Verschiebung: Fast die Hälfte der Absolventen arbeitete inzwischen in privaten Büros. Der Studiengang Stadtplanung erfreute sich bei Bewerbern einer großen Nachfrage und im WS 2002/03 musste eine Zulassungsbeschränkung eingeführt werden.

Viele Gründe also um 2003 das 20-jährige Bestehen des Studiengangs zu feiern. Im Rahmen einer Ausstellung wurden Arbeiten von Studierenden, Forschungsprojekte und Publikationen präsentiert, während die neuen Professorinnen und Professoren ihre Profile und neue Herausforderungen für Forschung und Lehre skizzierten. Es gelang auch Nachbesetzungen von Professuren und vakanten Stellen für die Stadtplanung durchzusetzen, bevor sich neue Turbulenzen abzeichneten.

Ein Moderationsverfahren von Oktober 2003 bis Januar 2004 zwischen HfBK und HAW (Hochschule für angewandte Wissenschaften, vormals Fachhochschule) mit dem Ziel einer *School of Architecture* war ergebnislos verlaufen. Das Beharrungsvermögen der unterschiedlichen Fachkulturen war unüberwindbar. Wieder war es ein Gutachten – nun vom vormaligen Bürgermeister Klaus von Dohnanyi, das 2003 zur Handlungsgrundlage für eine Restrukturierung der Hochschullandschaft werden sollte. Ziel war es, den Hochschulstandort Hamburg wettbewerbsfähiger zu machen und unter Maßgabe der Kostenneutralität Exellenzbildung und Qualitätssteigerung zu befördern. Flächendeckend sollten Bachelor- und Master-Studiengänge eingeführt werden, Absolventenzahlen gesteigert und Qualität von Forschung und Lehre verbessert werden. Die ökonomisch dominanten Wirtschaftscluster Hamburgs sollten auch an den Hochschulen beforscht werden.

Ausgangspunkt war wiederum die Zersplitterung der Bauausbildung und die niedrige Studienerfolgsquote (55%). Die Kommission empfahl die Gründung einer „weitgehend eigenständigen Sektion Bauen, die an der Hochschule für angewandte Wissenschaften (HAW) angesiedelt werden und die bisherigen Angebote sowohl der HAW im Bauingenieurwesen und im Bereich Architektur als auch mit Blick auf die unten erläuterte Studienplatzreduzierung der HfBK im Bereich Architektur zusammenfassen sollte. Die Angebote der TU-HH im Bereich der Stadtplanung sollten an der TUHH bestehen bleiben, da der Kommission der direkte fachliche Bezug zur Sektion Bauen hier nicht zwingend erschien und die Stadtplanung gut in die TU-HH integriert sei." (Schubert 2013: 19)

Die notwendige Reduktion der Kapazitäten im Bereich Architektur um über die Hälfte schien den Gutachtern nur sinnvoll, wenn die Architekturstudien unter dem Dach einer Institution konzentriert würden. Die mögliche Einrichtung einer neuen Bildungsstätte stand damit auf der Agenda. Um zu einer kritischen Masse für die Gründung einer neuen Hochschule zu kommen, wurden dann die Studiengänge Bauingenieurwesen und Geomatik von der HAW – und überraschend – der Studiengang Stadtplanung von der TU-HH für die Neugründung einbezogen. Der Schachzug, quasi einen Puffer zwischen die verhärteten Fronten von HfBK und HAW einzuziehen, sollte der Bauhochschule – wie sie zunächst benannt war – mittels „mehr Masse", die eingeforderte Interdisziplinarität und mittels des in der Forschung ausgewiesenen Profils der Stadtplanung zumindest auf dem Papier Exzellenz bescheren.

Die Inkonsequenz dieser „Lösung" erschloss sich schon daraus, dass es weiterhin Bauingenieurwesen an der TU-HH gab. Die Kommission meinte, drei Architekturfachbereiche (Stadtplanung, Städtebau und Architektur) in Hamburg „entdeckt" und damit das dringend gesuchte Sparpotential gefunden zu haben. Hinweise auf die grundlegenden Unterschiede der Curricula und der Fachkulturen fruchteten nicht und der von der besseren Organisation nordamerikanischer Universitäten überzeugte damalige Hamburger Wissenschaftssenator Dr. Jörg Dräger suchte diese Struktur mit Unterstützung des Beratungsunternehmens McKinsey nun auch in Hamburg zu implementieren.

Restrukturierungen und Neugründung der HafenCity Universität

Umgehend wurde 2006 die HafenCity Universität für Baukunst und Raumentwicklung als Zusammenführung von vier Fachbereichen aus drei Hamburger Hochschulen gegründet.

> „Die HCU bietet heute eine qualitativ erstklassige, interdisziplinär auf die Bedürfnisse einer Metropole ausgerichtete Bauausbildung an. Die HCU erhält einen Neubau an prominenter Stelle in der Hafencity." (Senat der Freien und Hansestadt Hamburg 2005: o. S.)

hieß es ambitioniert in einer Ankündigung. Senator Jörg Dräger erhielt den Baukulturpreis des Bundes Deutscher Architekten (BDA) und proklamierte:

> „Die HafenCity Universität ist eine einmalige Chance. Mit dieser Neugründung erhält Hamburg eine qualitativ hochwertige, kreative und innovative Bauausbildung, die der besonderen Baukultur der Stadt entspricht. Zugleich soll die Bauhochschule internationale Strahlkraft für die Wissenschaft- und Hochschulmetropole Hamburg entwickeln." (Senat der Freien und Hansestadt Hamburg 2005)

In der Übergangsphase übernahmen *Departments* und der Departmentvorstand die Organisation von Forschung und Lehre. Sie allerdings waren nur bis zur Komplettierung der Reorganisation befristet vorgesehen. Die Organisationsstruktur der HCU sah dann (wie im Gutachten vorgeschlagen) die Einrichtung von Schools (Bachelor-, Master- und Research-School) vor. Die Lehre – auch im Bereich Stadtplanung – wurde nach Auslaufen der Gründungsphase von den Dekanen der Schools im Zusammenhang mit den *Stukos* (Studienkoordination) organisiert.

Für Studierende und Lehrende bedeutete dies, nach 2006 zunächst zwischen den Einrichtungen und Standorten (teilweise mehrfach täglich) zu pendeln. Während Lehrveranstaltungen seit 2009 weitgehend in einem Übergangsgebäude stattfinden, sind die Arbeitsräume der Lehrenden in anderen Standorten untergebracht. Die nur als kurzfristige Zwischenlösung und Provisorium nördlich der Elbe gedachte Unterbringung sollte mehr als sechs Jahre andauern.

Für die neue Universität mit etablierten Studiengängen sollte ein „einzigartiges und scharfes Profil entwickelt werden. Es zeichnet sich durch radikale Inter- und Transdisziplinarität bei der Bearbeitung der komplexen Probleme der gebauten Umwelt im 21. Jahrhundert aus und arbeitet gemeinsam mit der Fachöffentlichkeit" (Goldmann 2007). Zu einer HCU Kick-off Veranstaltung war in der Presse zu lesen, das „neue" Profil der HCU der Exzellenz bestehe einfach darin, es allen recht zu machen. Auch die Architektenkammer monierte schon 2005, dass der Entwurf keine überzeugende Basis für hochwertige und innovative Ausbildung liefern würde. Die vorgesehene Zahl der Mitarbeiter würde bei weitem nicht ausreichen.

> „Im Gegenteil muss man zur Kenntnis nehmen, dass die jetzige Ausstattung des Fachbereiches Stadtplanung [...] drastisch gekürzt und in seiner Forschungskapazität in Frage gestellt wird." (Deutsches Architektenblatt 2005: 3)

Die Deutsche Akademie für Städtebau und Landesplanung (DASL) argumentierte ähnlich: Bestehende große Qualitäten und Potentiale würden gefährdet.

> „Da die Stadtplanung der einzige wissenschaftlich profilierte Fachbereich der neuen HafenCity-Universität ist, würde der neuen Hochschule und dem Wissenschaftsstandort Hamburg insgesamt Schaden zugefügt. [...] Der für die HafenCity-Universität vorgesehene Schlüssel von 65 Professorenstellen zu 45 Stellen wissenschaftliches Personal liegt weit unter dem Standard vergleichbarer Planerfakultäten in Dortmund, Berlin und Kaiserslautern." (DASL 2007)

Die HCU soll die gesamte Bandbreite von Disziplinen anbieten, die auf das Verständnis und die Gestaltung der urbanen Umwelt gerichtet sind. Großes Engagement musste bisher widrige Umstände, strukturelle Probleme, Verteilung auf mehrere Standorte und eine Unterfinanzierung kompensieren. Nach drei Jahren wurde 2008 ein ambitionierter – allerdings nicht ausfinanzierter Struktur- und Entwicklungsplan vorgelegt, der eine inspirierende und weitsichtige Perspektive darstellte sowie eine Neuausrichtung und Fokussierung von Forschung und Lehre beinhaltete. Die „alten" Studiengänge wurden reformiert, akkreditiert, neue trans- und interdisziplinäre Forschungs- und Lehrstrukturen aufgebaut und die Internationalisierung wurde vorangetrieben.

Die *Q-Studies* (für alle Studierenden), quer zu den einzelnen Studiengängen, bilden ein neues Element des Curriculums. Neue Bachelor-Studiengänge (Kultur der Metropole KdM) und Master-Studiengänge (Urban Design) und (englischsprachig) REAP (Resource Effiency in Architecture and Planning) wurden eingeführt. Die Stadtplanung leistet dabei erhebliche Lehrexporte in die neuen Studiengänge, die personell nicht hinreichend ausgestattet sind.

Schon 2008 war in der Presse zu lesen:

> „Hafencity-Uni fehlen Geld und Konzept, 2006 gegründete Vorzeige-Hochschule kämpft ums Überleben. [...] Von Anfang an kämpfte die HCU mit einem strukturellen Defizit in Höhe von drei bis 4,5 Millionen Euro pro Jahr. [...] Von einer echten Weiterentwicklung, die keinen Rückschritt bedeutet, ist keine Rede mehr. Allein den heutigen Status zu halten, scheint ausgeschlossen." (Dittmann 2012)

Bisher scheiterten viele hochgesteckte Erwartungen an die HCU schlicht an der Unterfinanzierung und der räumlichen Zersplitterung der Studiengänge, die die intendierte fachübergreifende Lehre erschwerte, wenn nicht organisatorisch unmöglich machte.

Die HCU war damit von Anfang an strukturell unterfinanziert. Nach 2011 sollten weitere Sparbeiträge geleistet werden. Gemeinsam mit anderen Hochschulen, mit Beteiligung von Präsidenten, Lehrenden und Studierenden wurde gegen diese Sparmaßnahmen demonstriert. Eine Petition für eine hinreichende Finanzierung wurde von über 3.500 Kolleginnen und Kollegen aus dem In- und Ausland unterzeichnet. Briefe von Professoren und Wissenschaftlichen Mitarbeitern verwiesen auf die dramatische Situation und forderten einen Ausstattungsstandard, der anderen deutschen Hochschulen entspricht. Auch die Hamburgische Architektenkammer und die Hamburgische Ingenieurkammer Bau hatten ihrer großen Sorge um die Zukunft der universitären Ausbildung für Architekten, Bauingenieure und Stadtplaner Ausdruck verliehen. Die TU-HH kritisierte dagegen die Aufspaltung von Kompetenz, anstatt sie wie an anderen Universitäten zu bündeln. Bereits 2005 hatte der damalige Präsident der TU-HH erklärt, mittels der Herauslösung der Stadtplanung würde eine zusätzliche Universität gegründet, „die mangels Masse gegenüber den etablierten Hochschulen kaum wettbewerbsfähig sein dürfte" (Kreuzer 2005).

Irritierende tägliche Pressemeldungen lösten große Unruhe aus und wirkten für die Angehörigen der Hochschule äußerst demotivierend. Ohne eine auskömmliche Grundfinanzierung würde das Aushängeschild der Metropole rasch zu einer Provinzposse verkommen. Aus Sorge um die Zukunft der Neugründung verfassten 2011 über 50 Professoren und Professorinnen aller Studiengänge einen Brief:

> „Die HCU sollte eine Universität neuen Typs werden. Gemessen an diesem großen Ziel, war sie jedoch von Anfang an unterfinanziert. Die in der Gründungsphase festgelegte Ausstattung der HCU erreicht nicht einmal den Ausstattungsgrad früherer Gesamthochschulen. [...] Widrigste Arbeitsumstände, die aus der Unterfinanzierung, strukturellen Problemen und auch aus der Verteilung der HCU auf mehrere Standorte resultieren, belasteten und erschweren Arbeitsmöglichkeiten und Arbeitsatmosphäre auf eigentlich unzumutbare Art und Weise und brachten uns immer wieder an die

Grenzen der Arbeitsfähigkeit und der Motivation. Letztlich wird es damit unmöglich, tatsächlich eine fokussierte Universität neuen Typs zu schaffen." (Schubert 2013: 21)
Personelle Veränderungen im Präsidium und Haushaltsprobleme überschatteten die weitere Entwicklung. Der ambitionierte Neuanfang mutierte umgehend zu einem Sparprogramm. Im WS 2012/13 wurden neben 98 Bachelor-Studierenden 58 Master-Studierende im Studiengang Stadtplanung aufgenommen. Hinzu kommen ERASMUS-Studierende von Partneruniversitäten aus dem Ausland, Nebenfachstudierende der Universität Hamburg sowie Studierende anderer Studiengänge der HCU, die von einem schrumpfenden Lehrkörper (weniger Lehraufträge und Tutoren, Vakanzregelungen für Wissenschaftliche Mitarbeiter und nicht erfolgte Nachbesetzungen von Stellen) betreut werden müssen. Eine Hochschulvereinbarung mit der Behörde für den Zeitraum 2013-2020 sieht vor, dass im Rahmen eines neu aufzustellenden (ausfinanzierten) Struktur- und Entwicklungsplanes von insgesamt ca. 300 Bachelor- und 200 Master-Studienplätzen und von 40 Professuren ausgegangen werden muss. Das beinhaltet weitere Kosteneinsparungen in Höhe von ca. 25% sowie Restrukturierungsmaßnahmen und Optimierungen mittels Qualitäts- und Effizienzsteigerungen.

Planerausbildung zwischen Globalisierung und Nachhaltigkeit

Es ist davon auszugehen, dass sich die Tätigkeitsfelder der Stadtplanung weiter verändern werden und die Absolventen der Planerstudiengänge die Fähigkeit besitzen müssen, sich auf diese Veränderungen einzustellen, ohne in einen simplen Pragmatismus zu verfallen. Neben den traditionellen räumlichen Arbeitsfeldern der Stadtplanung von der Regional- über die Stadt- und Quartiers- bis zur Projektplanung sind in den letzten Jahren neue Aufgabenbereiche entstanden. Das Studium der Stadtplanung soll dazu befähigen, für den zukünftigen Umgang mit diesen vielgestaltigen Herausforderungen gut gerüstet zu sein. Generalistisch ausgebildete Studierende mit methodischen und kommunikativen Kompetenzen können sich eher den permanent wandelnden Aufgabenfeldern flexibel anpassen.

Die Ausbildung im Bereich der Stadtplanung ist gefordert nicht nur die „neue Unübersichtlichkeit" zu beklagen, sondern Strukturen und Gesetzmäßigkeiten hinter diesen Erscheinungen zu suchen, nach Erklärungen und theoretischen Ansätzen zu fahnden, mit denen sie in die Lage gesetzt werden den Stellenwert von Stadt(entwicklungs)planung zu definieren und adäquat zu handeln. Fluchten in den Künstlerstädtebau, Pragmatismus, Schuldzuweisungen an Politik und Ökonomie und die Strategie des Kopf in den Sand

Steckens helfen nicht weiter. Die Hochschulen sind aufgefordert, auch in Zeiten raschen Wandels und zunehmender finanzieller Engpässe, Orientierungen zu vermitteln.

Nicht nur die Stadtplanerausbildung an der HCU steht vor diesen Herausforderungen. Mit Bezug des Neubaus bis 2014 in der HafenCity ist dieses Problem – bei zusätzlicher Anmietung von Flächen in der Nähe – gelöst und damit kann neben dem räumlichen auch das inhaltliche Zusammenrücken erleichtert werden. Voraussetzung ist die Überwindung von Egoismen und trennenden Fachkulturen. Wurde der erste Anlauf der HCU-Gründung und curricularen Ausgestaltung nach intensiven Debatten mittels des ambitionierten, aber nicht implementierten Struktur- und Entwicklungsplans 2008 auf den Weg gebracht, erfolgt nach einer Durststrecke von fünf Jahren der zweite Anlauf der Neugründung vorwiegend unter dem Diktat von Sparzwängen.

Es sollte nun darauf ankommen, einen Studiengang, der seit 30 Jahren erfolgreich qualifizierte Stadtplanerinnen und Stadtplaner ausbildet, die sich auf dem Arbeitsmarkt hervorragend behaupten, durch die neuerliche Umstrukturierung und Reorganisation der HCU in seiner Substanz nicht zu schwächen, sondern ihn zu optimieren und zukunftsfähig auszugestalten. In dieser Form kann sie einen wichtigen Beitrag für die nachhaltige Entwicklung von Metropolen in Deutschland, Europa und der Welt erbringen sowie zu dem angestrebten einzigartigen Profil der HCU einen wichtigen Beitrag leisten.

Für eine Disziplin deren Wissenschaftlichkeit auch Elemente normativer Handlungswissenschaften beinhaltet, gilt es auch in der Lehre Berufsbild, Selbstverständnis und Vermittelbarkeit fortwährend zu reflektieren. Das Selbstbild zwischen den Polen *Generalist* oder *Spezialist*, *Macher* oder *Moderator* und Rollenwechsel zwischen selbstbewusstem Visionär und dialogorientiertem Strippenzieher kann nicht final bestimmt werden, sondern muss immer wieder neu ausgelotet und den jeweiligen Anforderungen angepasst werden. Für die weitere Professionalisierung der Stadtplanung, für Forschung und Lehre an den Hochschulen, sollte dies bedeuten, sich von *Moden* – häufig Adaptionen aus anderen Disziplinen – frei zu machen und sich auf das breite Spektrum generierten Wissens sowie auf kumulativ entwickelte Handwerkszeuge, Methoden, (partizipative) Verfahren und Theorien zu besinnen, die den Kern der Disziplin ausmachen.

Literatur

Becker, Joachim (1994): Integrative Planerausbildung. Absolventenbefragung an der TU Hamburg-Harburg, in: RaumPlanung 67, S. 227-230.
Freie und Hansestadt Hamburg (1972): Bürgerschaftsdrucksache VIII/966 (1972)

DASL – Deutsche Akademie für Städtebau und Landesplanung, Schreiben vom 29.06. 2005 (R. Klein-Knott)
Deutsches Architektenblatt 10/2005, Regionalteil Nord, S. 3
Dittmann, Olaf (2012): HafenCity-Uni fehlen Geld und Konzept, in: Die Welt, 03.04.2012.
Goldmann, Marion (2007): Bauhochschule Hamburg, in: Deutsches Architektenblatt 6, S. 84.
Kreuzer, Edwin (TU-Präsident), Schreiben vom 22.6.2005
Hamburgische Architektenkammer (1998): Presseerklärung, in: Deutsches Architektenblatt 4/1998, S. 40:
Senat der Freien und Hansestadt Hamburg, Pressestelle (2005): Neue Universität für Baukunst und Raumentwicklung soll im Januar 2006 starten, 9. August 2005
Schubert, Dirk (2013): 30 Jahre Stadtplanungsstudium in Hamburg, in: 30 Jahre Stadtplanung in Hamburg TU-HH-HCU. Hamburg, S. 10-23.

Rezensionen

Brake, Klaus und Günter Herfert (Hrsg.) (2012): Reurbanisierung. Materialität und Diskurs in Deutschland. Wiesbaden: Verlag für Sozialwissenschaften. Ca. 425 Seiten. ISBN: 978-3-531-17462-4. Preis: 59,95 Euro

Beim ersten Blick auf den Titel drängt sich automatisch die Reaktion „schon wieder Reurbanisierung" auf. Bei der näheren Beschäftigung mit dem Sammelband wird dagegen deutlich, dass hier neben bekannten Perspektiven und Untersuchungsergebnissen eine Reihe neuer Aspekte identifiziert und beschrieben werden. Zusammengenommen bietet das Buch damit die Möglichkeit, umfassend und systematisch in die Thematik einzutauchen.

Bereits an der Gliederung wird der Versuch deutlich, die Fachdebatte anhand unterschiedlicher Zugänge zum Thema sowie der Unterteilung von Motoren und Auswirkungen der Reurbanisierung zu strukturieren. Die Zugänge schließen den Umgang mit der begrifflichen Vielfalt oder besser zur Strukturierung der mannigfaltigen Verwendung des Begriffs ein, ebenso wie phänomenologische Betrachtungen, die Reurbanisierung in den Kontext von Triebkräften oder räumlichen Ausprägungen stellen (Strukturwandel, Aufwertungsprozesse).

Reurbanisierung wird im vorliegenden Band durchgängig als Prozess einer gestiegenen Nachfrage nach Wohnen und Arbeiten in der inneren Stadt begriffen. Die innere Stadt wird ohne weitere Begründungserfordernisse als urbaner Ort vorausgesetzt (bereits einführend von den Herausgebern). Gleichwohl werden der inneren Stadt bzw. ihren unterschiedlichen Teilräumen Attribute wie Dichte und Mischung zugeordnet, die damit komplex strukturierte Optionsräume erzeugen.

Korrespondierend zur theoretisch hergeleiteten Attraktivität der inneren Stadt ergibt die Zusammenschau einzelner Beiträge des Sammelbands, dass auch quantitative Analysen ein Bevölkerungswachstum vor allem der Innenstädte herausstellen. Werden jedoch über die vorliegende Publikation hinausgehend weitere Studien zu Reurbanisierung herangezogen, wird deutlich, dass die theoretische Attraktivität der Stadt bzw. eine qualitativ festzustellende Rückbesinnung auf urbane Strukturen nicht zwangsläufig mit wachsenden Bevölkerungszahlen einhergehen muss.

Darüber hinaus werden in einzelnen Beiträgen und im Resümee der Herausgeber mögliche Begleiterscheinungen der Reurbanisierung wie Aufwertungs- und Umwandlungsprozesse bis hin zur Gentrifizierung aufgegriffen (Wem gehört die Stadt?). Auch wird die Entwicklung der inneren Stadt mit der Entwicklung der Gesamtstadt konfrontiert. Die potenzielle Nebenwirkung einer Vernachlässigung anderer städtischer Teilräume wird ebenfalls diskutiert.

Als eines der weiteren, stadtpolitisch relevanten Merkmale von Reurbanisierung wird die Partizipationsfreudigkeit gut gebildeter Bevölkerungsgruppen angeführt, die heute das Leben in der inneren Stadt nachfragen. Daraus können Leser und Leserinnen auf die Herausforderung für die Kommunen schließen, die sich ergebenden Chancen der Mitwirkungsbereitschaft zu nutzen und zugleich Beteiligungsprozesse im Sinne einer demokratischen Teilhabe und ohne Ausgrenzung weniger initiativer oder durchsetzungsstarker Bevölkerungsgruppen zu organisieren.

Als Motoren der Reurbanisierung werden gesellschaftliche Veränderungen diskutiert und anhand soziodemographischer Komponenten analytisch aufgegriffen. Dazu zählen z.B. veränderte Strukturen privater Haushalte oder der Zuzug junger Menschen, die von jeher auf die Städte ausgerichtet sind und deren statistische Alterskohorte in den letzten Jahren einen Anstieg zu verzeichnen hatte. Im Mittelpunkt vieler Beiträge steht als treibende Kraft und offenbar weitgehend anerkannter Erklärungsfaktor der Reurbanisierung die Stadtaffinität von Kreativwirtschaft und Kreativen – meines Erachtens als Ausdruck postfordistischer Standortfaktoren und Präferenzen. Stärke und Umfang des positiven Einflusses auf die Stadtentwicklung bleiben dennoch auch in der Veröffentlichung unklar, und es klingt die Frage an, ob dieser Faktor nicht überbewertet wird. Dennoch zeigen praktische Erfahrungen jenseits der Beiträge im vorliegenden Band, dass Stadtentwicklung und Stadtplanung zusehends darauf setzen, günstige Bedingungen für die Kreativwirtschaft zu schaffen, um auf diese Weise den Prozess der Attraktivitäts- und Nachfragesteigerung in Gang zu setzen.

Als ein übergreifender Einflussfaktor der Entwicklung vor allem großer Städte und Metropolen und damit auch der Reurbanisierung wird die Globalisierung angeführt. Die Städte stehen untereinander im Wettbewerb. Als Vorstufe des internationalen Standortwettbewerbs wird das Streben um Aufmerksamkeit reflektiert: Wichtige Zielgrößen sind dabei Außendarstellung und Imagepflege. Die innere Stadt ist nicht nur Wohn-, Arbeits- oder Konsumort der Stadtbevölkerung. Sie ist zugleich repräsentative Anlaufstätte für Touristen. Risiken einer damit einhergehenden räumlichen Konzentration kommunaler Ressourcen werden zumindest angedeutet.

Die in Aufsätzen dokumentierten Fallbeispiele fünf deutscher und drei ausländischer Großstädte geben einen Eindruck von dem, was im Einzelnen unter Reurbanisierung verstanden werden könnte. Konkrete (sozial)räumliche Ausprägungen werden sichtbar, vor allem aber auch eine kleinräumige Differenzierung der inneren Stadt. Nicht alle Quartiere der inneren Stadt sind Orte der Reurbanisierung. Für Berlin wird die Dynamik der Quartiersentwicklung am Beispiel der Gentrification-Karawane illustriert. Für Dortmund werden Quartierstypen unterschieden (innenstadtnahe Gründerzeitviertel, neue urbane Wohngebiete und kreative Quartiere). Am Beispiel Hamburgs werden die flexiblen Nutzungsangebote der Quartiere der inneren Stadt hervorgehoben. Hier gibt es immer wieder eine neue Nachfrage und somit eine hohe Fluktuation.

Durch die konkreten Stadtbeispiele entstehen zwar Bilder der Reurbanisierung, allerdings bleibt in der Gesamtschau des Buches die Barriere zwischen in Zahlen messbarer und qualitativ verstandener Reurbanisierung bestehen. Beide Definitionszugänge werden von den Herausgebern einbezogen. Aus anderen Studien liegen aber Erkenntnisse vor, dass steigende Bevölkerungszahlen in der Stadt nicht unbedingt die beschriebenen qualitativen Erscheinungsformen der Reurbanisierung widerspiegeln müssen, da sie i.d.R. eigene Motoren haben. Dazu zählen z.B. die Nachnutzung von im Strukturwandel brachgefallenen Flächen oder die Nachverdichtung im Bestand.

Die definitorisch hergestellten Bezüge zum Phasenmodell von van den Berg, das Reurbanisierung und Suburbanisierung als Entwicklungsgrößen eines quantitativen Zusammenhangs zwischen Kernstadt und Umland unterscheidet, deuten weitere Diskrepanzen an. Das Modell lässt sich durch die räumliche Aggregation von Stadt und Umland weder mit der in vielen Beiträgen vorgenommenen qualitativen Begriffsdeutung noch mit einer kleinräumigen Differenzierung von Wachstum und Schrumpfung auf Quartiers- und Gemeindeebene vereinbaren. Resümierend heißt es dementsprechend, dass es abweichend vom Modell van den Bergs heute eine Gleichzeitigkeit von Reurbanisierung und Suburbanisierung gibt.

Es existiert also auch nach Lektüre der Beiträge in dem umfassenden Werk weiterhin eine Unzulänglichkeit in der Begriffsbehandlung und damit implizit eine Anforderung für künftige Debatten. Inspiriert durch die Veröffentlichung und fundiert durch weitere Studien zum Thema könnte es dabei zum einen um die Unterscheidung qualitativer und quantitativer Zugänge zur Reurbanisierung, etwaige Schnittstellen aber auch mögliche Widersprüche gehen. Zum anderen sollte sich eine theoretische Debatte um Reurbanisierung über das „Re" hinaus tiefergehend mit qualitativen Zugängen zur Urbanisierung oder zur Ausprägung urbaner Orte befassen. Hieraus ließe sich ein Bewertungsschema konstruieren, das dazu beitrüge, sowohl die sicheren, unmittelbaren Wirkungen nachfrageorientierter Attraktivitätspolitik als auch die potenziellen Begleiterscheinungen an stadtpolitischen Zielsetzungen zu messen.

Somit zeigt sich, dass die Fachdebatte um Reurbanisierung immer noch nicht abgeschlossen ist. Gleichwohl bietet die Publikation eine umfassende Basis für die Fortsetzung der Fachdebatte - selbst wenn Begriff und bestimmte Sachverhalte medial bereits überstrapaziert sind.

Brigitte Adam

Bernt, Matthias und Heike Liebmann (Hrsg.) (2013): Peripherisierung, Stigmatisierung, Abhängigkeit? – Deutsche Mittelstädte und ihr Umgang mit Peripherisierungsprozessen. Wiesbaden: Springer VS. 225 Seiten. ISBN 978-3-531-18596-5, Preis: 29,95 Euro

Die Bevölkerungsrückgänge in peripheren ländlichen Räumen sind seit einigen Jahren ein herausforderndes Thema für die Stadt- und Regionalplanung. Die durch die berufs- und ausbildungsbedingte Abwanderung junger Menschen und den Verbleib der älteren Bevölkerungsgruppen entstandenen Probleme bei der Tragfähigkeit der sozialen, technischen und verkehrlichen Infrastruktur sowie der Nahversorgung und Funktionsfähigkeit von Siedlungsstrukturen sind inzwischen auch in der politischen Diskussion angekommen. Auf diese krisenhaften Entwicklungen reagieren zahlreiche Förderprogramme des Bundes und der Länder, indem sie auf eine Verbesserung der Funktionen und des Ortsbildes in den Siedlungskernen, auf interkommunale Kooperation und die Aktivierung (mobiler) Bevölkerungsgruppen für ein Engagement und Mitgestalten vor Ort zielen.

Die Phänomene, Auswirkungen und Lösungsansätze in guten Beispielen werden in aktuellen Veröffentlichungen dargestellt; der Prozess, in dem Räume zu peripheren Räumen gemacht werden, wurde bislang hingegen eher selten aus wissenschaftlicher Perspektive reflektiert. Hier setzt die aktuelle Veröffentlichung von Matthias Bernt und Heike Liebmann an. Die besondere Perspektive des Bandes, der wesentlich auf den Ergebnissen des im Zeitraum von 2009 bis 2011 am Leibniz-Institut für Regionalentwicklung und Strukturplanung in Erkner durchgeführten Forschungsprojekts „Stadtkarrieren in peripherisierten Räumen" basiert, ist der Fokus auf Mittelstädte und deren strategischem Umgang mit dem Prozess der Peripherisierung, „in dem Peripherien produziert und reproduziert werden", unter besonderer Berücksichtigung der handelnden Akteure (24). Nach einer Einführung werden im ersten Teil theoretische Zugänge und empirische Ergebnisse aus sechs Fallstudien des Forschungsprojekts vorgestellt, die im zweiten Teil um weitere Studien ergänzt werden. Abschließend wird ein Resümee gezogen.

Die Einführung der beiden Herausgeber bezieht sich auf die Dynamik des Prozesses der Peripherisierung und auf lokales Handeln im Kontext überlokaler Rahmenbedingungen, denen Definitionen und Begriffsklärungen sowie das methodische Vorgehen des dreijährigen Forschungsprojekts zugrunde gelegt werden. Forschungsleitende These war die Annahme, dass „Peripherisierungsprozesse für die betroffenen Städte zu spezifischen Handlungsrestriktionen führen, die sich von denen nicht-peripherisierter Städte unterscheiden" und dass „diese Restriktionen vor Ort in unterschiedlicher Weise verarbeitet werden" (12). Theoretische Debatten zu lokalen, regionalen und globalen Interdependenzen werden im ersten Beitrag von Manfred Kühn und Sabine Weck mit der Entstehung von Peripherien verknüpft. Mit den sich durchziehenden Dimensionen der Peripherisierungsprozesse - Abhängigkeit, Abkopplung, Abwanderung und Stigmatisierung - wird mit dem in adäquater Form knapp zusammengefassten Forschungsstand zur indikatorenbasierten Konstruktion von Peripherien die Rolle der Raumordnung und ihre lediglich räumliche Kategorisierung in der Raumbeobachtung infrage gestellt. Die nach Handlungsfeldern nachvollziehbar zugeordneten Peripherisierungsprozesse unterstützen die Perspektive, Peripherisierung weniger als geographisches Schicksal, sondern vielmehr als Ergebnis eines multidimensionalen Prozesses zu sehen (42). Sabine Beißwenger und Hanna Sommer widmen sich der Einordnung von sechs Mittelstädten (Eisleben, Eschwege, Osterode/Harz, Primasens, Sangerhausen, Völklingen), deren Stadtkarrieren als Fallstudien in drei Regionen untersucht wurden. Gemeinsamkeiten und Spezifika werden mit ihren Ausprägungen dargestellt, auf die lokale Governanceprozesse und Strategiebildung reagieren müssen. Deren Betrachtung bzw. Analyse wird im Anschluss von Matthias Bernt vorgenommen, indem er die Abhängigkeit der peripherisierten Kommunen von externen Ressourcenzuflüssen und dem Einfluss lokaler Politikmuster auf die Gestaltung der Beziehungen untersucht. Die Darstellungen sind nicht durchweg konsistent, auch ist die zusammenfassende differenzierte Einordnung der Governancemodi teilweise argumentativ nur bedingt nachvollziehbar, denn die Orientierung auf Fördermittelgeber erscheint in allen sechs Studien relevant.

Inwieweit interkommunale Kooperation, Konkurrenz und Hierarchie die Praxis mittelstädtischer Handlungsstrategien bestimmen, beschreiben Manfred Kühn und Sabine Weck in dem darauf folgenden Beitrag. Die kaum erreichte Arbeitsteilung und das problematische Verhältnis der Städte untereinander werden deutlich, allerdings unter unterschiedlichen Ausprägungen der Beziehungen zur Landesebene und der davon beeinflussten Finanzmitteleinwerbung, verbunden mit dem Wechselspiel von lokaler Prioritätensetzung und überlokaler Ressourcennutzung (102). Auch wenn hier wenig spezifisch neue Erkenntnisse generiert werden, zeigt die Bestätigung bekannter Beobachtungen bei interkommunaler Zusammenarbeit deren Grenzen auch in peripherisierten Regionen auf.

Hanna Sommer und Heike Liebmann konzentrieren sich im folgenden Beitrag auf städtische Karrieren zwischen Pfadabhängigkeit und Neuorientierung und zeigen diese Balance an Eisleben und Sangerhausen, zwei ehemaligen DDR-Städten mit Bergbautradition, anschaulich auf: Luther als top-down gesetztes Image und Branding der Lutherstadt Eisleben zur Neuorientierung der Stadtpolitik, aber ohne von der Bevölkerung getragen zu sein? Währenddessen hält Sangerhausen viele Pfadoptionen offen, aber kann man in

Sangerhausen wirklich einen „relativ gelassenen Umgang mit Stigmatisierungen in den überregionalen Medien" (121-122) erkennen? Daran knüpft unmittelbar der Beitrag von Thomas Bürk und Sabine Beißwenger über Stigmatisierung von Städten auf der Grundlage einer Medienanalyse zu den Städten Sangerhausen und Völklingen im Zeitraum von 1992-2010 an, der aufzeigt, wie ein Stigma zur Akquisition von Fördermitteln eingesetzt werden kann.

Die Beiträge im zweiten Teil des Buches streben an, die Ergebnisse weiterer Studien mit den vorliegenden Projekterkenntnissen zu verbinden. Wenngleich der thematische Fokus jeweils einzelne Aspekte aufgreift, gelingt dies nur bedingt. Axel Stein und Hans-Joachim Kujath befassen sich mit peripherisierten Städten im Wettbewerb der Wissensgesellschaft und fragen nach einer neuen Konstellation von Zentrum und Peripherie. Die aufschlussreichen Forschungsergebnisse bleiben jedoch weitgehend ohne explizite Verknüpfung mit den vorherigen Erkenntnissen und ohne Fokus auf Mittelstädte. Thomas Bürk und Susen Fischer zeigen die begrenzten Möglichkeiten aufgrund fehlender Zuwanderung und Integrationsressourcen als mögliche Perspektive des peripherisierten Raums auf; letztere basieren zumeist auf dem aktiven Engagement Einzelner innerhalb und außerhalb der Verwaltung (185). Daniel Förste sucht nach den eingangs formulierten Dimensionen der Peripherisierung im großstädtischen Kontext von Berlin und seinen inneren Peripherien, gekennzeichnet von sozialer Ungleichheit und Verdrängung. In allen ergänzenden Beiträgen werden Fragen nach den spezifischen Ressourcen der unterschiedlichen Maßstabsebenen und der Entscheidungsmacht im Prozess der Peripherisierung aufgeworfen; allerdings erscheinen genau diese Rahmenbedingungen im Stadtstaat Berlin am wenigsten dazu geeignet, hilfreiche Erkenntnisse für Mittelstädte zu gewinnen.

Das Resümee der Herausgeber formuliert eine Zwischenbilanz und greift die Dimensionen des Prozesses von Peripherisierung auf. Abwanderung als entscheidender Indikator, Abkopplung als Prozessmerkmal und Stigmatisierung als lokales Problem und die Abhängigkeiten von wirtschaftlichen Standortentscheidungen und der Fördermittelvergabe „von oben" (223) mit strukturierenden Wirkungen kennzeichnen Peripherisierung als mehrdimensionale Prozesse. Der Handlungsspielraum der peripherisierten Kommunen erscheint sehr begrenzt gestaltbar, denn die „ständige Handlungsbereitschaft und Mitspielbereitschaft" und die Hoffnung, „ab und zu ein glückliches Tor zu landen" können die strukturellen Probleme nicht lösen (228). Stadtplanung und -politik „im Hamsterrad von Konkurrenz und Fördermitteleinwerbung" (229) wird sich – unter verstärkter Berücksichtigung der Disparitäten von Stadt- und Raumentwicklung – der Entwicklung von angepassten Leitbildern zur Sicherung der Funktionen und Daseinsvorsorge widmen müssen.

Die hier vorgelegte Veröffentlichung als Projekt-Monographie (10) verweist auf eine wichtige Forschungslücke, die mit den gut strukturierten viel-

Rezensionen

fältigen Erkenntnissen in ansprechender Form zumindest teilweise geschlossen wird. Die Erkenntnisse spiegeln sich im Übrigen auch in anderen empirischen Untersuchungen über Mittelstädte; dies gilt ebenso für die starken Verflechtungen des politisch-administrativen Systems mit der lokalen Wirtschaft und damit verbunden für das strategische Management von Abhängigkeitsbeziehungen. Die interdisziplinär verfassten Beiträge sind mit umfangreichen Quellen unterlegt, wenngleich Quellen, die sich auf das interne Verwaltungshandeln im politisch-administrativen Prozess beziehen, fehlen. Punktuell sind Redundanzen sowohl innerhalb der Texte als auch textübergreifend festzustellen. Die Abbildungen sind nicht durchgängig von gut lesbarer Qualität. Zusammenfassend empfehle ich das 225 Seiten umfassende Buch vor allem Forschenden und Studierenden, die sich mit Themen der Stadt- und Regionalentwicklung befassen; für Praxisvertreter, die auch als Zielgruppe im Vorwort angesprochen sind, dürfte dieser theoriebasierte Zugang wenig handlungsorientierte Erkenntnisse bereit halten.

Sabine Baumgart

Hnilica, Sonja (2012): Metaphern für die Stadt. Zur Bedeutung von Denkmodellen in der Architekturtheorie. Bielefeld: transcript Verlag. 326 Seiten. ISBN 978-3-8376-2191-4. Preis: 32,80 Euro

2012 hat Sonja Hnilica unter dem Titel "Metaphern für die Stadt. Zur Bedeutung von Denkmodellen in der Architekturtheorie" ihre an der Fakultät Architektur der TU Wien entstandene Dissertation veröffentlicht, die sich der Frage der Metapher und ihrer Rolle in der Geschichte von Architektur und Städtebau widmet. In ihrer Darstellung geht sie von den Schriften Camillo Sittes aus, dessen vielfältige Ansätze zur Beschreibung, Konzeptualisierung und zur Kritik der Stadt sich in der Tat besonders dazu anbieten, unter dem Aspekt ihrer Metaphorik gelesen zu werden.

Sonja Hnilica hat zwei Anliegen, die gleich in ihrer einleitenden Auseinandersetzung mit Metapherntheorien aus Philosophie, Sprachwissenschaft und Soziologie deutlich werden: Ihr geht es um die Beschreibung der Dynamik der Sinnproduktion in metaphorischen Prozessen, somit um das Potenzial der Metapher als wirklichkeitskonstituierendes Mittel. Daher fällt Hnilicas Entscheidung für Metapherntheorien, die von Friedrich Nietzsche bis George Lakoff in diesem dynamischen Sinne argumentiert haben, eindeutig aus. Das zweite Interesse bezieht sich auf einen weiteren für die Architekturtheorie bedeutenden Gesichtspunkt, auf den möglichen Modellcharakter und die damit verbundenen Übersetzungsoptionen, die Metaphern bieten können. Das ist ein Interesse, das Sonja Hnilica mit der wissens- und wissenschaftstheoretisch interessierten Metapherndiskussion der 1960er und 1970er Jahre teilt und unter Bezug auf die Metapherntheorie Max Blacks und die wissenschaftshistorischen Thesen Thomas Kuhns ausformuliert. Die Darstellung der beiden Anliegen und ihrer theoretischen Begründung fällt kurz und präzise aus; ältere und auch in der Sprachwissenschaft als überholt angesehene Konzepte der Metapher werden im sinnvollen Kontrast zu den gewählten Grundlagen vorgestellt und unter Bezug auf das hier vorliegende Erkenntnisinteresse in gut nachvollziehbarer Weise abgewiesen.

Das Vorgehen in der Auseinandersetzung mit Sittes Texten ist einfach und erhellend, auch wenn es sicher nicht einfach zu definieren war. Das zunächst unüberschaubar große Feld der Metaphern und ihrer Bezüge wird, ähnlich wie es Wortfeldanalysen in der Sprachwissenschaft vorgeführt haben, unter leitende Stichworte gestellt. So kommt es zu Kapiteln, in denen jeweils konzentriert die Metaphern versammelt und diskutiert werden, die sich mit der Stadt als Natur, Haus, Lebewesen, Maschine, Gedächtnis, Theater oder Kunstwerk auseinandersetzen. Die entsprechenden einschlägigen Stellen in den sämtlich durchgearbeiteten Schriften und Briefen Camillo Sittes werden zitiert und in Bezug zu seinen damit jeweils verbundenen Aussagen zur Stadt gesetzt. Auf die Zitate und Zusammenfassungen folgen Interpretationen, die die jeweiligen Metaphern im weiteren Kontext des Sitte'schen Werkes und seiner unmittelbaren Anlässe verorten – um von dort aus weitere Kontexte zu entwickeln.

Diese weiteren Kontexte sind sorgfältig ausgewählt und führen in sehr instruktiver Weise in die Geschichte und Gegenwart des städtebaulichen Denkens ein. Sie sind geeignet, alte und teils bis heute virulente Probleme wie auch Lösungen dieser Probleme im Städtebau aufzurufen, beispielsweise die Frage nach der Gestaltung und Bedeutung des öffentlichen Raumes. Bezüge zu klassischen Texten, etwa den Zehn Büchern über die Baukunst Vitruvs oder zu Albertis und Palladios Schriften, dienen Hnilica dazu zu zeigen, dass Sitte teils über Jahrhunderte in der Baukunst gängige Metaphern aufnimmt, die jeweils den Kontexten und Erfordernissen der Argumentation ihrer Zeit angepasst worden sind und die nun durch seine Aufnahme eine erneute Interpretation erfahren. Das betrifft beispielsweise Metaphern, die die Stadt als Gedächtnis oder als Kunstwerk beschreiben. Ausgehend von Sittes metaphorischen Welten sucht Sonja Hnilica also ältere Metaphern auf – insofern schreibt sie eine Ideengeschichte der Stadt und des Städtebaus vor Sittes Zeiten.

Es zeigt sich auch, dass die Verbindungen, die Sitte in seiner Metaphernwahl sucht, weit über den Diskurs der Architektur hinausweisen. Damit ist er kein Einzelfall in der Geschichte der Architektur und des Städtebaus;

auch das wird in der Darstellung Sonja Hnilicas deutlich. Aufschlussreich ist besonders ihre Diskussion von Metaphern, mit denen Sitte teils sehr konkret zeitgenössische oder auch ältere Konzepte aus den Naturwissenschaften adaptiert, etwa das der Evolution, des Blutkreislaufs oder des Organismus. Zahlreiche Beispiele aus der Biologie, der Psychologie, der Medizin, hier vor allem der Anatomie, und weiteren Wissenschaften geben Anlass, diesen produktiven Bezug Sittes und weiterer schreibender Architekten auf diese Disziplinen zu diskutieren. Einige der spannenden Beobachtungen in diesem Zusammenhang betreffen die jeweils äußerst selektive Art der Aneignung von Metaphern und Modellen. Von besonderem Interesse ist auch die Feststellung der Ungleichzeitigkeit dieser Bezüge. Denn manche der modellgebenden Metaphern aus anderen Wissenschaften, wie beispielsweise die der Funktion, halten sich in spezifischen Beschreibungen – nicht nur bei Sitte – deutlich länger im Architekturdiskurs als in ihren Herkunftsdisziplinen. Das tangiert aber nicht ihre Fähigkeit, zu städtebauliche Fragen einen Beitrag zu leisten: Sie bleiben als Modelle im architektonischen Diskurs aktuell, solange sie in der Lage sind, in Architektur und Städtebau relevante Themen, Umstände oder Fragen zu artikulieren.

Jede der Kontextualisierungen trägt dazu bei, den semantischen Raum auszumessen, in dem die Metaphern Sittes zu seiner Zeit seinen Lesern verständlich werden konnten, und den Sinn in vielschichtiger Weise auszufalten, den diese Metaphern in heutigen Lektüren Sittes annehmen können. Insofern führt diese Studie eine Art der Geschichtsschreibung vor, die geeignet ist, Brüchen, Kontinuitäten und Ungleichzeitigkeiten in Konzeptentwicklungen auf die Spur zu kommen und Aktualitäten wie Anachronismen in Modellvorstellungen zu begreifen. Sie schärft den Blick auf historische Wandlungen von Metaphern wie auf jenes Oszillieren, das sie zu so beunruhigenden Äußerungsformen macht, während sie doch oft die präzisesten verfügbaren Formen sind, in denen sich eine neue Perspektive, eine Entdeckung, ein zukunftsträchtiges Konzept äußern kann. Nicht zuletzt ist es die Leistung dieses Buches, dass es Camillo Sittes Konzeptualisierungen der Stadt in einer faszinierenden Art durchsichtig macht – in Bezug auf die Vergangenheit seiner Disziplin, in Bezug auf seine Gegenwart wie auch im Hinblick auf heutige produktive Lektüren seiner Schriften.

Susanne Hauser

Harlander, Tilman; Kuhn, Gerd und Wüstenrot Stiftung (Hrsg.) (2012): Soziale Mischung in der Stadt. Case Studies – Wohnungspolitik in Europa – Historische Analyse. Wüstenrot-Stiftung, Stuttgart: Krämer Verlag. ISBN 978-3-7828-1539-0. Preis: 29,50 Euro

Die in dem Band behandelte Thematik der sozialen Mischung ist ungeachtet aller aktuellen Zuspitzungen schon seit Jahrzehnten eine feste Größe auf der stadtentwicklungspolitischen Agenda – und dies nicht nur in Deutschland oder Westeuropa, sondern wie die Lektüre dieses Buchs bestätigt, in unterschiedlichsten Teilen der Welt. Die Ursache für die immer neu aufflammende und oft kontrovers geführte Beschäftigung mit dem Thema liegt darin, dass mit der sozialen Mischung ein ausgesprochen vielschichtiges, schwer zu steuerndes, in seinen Effekten nicht einfach zu bewertendes und zudem auch politisch hochbrisantes Grundsatzthema bei der planerischen und politischen Gestaltung von Stadtstrukturen angesprochen wird. Es ist ein besonderer Verdienst der Herausgeber und der beteiligten Autoren, soviel schon vorweg, diese Thematik mit der vorliegenden Publikation aufbereitet zu haben – und dies nicht allein für eine fachlich bereits tief involvierte, sondern durchaus auch für eine etwas breitere, bislang eher oberflächlich mit dem Thema konfrontierte Öffentlichkeit.

Das Buch ist das Resultat eines mehrjährigen von der Wüstenrot-Stiftung finanzierten Forschungsprojektes. Es vereint drei sehr unterschiedliche Zugänge zum Thema: die Darstellung und Analyse historischer Konstellationen, exemplarisch vertiefte Fallbetrachtungen (Länderstudien, aber auch Beispiele deutscher Projekte, die sich des Ziels der sozialen Mischung in jüngerer Vergangenheit angenommen haben) und schließlich die Aufbereitung aktueller Diskurse in Deutschland, etwa zu den Themen Reurbanisierung und Gentrifizierung. Ergänzt werden die Darstellungen einerseits durch exkursartig eingeflochtene empirische Analysen und andererseits durch eine Interviewserie mit Vertretern der Wohnungswirtschaft.

Die Kernfragestellung der Herausgeber zielt darauf ab, vor dem Hintergrund des sozialräumlichen „Auseinanderdriftens der Stadtgesellschaft" die „jeweils implementierten nationalen städtebaulichen und wohnungspolitischen Mischungspolitiken" (12) zu untersuchen. Es geht den Herausgebern dabei nicht darum, die planerische Zielsetzung der sozialen Mischung in Frage zu stellen oder ergebnisoffen zu diskutieren, auch wenn sie auf entsprechende Diskurse durchaus verweisen bzw. diese referieren und sich zu ihnen positionieren (vor allem zu Beginn des dritten Blocks). Angestrebt wird stattdessen eine breit angelegte Sichtung der Handlungsansätze und dazugehörigen Argumentationen, um soziale Mischung zu erreichen oder (wie z.B. im Fall der Gated Communities) dezidiert zu verhindern.

Der erste große inhaltliche Block des Buchs nimmt sich der Geschichte sozialräumlicher Mischung und Segregation an. Von Gerd Kuhn und Tilman Harlander werden hier viele Informationen zusammengetragen, die teilweise aus anderen Publikationen bereits bekannt sind, die jedoch im thematischen Kontext dieses Buches und durch die Fokussierung auf das Thema der sozialen Mischung in einem neuen Licht erscheinen. Zeitlich wird ein Bogen gespannt vom Mittelalter bis ins Jahr 1989, als Referenzen dienen überwiegend Beispiele aus deutschen Städten, teilweise aber auch aus anderen europäischen Ländern. Auf dieser Grundlage werden die oftmals ganz ausdrücklich, zum Teil aber auch eher implizit verfolgten Strategien der sozialen Homogenisierung bzw. der sozialen Mischung herausgearbeitet. Wie ein roter Faden zieht sich durch das Kapitel die Erkenntnis, dass letztlich doch immer mehr oder weniger segregierte Strukturen das Ergebnis der Aktivitäten waren, selbst in den Fällen, in denen sich ernsthaft um soziale Mischung bemüht wurde (wie z.B. in bestimmten Phasen des Nachkriegswohnungsbaus). Ausgesprochen interessant ist die Idee, im Rahmen eines Exkurses (von Christoph Bernhardt) die Behauptung zu überprüfen, dass sich im Berliner Mietshaus der Kaiserzeit (wie von Hobrecht intendiert) kleinräumige soziale Mischungen herausbilden konnten. Bernhardt gelangt zu der Einschätzung, dass tatsächlich eine Mischung sozialer Milieus zustande kam, allerdings nur in den Stadtteilen, in denen das Wohnumfeld auch attraktiv genug für bürgerliche Schichten war.

Der zweite große Block widmet sich internationalen Beispielen, zunächst in außereuropäischen Ländern, dann in Europa. Die Überschrift markiert dabei bereits die zentrale und verbindende Aussage der Beiträge: Es geht um die global zu beobachtenden Tendenzen zur Polarisierung der Stadtgesellschaften, unabhängig davon, ob hier oder da Ansätze von sozialer Mischung zum Tragen kommen oder eine lange sozialstaatliche Tradition vorliegt (Niederlande, Dänemark). Interessant, aber auch desillusionierend sind vor allem die vorgestellten Beispiele von Mischungspolitiken. So schildern etwa die Fallstudien zu Korea (von Seog-Jeong Lee), den USA mit Programmen wie HOPE VI (von Frank Roost und Barbara Schönig) oder zu Frankreich mit der gesetzlichen Verpflichtung zur Integration von 20% Sozialwohnungen in die kommunalen Wohnungsbauprogramme (von Lisa Küchel) ambitionierte Ansätze, die am Ende jedoch wieder in ihrer Reichweite relativiert werden müssen, weil z.B. nur Mittelschichtshaushalte durch die Programme erreicht werden, Verdrängungsprozesse ausgelöst werden oder am Ende gefragt werden muss, welche sozialen Qualitäten durch die räumliche Nähe unterschiedlicher sozialer Milieus eigentlich gewonnen werden (190).

Der dritte Teil schließlich bereitet aktuelle Diskurse und Handlungsansätze zur sozialen Mischung in Deutschland auf, zunächst basierend auf der (im deutschsprachigen Raum) vorliegenden Literatur und eingestreuten Verweisen auf Referenzen aus anderen Städten. Um die Positionierungen von handelnden Akteuren aus Kommunalpolitik und Wohnungswirtschaft noch stärker zu veranschaulichen, sind Kurzzusammenfassungen der geführten Interviews in die Publikation integriert worden. Darüber hinaus wird in einem zweiten Exkurs das Ausmaß der ethnischen und generativen Segregation in München und Stuttgart verglichen, zwei Städte mit sehr unterschiedlichen Boden- und Wohnungsmarktpolitiken. Und schließlich werden aktuelle Planungsbeispiele aus deutschen Städten dargestellt: Teilweise handelt es sich um Beispiele für exklusives Wohnen, bei denen Mischungsansätze in der Umsetzung kaum noch erkennbar sind, wie etwa beim Projekt Lenbach Gärten in München (von Christian Holl); teilweise werden aber auch sehr erfolgreich am Ideal der sozialen Mischung orientierte Fälle präsentiert wie z.B. das Projekt Ackermannbogen in München (von Christian Holl) oder Freiburg-Rieselfeld (von Karoline Brombach).

Es ist ohne Frage sehr beeindruckend, welche Fülle an Material (Literatur, Referenzen, Abbildungen) in dieser Publikation zusammengetragen und verarbeitet wird – in manchen Passagen sind es fast schon zu viele Referenzen und für den Leser zu häufige und zu dicht aneinander gereihte Sprünge in unterschiedliche Kontexte. Doch dessen ungeachtet liegt die große Qualität des Bandes darin, eine sehr breit angelegte, zugleich jedoch äußerst anregende Bestandsaufnahme zum Themenfeld der sozialen Mischung zusammengestellt zu haben.

Je länger man sich mit dem Buch jedoch beschäftigt, desto stärker drängt sich aber auch die Frage auf, ob die Autoren ihre Fragestellung eigentlich konsequent zu Ende gedacht haben – oder ob sie sie in der Umsetzung doch etwas zu eng gefasst haben. Wie ein roter Faden zieht sich durch die Kapitel und Fallbeispiele die Frage, ob denn eine soziale Mischung im Sinne einer Berücksichtigung aller Einkommensgruppen erfolgt sei oder nicht. Doch die eigentlich entscheidende Frage, welche Effekte mit sozialer Mischung erreicht werden, für wen sie unter welchen Voraussetzungen welche Vorteile bringt, wird weitgehend ausgeblendet, zumindest jedoch nicht systematisch entfaltet. Die „bunte" soziale Mischung erscheint so als eine Art Selbstzweck, als eine Zielsetzung, deren positive Effekte für die Autoren völlig außer Frage stehen. Doch wann kann man eigentlich von gelungener sozialer Mischung sprechen? Legitimiert sie sich allein aus dem Umstand, dass durch sie Segregation vermieden werden kann? Oder was sind die empirisch belegbaren positiven Qualitäten von sozialer Mischung?

Und gerade vor dem Hintergrund der dezidiert positiven Positionierung der Herausgeber zur sozialen Mischung nehmen die Gated Communities als Negativbeispiele zu viel Platz ein. Hier wären möglicherweise mehr Beispiele von Ansätzen zu sozialer Mischung, die dafür vielleicht mit größerer analytischer Tiefe und Offenheit untersucht werden (Welche Haushalte fragen warum diese Wohnungen nach? Welche positiven, aber vielleicht auch negativen Effekte entstehen für wen?), zielführender gewesen – auch und gerade im Sinne einer differenzierten Auseinandersetzung mit der Kernfragestellung nach den implementierten städtebaulichen und wohnungspolitischen Mischungsstrategien.

Ungeachtet dieser Einwürfe handelt es sich insgesamt jedoch um einen sehr empfehlenswerten Sammelband, der aufgrund seines Materialreichtums und der kreativen Zusammenstellung von unterschiedlichen Perspektiven auf den Gegenstand nicht nur neue Zusammenhänge erschließt, sondern auch reichlich Freude beim Lesen bereitet.

Marcus Menzl

Schnur, Olaf; Zakrzewski, Philipp und Matthias Drilling (Hrsg.) (2013): Migrationsort Quartier. Zwischen Segregation, Integration und Interkultur. Wiesbaden: Springer VS. 228 Seiten. ISBN 978-3-658-01047-8 Preis: 39,95 Euro

Koşan, Ümit (2012): Interkulturelle Kommunikation in der Nachbarschaft. Analyse der Kommunikation zwischen den Nachbarn mit türkischem und deutschem Hintergrund in der Dortmunder Nordstadt. Freiburg: Centaurus. 248 Seiten. ISBN 978-3-86226-177-2. Preis: 25,80 Euro

Die Migrationsforschung expandierte in Deutschland besonders seit durch die Entdeckung der Kategorie *Migrationshintergrund* ein Fünftel der Bevölkerung als wenig erforschte Gruppe erschien. In den Vordergrund gespielt hat sich dabei die quantitative, von der Soziologie inspirierte Forschungsrichtung mit standardisierten Fragebögen und großen Datensätzen. Skepsis über ein sinnbezogenes und vergleichbares Verständnis einheitlicher Fragebögen bei Menschen, die – oder zumindest deren Eltern – in aller Welt groß geworden sind, führt zur Beschränkung auf wenige Herkunftsnationen, vor allem die Türkei. Allerdings sind auch hier die Unterschiede der Sozialisation und des Sprachverständnisses sehr groß in Anbetracht der kulturellen Verschiedenheit zwischen türkischen und kurdischen Landbewohnern und alt-religiösen Minderheiten, zwischen Industrie- und Büroarbeitern und großstädtischen modernen Mittelschichten – vgl. Ceylans (2006) Untersuchung, die konsequent qualitativ und theoriegeleitet war. Solche qualitativen Untersuchungen sind dünner gesät, werden den alltäglichen Lebensbedingungen und Beziehungen von MigrantInnen aber besser als quantitative Untersuchungen gerecht; dies ist ein Vorteil auch der hier vorgestellten Bücher.

Einleitend zum ersten Buch diskutieren Olaf Schnur, Philipp Zakrzewski und Matthias Drilling zentrale Begriffe, die im Band sehr unterschiedlich verwendet werden. *Multikulturalität*, also das gleichberechtigte Nebeneinander verschiedener Kulturen, und *Assimilation*, also die Angleichung von Werten und Verhaltensmustern im – und in der Regel: an den – Rahmen einer Mehrheitsgesellschaft sind unvereinbare Verständnisse von *Integration*. Dem Verständnis von Assimilation unterliegt zudem eine Vorstellung von nationalen Identitäten, die unter globalen Bedingungen überholt ist. Beide Sichtweisen implizieren kulturelle Grenzlinien zwischen Mehrheitsgesellschaft und Minderheiten und sind irreführend, da MigrantInnen nur Teil einer wachsenden Diversität moderner Gesellschaften sind. Das Quartier der Migranten lässt vielen Identitäten Raum, es kann den Einstieg in die Einwanderergesellschaft je nach Offenheit der Gesellschaft und Verhalten der Migranten erleichtern oder behindern. Hierauf bezogene nationale Programme definieren heute zwar viele Probleme und Handlungsfelder (etwa lokale Ökonomie oder Wohnen), aber nehmen nur wenige ernst, am ehesten noch Bildung. Dirk Gebhardt bietet einen knappen und gelungenen Überblick über quartiersbezogene Integrationsprogramme europäischer Länder. Alle Programme zielen implizit oder explizit auf mehr Kontrolle der Migranten, ihre zeitlich und räumlich begrenzten Maßnahmen werden deren Vielfalt jedoch nicht gerecht. Vonnöten sind eine Verstetigung und ein Einbezug in die soziale Regelversorgung (Positivbeispiel: Kopenhagen). Ingeborg Beer plädiert für ein Verständnis und eine Programmatik, die nicht auf *Integration*, *Migrationshintergrund* u.ä., sondern auf städtische Vielfalt zielen. Florian Weber analysiert mithilfe diskurstheoretischer Verfahren Planungsmaterial aus drei Soziale Stadt-Quartieren, allerdings mit dem etwas kargen Ergebnis, die zentrale Bedeutung von *Integration* in Darmstadt verfestige ethnische und soziale Zuschreibungen, in Frankfurt (-Gallus) dominiere hingegen die soziale Problematik. Anke Breitung fasst die Nürnberger Südstadt als Heterotopie (Foucault) zusammen; ihre durch Definitionen sorgfältig gerahmte Diskursanalyse von Zeitungsberichterstattung und mental maps (zweier Bewohner) bringt nur verkürzte Einsichten in Verschiedenheiten und Änderungen im Zeitablauf hervor. Mit weniger Theorieaufwand zeigt Mareike Boller lebensnah und systematisch, wie das verrufene Köln-Mülheim seinen Bewohnern aus vielen Herkunftsländern ein attraktives (migrantisches) Geschäftsleben und günstige Wohn- und Lebensbedingungen bietet; eine Normalität, die von punktuellen Aufwertungen (noch?) nicht beeinträchtigt ist. Matthias Klückmann bestimmt klar und unkompliziert Zuhause als sinnlich-körperliche Erfahrungen und Handlungsroutinen. Seine drei Bewohnerportraits aus dem Stuttgarter Nordbahnhofsviertel thematisieren vor allem Verlustempfinden; Erfahrungen und Routinen markiert er als Forschungsdefizit und geht damit großzügig über etliche einschlägige Untersuchungen hinweg. Knapp und anschaulich charakterisiert Esther Baumgärtner die Entwicklung eines Mannheimer Gründerzeitviertels; von einem Quartier der sozial Schwachen wurde es durch neue Zuwanderung kreativer Milieus und südosteuropäischer Armutsgruppen zu einem sehr heterogenen Lebensraum. Allerdings bleiben Hinweise auf materielle Lagen und Diskurse aus zwei Bewohnerversammlungen zu beschränkt, um Machtgefälle zu verdeutlichen. Johanna Klatt zeigt, dass die Förderung zivilgesellschaftlichen Engagements – wohlfeil in Zeiten sozialstaatlichen Rückzugs – an MigrantInnen vorbeigeht, da bei diesen informelles Engagement vorherrscht (das leider nur angedeutet wird). Konkret und systematisch stellt Malte Bergmann drei Typen von Migrantengewerbe in Berlin-Neukölln vor – ihre Gemeinsamkeiten: informelle Kapitalbeschaffung und On-the-job-Qualifizierung, und ihre Unterschiede vom lokalen Nischen-Kleinbetrieb bis zum transnational vernetzten innovativen Kleinunternehmen. In einer (erstmaligen) Untersuchung zum Wohneigentum von Migranten – in Duisburg immerhin 29% der türkischstämmigen Haushalte – zeigt Heike Hanhörster, dass auch bei sozialen Aufsteigern Ausgrenzungserfahrungen virulent bleiben. Die Mehrheit der Wohnungskäufer verbleibt im bisherigen Quartier, im Bewusstsein seiner Nachteile, um Nah-Beziehungen zu den Eltern zu wahren, aber auch aus Furcht vor Abweisung in „deutschen" Quartieren. Die in „bessere" Quartiere Weggezogenen manifestieren den gesellschaftlichen Auf- und Einstieg, bleiben aber in räumlicher Nähe zu den Eltern; Kontakte am neuen Ort fanden nur Familien mit Kindern. Kristin Müller weist nach, dass der Kauf von Berliner Siedlungen mit hohen Migrantenanteilen durch zwei Genossenschaften die Wohnqualität und das interethnische Zusammenleben (also die Integration?) entscheidend verbesserten. Christina Wests Konzept verbindet strukturelle Integration als Teilhabe an gesellschaftlichen Funktionssystemen mit kulturell-kognitiver Integration v.a. durch Sprachfähigkeiten. Scharfsinnig kritisiert sie den Nationalen Integrationsplan von 2007: Seinen changierenden (Herderschen) Kulturbegriff; eine neoliberale Politik des Förderns und Forderns, die nur osteuropäischen Zuwanderern Potentiale zuspricht; eine Verengung auf Sprach- und Bildungsförderung; ein altbackenes Konzept sozialer Mischung im Quartier. Sie votiert für die Anerkennung vielfältiger Identitäten; den kommunalen Integrationspolitiken einer Multi- oder Interkulturalität wirft sie ein essentialistisches Kulturverständnis vor, das soziale Chancengleichheit ignoriere; nach Weber (s.o.) stimmt dies zumindest für Frankfurt/M. nicht.

Den Herausgebern ist hoch anzurechnen, dass sie fast nur jüngere ForscherInnen zur Sprache brachten, und dass sie tatsächlich einige neue Perspektiven öffneten, z.B. auf die Vielfalt konkreter Lebenssituationen, auf Aufstiegswege und fortdauernde Ausgrenzungserfahrungen, auf Ressourcen und Beziehungspotentiale in migrantengeprägten Quartieren, auf Innovativität und Verbesserungsmöglichkeiten, an denen die Politik achtlos vorbeigeht. Viele Texte leiden allerdings unter Verkürzungen, 10-12 Seiten Text reichen nicht, um theoretische Ansätze und (qualitative) Empirie zu entfalten, öfters misslang die Verbindung beider auch inhaltlich – weniger Beiträge wären hier mehr gewesen!

Ümit Koşan untersucht in seiner Dissertation die Kommunikation unter und zwischen Türkisch- und Deutschstämmigen in der Dortmunder Nordstadt, in der er viele Jahre wohnte und Bildungskurse gab. Die Forschung zu interkultureller Kommunikation, empirisch v.a. auf internationale Wirtschaftsbeziehungen gerichtet, ist noch wenig entwickelt; ihr kulturkontrastiver Ansatz zielt auf kommunikative Problemsituationen. Da dieser Ansatz feste Kulturmuster unterstellt, lehnt ihn Koşan ab, denn die Kultur „der Türken" hat sich im Zeitverlauf in Deutschland erheblich verändert. Er folgt dem interaktionistischen Ansatz, der Verhaltensänderungen bei interkultureller Kommunikation fokussiert, und betont die Gefahr einer Kulturalisierung. Zu beachten sind Unterschiede in der Ausstattung mit Macht und Ressourcen, Gruppendynamiken (v.a. eine Überhöhung der Wir-Gruppe gegenüber Anderen) und Stereotypenbildung. Das (Migranten-) Quartier gilt ihm als sozialstrukturell homogener sozialer Raum, in dem Sozialisation gleichartige Einstellungen und Normen hervorbringt; damit überhöht Koşan den Stellenwert des Quartiers – soziale Räume und Sozialisationseinflüsse reichen meist weit über das Quartier hinaus. Das gilt mit Sicherheit auch für die Nordstadt mit ihren 57% Migranten, zur Hälfte türkischstämmig – angeblich (Koşans Zahlenangaben sind oft unklar!) lebt hier jeder dritte Dortmunder Migrant. Relevant sind auch Etablierten-Außenseiter-Figurationen (nach Elias/Scotson 1993).

Je 100 Interviews unter Türken und Deutschen wurden zur Analyse der Kommunikation unter Nachbarn und im Quartier hinsichtlich Wohndauer, Bildung und Beschäftigungsposition analysiert. Die Auswertung quantifiziert dabei meist, absolute Zahlen (unübersichtlich, öfters antwortete nur ein Drittel!) wurden in unzählige Kurven und Balkendiagramme gebracht und der Kommentar wurde – nicht immer treffsicher – mit Zitaten illustriert. *Orte*: Deutsche kommunizieren vorzugsweise im halböffentlichen Raum (z.B. Treppenhaus, Hof), auch mit Türken, welche untereinander die Wohnung vorziehen – unabhängig von Beschäftigungslage und Bildung, mit der Wohndauer geht die Kommunikation zurück. *Inhalte* betrafen besonders oft Alltagsfragen (vor allem bei langer Wohndauer – oder höherem Alter? nicht geklärt), und unter Türken oft auch Kinder und Familie (sie hatten auch häufiger Kinder..."), unabhängig von der Bildung. *Häufigkeit* (von Koşan gleichgesetzt mit Intensität): Die interethnische Kommunikation ist verbreitet und normal, am häufigsten unter Arbeitslosen, seltener bei langer Ansässigkeit; Türken gaben erwartungsgemäß häufiger an, das interkulturelle Gespräch zu suchen. Mit dem *Quartier identifizierten* sich unabhängig von Bildung oder Beschäftigung zwei Drittel der Türken und Deutschen wegen seiner (ethnischen) Bewohner- und Versorgungsvielfalt. Die Türken fühlten sich hier sicher, da unter sich; als ungünstig galt das Quartier dagegen mit Blick auf die Zukunft der Kinder.

Abschließend reflektiert Koşan seine Ansätze; Kulturunterschiede seien ein sekundärer Faktor der Kommunikation, sie sei vorrangig geprägt von verbesserter Erwerbsposition und Gruppenzusammenhalt der Türken und von verschlechterter Position und schwachem Zusammenhalt der im Quartier verbliebenen Deutschen. Das führt zur guten Überlegung, die Türken könnten mit der neueren Entwicklung der Nordstadt „Etablierte" geworden sein, aber Koşan bleibt hier unentschieden. Die Darstellung selbst enthält ansonsten viele Daten- und Ausdrucks-Unklarheiten.

So weit, so enttäuschend. Jenseits des Auswertungs-Schemas und vor allem auf 50 Seiten Anhang mit dem großen Material-Überschuss aus 200 Interviews wird es lebendig und spannend. Wenn bei ca. 40% der Deutschen Türken im Haus und bei weiteren ca. 40% in der Straße leben, sind Respekt und kleine Hilfsbereitschaften die normale, weil verträglichste Umgangsweise. Dennoch spielt sich das Leben in den eigenen Kreisen ab, bei (von Koşan nicht geklärten) Minderheiten geht es interkulturell freundschaftlich, bei Anderen krass abweisend zu. Konflikte beschweigen die meisten Interviewten, Kritik v.a. an Lärm, Unsauberkeit im Außenbereich und z.T. autoritärer Kindererziehung äußern Deutsche sehr direkt; Türken kritisieren eher „durch die Blume", sie stören sich vor allem an Herumschreien und nervigen Kindern (offenbar aus einem Milieu deutscher sozialer Absteiger), verbreitet ist das Gefühl, wie Luft behandelt zu werden. Unklar bleibt das Verhältnis von Erlebnis und Stereotyp – Deutsche gelten vielen Türken als distanziert, ichbezogen und ruhig, viele Deutsche schreiben Türken Hilfsbereitschaft und Familiarität zu (in der Vergangenheit angeblich im Quartier allgemein verbreitet). Erkennbar sind „Deutsche" und stärker noch „Türken" große Ethnisierer. Dieses Material zeigt, dass eine bessere Betreuung der Dissertation, von der Leitfaden-Formulierung bis zu Auswertungslinien etwa entlang theoriegeleiteter Kategorien wie Milieus und Lebenszyklusstellung eine fundiertere Studie des nachbarschaftlichen Alltags im Migrantenquartier ergeben hätte.

Abschließend bleibt bei beiden Publikationen festzuhalten, dass theoretische Ansätze zunächst referiert werden (Konjunktur haben vor allem Foucault und Bourdieu), aber die empirische Umsetzung genügt den theoretischen Ansprüchen mit Blick auf Kategorienbildung und inhaltliche Reichweite nicht immer. Neuere Kulturtheorien warnen vor einem ethnisierenden Blick und fassen die soziale und kulturelle Heterogenität von MigrantInnen als Bestandteil der wachsenden sozialen Diversität moderner Gesellschaften. Das Problem solcher (z.B. poststruktureller) Ansätze ist, dass die strukturelle ökonomische und politische Benachteiligung von MigrantInnen oftmals in den Hintergrund tritt; sie erfassen den Zusammenhang von Ethnisierung und politischer und medialer Diskriminierung, gehen aber hinweg über die unter BewohnerInnen (und nicht nur Politikern!) verbreiteten ethnisierenden Stereotypen und Abwertungen – die Basis dessen, was man Alltagsrassismus nennt.

Rainer Neef

Sgobba, Antonella (2012): Architektur, Stadt und Automobilindustrie. Detmold: Verlag Dorothea Roh. 312 Seiten. ISBN 978-3939486640. Preis: 39,00 Euro

Wer kennt sie nicht, die Erlebniszentren der Automobilfirmen – sei es die Autostadt von VW in Wolfsburg oder die BMW-Welt in München. Aber wer kennt schon die Hintergründe, wie es zu diesen Außendarstellungen kam und welche geschichtlichen Entwicklungen letztlich zu dieser Architektur geführt haben!? Sind das noch „normale" Industrie(zweck)bauten oder gelten hier ganz andere Anforderungen? Welche Auswirkungen haben solche Premium-Architekturen auf die Stadt? Dienen solche Autowelten nur der Markeninszenierung, oder sind sie logische Konsequenz der immer ähnlicher werdenden Städte und dem daraus resultierenden Wunsch nach etwas Besonderem?

Diesen Fragen widmet sich Antonella Sgobba in ihrer Publikation und betrachtet dabei die Zusammenhänge und Abhängigkeiten zwischen Architektur, Stadt und Automobilindustrie. Um es vorweg zu sagen, das Buch ist sehr gut recherchiert, ausführlich und übersichtlich gegliedert. Wer etwas zu diesen Themengebieten sucht, wird so schnell kein anderes, umfassenderes Werk finden. Auf über 300 Seiten verdeutlicht Antonella Sgobba die Zusammenhänge zwischen wirtschaftlichen Interessen, Produktionsbedingungen, Zeitgeist und Architektur. Neben umfangreichen Recherchen hat sie auch 18 Interviews geführt, die ergänzende Einblicke in die internen Beweggründe der Automobilindustrie zur Markeninszenierung geben.

Das Buch besteht im Wesentlichen aus drei Teilen. Im ersten Teil werden in zwei Kapiteln die Zusammenhänge zwischen der Architektur und der Stadt der Automobilindustrie dargestellt. Hierbei wird zwischen der Moderne und dem Informationszeitalter unterschieden. Die modernen Industriebauten waren Ausdruck des Zeitgeistes und des Fortschritts. Dabei fand in Architekturkreisen insbesondere die Befreiung von traditionsgeleiteten Dekorationen und Bautechniken Beachtung. In der Folge waren die Produktionsabläufe der Massenproduktion ausschlaggebend für die Gestaltung der Zweckbauten. Im Informationszeitalter änderten sich die Anforderungen an die Produktion: Flexibilisierung, Globalisierung und Individualisierung waren die neuen Trends, die auch Einfluss auf die Anforderungen an Industriebauten hatten. Sgobba zieht daraus den Schluss, dass Informationszeitalter und Globalisierung zu Anonymität, Uniformität, fehlender Ortsgebundenheit und Wiederholbarkeit führen. In Verbindung mit der stärkeren Bedeutung von Handelsketten resultiert daraus, dass sich unsere Städte immer ähnlicher werden. Dies schafft die Voraussetzungen für die Architekturstrategie der Automobilhersteller zur Markeninszenierung und zum Markenerlebnis.

> „Parallel zur drohenden Uniformität und Anonymität steigt der Gegenbedarf nach Individualität, nach Besonderheit, nach überraschenden Emotionen und ortsgebundenen Einkaufsmöglichkeiten. Premium-Marken bauen in zentralen Städten Premium-Architektur als Flagshipstores und Showrooms, um durch die Qualität der Architektur auch die Qualität des Produkts und die Identität der Firma zu kommunizieren und gleichzeitige Emotionen zu schaffen und zu wecken" (Sgobba, 2012, 69).

Im zweiten Teil geht es dann um die konkreten Fallbeispiele, die MB Welt (Daimler), BMW Welt (BMW) und Mirafiori Motor Village (Fiat). Hier werden die Autokonzerne Daimler, BMW und Fiat hinsichtlich ihrer Entwicklung beschrieben. Der Schwerpunkt liegt dabei auf den Zusammenhängen zwischen Unternehmensentwicklung und baulicher Umsetzung. Die Rolle bzw. Bedeutung der Architektur zur Erreichung der Unternehmensziele wird ausführlich beschrieben. Es wird auf veränderte Anforderungen an Industriearchitektur hinsichtlich verschiedener Kriterien wie Ort, Funktion, Form, Konstruktion, Funktionalität, Flexibilität, Wirtschaftlichkeit, Umweltbewusstsein und Identität eingegangen. Sgobba weist an dieser Stelle darauf hin, dass der Begriff Industriearchitektur sowohl funktional als auch formal erweitert wurde.

> „Die „Architekturen für die Industrie" des Informationszeitalters – wie man sie am besten nennen sollte – vereinen jetzt zweck- und kundenorientierte Gebäude, teilweise ohne eine klare Trennung zwischen beiden, da die Fabriken sich zunehmend dem Konsumenten zuwenden" (Sgobba, 2012, 71).

Im Verlauf der Ausführungen wird deutlich, dass eine Unterscheidung zwischen kundenorientierten Gebäuden und Zweckgebäuden dennoch sinnvoll ist. Für Kundengebäude, die nach außen orientiert sind, gelten höhere Anforderungen in Bezug auf Lage, Programm, Form, Symbolik und Konstruktion, wie für die Zweckbauten der Automobilindustrie. Wirtschaftlichkeit, Funktionalität und Flexibilität sind hier die wichtigsten Aspekte. Sehr aufschlussreich ist das abschließende Kapitel dieses Teils, welches sich mit der Gegenüberstellung der Fallbeispiele beschäftigt. Die über sechs Seiten gehende Tabelle ermöglicht einen guten Überblick über einzelne Aspekte der Firmenwelten der drei Konzerne. Neben architektonischen Aspekten, wie Städtebau, Form-Funktion, Konstruktion-Funktionalität, Identität-Symbolik, etc., werden die Rolle der Architektur für die Automobilindustrie, die Anforderungen an die Architektur nach Außen und innen, sowie die stärkere Ortsgebundenheit und Öffnung der Fabrik behandelt.

Der dritte Teil widmet sich schließlich den Schlussfolgerungen. Antonella Sgobba zieht u.a. den Schluss, dass die Architektur in den Anfangsjahren der Automobilindustrie keine wichtige Rolle für das Produkt/die Vermarktung der Autos gespielt hat, mittlerweile jedoch Teil der Integrierten Kommunikation der jeweiligen Marke geworden ist.

> „Die Architektur ist heute endgültig Teil der integrierten Kommunikation der Marke geworden und wird gezielt verwendet, um Signale zu setzen. Es werden zunehmend häufiger berühmte und internationale Architekten beauftragt, anspruchsvolle Architektur zu bauen, was einen zusätzlichen Werbeeffekt bewirkt" (Sgobba, 2012, 283).

Interessant ist auch der Ausblick auf die Globalisierung der Märkte und die Zukunftsmärkte im Ausland, z.B. in China. Welche Konsequenz wird das für die Autowelten haben? Kommen Chinesen künftig nach Deutschland, um ihre neuen Autos abzuholen oder entsteht in China die nächste Generation der Autowelten? Fragen, die zum Nachdenken anregen, auch über die Lektüre des Buches hinaus.

Aus raumplanerischer Sicht wäre es darüber hinaus wünschenswert gewesen, auch die Auswirkungen der Architektur der Automobilindustrie auf die städtische Gesamtstruktur stärker zu betrachten. Markante, stadtbildprägende Gebäude spielen hier ebenso eine Rolle wie Werkssiedlungen und soziale Einrichtungen, die extern für die Arbeiter und Angestellten errichtet wurden, z.B. von Fiat. Zwar tauchen diese Aspekte immer mal wieder in den Ausführungen auf, werden in der Publikation jedoch nicht explizit behandelt. Aber vermutlich hätte das auch den Rahmen dieser Abhandlung gesprengt.

Insgesamt ein lohnendes Werk, insbesondere für Architekten, die sich mit Industriebauten beschäftigen und für alle Automobilinteressierten, die schon immer mehr über Autoerlebniswelten und ihre Bedeutung für die Stadt erfahren wollten.

Frank Schröter

Rezensionen

Schmidt-Lauber, Brigitta; Ionescu, Ana; Löffler, Klara und Jens Wietschorke (Hrsg.) (2013): Wiener Urbanitäten. Kulturwissenschaftliche Ansichten einer Stadt (Ethnographie des Alltags, Band 1). Köln: Böhlau. Ca. 320 Seiten, ca. 60 s/w Abb. ISBN 978-3-205-79461-5. Preis: 39,90 Euro

Urbanität ist ein Schlüsselbegriff kulturwissenschaftlicher Stadtforschung, der auf Qualitäten des urbanen Raums abzielt, auf die kulturelle Spezifik von Städtischem und auf die Wahrnehmungsdimension von Stadt. Der Begriff, wie er in der Stadtsoziologie sowie Stadt- und Kulturgeschichte breit rezipiert wurde, wird in diesem Sammelband in den Plural gesetzt. Es erscheint hier unmöglich, von der einen Urbanität zu sprechen, wie sie traditionell vor allem der Großstadt und der Metropole zugeordnet wird. Von einer typologisierenden oder strikt komparativen Strategie setzt sich der Band mit dem Beharren auf der Individualität Wiens ebenso ab wie vom immer noch üblichen normativen Urbanitätsbegriff, mit dem heute insbesondere die politisch-emanzipatorische Qualität urbaner Zivilgesellschaft umschrieben wird.

Mit dem Sammelwerk, das in dem einführenden Beitrag von Brigitta Schmidt-Lauber zu bescheiden als „Lesebuch" bezeichnet wird und das sich explizit zur Heterogenität seiner Ansätze bekennt, stellt sich in 19 Artikeln eine wissenschaftliche Gruppe vor, die den empirischen Kulturwissenschaften und institutionell dem Institut für Europäische Ethnologie in Wien sowie den historischen Fächern zuzuordnen ist. *Urbanität* wird von Schmidt-Lauber einleitend als offener Begriff definiert, der auch außerhalb der Großstadt Geltung beanspruchen dürfe. Es wird weder an die Figur der Begegnungsdichte wie bei Georg Simmel angeknüpft, noch an die Pluralität städtischer Lebensweisen bzw. Lebensstile. Gegen eine wissenschaftliche Homogenisierung städtischen Lebens wird darauf abgehoben, wie verschieden die Orte und Räume Wiens sind. Allerdings bedürfen auch Aussagen zu diversen Teil-Räumen (Bahnhöfe, Parks, Straßen, das 'oben' und das 'unten' der Oper) der Verwendung allgemeiner Konzepte, auf die, unter häufiger Zitation von Autoritäten der urbanen Ethnologie wie Louis Wirth, Rolf Lindner oder Lutz Musner, notwendiger Weise rekurriert wird.

Raum ist der wichtigste gemeinsame Nenner der Essays. Neben der überraschend eher spärlich vertretenen Kategorie der Urbanität – selbst im Beitrag Schmidt-Laubers ist, wenn auch explizit kritisch, von Eigenlogik und lokalem Habitus die Rede – steht im Band die Frage nach der Wahrnehmung des Stadtraums im Vordergrund. Sie impliziert ein spezifisches stadtethnographisches Vorgehen. Stadtraum, wie er erfahren wird (man versucht vielfach hinter die Ebene versprachlichter Äußerungen zur unmittelbaren Perzeption zu gelangen), erschließt sich durch systematische Rundgänge. Diese werden von einigen Feldforscherinnen und -forschern zu mehreren unternommen und dann über Protokolle, teils auch über Befragungen und kritischen Austausch ausgewertet (Svenja Reinke über Tauben und Mensch-Tier-Verhältnis). Urbanität erschließt sich über qualitative Verfahren der Ethnographie, wobei auch historische Dimensionen eine Rolle spielen (Herbert Nikitsch über ideologiehistorische Dimensionen von Straßenbenennungen).

Das implizite Konzept von Urbanität folgt einem sozialgeschichtlichen Zentrum-Peripherie-Modell. Es verweist zunächst auf die Konsumsphäre, in der das auf Unterhaltung und Konventionen eingestellte Publikum die Experimente eines ideologisierten Musiktheaters negierten. Dabei wird Urbanität ständig verhandelt, gerade zwischen den sozialen Klassen (Jens Wietschorke über die Staatsoper und ihr kulturelles Souterrain). Man kann demnach von Urbanität nur sprechen, wenn man die sozialen und kulturellen Konflikte einbezieht (Lukasz Nieradzik über Konflikte zwischen kommunalisierter Großschlächterei als Aspekt von Moderne und dem traditionellen Fleischhauergewerbe). Sie zeichnet sich dadurch aus, dass ideologisch und kulturell eigentlich Gegensätzliches – politisch aufgeladener Traditionalismus und modernistische Konzepte – in derselben Stadt eng nebeneinander existiert. Urbanität verweist auf einen örtlichen „Geschmack", bei dessen Erfassung und Analyse quantitative sozialwissenschaftliche Methoden versagen müssen und der durch detaillierte Diskursanalyse eruiert werden soll (Birgit Johler und Magdalena Puchberger über politisierte Volkskunde im Austrofaschismus).

Urbanität weist nach dem Selbstverständnis der Wiener Forschergruppe auch auf die performative Dimension von Stadt hin. Die Stadt erscheint nicht als funktionale Ordnung, sondern als Bühne sozialer Gruppen (stark autobiographisch: Anna Stoffregen über „Als Volunteer bei der Fußballmeisterschaft"). Auf jeden Fall ist die großstädtische Urbanität Wiens unübersichtlich, es bedarf deshalb informationsvermittelnder Institutionen (Anton Tantner über das Frag- und Kundschaftsamt des 18. Jahrhunderts). Die urbane Informationsdichte im Stadtfilm auf dem Wege der Filmtechnik zusammenhängend zu rekonstruieren, scheitert letztlich notwendig, die Quellen für filmische Rekonstruktionen sind indes vorzüglich (Siegfried Mattl über „Urbane Sequenzen in Wiener Amateur- und Gebrauchsfilmen").

Eine weitere Dimension der Urbanität ist, dass Teilräume emotional besetzt werden (Daniela Schadauer über den verlorenen Südbahnhof; Elke Krasny über wiederentdeckte und zu entdeckende Orte der historischen Frauenbewegung). Zur Urbanität gehört, wie eingangs angedeutet, die körperliche Dimension unmittelbarer, nicht nur sprachlich vermittelter Erfahrung (Birgit Johler über „Möbel und Körper im Museumsquartier", Charlotte Räuchle über Straßenkünstler als inszenierte „Lebende Statuen", Peter Payer über das stadthistorische Thema des Lärmdiskurses in komparativer Perspektive, Malte Borsdorf über Gehörlosigkeit als urbanes Phänomen).

Während in der sonstigen Literatur die großstädtische Erfahrungsebene stark an Verkehr und Bewegtheit festgemacht wird, tritt dieses Motiv im Band etwas zurück (dazu: Monika Hönig über Lifte als „Städtische Vertikalen" und als Ort, wo man frei assoziiert sowie ein systematisierender Beitrag von Klara Löffler über Gehen und Flanieren als Bewegungs- und Beobachtungsweisen). Letzterer Artikel gehört zu den wenigen Beiträgen in dem Sammelband, die sich explizit mit *Urbanität* auseinandersetzen. Ana Ionescu möchte in ihrer Stadtanthropologie vom Begriff der Atmosphäre ausgehen, und tatsächlich schwingt ja bei dem, was man sich unter spezifischer Urbanität einer Stadt vorstellt, das Atmosphärische mit (vgl. auch Jochen Bonz zu Fußballfans und Fußballbegeisterung auf dem Wiener Sportclub-Platz als Atmosphäre). Prononciert stellt sich schließlich die Frage nach dem Verhältnis von untersuchten Teilkulturen und örtlicher Kultur insgesamt (Brigitta Schmidt-Lauber über Universitätsevents als performative Handlungen).

Vor diesem Hintergrund stellt sich die Frage, ob man mit diesem Weg der Urbanitätsforschung empirisch-systematisch weiterkommen wird. Nichtsdestotrotz zeigt dieser Band die vielen Möglichkeiten qualitativer Stadtforschung auf; hier werden Aspekte von Urbanität exploriert, die aufgrund traditioneller Quellen der Stadtforschung – wie statistische Erhebungen, Akten oder offizielle Selbstdarstellungen – nicht zugänglich sind. Die praxeologische Stadtforschung präsentiert sich als bewusst fragmentarisch: Partiell historisch und medienwissenschaftlich orientiert, ist sie erfahrungsbezogen, reflexiv-subjektiv sowie teilnehmend - was Ausgangspunkte für künftige größere und koordinierte Zugänge eröffnet. Insgesamt ist dies als Argument dafür zu verstehen, den gut lesbaren Band, der sich von dem Narrativ der Wiener Moderne als Meistererzählung der Urbanität schon so sehr distanziert, dass man es gar nicht mehr erwähnt, positiv gestimmt zur Kenntnis zu nehmen. Er nähert sich dadurch vielfältigen Themen an, von denen der Mainstream bislang noch entfernt ist.

Clemens Zimmermann

Literatur

Ceylan, Rauf (2006): Ethnische Kolonien. Entstehung, Funktion und Wandel am Beispiel türkischer Moscheen und Cafés. Wiesbaden: VS.

Elias, Norbert; Scotson, John L. (1993): Etablierte und Außenseiter. Frankfurt/Main: Suhrkamp

Dokumentation und Statistik

Stefan Kaup, Alexander Mayr, Frank Osterhage, Jörg Pohlan,
Philippe Rieffel, Karsten Rusche und Bernd Wuschansky

Monitoring StadtRegionen

Das Ziel eines Monitorings von raumbezogenen Einheiten ist es, für die Leserinnen und Leser in regelmäßiger Aktualisierung einen Überblick über eine ausgewählte Bandbreite von sozioökonomischen Entwicklungen zu bieten, welche sich in diesen Raumeinheiten vollziehen. Das Jahrbuch Stadtregionen führte einen solchen Überblick seit 2001 für ausgewählte stadtregionale Einheiten auf der Grundlage der Kreise und kreisfreien Städte in Deutschland durch. Es wurden in den entsprechenden Veröffentlichungen insbesondere die Themen Bevölkerungs-, Flächen- und Siedlungsentwicklung sowie die Trends in Arbeitsmarkt- und Sozialstrukturen und der finanziellen Ausstattungen der Gemeinden behandelt. Dabei wurde auf eine breite Fülle von Indikatoren zurückgegriffen, um einen umfassenden Überblick über diese Themen geben zu können. Dieses leisten zu können war insbesondere möglich durch die Entscheidung, die Indikatoren auf der räumlichen Ebene der Kreise und kreisfreien Städte aufzubereiten, welche durch die statistischen Stellen des Bundes und der Länder entsprechend aufbereitet sind.

Der aktuelle Beitrag führt das Konzept des Monitorings unter dem Begriff „Monitoring StadtRegionen" fort, jedoch mit einer methodischen Neuerung. Es werden Abhängigkeiten und statistische Daten auf der Ebene der Städte und Gemeinden verwendet. Auf diese Weise soll der Komplexität und hohen räumlichen Auflösung der stadtregionalen Verflechtungen Rechnung getragen werden, welche auf der Ebene der Kreise und kreisfreien Städte nicht ausreichend abzubilden ist. Das Monitoring arbeitet deshalb mit den Verflechtungsbeziehungen und statistischen Daten auf der Ebene der Städte und Gemeinden. Der damit erhöhte Aufwand bei der Aufbereitung der Informationen wird durch eine Reduzierung der inhaltlichen Breite auf ausgewählte zentrale Indikatoren der Entwicklung aus verschiedenen thematischen Zusammenhängen kompensiert. Auch liegt der Fokus weniger auf der Darstellung großregionaler Trends wie einem Ost-West-Vergleich als auf der vergleichenden Darstellung und Analyse von funktional zusammenhängenden Stadtregionen, deren stadtregionalen Kernen und ihren Umlandgemeinden, weiterhin verweisen die angehängten Tabellen auch auf die gesamtdeutschen Werte.

Stefan Kaup, Jörg Pohlan, Phillipe Rieffel et al.

Neuausrichtung des Monitoring StadtRegionen

Im Rahmen des Designs raumbezogener Forschungsarbeiten stellt sich generell die Herausforderung, die für Analysezwecke geeigneten und zur Verfügung stehenden räumlichen Untersuchungseinheiten (etwa Stadtteile, Gemeinden, Kreise) auszuwählen und ggf. geeignete Analyseeinheiten entsprechend räumlich abzugrenzen bzw. in geeignete Auswertungskategorien (Typen) zusammenzufassen. Durch die Wechselwirkung von dynamischen demographischen und sozioökonomischen Prozessen innerhalb der Untersuchungsgebiete und den starr administrativ konstruierten Raumeinheiten ist es grundsätzlich nur möglich, die Situation in den Untersuchungsgebieten angenähert zu betrachten. Dabei haben diese Annäherungen jedoch das Ziel, den Analysezwecken entsprechend der Fragestellung möglichst optimal zu dienen. Die Auswahl und Abgrenzung der geeigneten Untersuchungsräume für quantitative Analysen ist somit zum einen abhängig von der Fragestellung, zum andern aber auch stark mitbestimmt von der Datenverfügbarkeit[24].

Bei der Abgrenzung von Räumen ist zunächst grundsätzlich zwischen den administrativen Raumabgrenzungen wie Kreisen und Gemeinden, auf deren Basis die Erfassung und Weitergabe der Daten der amtlichen Regionalstatistik erfolgt, und den funktionalen bzw. analytischen Raumabgrenzungen zu unterscheiden. Bei Letzteren werden Gemeinden oder Kreise nach spezifischen funktionalen Kriterien zu Regionen zusammengefasst, die nahezu ausschließlich für die Raumbeobachtung und Analyse der Entwicklung von Räumen geschaffen werden (Burgdorf et al. 2012: 98).

Ein systematischer Vergleich von städtischen Agglomerationen fand im Rahmen des seit 2001 regelmäßig durchgeführten und alle zwei Jahre aktualisierten ‚StadtRegionen-Monitoring' statt (Pohlan 2010: 163; Pohlan/Merger 2012: 164). Ziel dieses ‚StadtRegionen-Monitoring' war es, regelmäßig aktualisiert einen Überblick über den sozioökonomischen Strukturwandel in ausgewählten Städten und Stadtregionen der Bundesrepublik zu verschaffen. Zu diesem Zweck wurden jeweils zentrale und möglichst zeitnah verfügbare Indikatoren aus den Veröffentlichungen der Statistischen Ämter des Bundes und der Länder aufbereitet. Dabei wurden anhand ausgewählter Indikatoren für fünf Themenbereiche jeweils die aktuellen Strukturen und die jüngeren Entwicklungen betrachtet: Bevölkerung, Flächen- und Siedlungsentwicklung, Beschäftigung und Arbeitsmarkt, Wirtschafts- und Sozialstruktur sowie Finanzen.

Bisher wurden die Analysen auf Ebene der Kreise durchgeführt. Im Rahmen der Datenaufbereitung wurden verschiedene Raumtypen gebildet. Unter anderem erfolgte eine Einordnung der Untersuchungseinheiten nach

---

24 Vergleiche hierzu auch die Publikation „Raumabgrenzungen und Raumtypen" des BBSR Burgdorf et al. (2012).

der großräumigen Lage in den westdeutschen bzw. ostdeutschen Ländern. Darüber hinaus wurden die kreisfreien Städte nach Größenklassen gruppiert, um Städtegruppen mit vergleichbaren Aufgaben und Funktionen betrachten zu können. Ergänzend wurden ausgewählte Stadtregionen abgegrenzt, um bei dem Monitoring den starken Verflechtungen zwischen Kernstädten und den sie umgebenden Kreisen Rechnung zu tragen. Die Indikatoren wurden für die 18 ausgesuchten Stadtregionen einzeln dargestellt, wobei zusätzlich unterschieden wurde nach der Ausprägung des jeweiligen Indikators in der Agglomeration insgesamt sowie untergliedert nach der Kernstadt und dem Rand. Hierzu wurden für die Gebiete der west- und der ostdeutschen Bundesländer die jeweils größten Stadtregionen ausgewählt (vgl. Karte 1).

Die Ballungsräume der alten Bundesländer Deutschlands sind seit mehr als vier Jahrzehnten von einem permanenten – wenn auch seit Mitte der 90er Jahre sich abschwächenden und z.T. von Tendenzen zur Reurbanisierung überlagerten – Suburbanisierungsprozess gekennzeichnet, der zu starken stadtregionalen Verflechtungen geführt hat. Dabei sind zwar die Grenzen der Gemeinde bzw. der Stadt politisch, fiskalisch und administrativ von Bedeutung, allerdings sind sie für die soziale und wirtschaftliche Struktur und Entwicklung der Stadtregionen – d.h. in erster Linie für das Verhalten der überwiegend privaten Akteure – nur von geringer Relevanz. Daher bilden Stadtregionen – damit sind hier durch starke Verflechtungsbeziehungen gekennzeichnete Agglomerationen gemeint – die angemessene Ebene für die Betrachtung sozialer und ökonomischer Prozesse. Von Interesse sind dabei sowohl die interregionalen (Region-Region) als auch die intraregionalen (Kernstadt-Umland) Unterschiede der sozioökonomischen Strukturen und Entwicklungstrends.

Die Frage nach der räumlichen Abgrenzung solcher stadtregionaler Wirtschafts- und Lebensräume wurde für die vergleichende Einzelbetrachtung der Stadtregionen im Rahmen des „StadtRegionen-Monitorings" bisher pragmatisch gelöst. Denn ausreichend umfassendes relevantes Datenmaterial unterhalb der Ebene der Länder stand in Deutschland bislang nur auf Ebene der Kreise bundesweit aufbereitet zur Verfügung. Dargestellt wurden die aktuellen sozioökonomischen Entwicklungstrends in den elf größten Stadtregionen der westdeutschen und den sieben größten der ostdeutschen Bundesländer (einschließlich Berlin). In diesen Räumen konzentriert sich auf gut einem Viertel der Gesamtfläche der Bundesrepublik etwa die Hälfte der Gesamtbevölkerung.

Dabei war immer klar, dass es sich bei dieser Gliederung und Abgrenzung der Stadtregionen um einen Kompromiss handelte und dass aus wissenschaftlicher Sicht eine Abgrenzung auf der Ebene der Gemeinde und auch eine differenziertere Betrachtung unterschiedlicher Gemeindetypen wünschenswert wäre, um die sozioökonomischen Strukturen und Entwicklungen möglichst detailgenau abbilden zu können. Doch musste hierauf bisher aus

Gründen der begrenzten Datenverfügbarkeit zugunsten einer thematisch und inhaltlich möglichst umfassenden Analyse verzichtet werden. Dabei konnte jedoch davon ausgegangen werden, dass die Einbeziehung oder der Ausschluss des einen oder anderen Landkreises am Rande der Zentren nichts Wesentliches an der sozioökonomischen Struktur und Entwicklung des jeweiligen Ballungs- bzw. Teilraumes ändert. Hier hat sich jedoch die Sachlage in den vergangenen Jahren gravierend verändert. Dies ist vor allem wiederholten Gebietsreformen[25] geschuldet, die erhebliche Auswirkungen auf die Qualität der Regionsabgrenzungen und die Betrachtung von Zeitschnitten und Zeitreihen haben.

So wurden in den vergangenen Jahren u.a. immer wieder Änderungen der Zuschnitte von Landkreisen sowie kreisfreien Städten[26] vorgenommen, die entweder zu unumgänglichen Restriktionen bei den Auswertungen führten oder eine entsprechende Umrechnung erforderlich machten[27].

Beispielsweise wurde 2001 die Region Hannover als öffentlich-rechtliche Körperschaft gegründet. Sie ist Rechtsnachfolgerin des Landkreises und des Kommunalverbandes. Viele der im Rahmen des Monitorings verwendeten Daten werden seitdem ausschließlich für die Gesamtregion ausgewiesen und nicht mehr separat für den Landkreis Hannover und die Kernstadt. Daher wurden seitdem die Daten ausschließlich für die Region Hannover berechnet und dargestellt.

Zwischen 2007 und 2011 wurden in Sachsen-Anhalt, Sachsen und Mecklenburg-Vorpommern Gebietsreformen durchgeführt, die durch Gebietsauflösungen und -neuordnungen zu einer Verringerung der Gesamtzahl der Landkreise in den betroffenen Bundesländern führte. Zur Erhaltung der Vergleichbarkeit mussten hier Aggregationen der Indikatorwerte durchgeführt werden um die geänderten Kreiszuschnitte abzubilden. (Pohlan/Merger 2012; Statistisches Landesamt Sachsen-Anhalt 2007: 3; Statistisches Landesamt des Freistaates Sachsen 2008)

Bei den Berechnungen der Daten für das vorangegangene Monitoring der Städte und Regionen (Pohlan/Merger 2012) waren diese Kreisstrukturreformen noch nicht im großen Maße relevant, da zum Zeitpunkt der Datenaufbereitung die aktuell verfügbaren Daten lediglich bis 2009 vorlagen.

Für zukünftige Auswertungen müsste allein bezogen auf die Reform in Mecklenburg-Vorpommern der ehemalige Landkreis Güstrow zur Region Rostock hinzugezogen werden. Dies würde eine Erweiterung um ca. 60% der Fläche und ca. 25% der Einwohner (gegenüber dem heutigen Landkreis Rostock) bedeuten.

---

25 Zum Hintergrund der politischen Entscheidungen und zur Kritik an den Gebietsreformen sowie zu den Folgen für die Statistik vgl. Milbert (2010).
26 Dies gilt entsprechend auch für die kommunale Ebene, kann dort aber aufgrund der kleineren Raumeinheiten durch Neuaggregationen größtenteils kompensiert werden.
27 Die Ausführungen beziehen sich auf den Stand August 2013.

Monitoring StadtRegionen

Karte 1: Ausgewählte Stadtregionen nach Kreiszuschnitten

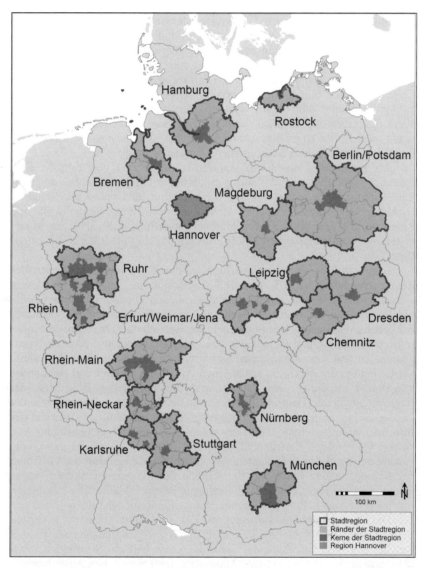

Quelle: Pohlan 2010: 194; HCU Hamburg 2009, Kartographie: Martin Albrecht/Tatjana Merger

Des Weiteren müsste zur Berechnung von Entwicklungsvariablen der ehemalige Landkreis Demmin anhand eines noch zu bestimmenden Schlüssels prozentual auf die heutigen Landkreise Mecklenburgische Seenplatte und Vorpommern-Greifswald aufgeteilt werden (ähnlich wie in Sachsen-Anhalt). Jedoch würde hierdurch zum einen bei der Region Rostock der tatsächliche Verflechtungsraum nicht mehr annähernd durch den vergrößerten Kreis abgebildet und zum anderen würde die Umrechnung der Daten zu weiteren Ungenauigkeiten führen, wie sie bereits bei der Reform in Sachsen-Anhalt entstanden sind. Somit wurde deutlich, dass für zukünftige Analysen vor allem in einigen eher ländlich geprägten Regionen in Ostdeutschland inzwischen viele Kreise so groß geschnitten sind, dass z.B. eine sinnvolle Bildung funktional verflochtener Stadtregionen kaum mehr möglich ist.

Als Konsequenz wurde im Jahr 2012 vom Herausgeberteam die Entscheidung getroffen, das Monitoring zukünftig auf Gemeindeebene durchzuführen und in Kooperation mit dem ILS – Institut für Landes- und Stadtentwicklungsforschung zu erarbeiten. Daher wird das Monitoring der Städte und Regionen seit dem vorliegenden Jahrbuch StadtRegion 2013/14 von Mitarbeiterinnen und Mitarbeitern des ILS als Monitoring StadtRegionen fortgeführt.

Dazu wird es als neuer Baustein in das Gesamtkonzept dauerhafter Raumbeobachtung im ILS, dem ILS Geomonitoring, integriert. In diesem werden Grundlagen auf verschiedenen räumlichen Ebenen, vom Quartier bis zur Region für die raumwissenschaftlichen Fragestellungen des Institutes erarbeitet. Als Untersuchungseinheiten der Betrachtung für das neue Modul werden die Städte und Gemeinden bzw. Gemeindeverbände (Ämter, Samtgemeinden und Verwaltungsgemeinschaften) dienen. Dieses sind die kleinsten Einheiten, die durch die statistischen Ämter des Bundes und der Länder erfasst und für die in einer gemeinsamen tiefgegliederten Datenbank, der Regionaldatenbank Deutschland (Statistische Ämter des Bundes und der Länder 2014), Indikatoren zur Verfügung gestellt werden. Der Aufwand der Informationsaufbereitung ist durch einen Wechsel der Beobachtung von bislang verwendeten Kreisen und kreisfreien Städten zwar erhöht, da sich die Anzahl der betrachteten Einheiten vervielfacht; allerdings sind die Verfahren der Regionsbildung durch die Betrachtung der kleineren Einheiten besser justier- und die regionalen Zusammenhänge besser erklärbar. Es lassen sich im engeren Sinne funktional zusammenhängende Regionen bilden.

Die neue räumliche Bezugsebene der Betrachtung macht im ersten Schritt auch ein erweitertes Verfahren der Regionsabgrenzung notwendig, welches den Zusammenhang der Gemeinden innerhalb der Stadtregion abbildet sowie im zweiten Schritt eine Anpassung der thematischen Ausrichtung.

Um eine möglichst große Vergleichbarkeit zum bisherigen Monitoring der Städte und Gemeinden zu ermöglichen, ist bei der Wahl der Verfahren auch berücksichtigt worden, dass die Anzahl der Stadtregionen sowie deren Zuschnitt dem alten Ansatz ähnlich bleiben.

Herausforderungen und Einschränkungen

Bei der Erarbeitung der Datengrundlagen für das neu ausgerichtete Monitoring wurde deutlich, dass die amtliche Statistik des Bundes und der Länder hierzu noch eine große Anzahl Herausforderungen bereithält, welche die thematische Breite und Tiefe der Bearbeitung der Themen stark mit beeinflusst und einschränkt.

So spielen zunächst die Gebietsreformen in Form von Neugliederungen, wie sie oben für die Ebene der Kreise und kreisfreien Städte beschrieben wurde, für die Ebene der Städte und Gemeinden im betrachteten Zeitraum ebenfalls eine wesentliche Rolle. Hauptsächlich handelte es sich dabei im Zeitraum 2007 bis 2011 um vollständige kommunale Eingliederungen von Gemeinden, in den wenigsten Fällen um Teilausgliederungen von Gemeindegebieten mit einwohnerrelevanten Veränderungen.

Neben diesen Gebietsformen, welche einen Einfluss auf die Zeitreihenbildung haben, sind ebenfalls Änderungen der eindeutigen Identifikatoren (den sogenannten Gebietsschlüsseln) relevant. Dabei wirken sich insbesondere die Kreisgebietsreformen auf eine Neuausweisung von amtlichen Gemeindeschlüsseln aus. Im Jahr 2009 ist zudem die Systematik der Regionalschlüssel in Deutschland reformiert worden, was zu einer Neuzuweisung bei einem Großteil der Gemeinden geführt hat. Das Statistische Bundesamt führt über diese Gebietsreformen Änderungslisten (Statistisches Bundesamt 2014), welche allerdings Lücken enthalten und somit eine stringente Bildung von Übergängen von Gemeinden lediglich durch Nachbearbeitung ermöglichen.

Die als Basis der Analysen herangezogene Regionaldatenbank Deutschland ist das umfassendste frei zugängliche System der amtlichen Statistik, welches Daten bis auf die Ebene der Städte und Gemeinden aufbereitet zur Verfügung stellt. In dieser Form bildet es seit 2011 die Weiterführung des Angebots *Statistik lokal*, welches bislang auf physischen Datenträgern (CD, DVD) durch die amtlichen Stellen angeboten worden ist. Die Datenverfügbarkeit in dieser Datenbank ist gegenüber der Kreisebene jedoch noch immer deutlich eingeschränkt, was unter anderem mit niedrigeren Besetzungszahlen in den Datensätzen aufgrund der kleineren Raumeinheiten und dadurch mit Konflikten mit datenschutzrechtlichen Vorgaben zusammen hängt.

Für die Aufbereitung der Entwicklungsdarstellungen im Monitoring StadtRegionen war bei der Arbeit mit der Regionaldatenbank Deutschland insbesondere die Abweichung von den bekannten amtlichen Gebietsschlüsseln hinderlich. In der Datenbank wird zur Identifikation der Raumbezugseinheiten wie Kreisen und Gemeinden eine eigene, an die amtlichen Systematiken lediglich angelehnte Codierung verwendet. Ein Verzeichnis der Schlüsselzuordnungen dieser beiden Systeme existiert nicht, sodass dieses im Rahmen des Aufbaus der Datengrundlagen für diesen Beitrag eigens erarbeitet werden musste. Die Anwendung von Umschlüsselungs- und Rückschätzungsverfahren zur Erzeugung der Zeitreihen über die oben beschriebenen Gemeindereformen und Schlüsseländerungen der Gemeinden hinweg zeigte zudem, dass die Regionaldatenbank Deutschland diese Veränderungen nicht durchgängig mit verfolgt hat, was den Aufwand der Umrechnung der Daten auf einen aktuellen Gebietsstand ebenfalls stark erhöht hat.

Aufgrund der dargestellten Problematiken bei der Aufarbeitung gemeindebezogener Indikatoren beschränkt sich das Monitoring in diesem Beitrag auf den Zeitraum 2007 bis 2011. Nicht behebbare Datenlücken und Inkonsistenzen können bei verschiedenen Themen jedoch dazu führen, dass einzelne Regionen aus der Betrachtung ausgespart wurden oder sich der Zeitraum verkürzt.

Das Monitoring berücksichtigt in diesem Beitrag ebenfalls noch nicht die Ergebnisse des Zensus 2011. Trotz der Veröffentlichung der ersten Zahlen im Juni 2011 sind auf dieser Grundlage noch keine Zeitreihen abzubilden, welche ein Monitoring stützen würden.

Abgrenzung der Stadtregionen

Das Verfahren, in welchem die in diesem Beitrag verwendeten Regionen gebildet werden, basiert auf den demographischen Basisdaten und topologischen Beziehungen der ca. 11.300 Städte und Gemeinden in Deutschland[28]. Es geht dabei von stadtregionalen Kernen und deren Verflechtungen in das Umland aus. Einander überdeckende Regionen wurden durch eindeutige Zuordnungen von Umlandgemeinden zu den Kernen vermieden. Im nachfolgenden Abschnitt werden die Schritte des Verfahrens der regionalen Abgrenzung erklärt und die Ergebnisse der einzelnen Schritte beschrieben.

Identifikation von stadtregionalen Kernen

Im ersten Schritt wurden diejenigen Städte und Gemeinden identifiziert, welche die Kerne der Stadtregionen bilden. Zur Identifikation wurden einwohnerbezogene Verfahren angewendet, welche durch Überlagerung der

---

[28] Nach der Feststellung des Gebietsstandes und der Zahl der Gemeinden der Regionaldatenbank Deutschland.

einzelnen im Folgenden vorgestellten Kriterien zur Menge der Kerne führen. Ein identifizierter Kern erfüllt somit alle Kriterien des Verfahrens.

Zunächst wurden die Bevölkerungszahlen aller Städte und Gemeinden Deutschlands zum Zeitpunkt 31.12.2011 betrachtet. Wies die Statistik für eine Stadt mehr als 200.000 Einwohnern auf, wurde diese als potenzieller Kern gekennzeichnet. Anschließend wurden die Einwohnerdichten der Städte und Gemeinden zum selben Zeitpunkt betrachtet. Zur Identifikation wurde dabei das Digitale Landschaftsmodell der amtlichen Vermessung (ATKIS Digitales Landschaftsmodell 1:250.000) als Bezugsgröße hinzugezogen. Dieses Modell beschreibt die topographischen Objekte der Landschaft, alle Objekte werden einer bestimmten Objektart zugeordnet (Bundesamt für Kartographie und Geodäsie 2014). Besiedelte Bereiche werden mit der Objektart „Siedlungsfläche" gekennzeichnet und lassen sich als Bezugsgröße für die Berechnung der Bevölkerungsdichte verwenden (Einwohner pro Siedlungsfläche). Wiesen zuvor gekennzeichnete einwohnerstarke Städte und Gemeinden eine Dichte von unter 1.000 Einwohnern pro km² Siedlungsfläche auf, wurden sie aus der Auswahl wieder eliminiert. Hierdurch sollten einwohnerstarke aber zugleich wenig dicht besiedelte Städte und Gemeinden aus der Menge der regionalen Kerne ausgeschlossen werden.

Das Verfahren berücksichtigte weiterhin Kerne, welche sich erst aus der gleichzeitigen Betrachtung mehrerer Gemeinden ergaben. So wurden räumlich zusammenhängen Städte und Gemeinden mit weniger als 200.000 Einwohnern, in denen die Bevölkerungsdichte jedoch über 1.000 Einwohnern pro km² Siedlungsfläche liegt, zu einem Siedlungsbereich zusammengefasst. Lebten in diesem zusammengefassten Bereich zum Betrachtungszeitpunkt ebenfalls mehr als 200.000 Personen, wurde dieser als Ganzes zu den stadtregionalen Kernen hinzugefügt.

Da der Verdichtungsraum Rhein-Ruhr aufgrund seiner Größe und seines Bevölkerungspotenzials in der Menge der stadtregionalen Verflechtungen in Deutschland eine besondere Position einnimmt, wurde die Methodik dort in seinen Schwellenwerten angepasst. So wurden in diesem Bereich lediglich die Städte mit mehr als 400.000 Einwohnern als Kerne betrachtet. Diese Vorgehensweise bedeutet zwar einen – systematischen – methodischen Bruch, ermöglicht dafür insgesamt aber die Erzeugung eines bessern vergleichbaren Satzes von Stadtregionen.

Der erste Schritt der Identifikation der stadtregionalen Kerne ergab 36 Städte und Gemeinden, welche den Kriterien der Größe (mehr als 200.000 Einwohner) und Bevölkerungsdichte (mehr als 1.000 Einwohner pro km² Siedlungsfläche) entsprachen. Davon liegen mit Rostock, Magdeburg, Halle (Saale), Erfurt, Leipzig, Dresden, Chemnitz und Berlin acht in den neuen und 28 Kerne in den alten Bundesländern. Durch die genannte Anpassung der Grenzzahlen im Bereich Rhein-Ruhr wurden die Städte Mönchengladbach, Krefeld, Duisburg, Oberhausen, Gelsenkirchen, Bochum und Wuppertal aus der Menge der stadtregionalen Kerne wieder entfernt. Somit blieb eine Gesamtmenge von 29 Kernen erhalten. (vgl. Karte 2)

Karte 2: Stadtregionale Kerne des Monitoring StadtRegionen

Quelle: Eigene Darstellung, Kartographie: Jutta Rönsch/ILS

Monitoring StadtRegionen

Im nächsten Schritt wurden aus den bislang nicht gekennzeichneten Städten und Gemeinden diejenigen betrachtet, welche räumlich zusammenhängen und die in der Summe den Anforderungen der Kriterien standhalten. Durch diesen zusätzlichen Schritt wurde lediglich der zusammenhängende Siedlungsbereich Mainz-Wiesbaden zur Menge der Kerne hinzugefügt.

Das Verfahren führte im ersten Schritt somit zu einer Menge von 30 stadtregionalen Kernen und damit zu einer Grundgesamtheit von 30 Stadtregionen.

Funktionale Beziehung

Ausgehend von den im ersten Schritt identifizierten Kernen wurden die funktionalen Verflechtungen der umliegenden Gemeinden mit diesen in den Prozess der Regionalisierung einbezogen. Es wurden sowohl die wohnungsmarkt- als auch die arbeitsmarktbezogenen Zusammenhänge zwischen den Gemeinden berücksichtigt. Das Ergebnis ist eine grobe regionale Abgrenzung, welche durch weitergehende Schritte auf einen engeren räumlichen Rahmen der Stadtregionen eingegrenzt werden muss.

Da eine direkte Betrachtung der Zusammenhänge durch die pendler- und wanderungsbezogenen Verflechtungen der Städte und Gemeinden bei ca. 11.300 Objekten aus Kapazitätsgründen nicht im Rahmen des Monitoring StadtRegionen herangezogen werden konnte, war für diesen Schritt eine adäquate vorhandene Abbildung der Zusammenhänge zu verwenden. Die besten Annäherungen dafür sind die Arbeitsmarktregionen sowie die Wohnungsmarktregionen des Bundesinstituts für Bau-, Stadt- und Raumforschung (BBSR). Diese liegen auf Kreisebene vor, weshalb sie lediglich einen umspannenden Rahmen der Region abbilden konnten und keine gemeindescharfe Abgrenzung ermöglichten. (vgl. Karte 3) (BBSR 2014).

Dieser grobe räumliche Bezugsraum der einzelnen Regionen wurde additiv aus den Wohnungsmarkt- und Arbeitsmarktregionen, welche die identifizierten Kerne enthalten oder eine Grenze mit ihnen teilen, gebildet. Dadurch war gewährleistet, dass nahe dem Kern liegende Gemeinden, welche sich keine der funktionalen Regionsdefinitionen mit ihnen teilen, in die Betrachtung mit einbezogen wurden.

Das Ergebnis des zweiten Schrittes der Regionalisierung zeigte ein räumlich dem bisherigen Monitoring ähnliches Bild der regionalen Verteilung des funktionalen Bezugsraums (vgl. Karte 4). Aufgrund der oben beschriebenen Unzulänglichkeiten dieser Regionalisierung war der weitere Schritt der gemeindescharfen Zuordnung und der Eingrenzung der Regionen auf einen engeren räumlichen Zusammenhang notwendig.

Karte 3: Arbeitsmarkt- und Wohnungsmarktregionen des BBSR

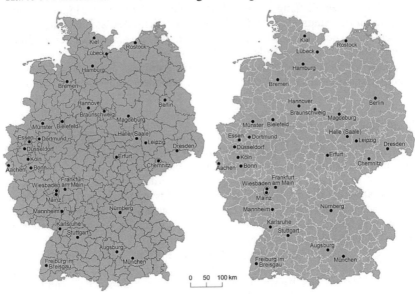

Quelle: BBSR 2013, Kartographie: Jutta Rönsch/ILS

Räumliche Nähe

Für eine engere Eingrenzung der Regionen wurde die räumliche Nähe zu den Kernen als zusätzlicher bildender Faktor hinzugezogen. So wurden lediglich diejenigen Gemeinden aus dem funktionalen Bezugsraum zu den Stadtregionen hinzugefügt, welche eine Fahrtdistanz von weniger als 25 km zu ihrem Kern aufwiesen; diese Höchstgrenze wurde in empirischen Untersuchungen als maximale Wanderungsentfernung für Wohnstandortsentscheidungen ermittelt und stellt damit die maximale Ausdehnung der Wohnungsmarktregion dar (Dittrich-Wesbuer/Osterhage 2008). Diese Distanz wurde auf einem überörtlichen Straßennetz ermittelt und ihr wurde ein korrigierender Wert hinzuaddiert, welcher die durchschnittliche höchste Distanz innerhalb eines Kernes zu seinem eigenen Rand darstellt. Hierdurch wurden Verzerrungen durch die Flächengröße der Kernstädte abgemildert. Die distanzbezogenen Berechnungen gingen vom geometrischen Schwerpunkt der jeweiligen Siedlungsbereiche der Städte und Gemeinden aus. Lag eine Gemeinde innerhalb der definierten Distanz zu zwei verschiedenen Kernen, wurde sie dem näher liegenden zugeordnet.

Monitoring StadtRegionen

Karte 4: Zwischenergebnis des Verfahrens zur Regionsabgrenzung

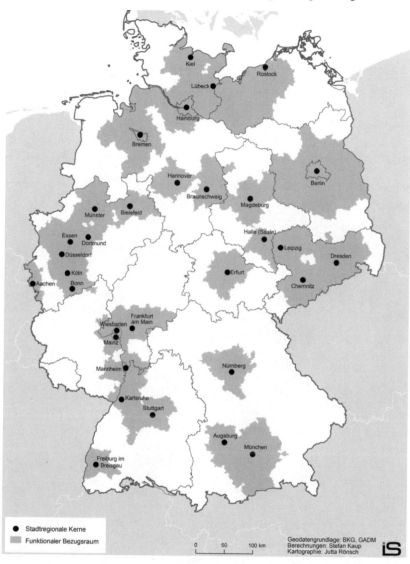

Quelle: Eigene Darstellung, Kartographie: Jutta Rönsch/ILS

Karte 5: Definierte Stadtregionen

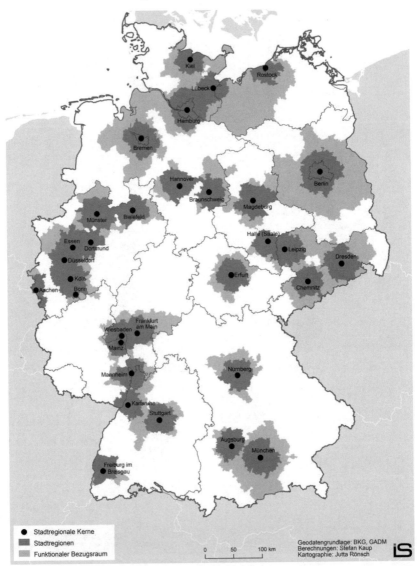

Quelle: Eigene Darstellung, Kartographie: Jutta Rönsch/ILS

Monitoring StadtRegionen

Ergebnis der stadtregionalen Abgrenzung

Das Ergebnis der Regionalisierung zeigt ein gegenüber dem bisherigen Monitoring deutlich schärfer abgegrenztes Bild der Stadtregionen, sichtbar auf Karte 5. Den 30 verwendeten Kernen stehen ca. 2.000 Gemeinden gegenüber, welche das stadtregionale Umland bilden. Die Regionen bestehen aus 15 (Region Aachen) bis 174 Städten und Gemeinden (Hamburg). (vgl. Karte 5)

Entwicklung der Stadtregionen

Die Entwicklung in den Stadtregionen wird in fünf zentralen Themenfeldern dargestellt. Diese sind Demographie, Siedlungsentwicklung, öffentliche Finanzen, Arbeit und Soziales sowie Wirtschaft. Dabei wird nicht versucht, die gesamte Bandbreite des Themas abzudecken, sondern anhand ausgewählter Kombinationen von Indikatoren Trends und Entwicklungen abzubilden.

Aufgrund der beschränkten Datenverfügbarkeit wird die Entwicklung für einen relativ kurzen Zeitraum von 2007 bis 2011 betrachtet. Unterschieden werden Betrachtungen der absoluten Werte für das Ausgangs- sowie Endjahr des Zeitraums sowie Betrachtungen der relativen Entwicklungen bezogen auf die Stadtregionen als Ganzes im Vergleich zur gesamtdeutschen Entwicklung, der stadtregionalen Kerne sowie der stadtregionalen Umlandgemeinden.

Bevölkerungsentwicklung

Seit mehreren Jahren gehört der demografische Wandel zu den zentralen Themen der Stadt- und Regionalentwicklung in Deutschland. Die Bevölkerungsabnahme wird vielerorts nicht mehr allein in Vorausberechnungen angekündigt, sondern ist mittlerweile ganz konkret an rückläufigen Einwohnerzahlen abzulesen. Noch deutlicher zeichnen sich Verschiebungen bei der Bevölkerungsstruktur ab. Eine anhaltend niedrige Geburtenrate und eine weiter steigende Lebenserwartung führen zu einer Alterung der Bevölkerung.

Die Bevölkerungsentwicklung weist hierbei bemerkenswerte räumliche Unterschiede auf. Nach der Wiedervereinigung setzte eine großräumige Ost-West-Verlagerung ein, die das Muster der Bevölkerungsentwicklung in Deutschland in der Folgezeit prägte. Zudem dominierten lange Zeit Dekonzentrationsprozesse die räumlichen Entwicklungstrends. Doch in der jüngeren Vergangenheit hat sich das Bild offenbar verändert; gegen Mitte des zurückliegenden Jahrzehnts entwickelte sich eine intensive Debatte um eine Trendverschiebung in Richtung Reurbanisierung (u. a. Brühl et al. 2005;

Siedentop 2008; Geppert/Gornig 2010; Brake/Herfert 2012; Osterhage/Kaup 2012). In einer Reihe von empirischen Arbeiten wurde seitdem untersucht, inwieweit es im Hinblick auf die Bevölkerungsentwicklung zu einem erneuten Bedeutungsgewinn von Agglomerationsräumen, Kernstädten und innenstadtnahen Gebieten gekommen ist.

Die vom Statistischen Bundesamt im Jahr 2009 vorgelegte 12. koordinierte Bevölkerungsvorausberechnung geht in zwei mittleren Varianten davon aus, dass die Bevölkerung in Deutschland im Zeitraum von 2008 bis 2060 um rund 17,4 bzw. 11,9 Millionen Menschen abnimmt (Statistisches Bundesamt 2009). Diese Berechnungen basieren auf der Annahme, dass gegenüber dem Ausland pro Jahr Wanderungsgewinne von 100.000 bzw. 200.000 Personen erzielt werden können. Infolge der Alterung sind laut Vorausberechnung gravierende Verschiebungen bei der Bevölkerungsstruktur zu erwarten. Demnach wird im Jahr 2060 jeder Dritte mindestens 65 Jahre alt sein und es werden etwa 14% der Bevölkerung 80 Jahre oder älter sein.

Bevölkerungsentwicklung in Deutschland

Ende des Jahres 2011 lebten in Deutschland etwas mehr als 82,2 Millionen Menschen.[29] Etwa die Hälfte der Gesamtbevölkerung entfiel auf die hier betrachteten 30 Stadtregionen – nämlich rund 40,7 Millionen Personen. Hiervon konnten innerhalb der Stadtregionen die Umlandgemeinden einen etwas höheren Anteil als die Kernstädte auf sich vereinigen. Die Zahl der Einwohner ist in Deutschland im vierjährigen Betrachtungszeitraum vom 31.12.2007 bis zum 31.12.2011 insgesamt um rund 375.000 Personen zurückgegangen. Das Vorzeichen der Entwicklung hat sich zuletzt jedoch wieder verändert. Nachdem die Einwohnerzahl seit 2003 acht Jahre lang zurückgegangen war, konnte Deutschland im Jahr 2011 wieder einen leichten Bevölkerungsgewinn verbuchen. Ursache hierfür war eine deutliche Zunahme bei den Zuzügen aus dem Ausland. Die Gewinne bei den internationalen Wanderungen konnten somit die Verluste bei der natürlichen Bevölkerungsentwicklung kompensieren. Hinter diesen Zahlen für Deutschland insgesamt verbergen sich unterschiedliche Entwicklungen in den einzelnen Bundesländern. Während es in Berlin und Hamburg im Betrachtungszeitraum zu beachtlichen Bevölkerungsgewinnen gekommen ist, haben die übrigen ostdeutschen Länder und das Saarland überdurchschnittliche Bevölkerungsverluste erfahren.

Bevölkerungsentwicklung in den Stadtregionen

Wenn die Bevölkerungsentwicklung für die Gruppe der Stadtregionen betrachtet wird, ist eine günstigere Entwicklung als im gesamten Bundesgebiet

---

29 Fortschreibung auf Basis der Volkszählung 1987 (Westdeutschland) bzw. des Zentralen Einwohnerregisters, Stichtag 03.10.1990 (Ostdeutschland).

zu erkennen. Die Stadtregionen konnten in der Summe ein leichtes Plus bei der Bevölkerungsentwicklung verbuchen, das sich im vierjährigen Betrachtungszeitraum auf insgesamt 0,8% beläuft. Dagegen zeigten sich die Bevölkerungszahlen außerhalb der Stadtregionen insgesamt stabil. Bei einem Blick in die Stadtregionen wird deutlich, dass die positive Entwicklung der letzten Jahre vornehmlich auf die Dynamik der Kernstädte zurückzuführen ist. Während die Gruppe der Kernstädte 2,2% an Bevölkerung gewonnen hat, hat die Gruppe der Umlandgemeinden leicht an Bevölkerung verloren. Die Unterschiede zwischen Kern und Umland sind hierbei im – allerdings nur vier Jahre umfassenden – Betrachtungszeitraum kontinuierlich größer geworden (vgl. Abb. 1).

Abbildung 1: Bevölkerungsentwicklung in den Stadtregionen 2007-2011 (jeweils zum 31.12.)

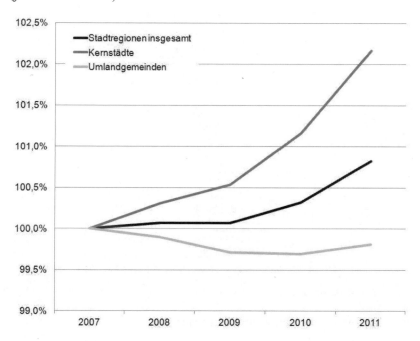

Quelle: Eigene Darstellung

Bei der Betrachtung der verschiedenen Raumkategorien muss bedacht werden, dass die Bevölkerungsentwicklung der einzelnen Stadtregionen noch einmal erhebliche Unterschiede aufweist (vgl. Abb. 2). Mit klarem Abstand steht die Region München an der Spitze der Rangliste. Hier betrug der jährliche Bevölkerungsgewinn in den Jahren 2008 bis 2011 über 1,0%. Es folgen so unterschiedliche Stadtregionen wie Leipzig, Frankfurt am Main, Berlin und Freiburg, die mit einem Plus von über 0,5% pro Jahr ebenfalls einen deutlichen Zugewinn erfahren haben. Am unteren Ende der Rangliste befinden sich demgegenüber mehrere Stadtregionen aus Ostdeutschland wie Chemnitz, Magdeburg, Halle (Saale) und Erfurt. Zudem fällt auf, dass eine Reihe von Stadtregionen aus Nordrhein-Westfalen eine vergleichsweise ungünstige Bevölkerungsentwicklung genommen hat. Hier sind die Regionen Dortmund und Essen im Ruhrgebiet, aber auch die Regionen Bielefeld und Aachen zu nennen.

Abbildung 2: Jährliche Bevölkerungsveränderung der Stadtregionen 2008-2011 (Summe Kern und Umland)

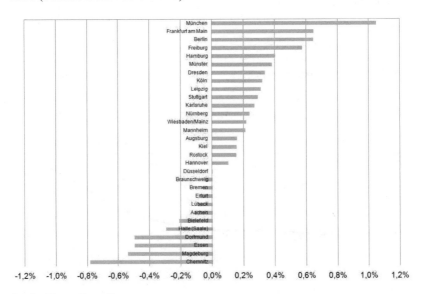

Quelle: Eigene Darstellung

Von der Dezentralisierung zur Zentralisierung

Innerhalb der Stadtregionen bestimmten Prozesse der Suburbanisierung über mehrere Jahrzehnte das Bild, wobei unterschiedliche Stadien und Verlaufsformen identifiziert werden können. Noch bis zu Beginn der 2000er Jahre ist es in der großen Mehrzahl der deutschen Stadtregionen zu einer dezentralen Verteilung der Bevölkerung gekommen. Die Abbildung 3 zeigt für den Betrachtungszeitraum vom 31.12.2007 bis zum 31.12.2011 jedoch ein anderes

Bild. Auf den Achsen des Diagramms sind für die 30 betrachteten Stadtregionen die jährlichen Bevölkerungsveränderungen zum einen des Kerns und zum anderen des Umlandes abgetragen worden. Wenn sich ein Punkt unterhalb der als Hilfslinie eingezeichneten Diagonalen befindet, war die Entwicklung der Kernstädte zuletzt günstiger als die der Umlandgemeinden. Demnach kann in 90% der deutschen Stadtregionen von einer Zentralisierung der Bevölkerung gesprochen werden. Dies gilt nur für die drei Regionen Berlin, Lübeck und Hamburg nicht. Insbesondere in der Hauptstadtregion konnte das Umland im vierjährigen Mittel noch einen knappen Vorsprung behaupten.

Abbildung 3: Jährliche Bevölkerungsveränderung im Kern-Umland-Vergleich 2008-2011

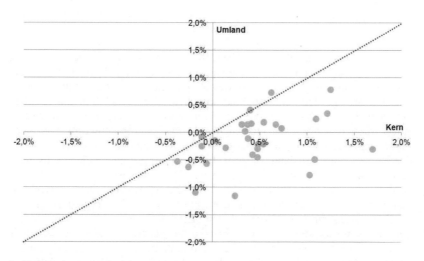

Quelle: Eigene Darstellung

Darüber hinaus lässt das Diagramm noch einige weitere Aspekte der aktuellen Entwicklung erkennen. So wird deutlich, dass es drei unterschiedliche Zentralisierungstypen gibt: Von einer absoluten Zentralisierung kann gesprochen werden, wenn der Kern Einwohner gewinnt, während das Umland Einwohner verliert. Einige besonders markante Beispiele für diesen Typ sind in Ostdeutschland anzutreffen – etwa in den Regionen Leipzig, Dresden, Magdeburg oder Rostock. Daneben gibt es zwei weitere Typen einer relativen Zentralisierung, bei denen die Bevölkerungsentwicklung in Kern und Umland dasselbe Vorzeichen aufweist. Bei der einen Variante werden in beiden Teilen der Stadtregion Einwohnergewinne erzielt. Dies trifft insbesondere auf mehrere Regionen aus der südlichen Hälfte Deutschlands wie Frankfurt am

Main, Freiburg, Karlsruhe oder Stuttgart zu. Zu einer relativen Zentralisierung kommt es aber auch, wenn die Kernstadt langsamer schrumpft als die Umlandgemeinden. Eine solche Konstellation ist v.a. in einigen ostdeutschen Regionen (Chemnitz oder Halle (Saale)) und im Ruhrgebiet (Dortmund oder Essen) anzutreffen. Die Verteilung der Punkte im Diagramm zeigt weiterhin, dass der Abstand zwischen der Bevölkerungsentwicklung in Kern und Umland regional sehr unterschiedlich ausfällt. Rein rechnerisch ist der Unterschied in der Stadtregion Münster am größten, wobei hier aber der Sondereffekt einer im Jahr 2011 eingeführten Zweitwohnsitzsteuer zu berücksichtigen ist. Große Unterschiede ergeben sich außerdem für die ostdeutschen Regionen Dresden, Magdeburg und Rostock, wo die vorliegenden Zahlen im Betrachtungszeitraum für eine Entkopplung der Entwicklungsverläufe in Kern und Umland sprechen.

Für den weit verbreiteten Übergang von einer Dezentralisierung zu einer Zentralisierung innerhalb der deutschen Stadtregionen im Laufe der letzten Jahre wird in der Fachliteratur eine Vielzahl von möglichen Ursachen angeführt (u.a. Brake/Herfert 2012). Hinsichtlich der Frage, wie lange der aktuelle Trend zugunsten der Kernstädte anhält, unterscheiden sich die Einschätzungen der Fachleute. Teilweise werden Argumente vorgebracht, die eher für eine kurzfristige Momentaufnahme sprechen. Hierzu gehören eine zeitlich befristete Verschiebung bei der Bevölkerungsstruktur zugunsten stadtaffiner Altersgruppen, eine aus verschiedenen Gründen temporär erhöhte Zahl an Studienanfängern oder ein zuletzt deutlicher Anstieg der Zuwanderungen aus dem europäischen Ausland. Es wird aber auch auf grundlegende gesellschaftliche Entwicklungen hingewiesen, die für eine länger wirksame Trendveränderung sprechen. So werden häufig die Zunahme von Doppelverdienerhaushalten und die damit verbundenen Fragen der Alltagsorganisation, eine De-Standardisierung von Lebensläufen oder eine wachsende Sensibilität für vermutlich weiter steigende Mobilitätskosten genannt. Wenn die derzeit in vielen Kernstädten hohe Nachfrage nach Wohnraum auch zukünftig anhält, ist unter Berücksichtigung der konkreten Situation vor Ort zu diskutieren, inwieweit diese Nachfrage mit entsprechenden Wohnraumangeboten auch bedient werden kann. Andernfalls ist zumindest für einige Regionen zu vermuten, dass die Preise merklich steigen, der Siedlungsdruck zunimmt und die Suburbanisierung wieder an Fahrt gewinnt.

Altersstruktur und Alterung

Im Hinblick auf die Ende des Jahres 2011 bestehende Altersstruktur zeigen sich ebenfalls erhebliche räumliche Unterschiede. So weisen die fünf ostdeutschen Flächenländer Sachsen, Sachsen-Anhalt, Thüringen, Brandenburg und Mecklenburg-Vorpommern mit Werten zwischen 22,0% und 24,5% im bundesweiten Vergleich die höchsten Anteile an Menschen auf, die das 65. Lebensjahr vollendet haben. Dagegen befinden sich die Anteilswerte dieser

Altersgruppe in den Stadtstaaten Hamburg und Berlin und den süddeutschen Bundesländern Baden-Württemberg, Bayern und Hessen unter der 20%-Marke. Diese räumlichen Muster sind zu einem großen Teil das Ergebnis von alterssselektiven Wanderungsprozessen in den letzten zwei Jahrzehnten.

Die Bevölkerung in den Stadtregionen ist insgesamt jünger als im gesamten Bundesgebiet. Auf den zweiten Blick ist jedoch zu erkennen, dass die Gruppe der Umlandgemeinden eine ähnliche Altersstruktur wie die Räume außerhalb der Stadtregionen aufweist. Demnach sind es die Kernstädte, für die sich bei der altersstrukturellen Verteilung zum Teil markante Abweichungen von den übrigen Raumkategorien ergeben (vgl. Abb. 4): In den Kernstädten sind die Anteile der Kleinkinder (unter drei Jahre) und der Altersgruppen zwischen 20 und 40 Jahren höher als in den Umlandgemeinden. Besonders prägnant ist der Unterschied bei den 25- bis 30-Jährigen, die sich häufig in der Berufseinstiegsphase befinden. Dagegen entfallen in den Umlandgemeinden höhere Anteile auf die Altersgruppen zwischen sechs und 20 Jahren, was die weiterhin bestehende Bedeutung des suburbanen Raums als Wohnstandort für Familien erkennen lässt. Passend dazu fällt der Anteilsvergleich ab der Gruppe der 40- bis 45-Jährigen wieder zugunsten des Umlandes aus. Und dies ändert sich auch in den nachfolgenden Altersgruppen nicht mehr.

Abbildung 4: Altersstruktur im Kern-Umland-Vergleich in den Stadtregionen (31.12.2011)

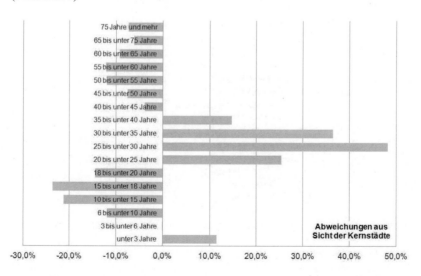

Quelle: Eigene Darstellung

Die Bevölkerungsentwicklung ist in den einzelnen Altersgruppen im Betrachtungszeitraum vom 31.12.2007 bis zum 31.12.2011 sehr unterschiedlich verlaufen (vgl. Abb. 5). Als übergeordneter Trend lässt sich zwar eine Alterung der Bevölkerung in Deutschland ausmachen. Im Detail ist die Entwicklung aber auch das Resultat komplexer demografischer Prozesse, die zum Teil bereits mehrere Jahrzehnte zurückliegen. So sorgte der Baby-Boom von Mitte der 1950er bis Mitte der 1960er-Jahre dafür, dass in den letzten Jahren die Altersgruppen der 45- bis 55 Jährigen deutliche Zuwächse erfahren haben. Darüber hinaus ist zu erkennen, dass die Kinder der Babyboomer inzwischen selbst das Erwachsenenalter erreicht haben. Dagegen hat es in den Altersgruppen der 35- bis 45 Jährigen besonders starke Rückgänge gegeben, was als Folgewirkung des Mitte der 1960er-Jahre einsetzenden Pillenknicks betrachtet werden kann. Weiterhin kontinuierlich rückläufige Geburtenzahlen in den 1990er und 2000er Jahren führten dazu, dass im Betrachtungszeitraum für alle Altersgruppen unter 20 Jahren eine rückläufige Entwicklung zu verzeichnen war. Es ist bemerkenswert, dass die Zahlen für die Gruppe der Kernstädte von diesen für Deutschland insgesamt zu beobachtenden Entwicklungslinien in einigen Punkten nennenswerte Abweichungen erkennen lassen.

Abbildung 5: Bevölkerungsentwicklung in Deutschland insgesamt und in den Kernstädten nach Altersgruppen 2007-2011 (jeweils zum 31.12.)

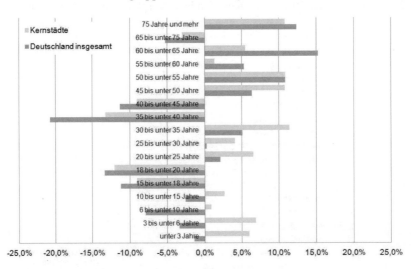

Quelle: Eigene Darstellung

Im Gegensatz zum aktuellen Trend im Umland und im übrigen Bundesgebiet hat die Zahl der Kinder – insbesondere bis zum vollendeten sechsten Lebensjahr – im Betrachtungszeitraum in vielen Kernstädten zugenommen. Hierbei warten einige ostdeutsche Großstädte wie Leipzig, Dresden, Rostock, Magdeburg und auch Berlin mit überdurchschnittlichen Wachstumsraten auf. Aber auch in westdeutschen Metropolen wie München oder Frankfurt am Main ist die Zahl der Kinder deutlich gestiegen. Weiterhin fällt auf, dass in allen betrachteten Kernstädten die Zuwächse bei den 20- bis 35-Jährigen besonders hoch ausgefallen sind. Spitzenreiter ist die Universitätsstadt Münster, wobei in diesem Fall wiederum die Effekte berücksichtigt werden müssen, die auf die Einführung einer Zweitwohnsitzsteuer im Jahr 2011 zurückzuführen sind. Auf den weiteren Plätzen folgen Großstädte aus dem gesamten Bundesgebiet: Leipzig, Karlsruhe, Rostock, München, Dresden, Magdeburg und Mannheim (vgl. Abb. 6a und Abb. 6b).

Abbildung 6a: Bevölkerung zwischen 0 und 6 Jahren in den Kernstädten: Bevölkerungsanteil und Bevölkerungsveränderung

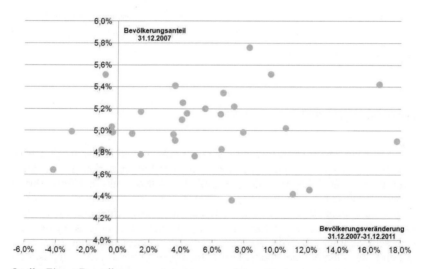

Quelle: Eigene Darstellung

Abbildung 6b: Bevölkerung zwischen 20 und 35 Jahren in den Kernstädten: Bevölkerungsanteil und Bevölkerungsveränderung

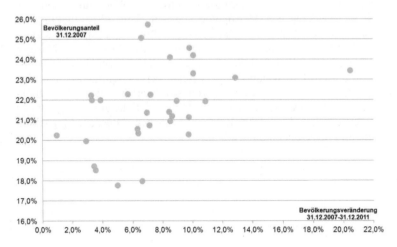

Quelle: Eigene Darstellung

Beschäftigtenentwicklung

Die volkswirtschaftliche Entwicklung Deutschlands und seiner Regionen ist in den letzten Jahren geprägt von einem ungewöhnlich starken Konjunktureinbruch im Jahr 2009 als Folge der globalen Wirtschafts- und Finanzkrise. Gerade in diesem Zusammenhang scheint sich die deutsche Volkswirtschaft aktuell auf einem stabilen Niveau erholt zu haben. Betrachtet man die relative Outputlücke als Maßzahl der konjunkturellen Auslastung (vgl. Abb. 7), zeigt sich sehr deutlich, dass die Auslastung der Produktionsfaktoren 2008 noch auf eine sich abkühlende, aber positive Boomphase hinwies. Zu sehen ist dies an einem positiven Wert der relativen Outputlücke, die in der Nulllinie die Normalauslastung der Produktionsfaktoren einer Volkswirtschaft angibt. Im Folgejahr 2009 brach die Auslastung um etwa sechs Prozentpunkte gegenüber 2008 ein, so dass als Konsequenz der weltweit einsetzenden ökonomischen Krise die deutsche Produktionsleistung deutlich zurückgegangen ist. In den Jahren 2010 und 2011 hat sich dieser exogene Schock jedoch durch eine konstante Aufschwungphase der heimischen Wirtschaft wieder aufgehoben, so dass sich die Volkswirtschaft bereits im Jahr 2011 wieder leicht oberhalb der Normalauslastung befand.

Abbildung 7: Relative Outputlücke Deutschland

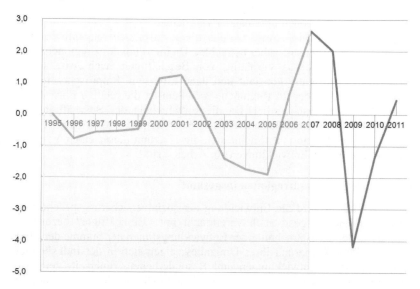

Quelle: Eigene Darstellung

Für eine Analyse der Auswirkungen dieser nationalen Trends auf die stadtregionale Entwicklung werden in diesem Beitrag die Beschäftigtenentwicklungen in den aufgeführten Jahren untersucht. Interessant ist in diesem Zusammenhang, ob die deutschen Stadtregionen dem gleichen ökonomischen Trend folgen wie die gesamte Volkswirtschaft oder ob sich über die betrachtete Aufschwungphase hinweg regionale Besonderheiten erkennen lassen (OECD 2009). Außerdem ist generell die Übertragungsstärke der Kriseneffekte auf die Beschäftigten interessant, also inwieweit der Einbruch auf der Produktionsseite überhaupt Auswirkungen auf den Arbeitsmarkt hatte. Zum einen soll in diesem Kontext überprüft werden, wie sich die interregionalen Strukturen geändert haben, z.B. welche Stadtregionen sich von anderen Regionen absetzen konnten oder nicht (Parr 2013). Zum anderen ist aber auch die Sicht auf die intraregionalen Trends wichtig, um herauszustellen, ob eher die Kerne von Stadtregionen als Träger der ökonomischen Entwicklung gesehen werden können, deren Umlandgemeinden, oder ob ein Gleichschritt in der Beschäftigtenentwicklung zu verzeichnen war (Dijkstra et al. 2013).

Nachfolgend konzentriert sich die Untersuchung auf die Daten der sozialversicherungspflichtig Beschäftigten auf Gemeindeebene, die für die Auswahl an funktionalen Stadtregionen zusammengefasst wurden. Aufgrund einiger Unzulänglichkeiten in der kommunalen Datenlage mussten die Stadtregionen Lübeck, Hannover, Aachen, Rostock, Magdeburg und Halle (Saale) von der Betrachtung ausgeschlossen werden. Somit werden in der weiteren Analyse 24 Stadtregionen miteinander verglichen.

Für diese Regionsauswahl werden die sozialversicherungspflichtig Beschäftigten am Arbeitsort näher betrachtet. Da hier Funktionalregionen untersucht werden, sollte das Verhältnis von Beschäftigten nach Arbeits- oder Wohnortsprinzip relativ konstant und nahe Eins sein. Empirisch zeigt sich dies auch für viele der 24 Regionen, vor allem ist die relative Entwicklung beider Variablen fast parallel. Da die Entwicklung der Beschäftigten am Arbeitsort die ökonomische Entwicklung einer Region exakter beschreibt als diejenigen am Wohnort, empfiehlt sich die Nutzung dieser einen Variablen als Indikator für die Entwicklungen am Arbeitsmarkt.

Entwicklung der Stadtregionen insgesamt

Im ersten Schritt wird die Entwicklung der sozialversicherungspflichtig Beschäftigten (nachfolgend auch vereinfacht mit „Beschäftigte" bezeichnet) analysiert. Bei der Betrachtung der Entwicklungslinien der Summe der Stadtregionen, ihrer Kerne und ihres Umlandes zeigen sich in der Indexbetrachtung interessante Entwicklungen und Besonderheiten. Einerseits zeigt sich das stark negative Bild der Outputentwicklung nicht bei der Betrachtung der Beschäftigten in allen Stadtregionen von 2008 bis 2011. Zwar lässt sich im Jahr 2009 eine relative Stagnation gegenüber dem Jahr 2008 feststellen, bis zum Jahr 2011 schließt sich dann jedoch eine kontinuierliche Beschäftigungszunahme um insgesamt etwa 3% an. Trennt man die Betrachtung zwischen den Kernstädten und den Umlandgemeinden, die einer gemeinsamen Stadtregion zugehören, zeigt sich andererseits eine unterschiedlich gelagerte Entwicklung.

Zwar ist der generelle Trend in beiden Teilregionstypen identisch, die relativen Niveaus sind jedoch unterschiedlich. So liegen zu allen betrachteten Zeitpunkten die Kerne in ihrer Entwicklung über dem Trend der Umlandgemeinden. Diese haben auch gegenüber den Kernen als einzige im Jahr 2009 eine leichte Abnahme der Beschäftigung gegenüber 2008 zu verzeichnen. Somit liegt die gesamtregionale Entwicklung auch zwischen diesen beiden Trendverläufen.

Abbildung 8: Indexentwicklung

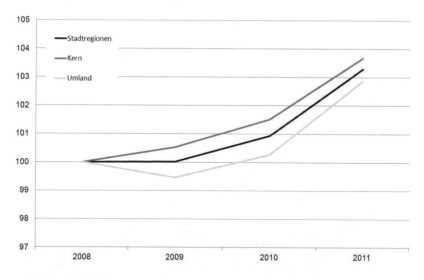

Quelle: Eigene Darstellung

Stadtregionen im Vergleich

Im nächsten Schritt werden nun die 24 Stadtregionen in ihrem durchschnittlichen jährlichen Wachstum über den Zeitraum 2008 bis 2011 dargestellt (vgl. Abb. 9). Den Zahlen liegt das geometrische Mittel der jeweiligen jährlichen Wachstumsraten zugrunde. In Abbildung 9 wird zusätzlich der Wert für die Entwicklung der Summe der Stadtregionen ausgewiesen, um einen Vergleichswert für über- und unterdurchschnittliche Entwicklungen nutzen zu können. Für eine einfache visuelle Einschätzung wurde eine vertikale Hilfslinie in die Grafik eingezogen, die die stadtregionale Gesamtwachstumsrate abbildet.

Bei dieser Art der Betrachtung zeigt sich zunächst, dass sich die 24 Regionen in zwei fast gleich große Gruppen aufteilen. Die eine mit einem Wachstum unterhalb der Gesamtdynamik aller Regionen, die andere mit einem Wachstum darüber. Diese gleiche Aufteilung deutet auf eine sehr harmonische Verteilung der Wachstumsgrößen ohne schiefe Verteilungselemente hin, was sich in der Abbildung 10 bereits visuell erkennen lässt. Wesentliches Merkmal der Verteilung des Beschäftigtenwachstums ist, dass sich kein pauschales Schema finden lässt, das die Verteilung beschreibt.

Abbildung 9: Geometrisches Mittel der jährlichen Wachstumsraten 2008-2011

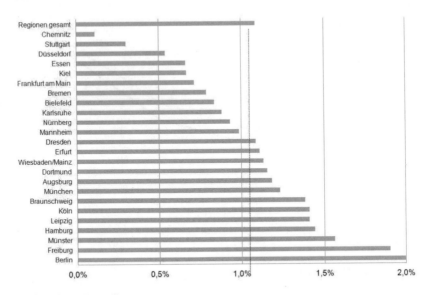

Quelle: Eigene Darstellung

Weder ist es die geografische Lage im Sinne eines Süd-Nord oder West-Ost Gefälles, noch ist es der raumstrukturelle Grundtyp (monozentrische versus polyzentrische Struktur). Einzig die Größe scheint als Muster erkennbar zu sein. So liegen alle Stadtregionen, die von den Millionenstädten in Deutschland geprägt werden, oberhalb der gesamtregionalen Entwicklung. Vor allem die Spitzenposition Berlins in der Beschäftigtenentwicklung ist sehr bemerkenswert, lag die Hauptstadt doch in anderen Zeiträumen häufig eher im Mittelfeld in der interregionalen Betrachtung (Rusche/Oberst 2010).

Kern und Umland in der Einzelbetrachtung

Aus theoretischer wie empirischer Sicht ist vor allem die getrennte Betrachtung der Regionskerne und des funktional verflochtenen Umlands von herausragender Bedeutung, da in der theoretischen Diskussion um Agglomerationsvorteile verschiedene Konstellationen denkbar sind (Glaeser 2008/ McCann 2013). Zum einen kann in einer sehr monozentrischen Region die ökonomische Entwicklung des Kerns das Umland dominieren, so dass dieser im Extremfall allein eine Funktion als „Schlafstadt" erfüllt. Andererseits kann aber auch ab einem gewissen Niveau der Verdichtung ökonomischer Aktivitäten in urbanen Zentren eine Beschäftigungssuburbanisierung einset-

Monitoring StadtRegionen

zen, die die ökonomische Dynamik in das Umland verlagert. Zwischen diesen beiden Varianten kann es noch einen Gleichlauf in positiver wie negativer Richtung geben. Schlussfolgernd aus diesen kurzen Überlegungen wird nachfolgend vor allem das Wechselspiel in der Kern-Umland-Entwicklung näher betrachtet.

In einem ersten Schritt wird der Fokus auf die Entwicklung in den jeweiligen Kernen der Stadtregionen gelegt. Abbildung 10 stellt die Rangfolge der durchschnittlichen Wachstumsraten von 2008 bis 2011 analog zu Abbildung 10 im Vergleich zur Gesamtentwicklung der Summe der Regionskerne dar.

Abbildung 10: Kerne

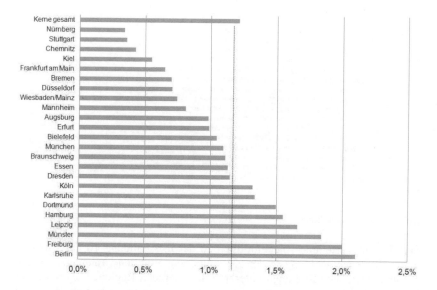

Quelle: Eigene Darstellung

Im Vergleich zur Darstellung der Entwicklung in den Stadtregionen als Ganzes zeigt sich bei der Betrachtung der Kerne eine vergleichsweise schiefe Verteilung der Wachstumsgrößen. So liegen acht Regionen oberhalb der Gesamtentwicklung der Kerne, 16 hingegen darunter. Erneut sticht Berlin als dynamischster Regionskern heraus, gefolgt von den mittelgroßen Städten Freiburg und Münster. Auch hier zeigt sich, dass die großen Kernstädte Köln, Hamburg und Berlin stark von Agglomerationsvorteilen zu profitieren scheinen, da sie trotz ihrer Größe und Dichte zu den am stärksten in der Beschäftigung wachsenden Regionen gehören. München hingegen scheint in dieser Betrachtung relativ an Dynamik verloren zu haben.

Kern und Umland gegenübergestellt

Im Vergleich zu der Beschäftigtenentwicklung in den Kernregionen stellt Abbildung 11 die Entwicklung der Umlandregionen gegenüber.

Abbildung 11: Umland

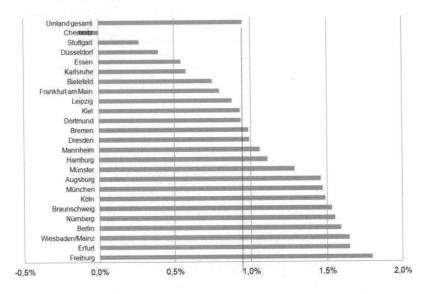

Quelle: Eigene Darstellung

Hier ist die Verteilung spiegelbildlich zu der in Abbildung 10 dargestellten Beschäftigtenentwicklung in den Kernregionen. Von den Umlandgemeinden befinden sich zehn Regionen unterhalb und vierzehn Regionen oberhalb der Gesamtentwicklung aller Umlandregionen. Zum einen zeigt sich, dass das durchschnittliche jährliche Wachstum der Umlandgemeinden in der Summe um etwa 0,26 Prozentpunkte geringer ist als in den Kernregionen. Somit entwickelt sich in der Gesamtheit betrachtet die Beschäftigung in den Stadtregionen vornehmlich im Kern, allerdings in abgeschwächter Form auch im Umland. Auffällig ist zunächst die Entwicklung im Chemnitzer Umland, da hier als einziger Fall eine Schrumpfung zu verzeichnen ist. Die Wachstumswerte in den anderen Gemeinden sind erneut dahingehend interessant, dass auch hier die Umlandgemeinden der großen Stadtregionen eine überdurchschnittliche Entwicklung zu verzeichnen haben. Diese doppelte, Kern und Umland gemeinsam betreffende, Wachstumstendenz lässt sich auch für zum Beispiel Münster und Freiburg erkennen. Anders sieht dies im Fall München

Monitoring StadtRegionen

aus, wo das Umland entgegen der unterdurchschnittlichen Entwicklung im Kern eine sehr positive Wachstumstendenz aufzeigt.
Einen tieferen Einblick in die verschiedenen Kern-Umland-Beziehungen, die sich in der Beschäftigtenentwicklung zeigen, bietet Abbildung 12.

Abbildung 12: Wachstum Kerne vs. Umland

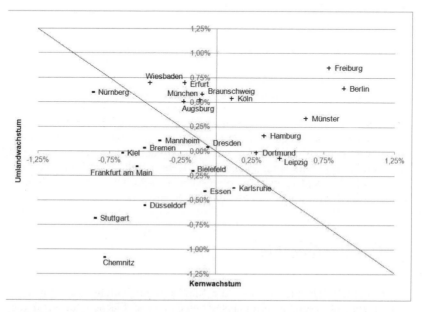

Quelle: Eigene Darstellung

In Abbildung 12 werden die durchschnittlichen Wachstumsraten der jährlichen Beschäftigtenentwicklung der Jahre 2008 bis 2011 für Kerne und Umland in einer gemeinsamen Darstellung in ihrer Abweichung von der Gesamtentwicklung des jeweiligen Regionstyps dargestellt. Auf der Abszisse ist die Abweichung vom Kernwachstum der jeweiligen Region eingetragen, während die Ordinate die Abweichung vom Umlandwachstum abbildet. Die eingetragene gestrichelte Hilfslinie trennt die überdurchschnittlich wachsenden von den unterdurchschnittlich wachsenden Regionen, die zusätzlich mit einem plus oder minus entsprechend gekennzeichnet sind. Indem die Abbildung so gestaltet ist, lässt sich für unter- wie überdurchschnittlich wachsende Regionen ablesen, welche Kern-Umland-Konstellation zu dem Gesamtwachstum der jeweiligen Stadtregion geführt hat.

Die sechs wachstumsstärksten Stadtregionen Berlin, Freiburg, Münster, Hamburg, Leipzig und Köln befinden sich alle im 1. Quadranten des Koordinatensystems. Das heißt, dass in diesen Stadtregionen sowohl Kern als auch Umland überdurchschnittlich an Beschäftigung gewonnen haben.

Weitere sehr dynamische Regionen sind Wiesbaden, Erfurt, Braunschweig, München und Augsburg. In diesen Regionen ist die überdurchschnittliche Performance jedoch allein von der Umlandentwicklung getragen, da der jeweilige Kern eine unterdurchschnittliche Entwicklung aufzeigt. In den Regionen Dortmund und Leipzig ist dieses Verhältnis umgekehrt – hier sind die Kerne die stärkeren Typen.

Auf der Seite der unterdurchschnittlich wachsenden Stadtregionen bilden Chemnitz, Stuttgart, Düsseldorf, Essen, Kiel, Frankfurt am Main und Bielefeld diejenigen Regionen ab, bei denen Kern wie Umland unterdurchschnittlich in der Beschäftigung wachsen.

Demgegenüber wachsen in den Stadtregionen Bremen, Mannheim, Nürnberg und Dresden nur die Kerne unterdurchschnittlich, obwohl die Umlandgemeinden über der Gesamtentwicklung liegen. In diesen Fällen kann das Umland die stadtregionale Entwicklung jedoch nicht hin zu einem überdurchschnittlichen Wachstum kompensieren. In der Stadtregion Karlsruhe ist dies Verhältnis ebenfalls umgekehrt - der Kern ist relativ stark in seiner Dynamik, dass Umland jedoch relativ gesehen zu schwach, um in der Summe eine überdurchschnittliche Entwicklung zu generieren.

Siedlungsentwicklung

Die öffentliche Diskussion über die Siedlungsentwicklung steht unter der Zielsetzung, die tägliche Neuinanspruchnahme von Flächen für Siedlungs- und Verkehrsflächen (SuV) bis zum Jahr 2020 auf 30 ha je Tag zu reduzieren. Dies wurde bereits vor über zehn Jahren von der Bundesregierung in der Nachhaltigkeitsstrategie „Perspektiven für Deutschland" festgehalten (Die Bundesregierung 2002) und ist seither prägend für die räumliche Planung.

Trotz der verbreiteten grundsätzlichen Akzeptanz zur Reduzierung der Flächenneuinanspruchnahme werden die kontroversen sozialen, ökonomischen und ökologischen Implikationen als Kritikpunkte an der Zielsetzung angeführt. Dagegen gibt es auch Hinweise, dass die Minimierung der Flächenneuinanspruchnahme nicht zwingend mit negativen ökonomischen und sozialen Auswirkungen einhergehen muss (Siedentop et al. 2009: 95). Es ist offen, welche konkreten sozialen und ökonomischen Folgen eine Reduzierung der Neuinanspruchnahme auf 30 ha je Tag hat und welche Einschränkungen aus ökologischer Perspektive erforderlich sind. Klar ist, dass der Wandel der Flächennutzung weitreichende Folgen hat (unter anderem die Versiegelung von Böden, die Zerschneidung von Lebens-, Kultur- und Erholungsräumen, die Tragfähigkeit von Infrastrukturen oder die Nachfrage nach Wohnungen auch in den Siedlungskernen).

Zum Zeitpunkt der Veröffentlichung der Nachhaltigkeitsstrategie im Jahr 2002 lag die tägliche Neuinanspruchnahme in Deutschland bei 121ha. Seit dem Höhepunkt im Jahr 2004 mit 131ha ist der Trend rückläufig und lag im Jahr 2011 noch bei 74ha je Tag. Inwiefern der aufgezeigte Rückgang der Neuinanspruchnahme auf den demografischen Wandel, wirtschaftsstrukturelle Veränderungen oder die Wirtschafts- und Finanzkrise zurückzuführen ist, oder ob ein politischer und planerischer Paradigmenwechsel einen wesentlichen Anteil daran hat, kann nicht abschließend beantwortet werden.

Die amtliche Flächenstatistik ist jedenfalls nur bedingt geeignet, um die tatsächliche Flächennutzung und deren Wandel abzubilden (Meinel 2013: 487ff.). Verschiedene Aspekte wie die dezentrale Erfassung oder Umwidmungen – also Neuzuordnungen von Nutzungskategorien bei Flächen, ohne dass diese mit tatsächlichen Nutzungsveränderungen einhergehen[30] – können teilweise zu einer verfälschten Darstellung führen (Meinel 2013; Siedentop/Fina 2010). Dies betrifft insbesondere Darstellungen zur Entwicklung der SuV beim Vergleich der Stadtregionen sowie von Kern und Umland, was bei den nachfolgenden Ausführungen zu beachten ist.

Siedlungsentwicklung in Deutschland

Im Jahr 2011 umfasste die als SuV definierte Fläche rund 48.000 km^2 und damit rund 13,0% der Fläche des Bundesgebietes. Auf die Stadtregionen[31] entfallen 29,5% der SuV, dagegen aber nur 17,5% der Bodenfläche. Hier ist die Nutzungsdichte für Siedlungs- und Verkehrszwecke deutlich höher. In den Stadtregionen wird nahezu ein Viertel der Gesamtfläche für Siedlungs- und Verkehrszwecke genutzt (22,7%).

Im betrachteten Zeitraum lag die tägliche Neuinanspruchnahme für Siedlungs- und Verkehrszwecke bei 78,0ha je Tag im Jahr 2009, 76,8ha je Tag in 2010 und 73,6ha je Tag in 2011. Dies entspricht einem bundesweiten Wachstum der Siedlungsfläche von jährlich 0,6%. Rund ein Viertel dieses Flächennutzungswandels erfolgte innerhalb der Stadtregionen, die ihre tägliche Neuinanspruchnahme von 2008 bis 2011 um 18,1% vermindert haben. Bundesweit konnte die Neuinanspruchnahme lediglich um 5,6% reduziert werden.

---

30 Beispielsweise wurden Kleingärten aus der Kategorie der landwirtschaftlichen Flächen in die Kategorie der Erholungsflächen überführt, wobei letztere zur Siedlungs- und Verkehrsfläche gezählt werden.

31 Aufgrund der Datenverfügbarkeit erfolgt die Betrachtung im Abschnitt Siedlungsentwicklung für den Zeitraum 31.12.2008 bis 31.12.2011 und ohne die Regionen München und Nürnberg. Angaben beziehen sich – soweit nicht anders angegeben – jeweils auf das Jahr 2011 oder bei der Darstellung von Veränderungen auf die Entwicklung vom 31.12.2008 bis zum 31.12.2011.

Interessant sind darüber hinaus die Unterschiede bei einer Differenzierung der SuV in weitere Unterkategorien der Nutzungsklassifikation. Der Siedlungsraum ist innerhalb der Stadtregionen im Vergleich zum Bundesgebiet stärker durch Gebäude- und Freiflächen geprägt (56,2% gegenüber 51,4% der SuV), während die Verkehrsflächen einen geringeren Anteil aufweisen (29,9% der SuV innerhalb der Stadtregionen gegenüber 37,5% im Bundesdurchschnitt).

Während die Fläche der Stadtregionen an der gesamtdeutschen Fläche einen Anteil von 29,5% besitzt, ist der Anteil am 40,5 Millionen Wohnungen umfassenden Wohnungsbestand mit 45,5% deutlich höher. Die bereits für die SuV aufgezeigte höhere Nutzungsintensität für Siedlungszwecke in den Stadtregionen (höherer Anteil der SuV an der Bodenfläche sowie der Gebäude- und Freifläche an der SuV) zeigt sich beim Wohnungsbestand nochmals gravierender. Dort liegt die Anzahl der Wohnungen je Hektar SuV bei 13,0 während es im Bundesschnitt lediglich 8,4 Wohnungen sind. Diese Differenzen sind maßgeblich auch auf die Gebäudestrukturen zurückzuführen, da der Anteil an Gebäuden mit drei oder mehr Wohnungen in den Stadtregionen mit 24,3% fast ein Viertel des Wohngebäudebestandes ausmacht (gegenüber bundesweit 17,0%). Hier zeichnen sich jedoch leichte Verschiebungen ab: Während die Zahl der Wohnungen von 2008 bis 2011 gleichermaßen um circa 1,0% gestiegen ist, erfolgte dies in den Stadtregionen stärker als im Bundesdurchschnitt in Form von Einfamilienhäusern.

Hinsichtlich der Nutzungsintensität ist ergänzend zu den vorangehenden Ausführungen eine einwohnerbezogene Betrachtung aussagekräftig. In der Debatte um die Flächenneuinanspruchnahme wird insbesondere vor dem Hintergrund der demografischen Entwicklungen zunehmend darauf hingewiesen, dass damit auch der Infrastrukturaufwand je Einwohner steigt, was mit langfristigen Folgekosten für die öffentliche Hand sowie private Haushalte einhergeht (vgl. Schiller/Siedentop 2005; Danielzyk *et al.* 2010; Dittrich-Wesbuer/Mayr 2013). Auf Bundesebene ist die Zahl der Einwohner je Hektar SuV von 17,4 um 3,7% auf 16,7 zurückgegangen. Ähnlich verhält es sich bei der Anzahl der Einwohner je Wohnung (-3,1%). In den Stadtregionen liegt die Einwohnerdichte mit 26,2 Einwohnern je Hektar SuV deutlich höher und ist von 2008 bis 2011 in geringerem Maße (-0,9%) rückläufig.

Siedlungsentwicklung in den Stadtregionen

Der Anteil der SuV an der Gesamtfläche unterscheidet sich zwischen den Stadtregionen deutlich. In den Stadtregionen Essen (51,6%), Düsseldorf (41,7%) und Dortmund (38,6%) ist der Anteil der SuV an der Gesamtfläche besonders hoch, während er in den Stadtregionen Erfurt (11,9%), Freiburg (12,9%) und Lübeck (12,9%) unter dem Wert des gesamten Bundesgebietes liegt. Zurückzuführen ist dies gleichermaßen auf die Kerne als auch auf das

Umland. So übersteigen die SuV-Anteile des Umlands einiger Stadtregionen sogar die der Kerne anderer Regionen (vgl. Abb. 13).

Abbildung 13: Anteil der SuV an der Bodenfläche

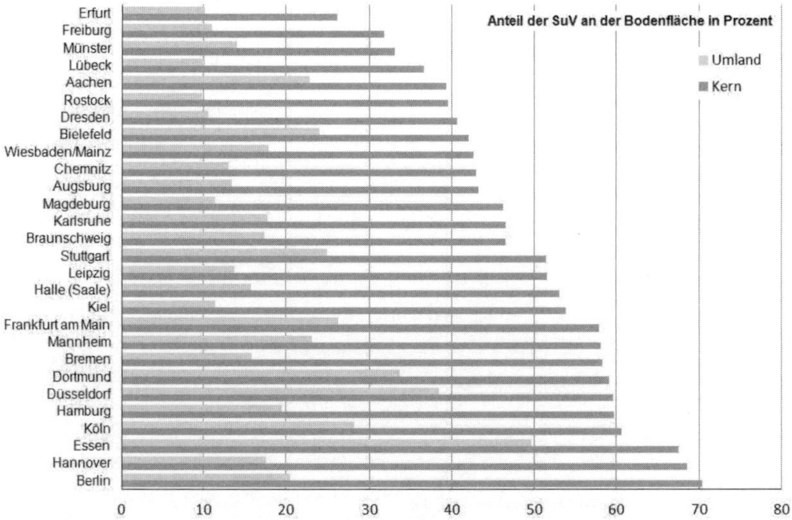

Quelle: Eigene Darstellung

Ähnlich heterogen zeigt sich auch die Entwicklung der SuV zwischen 2008 und 2011, wobei zwischen der absoluten und der relativen Veränderung differenziert werden muss (vgl. Abb. 14). Die größten relativen Veränderungen ergeben sich in den Stadtregionen Leipzig (+6,2%), Chemnitz (+5,1%) und Rostock (+2,7%), während die SuV in Magdeburg (-2,0%), Halle (Saale) (-0,7%) und Bremen (-0,1%) – zumindest nach der amtlichen Flächenstatistik – rückläufig war. Absolut ist der größte Zuwachs an SuV mit 2,9ha je Tag in Berlin zu beobachten. In Leipzig waren es 2,3 und in Chemnitz 1,6ha je Tag. Abgesehen von Berlin, der in der Fläche und hinsichtlich der Bevölkerungszahl größten Stadtregion, zeigt sich zwischen relativer und absoluter Entwicklung kein erkennbarer Zusammenhang. Doch aber lässt sich feststellen, dass ein höheres SuV-Wachstum im Kern auch ein ebensolches im Umland nach sich zieht.

Von der Bevölkerungsentwicklung ist die Entwicklung der SuV in den Stadtregionen weitgehend unabhängig. Der fehlende oder untergeordnete nachfrageseitige Einfluss von Bevölkerungs- und Beschäftigtenentwicklung auf die Neuinanspruchnahme von Flächen wurde andernorts bereits empirisch belegt (Siedentop et al. 2009). Vielmehr kann „die regionale Varianz der Flächeninanspruchnahme durch ein komplexes Bündel von demographischen, ökonomischen, raum- und infrastrukturellen sowie naturräumlichen Variablen" (ebd.: 93) zumindest teilweise erklärt werden, wobei auch – oder insbesondere – angebotsseitige Faktoren und damit vornehmlich politische Entscheidungen relevant sind.

Abbildung 14: Veränderung der SuV in den Stadtregionen

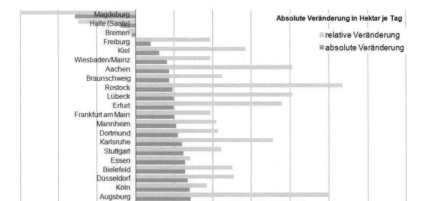

Quelle: Eigene Darstellung

In unterschiedlichem Maße geht die Veränderung des Wohnungsbestandes auf verschiedene Gebäudetypen zurück, denn der Gebäudebestand nahm in allen Stadtregionen zu. Dabei stieg einheitlich gerade der Anteil an Einfamilienhäusern an, während der Anteil an Zwei- und Mehrfamilienhäusern in allen Stadtregionen rückläufig war. Dieser weiter anhaltende Trend zum Einfamilienhaus muss vor dem Hintergrund des formulierten 30-Hektar-Ziels kritisch gesehen werden, handelt es sich doch um eine flächenintensive Bebauungsform. Gefordert werden vor dem Hintergrund flächensparender Siedlungsformen – vorwiegend mit der Begründung der Infrastrukturfolgekosten – gerade verdichtete Bauformen (Schiller/Gutsche 2009). Offenbar besteht aber weiterhin eine gewisse Präferenz für diese Wohnform.

Die höchsten Einwohnerzahlen je Hektar SuV finden sich in den Stadtregionen Stuttgart (36,5), Frankfurt am Main (35,2) und Berlin (34,0), während nur gering verdichtete Stadtregionen wie Magdeburg (12,6), Halle (Saale) (15,0) und Rostock (15,6) sogar unter dem Bundesschnitt liegen. Dabei handelt es sich um drei Regionen mit langjährigen Einwohnerverlusten.

Die aktuell größten Veränderungen gab es in den Stadtregionen Freiburg (+1,3%), Frankfurt am Main (+1,2%) und Magdeburg (+0,6%) sowie Chemnitz (-7,1%), Leipzig (-5,2%) und Dortmund (-2,5%).

Siedlungsentwicklung zwischen Kern und Umland

Die Kerne und das Umland der Stadtregionen sind in unterschiedlichem Maß durch SuV geprägt. Die höchsten Anteile der Kerne sind in Berlin (70,4%), Hannover (68,6%) und Essen (67,6%) zu finden, während in den Kernen von Erfurt (26,2%), Freiburg (31,8%) und Münster (33,0%) noch die Freiräume gegenüber den SuV dominieren. Interessant ist darüber hinaus das Gefälle zwischen Kern und Umland, das in Essen, Düsseldorf und Aachen nur gering, in Kiel, Magdeburg und Rostock dagegen sehr hoch ausfällt. Gerade in Düsseldorf und Essen geht der geringe Unterschied zwischen Kern und Umland auf die stark verdichteten Strukturen des Umlandes zurück, während der Anteil der SuV im Umland von Kiel, Magdeburg und Rostock sehr gering ausfällt. Hier ist der Anteil der SuV an der Gesamtfläche in den Kernen um mindestens das Vierfache höher als im Umland (vgl. Abb. 13).

Hinsichtlich der Veränderung der SuV liegt der Zuwachs auf Bundesebene (+1,8% von 2008 bis 2011) etwas über der Veränderung in den Stadtregionen (+1,5%). Deutlicher sind die Disparitäten dagegen innerhalb der Regionen selbst, also zwischen den Kernen (+1,0%) und dem Umland (+1,7%). Während bei der Bevölkerungsentwicklung von einer Zentralisierung gesprochen werden kann, zeigt sich bei Betrachtung der Entwicklung der SuV ein umgekehrtes Bild. Gerade einmal in einem Viertel der Stadtregionen ist die Entwicklung der SuV in den Kernen höher als im dazugehörigen Umland (Chemnitz, Münster, Wiesbaden/Mainz, Erfurt, Bremen, Halle (Saale), Magdeburg) (vgl. Abb. 15).

Bei der Entwicklung des Wohnungsbestandes ist lediglich in sechs Stadtregionen ein Konzentrationstrend zu beobachten (Münster, Frankfurt am Main, Aachen, Dortmund, Leipzig, Dresden; vgl. Abb. 16). Während aber die Entwicklung des Gebäudebestandes zwischen Kern und Umland ausgeglichen verläuft, wird der Einfamilienhausbestand in 18 der 28 Stadtregionen[32] in den Kernen stärker ausgebaut als im Umland. Insgesamt wuchs der Einfamilienhausbestand in den Kernen um 2,5% und im Umland um 2,1%. Spitzenreiter waren dabei die Kerne Dresden (+4,4%), Rostock (+4,2%) und Münster (+4,1%).

---

32 Aachen, Augsburg, Bielefeld, Chemnitz, Dortmund, Dresden, Erfurt, Essen, Frankfurt am Main, Halle (Saale), Kiel, Köln, Leipzig, Magdeburg, Münster, Rostock, Stuttgart, Wiesbaden/Mainz.

Die verbreiteten Konzentrationsprozesse der Bevölkerung schlagen sich auch in der Einwohnerdichte sowie der Zahl der Einwohner je Wohnung nieder.

Abbildung 15: SuV-Entwicklung in den Kernen und im Umland

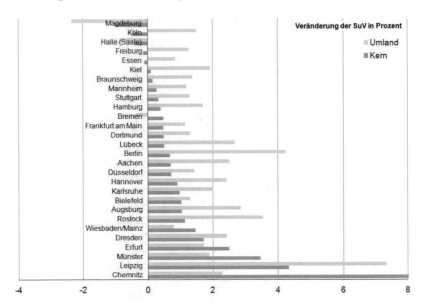

Quelle: Eigene Darstellung

In 25 der 28 Stadtregionen ist die Entwicklung der Einwohner je Hektar SuV in den Kernen höher als im Umland, wobei in fast zwei Dritteln der Kerne die Dichte (Einwohner je Hektar SuV) auch absolut zunimmt. In den Kernen von Freiburg (+4,5%) und Frankfurt am Main (+3,5%) ist dieser Trend besonders deutlich. Demgegenüber können in keinem Umland Verdichtungstendenzen konstatiert werden. Der Unterschied zwischen den Kernen und dem teilweise ohnehin nur gering verdichteten Umland wird damit noch größer. Ähnlich verhält es sich auch bei der Zahl der Einwohner je Wohnung. Dieser mittlere Wohnungsbesatz steigt in drei Viertel der Kerne an. Das einzige Umland mit steigendem Wohnungsbesatz findet sich in Frankfurt am Main (+0,3%).

Abbildung 16: Veränderung des Wohnungsbestandes in den Kernen und im Umland

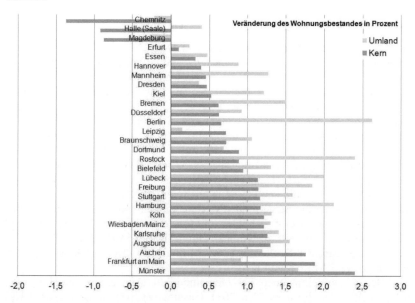

Quelle: Eigene Darstellung

Entwicklung der öffentlichen Finanzen

Gemeindliche Steuereinnahmen der Stadtregionen – Grundsätzliches

Der Finanz- und Investitionsspielraum einer Gemeinde wird vor allem durch ihre Steuereinnahmen bestimmt. Folgerichtig wird die Finanzkraft einer Gemeinde mit dem Indikator Steuerkraft je Einwohner gemessen. Zu den gemeindlichen Steuern gehören die Grundsteuer, die Gewerbesteuer (minus Gewerbesteuerumlage), die Anteile an der Einkommens- und Umsatzsteuer sowie diverse weitere Steuern wie Zweitwohnungs-, Betten- oder Hundesteuer.

Die Gesamteinnahmen der Gemeinden umfassen neben den Steuer- und Gebühreneinnahmen Zuteilungen im Rahmen des kommunalen Finanzausgleichs wie Schlüssel- oder Investitionszuweisungen. Keine Schlüsselzuweisungen erhalten beispielsweise in Nordrhein-Westfalen nach §7 GFG 2013 solche Gemeinden, bei denen die Steuerkraftmesszahl gleich oder höher ist als die Ausgangsmesszahl bzw. bei denen die Finanzkraft gleich oder höher ist als der errechnete Finanzbedarf (abundante Gemeinden) (Gemeindefinanzierungsgesetz NRW 2013).

Gemeindliche Steuereinnahmen in Deutschland

Im Jahre 2011 erzielten die Gemeinden in Deutschland (ohne Stadtstaaten) Steuereinahmen (netto) in Höhe von 69,7 Milliarden Euro. Für die positive Entwicklung gegenüber dem Vorjahr ausschlaggebend war vor allem die Zunahme der Gewerbesteuer (netto), die im Jahr 2011 um 13,2% auf 30,5 Milliarden Euro angestiegen war. Dagegen fielen die Steigerungsraten bei den anderen Steuern deutlich geringer aus: So stieg der Gemeindeanteil an der Einkommensteuer „nur" um 6,9% auf 24,6 Milliarden Euro, der Gemeindeanteil an der Umsatzsteuer um 6,1% auf 3,5 Milliarden Euro, die Grundsteuer A um 1,9% auf 0,4 Milliarden Euro und die Grundsteuer B um 3,7% auf 9,9 Milliarden Euro. (Deutscher Städte- und Gemeindebund. 2012a: 2)

Was die gemeindlichen Gesamteinnahmen angeht, so treten – wie oben dargelegt – neben die Steuern noch weitere Einnahmequellen. Im Jahre 2011 waren das beispielsweise Gebühren in Höhe von 23,0 Milliarden Euro und Zuweisungen des jeweils zuständigen Bundeslandes in Höhe von 36,1 Milliarden Euro, darunter Schlüssel- (26,3 Milliarden Euro) und Investitionszuweisungen (8,7 Milliarden Euro).

Den Gesamteinnahmen der Gemeinden in Deutschland in Höhe von 191,7 Milliarden Euro standen 2011 Gesamtausgaben in Höhe von 194,5 Milliarden Euro gegenüber. Trotz der gestiegenen Steuereinnahmen verzeichneten die Gemeinden in diesem Jahr ein Finanzierungsdefizit (-2,9 Milliarden Euro). Die Verschuldung der deutschen Gemeinden ging also auch im Jahre 2011 weiter. (Deutscher Städte- und Gemeindebund 2012b: 2)

Gemeindliche Steuereinnahmen der Stadtregionen

Nachfolgend werden die Steuereinnahmen der Städte und Gemeinden in den hier betrachteten Stadtregionen miteinander verglichen. Zu berücksichtigen ist hierbei, dass für eine ganze Anzahl von Regionen keine belastbaren Zahlen vorliegen. Es geht also jeweils um die Gesamtsumme der gemeindlichen Steuereinnahmen (netto), die sich – wie oben beschrieben – zusammensetzen aus der Gewerbesteuer (netto) (Gewerbesteuer abzüglich der Gewerbesteuerumlage), den Gemeindeanteilen an der Einkommensteuer sowie der Umsatzsteuer, den Grundsteuern A und B und den übrigen gemeindlichen Steuern.

Da bei einem Vergleich die absoluten Steuereinnahmen nur eine sehr begrenzte Aussagekraft haben, werden vor allem die Relationen Steuereinnahmen je Einwohner miteinander ins Verhältnis gesetzt.

Grundsätzlich gilt für den Großteil der betrachteten Stadtregionen, dass ab dem Jahre 2007 die gemeindlichen Steuereinnahmen zum Teil sehr deutlich zurückgingen, um sich im Jahre 2011 dem alten Niveau wieder zu nähern: So wurden 2007 in den Stadtregionen durchschnittliche gemeindliche Steuereinnahmen in Höhe von 1.041 Euro je Einwohner erzielt. In den folgenden Jahren waren es deutlich weniger, beispielsweise lagen sie im Jahre 2009 bei 892 Euro je Einwohner. 2011 erreichte mit 1.029 Euro je Einwohner der Wert fast wieder die Höhe des Wertes von 2007.

Für die in diesem Beitrag angesprochenen Fragestellungen ist ein Vergleich der durchschnittlichen Steuereinnahmen der verschiedenen Stadtregionen bedeutend: Während im Jahre 2011 in der Stadtregion München gemeindliche Steuereinnahmen von 1.812 Euro je Einwohner erzielt wurden, waren es im selben Jahr in der Stadtregion Chemnitz nur 577 Euro je Einwohner. Hinter München folgten im Ranking die Stadtregionen Frankfurt am Main mit 1.557 Euro je Einwohner und Stuttgart mit 1.364 Euro je Einwohner. Am unteren Ende der Skala befanden sich neben Chemnitz die Stadtregionen Dresden mit 687 Euro je Einwohner und Lübeck mit 717 Euro je Einwohner.

Noch eklatanter zeigten sich die Einnahmeunterschiede, wenn nur die Kerne der Stadtregionen zum Vergleich herangezogen werden. Während die durchschnittlichen gemeindlichen Steuereinnahmen aller betrachteten Kerne von Stadtregionen bei 1.146 Euro je Einwohner lagen, betrugen sie in den Städten Frankfurt am Main 2.326 Euro je Einwohner, München 2.096 Euro je Einwohner und Stuttgart 1.796 Euro je Einwohner. Am unteren Ende der Skala befanden sich die Städte Halle (Saale) mit 524 Euro je Einwohner, Erfurt mit 639 Euro je Einwohner und Magdeburg mit 704 Euro je Einwohner.

Werden dagegen die gemeindlichen Steuereinnahmen der Umlandgemeinden der Stadtregionen miteinander verglichen, so sind die Unterschiede nicht ganz so auffällig: Im Schnitt aller Stadtregionen lagen die gemeindlichen Gesamtsteuereinnahmen im Jahre 2011 für das Umland bei 881 Euro je Einwohner. Am oberen Ende der Skala befand sich das Umland der Region München mit 1.428 Euro je Einwohner, gefolgt vom Umland der Region Stuttgart mit 1.202 Euro je Einwohner und Frankfurt am Main mit 1.202 Euro je Einwohner. Am unteren Ende der Skala rangierte das Umland der Stadtregion Chemnitz mit 494 Euro je Einwohner, leicht übertroffen vom Umland der Region Dresden mit 545 Euro je Einwohner und dem der Region Lübeck mit je 642 Euro je Einwohner. (Auch hier liegen für einige Regionen keine belastbaren Zahlen vor.)

Gemeindeanteil an der Einkommensteuer

Grundsätzlich stehen der Gesamtheit der Gemeinden eines Bundeslandes 15% der im Land anfallenden Lohnsteuer und veranlagten Einkommensteuer zu.

„Die Verteilung des Anteils an der gesamten Einkommensteuer eines Landes auf die einzelnen Gemeinden erfolgt mit Hilfe eines Verteilungsschlüssels. Basis für die Ermittlung des Schlüssels sind die Einkommensteuerleistungen der Bürger einer Gemeinde, die auf zu versteuernde Einkommen bis zu einer bestimmten Obergrenze entfallen. Diese Daten werden alle drei Jahre ermittelt." (Bundesministerium der Finanzen 2012: 10)

In Nordrhein-Westfalen wird der auf die Gemeinden entfallende Gemeindeanteil an der Einkommensteuer aktuell nach dem Schlüssel verteilt, der in der Anlage zur Verordnung über die Aufteilung und Auszahlung des Gemeindeanteils an der Einkommensteuer und die Abführung der Gewerbesteuerumlage für die Haushaltsjahre 2012, 2013 und 2014 für jede einzelne Gemeinde genannt ist. (EStGemAntV 2012, 2013 und 2014)

In Deutschland betrug im Jahre 2011 die Summe der Gemeindeanteile an der Einkommensteuer aller Städte und Gemeinden 23,4 Milliarden Euro. Gegenüber dem Jahr 2010 war diese Summe damit um 1,8% gestiegen. (Der Städtetag 2011: 82)

Werden zur besseren Vergleichbarkeit die gemeindlichen Einkommensteueranteile auf die jeweiligen Einwohner bezogen, ergibt sich folgendes Bild: Im Jahre 2011 erreichte bei den hier betrachteten Stadtregionen der Gemeindeanteil an der Einkommensteuer eine durchschnittliche Höhe von 326 Euro. Dieser Betrag lag um 20 Euro über dem vergleichbaren Wert für 2007.

Werden die Gemeindeanteile an der Einkommensteuer für das Jahr 2011 nach Räumen differenziert betrachtet, so ergibt sich folgendes Bild: In den Kernen der Stadtregionen betrug der Gemeindeanteil je Einwohner 318 Euro, im Umland der Regionen 331 Euro. Zum Vergleich: Im Jahre 2007 lag im Umland der Stadtregionen der Gemeindeanteil an der Einkommensteuer bei 307 Euro. Der Betrag war somit im Zeitraum 2007 bis 2011 um 24 Euro angestiegen.

Bei genauerer Betrachtung zeigt sich, dass 2011 bei einem Durchschnittswert von 326 Euro je Einwohner die Unterschiede der Gemeindeanteile an der Einkommensteuer zwischen den Stadtregionen sehr hoch waren. So lag die Stadtregion München bei einem Gemeindeanteil an der Einkommensteuer von 539 Euro je Einwohner im Ranking auf dem ersten Platz, gefolgt von der Region Hamburg mit 463 Euro und den Regionen Stuttgart mit 454 Euro und Frankfurt am Main mit 449 Euro je Einwohner. Die hinteren Plätze belegten die Regionen Chemnitz mit Gemeindeanteilen an der Einkommensteuer von 163 Euro je Einwohner, Halle (Saale) mit 178 Euro und Magdeburg mit 182 Euro je Einwohner.

In ähnlicher Größenordnung lagen die Unterschiede der Gemeindeanteile an der Einkommensteuer bei den Kernen der Stadtregionen. Auch hier war die Stadt München mit 535 Euro je Einwohner deutlich an der Spitze zu finden, gefolgt von Hamburg mit 493 Euro und Stuttgart mit 416 Euro. Am unteren Ende lagen Leipzig mit 168 Euro und Halle (Saale) mit 178 Euro Gemeindeanteilen an der Einkommensteuer.

Etwas anders stellte sich das Bild beim Umlandvergleich der Regionen dar: Hier lagen die Einkommensteueranteile im Umland der Region München mit 544 Euro sogar über dem Wert der Kernstadt München mit 535 Euro. Etwas anders sah es in der Stadtregion Hamburg aus, wo das Umland mit 408 Euro doch deutlich hinter dem Wert der Kernstadt Hamburg mit 493 Euro zurückblieb. Am Ende der Skala befand sich das Umland der Region Chemnitz mit 153 Euro Gemeindeanteilen an der Einkommensteuer. (vgl. Abb. 17)

Gewerbesteuer – Grundsätzliches

Die Gemeinden in Deutschland erheben auf der Grundlage des Gewerbesteuergesetzes eine Gewerbesteuer als Gemeindesteuer. Dieser Gewerbesteuer unterliegen alle Gewerbebetriebe der Gemeinde. Hebeberechtigte Gemeinde ist die Gemeinde, in der eine Betriebsstätte zur Ausübung des stehenden Gewerbes unterhalten wird. Steuerschuldner ist der Unternehmer für dessen Rechnung das Gewerbe betrieben wird. Die Berechnung der Gewerbesteuer ist kompliziert: So wird der Steuermessbetrag mit Hilfe der Steuermesszahl von dem Gewerbeertrag ermittelt. Anschließend wird die Steuer auf der Grundlage des Steuermessbetrags mit einem Hebesatz multipliziert, festgesetzt und erhoben. Der Hebesatz wird von der hebeberechtigten Gemeinde bestimmt und muss für alle in der Gemeinde vorhandenen Unternehmen der gleiche sein. Der Hebesatz beträgt (mindestens) 200 Prozentpunkte, falls die Gemeinde nicht einen höheren Hebesatz bestimmt hat. (Gewerbesteuergesetz 2013)

Für die deutschen Städte und Gemeinden ist die Gewerbesteuer weiterhin die wichtigste Steuereinnahmequelle. So lag im Jahre 2011 die Gewerbesteuereinnahme bei insgesamt 30,50 Milliarden Euro. Damit war sie gegenüber 2010 um 13,3% gestiegen. Im selben Jahr 2011 betrug der kommunale Einkommensteueranteil 24,7 Milliarden Euro und der Umsatzsteueranteil 3,5 Milliarden Euro. (Bundesvereinigung der kommunalen Spitzenverbände 2012)

In den kommenden Jahren wird mit weiteren Erhöhungen der Gewerbesteuereinnahmen gerechnet, beispielsweise für 2013 mit 4,0%. Für die Jahre 2014 bis 2016 bewegen sich die prognostizierten jährlichen Zuwachsraten zwischen 3,6% und 4,2% (Deutscher Städte- und Gemeindebund 2012: 5f).

Abbildung 17: Gemeindeanteil an der Einkommenssteuer je Einwohner in Euro

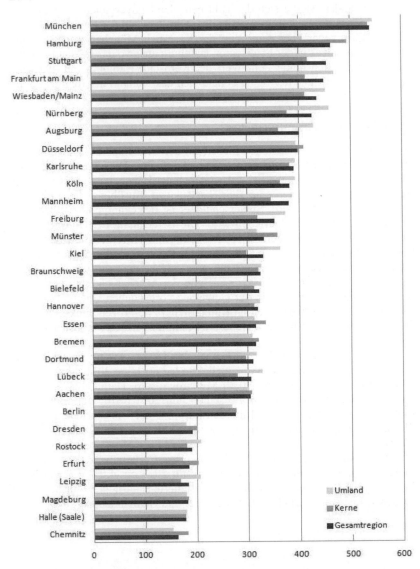

Quelle: Eigene Darstellung

Vor Ort – beispielsweise bei Gewerbegebietsplanungen – wird die Bedeutung der Gewerbesteuermehreinnahmen häufig überschätzt, denn die Gemeindefinanzierungsgesetze der Länder sorgen dafür, dass erhebliche Teile der zusätzlichen Steuereinnahmen durch die kommunalen Finanzausgleichssysteme abgeschöpft werden. Der Grund liegt vor allem darin, dass bei zusätzlichen Gewerbesteuereinnahmen sowohl die Gewerbesteuerumlage als auch die Kreisumlage ansteigen und vor allem die Schlüsselzuweisungen aus dem kommunalen Finanzausgleich zurückgehen. (Ifo 2008: 141f.) (vgl. Abb. 18)

Gewerbesteuerhebesatz

Der Gewerbesteuerhebesatz wird von den Gemeinden selber festgelegt. Dabei stecken die Gemeinden oft in einem Dilemma. Erhöhen sie den Hebesatz, um die gemeindlichen Einnahmen zu vergrößern, so wachsen auch die Kosten für die so zusätzlich belasteten Gewerbebetriebe, was deren Konkurrenzsituation auf dem Markt gefährden kann. Erhöhen sie ihn nicht, so reichen die Steuereinnahmen der Gemeinden nicht aus, um die notwendige Daseinsvorsorge für die Bürgerinnen und Bürger zu sichern. Häufig werden gerade auch die „ärmeren" Gemeinden von ihren Landesfinanzministern gedrängt, die Hebesätze zu erhöhen und so die gemeindlichen Einnahmen zu vergrößern, um ihre Haushalte dauerhaft zu stabilisieren. Das gilt in Nordrhein-Westfalen beispielsweise für die Gemeinden, die sogenannte Nothaushalte fahren oder die Haushaltssicherungskonzepte festsetzen mussten.

Bei der Festsetzung der Hebesätze ist für die Gemeinden auch von Bedeutung, dass in den Gemeindefinanzierungsgesetzen der Länder sogenannte fiktive Hebesätze festgelegt werden, die bei der Festsetzung der Schlüsselzuweisungen eine entscheidende Rolle spielen. Bei den Berechnungen der Zuweisungen werden nämlich nicht die tatsächlichen Realsteuersätze herangezogen, sondern die fiktiven. Im Jahre 2011 war in Nordrhein-Westfalen dieser Gewerbesteuerhebesatz im Gemeindefinanzierungsgesetz von 403 auf 411 angehoben worden. Dieser Schritt war nach Begründung des Gesetzgebers erforderlich, weil in den vorangegangenen Jahren die tatsächlichen Realsteuersätze gestiegen waren und daraus resultierend der höhere gewogene Landesdurchschnitt erforderlich wurde. Während der durchschnittliche Gewerbesteuerhebesatz 2011 in den Mitgliedskommunen des nordrhein-westfälischen Städte- und Gemeindebundes auf 420 Prozentpunkten festgesetzt war, gab es im selben Jahr noch 190 (von insgesamt 396) Gemeinden, deren Steuersatz unterhalb des neuen fiktiven Hebesatzes von 411 lag. (Berude 2011: 21).

Abbildung 18: Gewerbesteuer

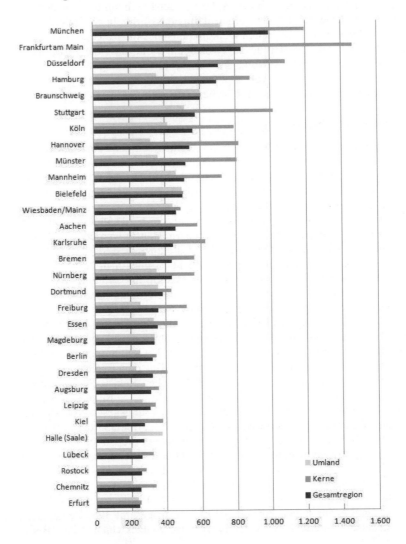

Quelle: Eigene Darstellung

Durch die auf diese Weise induzierte Hebesatzspirale kann die Attraktivität der Kommunen für potentielle Investoren abnehmen und die Strukturprobleme gegenüber den Nachbarländern wachsen. Grundsätzlich wird beispielsweise von der IHK NRW kritisiert, dass für die Kommunen durch das kommunale Finanzausgleichsystem und seine hohen Abschöpfungsquoten kaum noch Anreize bestehen, Gewerbegebiete auszuweisen. (IHK NRW 2009: 9)

Was die in dieser Untersuchung betrachteten Stadtregionen betrifft, so lagen die Gewerbesteuerhebesätze im Jahr 2011 im Schnitt bei 366 Prozentpunkten. In der Stadtregion Essen war der Hebesatz mit 473 Prozentpunkten am höchsten, es folgten die Regionen Dortmund mit 464 Punkten und Köln mit 460 Punkten. Dagegen war Berlin mit 365 Prozentpunkten im Jahr 2011 die Region mit dem niedrigsten Gewerbesteuerhebesatz.

In den Regionskernen lag der Hebesatz im Jahr 2011 im Schnitt bei 445 Prozentpunkten und streute zwischen 490 Prozentpunkten in München und 400 in Freiburg. Im Schnitt war er gegenüber dem Jahre 2007 um durchschnittlich 5 Prozentpunkte angestiegen. In vielen Kernstädten (beispielsweise München oder Hamburg) blieb er in diesem Zeitraum gleich. Vor allem in einigen nordrhein-westfälischen Kernstädten erhöhten die Gemeinderäte die Gewerbesteuerhebesätze jedoch relativ stark, beispielsweise in Köln um 25 Punkte (von 450 auf 475 Punkte), in Münster um 20 Punkte (auf 460 Punkte), in Dortmund um 18 Punkte (auf 468 Punkte) und in Essen um 10 Prozentpunkte (auf 480 Punkte).

Deutlich geringer fiel 2011 mit 365% der durchschnittliche Hebesatz im Umland aus. Hier streuten die Werte zwischen 305 im Umland von Rostock und 465% im Umland der Stadt Essen. Der durchschnittliche Gewerbesteuerhebesatz stieg zwischen 2007 und 2011 im Umland der Stadtregionen durch Ratsbeschlüsse von durchschnittlich 355 auf 365%. Im Umland der Stadtregion Erfurt beispielsweise stieg er in diesem Zeitraum von 314 auf 336% (vgl. Abb. 19).

Gewerbesteuereinnahmen

Im Jahre 2011 lagen die durchschnittlichen Gewerbesteuereinnahmen der betrachteten Stadtregionen bei 450 Euro je Einwohner. Dabei differierten diese Einnahmen deutlich zwischen den Kernen der Regionen (588 Euro je Einwohner) und dem Umland (360 Euro je Einwohner). Zum Vergleich: Im Jahre 2007 lagen diese Werte bei 433 Euro je Einwohner in den Stadtregionen, in den Kernstädten bei 610 Euro je Einwohner und in deren Umland bei 319 Euro je Einwohner.

Zwischen den betrachteten Stadtregionen waren in den Jahren zwischen 2007 bis 2011 immense Unterschiede bei den Gewerbesteuereinnahmen erkennbar. Dabei zeigte sich für das Jahr 2011, dass die höchsten Gewerbesteuereinnahmen in den Stadtregionen München (993 Euro je Einwohner), Frankfurt am Main (836 Euro je Einwohner), Düsseldorf (707 Euro je Einwohner) und Hamburg (696 Euro je Einwohner) erzielt wurden. Am unteren Ende der Skala standen die Stadtregionen Erfurt (242 Euro je Einwohner),

Chemnitz (252 Euro je Einwohner), Rostock (253 Euro je Einwohner) und Lübeck (259 Euro je Einwohner).

Abbildung 19: Gewerbesteuerhebesatz

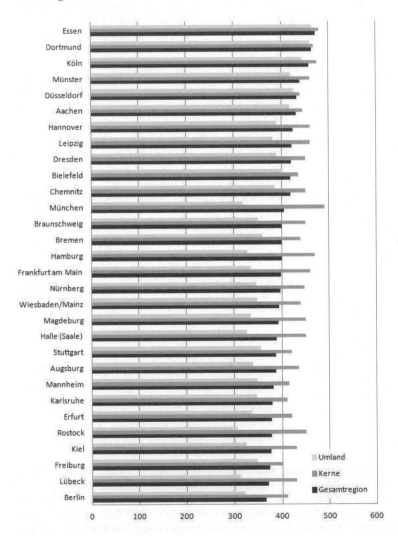

Quelle: Eigene Darstellung

Bei einem Abgleich zwischen den Kernen der Stadtregionen ergaben sich noch deutlichere Unterschiede zwischen den Gewerbesteuereinnahmen für das Jahr 2011: An der Spitze des Rankings erzielte die Stadt Frankfurt am Main Gewerbesteuereinnahmen in Höhe von 1.462 Euro je Einwohner, gefolgt von München mit 1.198 Euro je Einwohner und Düsseldorf mit 1.088 Euro je Einwohner. Am unteren Ende der Skala rangierten die Kernstädte der Stadtregionen Halle (Saale) mit 187 Euro je Einwohner, Erfurt mit 250 Euro je Einwohner und Rostock mit 280 Euro je Einwohner.

Nicht ganz so deutlich fielen die Unterschiede bei den Gewerbesteuereinnahmen für das Jahr 2011 ins Gewicht, wenn nur das Umland der Regionen betrachtet wurde: An der Spitze der Einnahmen lagen die Umlandgemeinden der Stadtregionen München mit 719 Euro je Einwohner, gefolgt von Braunschweig mit 602 Euro je Einwohner, Düsseldorf mit 536 Euro je Einwohner, Stuttgart mit 513 Euro je Einwohner und Frankfurt am Main mit 502 Euro je Einwohner. Am Ende der Skala rangierten die Umlandgemeinden der Stadtregionen Kiel mit 171 Euro, Lübeck mit 203 Euro je Einwohner und Chemnitz mit 206 Euro Gewerbesteuereinnahmen je Einwohner.

Tabelle 1: Bevölkerung

Stadtregionen	Gesamtbevölkerung 2007	Gesamtbevölkerung 2011	Relative Entwicklung der Gesamtbevölkerung 2007 - 2011 in Prozent
Deutschland	82.217.837	81.843.743	-0,46
Aachen	**650.224**	**647.346**	**-0,44**
Kerngebiet	259.030	260.454	0,55
Umland	391.194	386.892	-1,10
Augsburg	**640.344**	**644.377**	**0,63**
Kerngebiet	262.992	266.647	1,39
Umland	377.352	377.730	0,10
Berlin	**4.333.270**	**4.445.846**	**2,60**
Kerngebiet	3.416.255	3.501.872	2,51
Umland	917.015	943.974	2,94
Bielefeld	**1.172.264**	**1.162.555**	**-0,83**
Kerngebiet	324.912	323.395	-0,47
Umland	847.352	839.160	-0,97
Braunschweig	**773.003**	**771.528**	**-0,19**
Kerngebiet	245.810	250.556	1,93
Umland	527.193	520.972	-1,18
Bremen	**1.033.548**	**1.031.243**	**-0,22**
Kerngebiet	547.769	548.319	0,10
Umland	485.779	482.924	-0,59
Chemnitz	**720.631**	**698.374**	**-3,09**
Kerngebiet	244.951	243.173	-0,73
Umland	475.680	455.201	-4,31
Dortmund	**1.710.995**	**1.677.237**	**-1,97**
Kerngebiet	586.909	580.956	-1,01
Umland	1.124.086	1.096.281	-2,47
Dresden	**978.274**	**991.413**	**1,34**
Kerngebiet	507.513	529.781	4,39
Umland	470.761	461.632	-1,94
Düsseldorf	**1.909.971**	**1.909.811**	**-0,01**
Kerngebiet	581.122	592.393	1,94
Umland	1.328.849	1.317.418	-0,86
Erfurt	**517.697**	**516.107**	**-0,31**
Kerngebiet	202.929	206.384	1,70
Umland	314.768	309.723	-1,60

Monitoring StadtRegionen

Stadtregionen	Gesamtbevölkerung 2007	Gesamtbevölkerung 2011	Relative Entwicklung der Gesamtbevölkerung 2007 - 2011
			in Prozent
Essen	**3.421.890**	**3.354.314**	**-1,97**
Kerngebiet	582.140	573.468	-1,49
Umland	2.839.750	2.780.846	-2,07
Frankfurt am Main	**1.935.092**	**1.985.632**	**2,61**
Kerngebiet	659.021	691.518	4,93
Umland	1.276.071	1.294.114	1,41
Freiburg	**579.143**	**592.470**	**2,30**
Kerngebiet	219.430	229.144	4,43
Umland	359.713	363.326	1,00
Halle (Saale)	**429.326**	**424.335**	**-1,16**
Kerngebiet	234.295	233.705	-0,25
Umland	195.031	190.630	-2,26
Hamburg	**2.748.121**	**2.792.458**	**1,61**
Kerngebiet	1.770.629	1.798.836	1,59
Umland	977.492	993.622	1,65
Hannover	**1.196.459**	**1.201.299**	**0,40**
Kerngebiet	518.069	525.875	1,51
Umland	678.390	675.424	-0,44
Karlsruhe	**995.411**	**1.006.153**	**1,08**
Kerngebiet	288.917	297.488	2,97
Umland	706.494	708.665	0,31
Kiel	**489.732**	**492.778**	**0,62**
Kerngebiet	236.902	242.041	2,17
Umland	252.830	250.737	-0,83
Köln	**2.662.167**	**2.696.314**	**1,28**
Kerngebiet	995.397	1.017.155	2,19
Umland	1.666.770	1.679.159	0,74
Leipzig	**858.988**	**869.622**	**1,24**
Kerngebiet	510.512	531.809	4,17
Umland	348.476	337.813	-3,06
Lübeck	**452.788**	**451.125**	**-0,37**
Kerngebiet	211.541	210.577	-0,46
Umland	241.247	240.548	-0,29
Magdeburg	**529.146**	**517.833**	**-2,14**
Kerngebiet	230.140	232.364	0,97
Umland	299.006	285.469	-4,53

Stadtregionen	Gesamtbevölkerung 2007	Gesamtbevölkerung 2011	Relative Entwicklung der Gesamtbevölkerung 2007 - 2011 in Prozent
Mannheim	**1.605.146**	**1.618.680**	**0,84**
Kerngebiet	309.795	314.931	1,66
Umland	1.295.351	1.303.749	0,65
München	**2.303.386**	**2.401.478**	**4,26**
Kerngebiet	1.311.573	1.378.176	5,08
Umland	991.813	1.023.302	3,17
Münster	**813.691**	**826.044**	**1,52**
Kerngebiet	272.951	291.754	6,89
Umland	540.740	534.290	-1,19
Nürnberg	**1.257.907**	**1.269.853**	**0,95**
Kerngebiet	503.110	510.602	1,49
Umland	754.797	759.251	0,59
Rostock	**310.705**	**312.586**	**0,61**
Kerngebiet	200.413	204.260	1,92
Umland	110.292	108.326	-1,78
Stuttgart	**2.226.379**	**2.252.218**	**1,16**
Kerngebiet	597.176	613.392	2,72
Umland	1.629.203	1.638.826	0,59
Wiesbaden/Mainz	**1.151.257**	**1.161.168**	**0,86**
Kerngebiet	473.967	479.876	1,25
Umland	677.290	681.292	0,59

Monitoring StadtRegionen

Tabelle 2: Beschäftigte

Stadtregionen	Sozialpflichtige Beschäftigte am Arbeitsort 2008	Sozialpflichtige Beschäftigte am Arbeitsort 2011	Relative Entwicklung der Sozialpflichtigen Beschäftigte am Arbeitsort 2008 - 2011
		in Prozent	
Deutschland	**26.854.566**	**28.381.343**	**5,69**
Aachen	**k.A**	**203.549**	**k.A**
Kerngebiet	k.A	113.795	k.A
Umland	87.079	89.754	3,07
Augsburg	**214.321**	**222.019**	**3,59**
Kerngebiet	124.035	127.730	2,98
Umland	90.286	94.289	4,43
Berlin	**1.356.797**	**1.439.838**	**6,12**
Kerngebiet	1.081.660	1.151.344	6,44
Umland	275.137	288.494	4,85
Bielefeld	**425.729**	**436.525**	**2,54**
Kerngebiet	128.583	132.655	3,17
Umland	297.146	303.870	2,26
Braunschweig	**304.560**	**317.370**	**4,21**
Kerngebiet	108.755	112.428	3,38
Umland	195.805	204.942	4,67
Bremen	**349.684**	**358.046**	**2,39**
Kerngebiet	239.063	244.130	2,12
Umland	110.621	113.916	2,98
Chemnitz	**243.227**	**244.068**	**0,35**
Kerngebiet	106.866	108.242	1,29
Umland	136.361	135.826	-0,39
Dortmund	**495.339**	**512.711**	**3,51**
Kerngebiet	194.965	203.839	4,55
Umland	300.374	308.872	2,83
Dresden	**362.440**	**374.385**	**3,30**
Kerngebiet	221.826	229.552	3,48
Umland	140.614	144.833	3,00
Düsseldorf	**770.664**	**783.223**	**1,63**
Kerngebiet	358.571	366.225	2,13
Umland	412.093	416.998	1,19
Erfurt	**119.386**	**123.408**	**3,37**
Kerngebiet	97.417	100.335	3,00
Umland	21.969	23.073	5,03

Stefan Kaup, Jörg Pohlan, Phillipe Rieffel et al.

Stadtregionen	Sozialpflichtige Beschäftigte am Arbeitsort 2008	Sozialpflichtige Beschäftigte am Arbeitsort 2011	Relative Entwicklung der Sozialpflichtigen Beschäftigte am Arbeitsort 2008 - 2011
		in Prozent	
Essen	**1.028.529**	**1.049.186**	**2,01**
Kerngebiet	213.355	220.667	3,43
Umland	815.174	828.519	1,64
Frankfurt am Main	**914.135**	**933.951**	**2,17**
Kerngebiet	487.634	497.202	1,96
Umland	426.501	436.749	2,40
Freiburg	**192.737**	**203.948**	**5,82**
Kerngebiet	100.136	106.254	6,11
Umland	92.601	97.694	5,50
Halle (Saale)	**150.142**	**154.262**	**2,74**
Kerngebiet	89.714	92.092	2,65
Umland	60.428	62.170	2,88
Hamburg	**1.056.794**	**1.103.138**	**4,39**
Kerngebiet	797.514	835.148	4,72
Umland	259.280	267.990	3,36
Hannover	**k.A.**	**455.139**	**k.A.**
Kerngebiet	k.A.	281.436	k.A.
Umland	166.837	173.703	4,12
Karlsruhe	**384.174**	**394.442**	**2,67**
Kerngebiet	154.693	160.965	4,05
Umland	229.481	233.477	1,74
Kiel	**151.558**	**154.616**	**2,02**
Kerngebiet	104.460	106.191	1,66
Umland	47.098	48.425	2,82
Köln	**945.985**	**986.480**	**4,28**
Kerngebiet	456.912	475.258	4,02
Umland	489.073	511.222	4,53
Leipzig	**303.506**	**316.507**	**4,28**
Kerngebiet	205.490	215.886	5,06
Umland	98.016	100.621	2,66
Lübeck	**136.031**	**136.068**	**0,03**
Kerngebiet	81.197	85.213	4,95
Umland	54.834	50.855	-7,26
Magdeburg	**189.811**	**194.831**	**2,64**
Kerngebiet	102.833	104.022	1,16
Umland	86.978	90.809	4,40

Monitoring StadtRegionen

Stadtregionen	Sozialpflichtige Beschäftigte am Arbeitsort 2008	Sozialpflichtige Beschäftigte am Arbeitsort 2011	Relative Entwicklung der Sozialpflichtigen Beschäftigte am Arbeitsort 2008 - 2011 in Prozent
Mannheim	**585.433**	**602.957**	**2,99**
Kerngebiet	163.618	167.622	2,45
Umland	421.815	435.335	3,21
München	**1.069.429**	**1.109.427**	**3,74**
Kerngebiet	686.734	709.580	3,33
Umland	382.695	399.847	4,48
Münster	**274.534**	**287.593**	**4,76**
Kerngebiet	136.092	143.743	5,62
Umland	138.442	143.850	3,91
Nürnberg	**521.482**	**536.212**	**2,82**
Kerngebiet	268.000	270.750	1,03
Umland	253.482	265.462	4,73
Rostock	**108.122**	**k.A**	**k.A**
Kerngebiet	77.287	k.A	k.A
Umland	30.835	k.A	k.A
Stuttgart	**929.799**	**938.230**	**0,91**
Kerngebiet	346.433	350.176	1,08
Umland	583.366	588.054	0,80
Wiesbaden/Mainz	**386.200**	**399.485**	**3,44**
Kerngebiet	220.369	225.331	2,25
Umland	165.831	174.154	5,02

Tabelle 3: Siedlungs- und Verkehrsfläche

Stadtregionen	Siedlungs- und Verkehrsfläche 2008 in ha	Siedlungs- und Verkehrsfläche 2011 in ha	Veränderung der Siedlungs- und Verkehrsfläche 2008 nach 2011 in ha je Tag
Deutschland	4.713.725	4.797.083	1,77
Aachen	**29.604**	**23.805**	**-5,30**
Kerngebiet	6.273	6.317	0,04
Umland	23.331	17.488	-5,34
Augsburg	**31.289**	**32.069**	**0,71**
Kerngebiet	6.284	6.349	0,06
Umland	25.005	25.720	0,65
Berlin	**127.567**	**130.757**	**2,91**
Kerngebiet	62.322	62.742	0,38
Umland	65.245	68.015	2,53
Bielefeld	**55.757**	**56.456**	**0,64**
Kerngebiet	10.716	10.826	0,10
Umland	45.041	45.630	0,54
Braunschweig	**42.501**	**42.978**	**0,44**
Kerngebiet	8.926	8.939	0,01
Umland	33.575	34.039	0,42
Bremen	**59.667**	**59.607**	**-0,05**
Kerngebiet	18.897	18.986	0,08
Umland	40.770	40.621	-0,14
Chemnitz	**33.834**	**35.574**	**1,59**
Kerngebiet	8.317	9.473	1,06
Umland	25.517	26.101	0,53
Dortmund	**55.846**	**56.440**	**0,54**
Kerngebiet	16.517	16.598	0,07
Umland	39.329	39.842	0,47
Dresden	**40.075**	**40.956**	**0,80**
Kerngebiet	13.101	13.326	0,21
Umland	26.974	27.630	0,60
Düsseldorf	**57.890**	**58.627**	**0,67**
Kerngebiet	12.871	12.963	0,08
Umland	45.019	45.664	0,59
Erfurt	**28.311**	**28.849**	**0,49**
Kerngebiet	6.872	7.044	0,16
Umland	21.439	21.805	0,33

Monitoring StadtRegionen

Stadtregionen	Siedlungs- und Verkehrsfläche 2008 in ha	Siedlungs- und Verkehrsfläche 2011 in ha	Veränderung der Siedlungs- und Verkehrsfläche 2008 nach 2011 in ha je Tag
Essen	**98.862**	**99.561**	**0,64**
Kerngebiet	14.227	14.212	-0,01
Umland	84.635	85.349	0,65
Frankfurt am Main	**55.874**	**56.417**	**0,50**
Kerngebiet	14.305	14.373	0,06
Umland	41.569	42.044	0,43
Freiburg	**22.544**	**22.761**	**0,20**
Kerngebiet	4.871	4.864	-0,01
Umland	17.673	17.897	0,20
Halle (Saale)	**28.515**	**28.305**	**-0,19**
Kerngebiet	7.197	7.167	-0,03
Umland	21.318	21.138	-0,16
Hamburg	**99.372**	**100.469**	**1,00**
Kerngebiet	44.929	45.104	0,16
Umland	54.443	55.365	0,84
Hannover	**53.618**	**54.706**	**0,99**
Kerngebiet	13.874	13.999	0,11
Umland	39.744	40.707	0,88
Karlsruhe	**36.707**	**37.362**	**0,60**
Kerngebiet	7.986	8.064	0,07
Umland	28.721	29.298	0,53
Kiel	**23.602**	**23.940**	**0,31**
Kerngebiet	6.387	6.393	0,01
Umland	17.215	17.547	0,30
Köln	**83.481**	**84.248**	**0,70**
Kerngebiet	24.688	24.573	-0,11
Umland	58.793	59.675	0,81
Leipzig	**40.759**	**43.306**	**2,33**
Kerngebiet	14.706	15.343	0,58
Umland	26.053	27.963	1,74
Lübeck	**26.351**	**26.887**	**0,49**
Kerngebiet	7.802	7.841	0,04
Umland	18.549	19.046	0,45
Magdeburg	**41.829**	**40.972**	**-0,78**
Kerngebiet	9.386	9.291	-0,09
Umland	32.443	31.681	-0,70

Stadtregionen	Siedlungs- und Verkehrsfläche 2008 in ha	Siedlungs- und Verkehrsfläche 2011 in ha	Veränderung der Siedlungs- und Verkehrsfläche 2008 nach 2011 in ha je Tag
Mannheim	**54.563**	**55.134**	**0,52**
Kerngebiet	8.396	8.419	0,02
Umland	46.167	46.715	0,50
München	**65.363**	**67.064**	**1,55**
Kerngebiet	23.192	23.472	0,26
Umland	42.171	43.592	1,30
Münster	**45.701**	**46.718**	**0,93**
Kerngebiet	9.669	10.004	0,31
Umland	36.032	36.714	0,62
Nürnberg	**44.300**	**45.119**	**0,75**
Kerngebiet	10.958	11.046	0,08
Umland	33.342	34.073	0,67
Rostock	**19.578**	**20.101**	**0,48**
Kerngebiet	7.085	7.165	0,07
Umland	12.493	12.936	0,40
Stuttgart	**61.102**	**61.780**	**0,62**
Kerngebiet	10.644	10.678	0,03
Umland	50.458	51.102	0,59
Wiesbaden/Mainz	**45.872**	**46.316**	**0,41**
Kerngebiet	12.678	12.863	0,17
Umland	33.194	33.453	0,24

Monitoring StadtRegionen

Tabelle 4: Gebäude- und Freifläche

Stadtregionen	Gebäude- und Freifläche 2008 in ha	Gebäude- und Freifläche 2011 in ha	Veränderung der Gebäude- und Freifläche 2008 nach 2011 in ha je Tag
Deutschland	**2.441.619**	**2.467.583**	**1,06**
Aachen	**13.762**	**14.018**	**0,23**
Kerngebiet	3.923	3.937	0,01
Umland	9.839	10.081	0,22
Augsburg	**17.726**	**18.156**	**0,39**
Kerngebiet	3.948	3.953	0,00
Umland	13.778	14.203	0,39
Berlin	**75.563**	**75.996**	**0,40**
Kerngebiet	36.834	36.925	0,08
Umland	38.729	39.071	0,31
Bielefeld	**35.594**	**35.635**	**0,04**
Kerngebiet	6.893	6.906	0,01
Umland	28.701	28.729	0,03
Braunschweig	**22.276**	**22.368**	**0,08**
Kerngebiet	4.781	4.779	0,00
Umland	17.495	17.589	0,09
Bremen	**35.694**	**35.507**	**-0,17**
Kerngebiet	11.575	11.558	-0,02
Umland	24.119	23.949	-0,16
Chemnitz	**19.950**	**20.495**	**0,50**
Kerngebiet	5.120	5.397	0,25
Umland	14.830	15.098	0,24
Dortmund	**34.496**	**34.717**	**0,20**
Kerngebiet	10.194	10.159	-0,03
Umland	24.302	24.558	0,23
Dresden	**23.571**	**23.711**	**0,13**
Kerngebiet	8.125	8.086	-0,04
Umland	15.446	15.625	0,16
Düsseldorf	**34.168**	**34.293**	**0,11**
Kerngebiet	7.245	7.160	-0,08
Umland	26.923	27.133	0,19
Erfurt	**14.179**	**14.446**	**0,24**
Kerngebiet	3.868	4.036	0,15
Umland	10.311	10.410	0,09

Stadtregionen	Gebäude- und Freifläche 2008 in ha	Gebäude- und Freifläche 2011 in ha	Veränderung der Gebäude- und Freifläche 2008 nach 2011 in ha je Tag
Essen	**57.867**	**58.063**	**0,18**
Kerngebiet	8.108	8.074	-0,03
Umland	49.759	49.989	0,21
Frankfurt am Main	**32.446**	**31.223**	**-1,12**
Kerngebiet	8.016	7.122	-0,82
Umland	24.430	24.101	-0,30
Freiburg	**12.002**	**12.197**	**0,18**
Kerngebiet	2.816	2.782	-0,03
Umland	9.186	9.415	0,21
Halle (Saale)	**13.120**	**12.850**	**-0,25**
Kerngebiet	3.379	3.412	0,03
Umland	9.741	9.438	-0,28
Hamburg	**60.722**	**61.372**	**0,59**
Kerngebiet	28.055	28.473	0,38
Umland	32.667	32.899	0,21
Hannover	**28.039**	**28.232**	**0,18**
Kerngebiet	7.443	7.352	-0,08
Umland	20.596	20.880	0,26
Karlsruhe	**21.311**	**21.680**	**0,34**
Kerngebiet	4.645	4.631	-0,01
Umland	16.666	17.049	0,35
Kiel	**13.567**	**13.399**	**-0,15**
Kerngebiet	3.933	3.823	-0,10
Umland	9.634	9.576	-0,05
Köln	**48.277**	**48.136**	**-0,13**
Kerngebiet	13.294	13.122	-0,16
Umland	34.983	35.014	0,03
Leipzig	**22.632**	**22.562**	**-0,06**
Kerngebiet	8.393	8.469	0,07
Umland	14.239	14.093	-0,13
Lübeck	**14.242**	**14.137**	**-0,10**
Kerngebiet	4.475	4.402	-0,07
Umland	9.767	9.735	-0,03
Magdeburg	**19.043**	**17.999**	**-0,95**
Kerngebiet	4.452	4.466	0,01
Umland	14.591	13.533	-0,97

Monitoring StadtRegionen

Stadtregionen	Gebäude- und Freifläche 2008 in ha	Gebäude- und Freifläche 2011 in ha	Veränderung der Gebäude- und Freifläche 2008 nach 2011 in ha je Tag
Mannheim	**31.173**	**31.438**	**0,24**
Kerngebiet	5.024	5.043	0,02
Umland	26.149	26.395	0,22
München	**38.338**	**39.130**	**0,72**
Kerngebiet	14.215	14.127	-0,08
Umland	24.123	25.003	0,80
Münster	**25.421**	**25.807**	**0,35**
Kerngebiet	5.856	5.975	0,11
Umland	19.565	19.832	0,24
Nürnberg	**25.721**	**26.146**	**0,39**
Kerngebiet	6.678	6.683	0,00
Umland	19.043	19.463	0,38
Rostock	**9.265**	**9.225**	**-0,04**
Kerngebiet	3.724	3.752	0,03
Umland	5.541	5.473	-0,06
Stuttgart	**34.950**	**35.401**	**0,41**
Kerngebiet	6.171	6.200	0,03
Umland	28.779	29.201	0,39
Wiesbaden/Mainz	**22.292**	**21.851**	**-0,40**
Kerngebiet	6.854	6.715	-0,13
Umland	15.438	15.136	-0,28

Tabelle 5: Wohnungsbestand

Stadtregionen	Wohnungen insgesamt 2007	Wohnungen insgesamt 2011	Wohnungen insgesamt Entwicklung 2007-2011	Relative Entwicklung des Wohnungsbestands 2007-2011
			in Prozent	
Deutschland	**39.918.193**	**40.473.823**	**555.630**	**1,39**
Aachen	**301.306**	**305.833**	**4.527**	**1,50**
Kerngebiet	128.836	130.607	1.771	1,37
Umland	172.470	175.226	2.756	1,60
Augsburg	**306.141**	**312.334**	**6.193**	**2,02**
Kerngebiet	140.937	143.326	2.389	1,70
Umland	165.204	169.008	3.804	2,30
Berlin	**2.321.704**	**2.352.555**	**30.851**	**1,33**
Kerngebiet	1.887.516	1.903.231	15.715	0,83
Umland	434.188	449.324	15.136	3,49
Bielefeld	**534.627**	**543.404**	**8.777**	**1,64**
Kerngebiet	155.918	157.994	2.076	1,33
Umland	378.709	385.410	6.701	1,77
Braunschweig	**393.137**	**397.924**	**4.787**	**1,22**
Kerngebiet	136.414	137.699	1.285	0,94
Umland	256.723	260.225	3.502	1,36
Bremen	**503.817**	**510.523**	**6.706**	**1,33**
Kerngebiet	287.996	290.413	2.417	0,84
Umland	215.821	220.110	4.289	1,99
Chemnitz	**k.A.**	**406.513**	**k.A.**	**k.A.**
Kerngebiet	k.A.	150.737	k.A.	k.A.
Umland	k.A.	255.776	k.A.	k.A.
Dortmund	**853.557**	**861.987**	**8.430**	**0,99**
Kerngebiet	308.447	311.825	3.378	1,10
Umland	545.110	550.162	5.052	0,93
Dresden	**k.A.**	**526.423**	**k.A.**	**k.A.**
Kerngebiet	k.A.	287.148	k.A.	k.A.
Umland	k.A.	239.275	k.A.	k.A.
Düsseldorf	**965.877**	**976.593**	**10.716**	**1,11**
Kerngebiet	325.055	327.737	2.682	0,83
Umland	640.822	648.856	8.034	1,25
Erfurt	**267.651**	**267.743**	**92**	**0,03**
Kerngebiet	111.341	111.110	-231	-0,21
Umland	156.310	156.633	323	0,21

Monitoring StadtRegionen

Stadtregionen	Wohnungen insgesamt 2007	Wohnungen insgesamt 2011	Wohnungen insgesamt Entwicklung 2007-2011	Relative Entwicklung des Wohnungsbestands 2007-2011 in Prozent
Essen	**1.756.382**	**1.767.488**	**11.106**	**0,63**
Kerngebiet	317.944	319.338	1.394	0,44
Umland	1.438.438	1.448.150	9.712	0,68
Frankfurt am Main	**959.111**	**975.893**	**16.782**	**1,75**
Kerngebiet	355.332	364.098	8.766	2,47
Umland	603.779	611.795	8.016	1,33
Freiburg	**258.747**	**264.679**	**5.932**	**2,29**
Kerngebiet	102.490	104.540	2.050	2,00
Umland	156.257	160.139	3.882	2,48
Halle (Saale)	**239.337**	**239.315**	**-22**	**-0,01**
Kerngebiet	146.333	144.160	-2.173	-1,48
Umland	93.004	95.155	2.151	2,31
Hamburg	**1.337.604**	**1.364.143**	**26.539**	**1,98**
Kerngebiet	883.045	896.940	13.895	1,57
Umland	454.559	467.203	12.644	2,78
Hannover	**604.945**	**610.308**	**5.363**	**0,89**
Kerngebiet	288.930	290.505	1.575	0,55
Umland	316.015	319.803	3.788	1,20
Karlsruhe	**459.803**	**468.116**	**8.313**	**1,81**
Kerngebiet	142.964	145.385	2.421	1,69
Umland	316.839	322.731	5.892	1,86
Kiel	**245.835**	**248.650**	**2.815**	**1,15**
Kerngebiet	130.920	131.749	829	0,63
Umland	114.915	116.901	1.986	1,73
Köln	**1.274.835**	**1.297.264**	**22.429**	**1,76**
Kerngebiet	519.589	528.348	8.759	1,69
Umland	755.246	768.916	13.670	1,81
Leipzig	**k.A.**	**495.060**	**k.A.**	**k.A.**
Kerngebiet	k.A.	316.643	k.A.	k.A.
Umland	k.A.	178.417	k.A.	k.A.
Lübeck	**226.656**	**231.124**	**4.468**	**1,97**
Kerngebiet	113.643	115.191	1.548	1,36
Umland	113.013	115.933	2.920	2,58
Magdeburg	**298.693**	**297.604**	**-1.089**	**-0,36**
Kerngebiet	140.996	139.835	-1.161	-0,82
Umland	157.697	157.769	72	0,05

Stadtregionen	Wohnungen insgesamt 2007	Wohnungen insgesamt 2011	Wohnungen insgesamt Entwicklung 2007-2011	Relative Entwicklung des Wohnungsbestands 2007-2011
			in Prozent	
Mannheim	**779.643**	**791.350**	**11.707**	**1,50**
Kerngebiet	165.522	166.497	975	0,59
Umland	614.121	624.853	10.732	1,75
München	**1.184.872**	**1.217.392**	**32.520**	**2,74**
Kerngebiet	738.858	755.708	16.850	2,28
Umland	446.014	461.684	15.670	3,51
Münster	**355.720**	**365.297**	**9.577**	**2,69**
Kerngebiet	140.520	145.140	4.620	3,29
Umland	215.200	220.157	4.957	2,30
Nürnberg	**617.612**	**629.419**	**11.807**	**1,91**
Kerngebiet	262.778	266.800	4.022	1,53
Umland	354.834	362.619	7.785	2,19
Rostock	**166.268**	**169.326**	**3.058**	**1,84**
Kerngebiet	114.339	115.689	1.350	1,18
Umland	51.929	53.637	1.708	3,29
Stuttgart	**1.056.211**	**1.077.354**	**21.143**	**2,00**
Kerngebiet	295.004	299.528	4.524	1,53
Umland	761.207	777.826	16.619	2,18
Wiesbaden/Mainz	**544.316**	**554.144**	**9.828**	**1,81**
Kerngebiet	239.902	243.598	3.696	1,54
Umland	304.414	310.546	6.132	2,01

Monitoring StadtRegionen

Tabelle 6: Bruttoeinnahmen aus Steuern

Stadtregionen	Bruttoeinnahmen aus Steuern 2007 (in t €)	je Einwohner 2007	Bruttoeinnahmen aus Steuern 2011 (in t €)	je Einwohner 2011	Relative Entwicklung der Bruttoeinnahmen aus Steuern 2007 - 2011 (in Prozent)	je Einwohner 2007 - 2011 (in Prozent)
Deutschland	66.285.582	806	69.724.570	852	5,19	5,67
Aachen	k.A	k.A	k.A	k.A	k.A	k.A
Kerngebiet	k.A	k.A	k.A	k.A	k.A	k.A
Umland	287.307	734	k.A	k.A	k.A	k.A
Augsburg	546.523	853	573.569	890	4,95	4,29
Kerngebiet	255.079	970	255.050	957	-0,01	-1,38
Umland	291.444	772	318.519	843	9,29	9,18
Berlin	k.A	k.A	k.A	k.A	k.A	k.A
Kerngebiet	k.A	k.A	k.A	k.A	k.A	k.A
Umland	k.A	k.A	k.A	k.A	k.A	k.A
Bielefeld	1.161.031	990	k.A	k.A	k.A	k.A
Kerngebiet	341.175	1.050	k.A	k.A	k.A	k.A
Umland	819.856	968	k.A	k.A	k.A	k.A
Braunschweig	601.143	778	818.373	1.061	36,14	36,40
Kerngebiet	232.994	948	294.066	1.174	26,21	23,82
Umland	368.149	698	524.307	1.006	42,42	44,12
Bremen	k.A	k.A	k.A	k.A	k.A	k.A
Kerngebiet	k.A	k.A	k.A	k.A	k.A	k.A
Umland	297.821	613	340.479	705	14,32	15,00
Chemnitz	k.A	k.A	402.832	577	k.A	k.A
Kerngebiet	k.A	k.A	177.764	731	k.A	k.A
Umland	k.A	k.A	225.068	494	k.A	k.A
Dortmund	1.424.596	833	k.A	k.A	k.A	k.A
Kerngebiet	530.510	904	k.A	k.A	k.A	k.A
Umland	894.086	795	k.A	k.A	k.A	k.A
Dresden	k.A	k.A	681.557	687	k.A	k.A
Kerngebiet	k.A	k.A	429.613	811	k.A	k.A
Umland	k.A	k.A	251.944	546	k.A	k.A
Düsseldorf	2.880.206	1.508	k.A	k.A	k.A	k.A
Kerngebiet	1.350.370	2.324	k.A	k.A	k.A	k.A
Umland	1.529.836	1.151	k.A	k.A	k.A	k.A
Erfurt	255.858	494	k.A	k.A	k.A	k.A
Kerngebiet	118.008	582	131.978	639	11,84	9,97
Umland	137.851	438	k.A	k.A	k.A	k.A

Stadtregionen	Bruttoeinnahmen aus Steuern 2007 in t €	je Einwohner 2007	Bruttoeinnahmen aus Steuern 2011 in t €	je Einwohner 2011	Relative Entwicklung der Bruttoeinnahmen aus Steuern 2007 - 2011 in Prozent	je Einwohner 2007 - 2011 in Prozent
Essen	**3.284.858**	**960**	**k.A**	**k.A**	**k.A**	**k.A**
Kerngebiet	726.605	1.248	k.A	k.A	k.A	k.A
Umland	2.558.254	901	k.A	k.A	k.A	k.A
Frankfurt am Main	**3.545.472**	**1.832**	**3.092.490**	**1.557**	**-12,78**	**-15,00**
Kerngebiet	1.982.396	3.008	1.608.437	2.326	-18,86	-22,68
Umland	1.563.076	1.225	1.484.053	1.147	-5,06	-6,38
Freiburg	**496.796**	**858**	**536.888**	**906**	**8,07**	**5,64**
Kerngebiet	226.433	1.032	250.386	1.093	10,58	5,89
Umland	270.363	752	286.502	789	5,97	4,92
Halle (Saale)	**k.A**	**k.A**	**k.A**	**k.A**	**k.A**	**k.A**
Kerngebiet	104.238	445	122.533	524	17,55	17,85
Umland	k.A	k.A	k.A	k.A	k.A	k.A
Hamburg	**k.A**	**k.A**	**k.A**	**k.A**	**k.A**	**k.A**
Kerngebiet	k.A	k.A	k.A	k.A	k.A	k.A
Umland	798.072	816	897.882	904	12,51	10,68
Hannover	**1.241.276**	**1.037**	**1.342.528**	**1.118**	**8,16**	**7,72**
Kerngebiet	741.742	1.432	780.111	1.483	5,17	3,61
Umland	499.534	736	562.417	833	12,59	13,08
Karlsruhe	**995.631**	**1.000**	**1.037.519**	**1.031**	**4,21**	**3,09**
Kerngebiet	366.506	1.269	375.326	1.262	2,41	-0,54
Umland	629.125	890	662.193	934	5,26	4,93
Kiel	**328.726**	**690**	**387.974**	**787**	**18,02**	**14,03**
Kerngebiet	188.080	794	218.317	902	16,08	13,61
Umland	140.645	588	169.658	677	20,63	15,08
Köln	**3.139.268**	**1.179**	**k.A**	**k.A**	**k.A**	**k.A**
Kerngebiet	1.564.345	1.572	k.A	k.A	k.A	k.A
Umland	1.574.923	945	k.A	k.A	k.A	k.A
Leipzig	**k.A**	**k.A**	**626.772**	**721**	**k.A**	**k.A**
Kerngebiet	k.A	k.A	397.245	747	k.A	k.A
Umland	k.A	k.A	229.527	679	k.A	k.A
Lübeck	**294.373**	**650**	**323.279**	**717**	**9,82**	**10,22**
Kerngebiet	165.184	781	168.965	802	2,29	2,76
Umland	129.189	536	154.314	642	19,45	19,80
Magdeburg	**k.A**	**k.A**	**k.A**	**k.A**	**k.A**	**k.A**
Kerngebiet	139.763	607	163.533	704	17,01	15,89
Umland	k.A	k.A	k.A	k.A	k.A	k.A

Monitoring StadtRegionen

Stadtregionen	Bruttoeinnahmen aus Steuern 2007 in t €	je Einwohner 2007	Bruttoeinnahmen aus Steuern 2011 in t €	je Einwohner 2011	Relative Entwicklung der Bruttoeinnahmen aus Steuern 2007 - 2011 in Prozent	je Einwohner 2007 - 2011 in Prozent
Mannheim	**1.700.921**	**1.060**	**1.762.720**	**1.089**	**3,63**	**2,77**
Kerngebiet	460.970	1.488	426.003	1.353	-7,59	-9,09
Umland	1.239.952	957	1.336.717	1.025	7,80	7,11
München	**4.013.879**	**1.743**	**4.350.875**	**1.812**	**8,40**	**3,97**
Kerngebiet	2.666.953	2.033	2.888.749	2.096	8,32	3,08
Umland	1.346.925	1.358	1.462.126	1.429	8,55	5,21
Münster	**772.874**	**950**	**k.A**	**k.A**	**k.A**	**k.A**
Kerngebiet	338.678	1.241	k.A	k.A	k.A	k.A
Umland	434.196	803	k.A	k.A	k.A	k.A
Nürnberg	**1.236.032**	**983**	**1.355.422**	**1.067**	**9,66**	**8,63**
Kerngebiet	590.706	1.174	623.793	1.222	5,60	4,05
Umland	645.326	855	731.629	964	13,37	12,71
Rostock	**k.A**	**k.A**	**k.A**	**k.A**	**k.A**	**k.A**
Kerngebiet	98.373	491	k.A	k.A	k.A	k.A
Umland	k.A	k.A	k.A	k.A	k.A	k.A
Stuttgart	**2.815.114**	**1.264**	**3.071.264**	**1.364**	**9,10**	**7,85**
Kerngebiet	1.002.587	1.679	1.101.788	1.796	9,89	6,99
Umland	1.812.527	1.113	1.969.476	1.202	8,66	8,02
Wiesbaden/Mainz	**1.328.365**	**1.154**	**1.263.034**	**1.088**	**-4,92**	**-5,73**
Kerngebiet	659.552	1.392	556.728	1.160	-15,59	-16,63
Umland	668.813	987	706.306	1.037	5,61	4,99

Tabelle 7: Gemeindeanteil an der Einkommensteuer

Stadtregionen	Gemeindeanteil an der Einkommensteuer 2007 in t €	je Einwohner 2007 in €	Gemeindeanteil an der Einkommensteuer 2011 in t €	je Einwohner 2011 in €	Relative Entwicklung des Gemeindeanteils an der Einkommensteuer 2007 - 2011 in Prozent	je Einwohner 2011 in Prozent
Deutschland	**24.908.083**	**303**	**26.713.332**	**326**	**7,25**	**7,74**
Aachen	**186.958**	**288**	**196.575**	**304**	**5,14**	**5,61**
Kerngebiet	75.960	293	80.094	308	5,44	4,87
Umland	110.998	284	116.481	301	4,94	6,11
Augsburg	**246.224**	**385**	**257.899**	**400**	**4,74**	**4,09**
Kerngebiet	93.118	354	96.270	361	3,38	1,97
Umland	153.106	406	161.629	428	5,57	5,46
Berlin	**1.013.697**	**234**	**1.221.951**	**275**	**20,54**	**17,49**
Kerngebiet	837.418	245	968.826	277	15,69	12,86
Umland	176.279	192	253.125	268	43,59	39,49
Bielefeld	**370.911**	**316**	**374.034**	**322**	**0,84**	**1,68**
Kerngebiet	99.336	306	100.848	312	1,52	2,00
Umland	271.575	320	273.186	326	0,59	1,58
Braunschweig	**225.507**	**292**	**250.270**	**324**	**10,98**	**11,19**
Kerngebiet	72.321	294	80.277	320	11,00	8,90
Umland	153.186	291	169.993	326	10,97	12,30
Bremen	**304.035**	**294**	**324.874**	**315**	**6,85**	**7,09**
Kerngebiet	165.495	302	175.754	321	6,20	6,09
Umland	138.540	285	149.120	309	7,64	8,27
Chemnitz	**k.A**	**k.A**	**114.151**	**163**	**k.A**	**k.A**
Kerngebiet	k.A	k.A	44.321	182	k.A	k.A
Umland	k.A	k.A	69.830	153	k.A	k.A
Dortmund	**505.886**	**296**	**519.158**	**310**	**2,62**	**4,69**
Kerngebiet	164.458	280	171.765	296	4,44	5,51
Umland	341.428	304	347.393	317	1,75	4,33
Dresden	**k.A**	**k.A**	**189.574**	**191**	**k.A**	**k.A**
Kerngebiet	k.A	k.A	106.965	202	k.A	k.A
Umland	k.A	k.A	82.609	179	k.A	k.A
Düsseldorf	**735.508**	**385**	**760.256**	**398**	**3,36**	**3,37**
Kerngebiet	225.882	389	241.636	408	6,97	4,94
Umland	509.626	384	518.620	394	1,76	2,65
Erfurt	**67.957**	**131**	**95.481**	**185**	**40,50**	**40,93**
Kerngebiet	30.750	152	41.932	203	36,36	34,08
Umland	37.207	118	53.549	173	43,92	46,27

Monitoring StadtRegionen

Stadtregionen	Gemeindeanteil an der Einkommensteuer 2007 in t €	je Einwohner 2007	Gemeindeanteil an der Einkommensteuer 2011 in t €	je Einwohner 2011	Relative Entwicklung des Gemeindeanteils an der Einkommensteuer 2007 - 2011 in Prozent	je Einwohner 2011 in Prozent
Essen	**1.030.158**	**301**	**1.059.356**	**316**	**2,83**	**4,91**
Kerngebiet	186.270	320	192.031	335	3,09	4,65
Umland	843.888	297	867.325	312	2,78	4,95
Frankfurt am Main	**928.584**	**480**	**891.438**	**449**	**-4,00**	**-6,44**
Kerngebiet	286.614	435	285.754	413	-0,30	-4,99
Umland	641.970	503	605.684	468	-5,65	-6,97
Freiburg	**192.597**	**333**	**208.569**	**352**	**8,29**	**5,86**
Kerngebiet	66.687	304	73.159	319	9,71	5,05
Umland	125.910	350	135.410	373	7,55	6,48
Halle (Saale)	**k.A**	**k.A**	**75.634**	**178**	**k.A**	**k.A**
Kerngebiet	35.830	153	41.571	178	16,02	16,32
Umland	k.A	k.A	34.063	179	k.A	k.A
Hamburg	**1.148.085**	**418**	**1.291.998**	**463**	**12,54**	**10,75**
Kerngebiet	790.904	447	887.052	493	12,16	10,40
Umland	357.181	365	404.946	408	13,37	11,53
Hannover	**349.351**	**292**	**383.267**	**319**	**9,71**	**9,27**
Kerngebiet	145.133	280	164.641	313	13,44	11,76
Umland	204.218	301	218.626	324	7,06	7,53
Karlsruhe	**365.260**	**367**	**391.399**	**389**	**7,16**	**6,01**
Kerngebiet	103.879	360	113.525	382	9,29	6,14
Umland	261.381	370	277.874	392	6,31	5,98
Kiel	**137.215**	**288**	**162.895**	**331**	**18,72**	**14,70**
Kerngebiet	59.686	252	71.822	297	20,33	17,78
Umland	77.529	324	91.073	363	17,47	12,07
Köln	**983.327**	**369**	**1.027.943**	**381**	**4,54**	**3,21**
Kerngebiet	349.417	351	369.622	363	5,78	3,52
Umland	633.910	380	658.321	392	3,85	3,08
Leipzig	**k.A**	**k.A**	**159.318**	**183**	**k.A**	**k.A**
Kerngebiet	k.A	k.A	89.342	168	k.A	k.A
Umland	k.A	k.A	69.976	207	k.A	k.A
Lübeck	**115.367**	**255**	**137.698**	**305**	**19,36**	**19,80**
Kerngebiet	50.092	237	58.947	280	17,68	18,22
Umland	65.275	271	78.751	327	20,64	21,00
Magdeburg	**56.027**	**106**	**94.067**	**182**	**67,90**	**71,56**
Kerngebiet	33.956	148	42.771	184	25,96	24,75
Umland	22.071	74	51.296	180	132,41	143,43

Stadtregionen	Gemeindeanteil an der Einkommensteuer 2007 in t €	je Einwohner 2007	Gemeindeanteil an der Einkommensteuer 2011 in t €	je Einwohner 2011	Relative Entwicklung des Gemeindeanteils an der Einkommensteuer 2007 - 2011 in Prozent	je Einwohner 2011 in Prozent
Mannheim	**580.633**	**362**	**613.805**	**379**	**5,71**	**4,83**
Kerngebiet	100.057	323	108.954	346	8,89	7,12
Umland	480.576	371	504.851	387	5,05	4,37
München	**1.237.923**	**537**	**1.294.358**	**539**	**4,56**	**0,29**
Kerngebiet	705.414	538	737.536	535	4,55	-0,50
Umland	532.509	537	556.822	544	4,57	1,35
Münster	**261.136**	**321**	**274.412**	**332**	**5,08**	**3,51**
Kerngebiet	98.505	361	104.182	357	5,76	-1,05
Umland	162.631	301	170.230	319	4,67	5,94
Nürnberg	**517.590**	**411**	**539.834**	**425**	**4,30**	**3,32**
Kerngebiet	184.037	366	192.263	377	4,47	2,94
Umland	333.553	442	347.571	458	4,20	3,59
Rostock	**42.434**	**137**	**59.532**	**190**	**40,29**	**39,45**
Kerngebiet	27.970	140	36.974	181	32,19	29,70
Umland	14.464	131	22.558	208	55,96	58,79
Stuttgart	**976.971**	**439**	**1.021.546**	**454**	**4,56**	**3,36**
Kerngebiet	240.031	402	255.340	416	6,38	3,57
Umland	736.940	452	766.206	468	3,97	3,36
Wiesbaden/Mainz	**500.962**	**435**	**504.324**	**434**	**0,67**	**-0,19**
Kerngebiet	194.390	410	197.167	411	1,43	0,18
Umland	306.572	453	307.157	451	0,19	-0,40

Tabelle 8: Gewerbesteuern

Stadtregionen	Gewerbesteuern 2007 in t €	je Einwohner 2007	Gewerbesteuern 2011 in t €	je Einwohner 2011	Relative Entwicklung der Gewerbesteuern 2007 - 2011 in Prozent	je Einwohner in Prozent
Deutschland	40.113.541	488	40.452.130	494	0,84	1,31
Aachen	253.564	390	296.155	457	14,38	14,76
Kerngebiet	140.400	542	151.322	581	7,22	6,71
Umland	113.164	289	144.833	374	21,87	22,73
Augsburg	197.417	308	200.353	311	1,47	0,84
Kerngebiet	105.960	403	95.051	356	-11,48	-13,03
Umland	91.457	242	105.302	279	13,15	13,06
Berlin	1.357.243	313	1.435.833	323	5,47	3,02
Kerngebiet	1.125.458	329	1.199.951	343	6,21	3,86
Umland	231.785	253	235.882	250	1,74	-1,15
Bielefeld	567.329	484	576.336	496	1,56	2,38
Kerngebiet	170.913	526	161.656	500	-5,73	-5,23
Umland	396.416	468	414.680	494	4,40	5,33
Braunschweig	263.263	341	465.098	603	43,40	43,50
Kerngebiet	104.472	425	151.379	604	30,99	29,65
Umland	158.791	301	313.719	602	49,38	49,98
Bremen	381.403	369	446.168	433	14,52	14,71
Kerngebiet	269.154	491	307.320	560	12,42	12,33
Umland	112.249	231	138.848	288	19,16	19,63
Chemnitz	k.A	k.A	175.931	252	k.A	k.A
Kerngebiet	k.A	k.A	81.934	337	k.A	k.A
Umland	k.A	k.A	93.997	206	k.A	k.A
Dortmund	576.904	337	638.152	380	9,60	11,38
Kerngebiet	225.589	384	248.890	428	9,36	10,28
Umland	351.315	313	389.262	355	9,75	11,98
Dresden	k.A	k.A	319.802	323	k.A	k.A
Kerngebiet	k.A	k.A	213.997	404	k.A	k.A
Umland	k.A	k.A	105.805	229	k.A	k.A
Düsseldorf	1.643.102	860	1.350.558	707	-21,66	-21,65
Kerngebiet	919.595	1.582	644.493	1.088	-42,69	-45,45
Umland	723.507	544	706.065	536	-2,47	-1,59
Erfurt	119.230	230	124.799	242	4,46	4,76
Kerngebiet	53.407	263	51.630	250	-3,44	-5,20
Umland	65.823	209	73.169	236	10,04	11,48

Stefan Kaup, Jörg Pohlan, Phillipe Rieffel et al.

Stadtregionen	Gewerbesteuern 2007 in t €	je Einwohner 2007	Gewerbesteuern 2011 in t €	je Einwohner 2011	Relative Entwicklung der Gewerbesteuern 2007 - 2011 in Prozent	je Einwohner in Prozent
Essen	1.536.228	449	1.183.791	353	-29,77	-27,21
Kerngebiet	399.535	686	266.739	465	-49,78	-47,55
Umland	1.136.693	400	917.052	330	-23,95	-21,38
Frankfurt am Main	2.083.986	1.077	1.660.336	836	-25,52	-28,79
Kerngebiet	1.371.491	2.081	1.011.017	1.462	-35,65	-42,34
Umland	712.495	558	649.319	502	-9,73	-11,28
Freiburg	190.824	329	210.886	356	9,51	7,43
Kerngebiet	98.293	448	118.234	516	16,87	13,19
Umland	92.531	257	92.652	255	0,13	-0,87
Halle (Saale)	k.A	k.A	115.139	271	k.A	k.A
Kerngebiet	36.025	154	43.789	187	17,73	17,94
Umland	k.A	k.A	71.350	374	k.A	k.A
Hamburg	1.824.273	664	1.942.542	696	6,09	4,57
Kerngebiet	1.489.887	841	1.590.041	884	6,30	4,81
Umland	334.386	342	352.501	355	5,14	3,57
Hannover	600.110	502	646.173	538	7,13	6,75
Kerngebiet	414.525	800	430.896	819	3,80	2,35
Umland	185.585	274	215.277	319	13,79	14,17
Karlsruhe	465.545	468	444.378	442	-4,76	-5,89
Kerngebiet	205.269	710	185.297	623	-10,78	-14,06
Umland	260.276	368	259.081	366	-0,46	-0,77
Kiel	127.415	268	134.064	272	4,96	1,63
Kerngebiet	88.072	372	91.268	377	3,50	1,41
Umland	39.343	164	42.796	171	8,07	3,64
Köln	1.434.647	539	1.505.225	558	4,69	3,47
Kerngebiet	913.019	917	806.316	793	-13,23	-15,71
Umland	521.628	313	698.909	416	25,37	24,81
Leipzig	k.A	k.A	267.750	308	k.A	k.A
Kerngebiet	k.A	k.A	178.655	336	k.A	k.A
Umland	k.A	k.A	89.095	264	k.A	k.A
Lübeck	107.958	238	116.609	258	7,42	7,76
Kerngebiet	71.144	336	67.843	322	-4,87	-4,39
Umland	36.814	153	48.766	203	24,51	24,73
Magdeburg	125.528	237	172.627	333	27,28	28,84
Kerngebiet	65.247	284	77.781	335	16,11	15,30
Umland	60.281	202	94.846	332	36,44	39,32

Monitoring StadtRegionen

Stadtregionen	Gewerbesteuern 2007 (in t €)	je Einwohner 2007	Gewerbesteuern 2011 (in t €)	je Einwohner 2011	Relative Entwicklung der Gewerbesteuern 2007 - 2011 (in Prozent)	je Einwohner (in Prozent)
Mannheim	**828.017**	**516**	**824.951**	**510**	**-0,37**	**-1,22**
Kerngebiet	276.174	891	227.466	722	-21,41	-23,43
Umland	551.843	426	597.485	458	7,64	7,04
München	**2.267.222**	**984**	**2.385.235**	**993**	**4,95**	**0,90**
Kerngebiet	1.608.277	1.226	1.649.260	1.197	2,48	-2,47
Umland	658.945	664	735.975	719	10,47	7,62
Münster	**346.985**	**426**	**427.504**	**518**	**18,83**	**17,60**
Kerngebiet	164.118	601	235.506	807	30,31	25,51
Umland	182.867	338	191.998	359	4,76	5,89
Nürnberg	**470.957**	**374**	**548.915**	**432**	**14,20**	**13,39**
Kerngebiet	266.059	529	285.505	559	6,81	5,42
Umland	204.898	271	263.410	347	22,21	21,75
Rostock	**60.957**	**196**	**79.146**	**253**	**22,98**	**22,52**
Kerngebiet	39.329	196	57.194	280	31,24	29,92
Umland	21.628	196	21.952	203	1,48	3,23
Stuttgart	**1.225.481**	**550**	**1.285.711**	**571**	**4,68**	**3,58**
Kerngebiet	593.365	994	622.087	1.014	4,62	2,03
Umland	759.936	466	841.333	513	9,67	9,14
Wiesbaden/Mainz	**607.533**	**528**	**534.676**	**460**	**-13,63**	**-14,60**
Kerngebiet	332.566	702	233.454	486	-42,45	-44,23
Umland	274.967	406	301.222	442	8,72	8,18

Tabelle 9: Gewerbesteuerhebesatz

Stadtregionen	Gewerbesteuer Hebesatz 2007 in Prozent	Gewerbesteuer Hebesatz 2008 in Prozent	Gewerbesteuer Hebesatz 2009 in Prozent	Gewerbesteuer Hebesatz 2010 in Prozent	Gewerbesteuer Hebesatz 2011 In Prozent
Deutschland	389	388	387	390	392
Aachen	415	413	415	415	419
Kerngebiet	445	445	445	445	445
Umland	415	413	413	413	417
Augsburg	338	338	338	339	340
Kerngebiet	445	435	435	435	435
Umland	337	337	336	337	339
Berlin	319	318	318	318	322
Kerngebiet	410	410	410	410	410
Umland	318	316	317	317	320
Bielefeld	396	396	395	399	403
Kerngebiet	435	435	435	435	435
Umland	394	394	394	398	401
Braunschweig	345	350	351	354	351
Kerngebiet	450	450	450	450	450
Umland	344	349	350	352	350
Bremen	340	349	353	360	361
Kerngebiet	440	440	440	440	440
Umland	337	347	351	358	359
Chemnitz	k.A	k.A	392	390	387
Kerngebiet	k.A	450	450	450	450
Umland	k.A	k.A	392	389	386
Dortmund	446	448	450	453	460
Kerngebiet	450	450	450	468	468
Umland	445	448	450	452	460
Dresden	k.A	392	386	388	390
Kerngebiet	k.A	450	450	450	450
Umland	k.A	391	385	388	389
Düsseldorf	425	424	423	423	427
Kerngebiet	445	445	440	440	440
Umland	424	423	422	422	426
Erfurt	336	318	314	328	336
Kerngebiet	400	400	400	420	420
Umland	335	317	314	328	336

Monitoring StadtRegionen

Stadtregionen	Gewerbesteuer Hebesatz 2007 in Prozent	Gewerbesteuer Hebesatz 2008 in Prozent	Gewerbesteuer Hebesatz 2009 in Prozent	Gewerbesteuer Hebesatz 2010 in Prozent	Gewerbesteuer Hebesatz 2011 In Prozent
Essen	**456**	**457**	**458**	**460**	**466**
Kerngebiet	470	470	470	480	480
Umland	455	456	458	459	465
Frankfurt am Main	**335**	**334**	**335**	**337**	**337**
Kerngebiet	460	460	460	460	460
Umland	333	332	333	335	335
Freiburg	**342**	**343**	**343**	**345**	**347**
Kerngebiet	400	400	400	400	400
Umland	341	342	342	344	346
Halle (Saale)	**323**	**332**	**332**	**330**	**327**
Kerngebiet	450	450	450	450	450
Umland	320	321	323	326	326
Hamburg	**316**	**317**	**319**	**326**	**329**
Kerngebiet	470	470	470	470	470
Umland	315	316	318	325	328
Hannover	**376**	**376**	**378**	**386**	**391**
Kerngebiet	460	460	460	460	460
Umland	373	373	375	383	389
Karlsruhe	**344**	**345**	**345**	**345**	**347**
Kerngebiet	410	410	410	410	410
Umland	343	344	344	344	346
Kiel	**317**	**318**	**317**	**321**	**324**
Kerngebiet	430	430	430	430	430
Umland	316	317	317	320	323
Köln	**435**	**436**	**435**	**438**	**444**
Kerngebiet	450	450	450	450	475
Umland	435	435	435	438	443
Leipzig	**k.A**	**461**	**454**	**440**	**361**
Kerngebiet	k.A	460	460	460	460
Umland	k.A	461	454	440	359
Lübeck	**309**	**308**	**308**	**310**	**312**
Kerngebiet	430	430	430	430	430
Umland	309	307	307	309	311
Magdeburg	**320**	**360**	**328**	**332**	**336**
Kerngebiet	450	450	450	450	450
Umland	319	359	326	330	335

Stefan Kaup, Jörg Pohlan, Phillipe Rieffel et al.

Stadtregionen	Gewerbesteuer Hebesatz 2007 in Prozent	Gewerbesteuer Hebesatz 2008 in Prozent	Gewerbesteuer Hebesatz 2009 in Prozent	Gewerbesteuer Hebesatz 2010 in Prozent	Gewerbesteuer Hebesatz 2011 In Prozent
Mannheim	**345**	**346**	**346**	**348**	**349**
Kerngebiet	415	415	415	415	415
Umland	345	345	345	347	349
München	**318**	**317**	**318**	**320**	**320**
Kerngebiet	490	490	490	490	490
Umland	316	316	317	319	319
Münster	**408**	**408**	**409**	**409**	**421**
Kerngebiet	440	440	440	440	460
Umland	407	407	408	408	420
Nürnberg	**329**	**329**	**329**	**342**	**347**
Kerngebiet	447	447	447	447	447
Umland	327	327	328	341	346
Rostock	**294**	**325**	**295**	**303**	**308**
Kerngebiet	440	450	450	450	450
Umland	292	323	292	300	305
Stuttgart	**349**	**349**	**349**	**351**	**356**
Kerngebiet	420	420	420	420	420
Umland	349	349	349	351	355
Wiesbaden/Mainz	**348**	**348**	**348**	**349**	**350**
Kerngebiet	440	440	440	440	440
Umland	347	347	347	348	349

Literatur

BBSR – Bundesamt für Bau-, Stadt- und Raumforschung (2014): Raumabgrenzung. http://www.bbsr.bund.de/BBSR/DE/Raumbeobachtung/Raumabgrenzungen/raumabgrenzungen_node.html: 02.04.2014.
Berude, Andre (2011): IHK. Wirtschaft. Das Magazin für die Unternehmen in der Region Hellweg-Sauerland, 2.
Brake, Klaus; Herfert, Günter (Hrsg.) (2012): Reurbanisierung: Materialität und Diskurs in Deutschland. Wiesbaden: Springer VS.
Brühl, Hasso; Echter, Claus-Peter; Bodelschwingh, Franciska Frölich von; Jekel, Gregor (2005): Wohnen in der Innenstadt – eine Renaissance? Berlin (Difu-Beiträge zur Stadtforschung 41).
Bundesamt für Kartographie und Geodäsie (2014): Landschaftsmodelle. http://www.bkg.bund.de/nn159174/DE/Bundesamt/Produkte/Geodaten/Landschaftsmodelle/DLM__node.html__nnn=true: 02.04.2014.
Bundesministerium der Finanzen (2012): Der Gemeindeanteil an der Einkommensteuer in der Gemeindefinanzreform. BMF Dokumentation.
Bundesvereinigung der kommunalen Spitzenverbände (2012): Kommunalfinanzen 2010 bis 2012 – Prognose der kommunalen Spitzenverbände.
Burgdorf, Markus; Eltges, Markus; Kuhlmann, Petra; Nielsen, Jörg; Pütz, Thomas (2012): Raumabgrenzungen und Raumtypen des BBSR. Bonn: BBSR.
Danielzyk, Rainer; Dittrich-Wesbuer, Andrea; Osterhage, Frank (Hrsg.) (2010): Die finanzielle Seite der Raumentwicklung: Auf dem Weg zu effizienten Siedlungsstrukturen? Essen: Klartext.
Der Städtetag (2011): Gemeindefinanzbericht. Der Städtetag 5/2011, S. 82.
Deutscher Städte- und Gemeindebund (2012a): Kommunalfinanzen – Kassenstatistik 2011.
Deutscher Städte- und Gemeindebund (2012b): Ergebnisse der Mai-Steuerschätzung für die Jahre 2012 bis 2016.
Die Bundesregierung (2002): Perspektiven für Deutschland. Unsere Strategie für eine nachhaltige Entwicklung.
http://www.bundesregierung.de/Content/DE/_Anlagen/2006-2007/perspektiven-fuer-deutschland-langfassung.pdf?__blob=publicationFile: 18.09.2012.
Dijkstra, Lewis; Garcilazo, Enrique; McCann Philip (2013): The Economic Performance of European Cities and City Regions: Myths and Realities, European Planning Studies, 21, 3, S. 334-354.
Dittrich-Wesbuer, Andrea; Mayr, Alexander (2013): Infrastruktur im demografischen Wandel – das Beispiel Abwasser. Dortmund. (= ILS-Trends 1/13).
Dittrich-Wesbuer, Andrea; Osterhage, Frank (2008): Wohnstandortregionen in der Stadtregion: Das Beispiel „Bergisches Land". Dortmund. (= ILS-Trends 2/08).
EStGemAntV 2012, 2013 und 2014 (2012: Verordnung über die Aufteilung und Auszahlung des Gemeindeanteils an der Einkommensteuer und die Abführung der Gewerbesteuerumlage für die Haushaltsjahre 2012, 2013 und 2014. GV. NRW. S.208, in Kraft getreten mit Wirkung vom 1. Januar 2012.
Gemeindefinanzierungsgesetz NRW (2013) Gesetz zur Regelung der Zuweisungen des Landes Nordrhein-Westfalen an die Gemeinden und Gemeindeverbände im

Haushaltsjahr 2013. Vom 21.3.2013. In Kraft getreten mit Wirkung vom 1. Januar 2013. GV.NRW, S. 167.

Gewerbesteuergesetz i.d.F.d.B. vom 15.10.2002 (BGBl. I S. 4167), zuletzt geändert am 26.6.2013 (BGBl. I S. 1809).

Geppert, Kurt; Gornig, Martin (2010): Mehr Jobs, mehr Menschen: Die Anziehungskraft der großen Städte wächst, in: Wochenbericht des DIW Berlin, 77, 19, S. 2-11.

Glaeser, Edward L. (2008): Cities, Agglomeration and Spatial Equilibrium. Oxford, UK: Oxford University Press.

Ifo – Institut für Wirtschaftsforschung (2008): Analyse und Weiterentwicklung des Kommunalen Finanzausgleichs in Nordrhein-Westfalen. Gutachten im Auftrag des Innenministeriums des Landes Nordrhein-Westfalen.

McCann, Philip (2013): Modern urban and regional economics. Oxford, UK: Oxford University Press.

Meinel, Gotthard (2013): Auf dem Weg zu einer besseren Flächennutzungsstatistik, in: Raumforschung und Raumordnung, 71, 06/2013, S. 487-495.

Milbert, Antonia (2010): Gebietsreformen: Politische Entscheidungen und Folgen für die Statistik. Bonn: BBSR.

OECD (2009): How regions grow. Trends and analysis (2009). Paris.

Osterhage, Frank; Kaup, Stefan (2012): Reurbanisierung als neue Phase der Stadtentwicklung? Eine Analyse der Bevölkerungs- und Beschäftigtenentwicklung in Deutschland 1999 bis 2009, in: Pohlan, Jörg; Glasauer, Herbert; Hannemann, Christine; Pott, Andreas (Hg.): Jahrbuch StadtRegion 2011/2012. Schwerpunkt Stadt und Region. Opladen: Verlag Barbara Budrich.

Parr, John B. (2013): The Regional Economy, Spatial Structure and Regional Urban Systems, in: Regional Studies, pp. 1-13.

Pohlan, Jörg (2010): Monitoring der Städte und Regionen. In: Hannemann, Christine; Glasauer, Herbert; Pohlan, Jörg; Pott, Andreas; Kirchberg, Andreas (Hg.): Jahrbuch StadtRegion 2009/10: Stadtkultur und Kreativität. Opladen: Verlag Barbara Budrich, S. 190–249.

Pohlan, Jörg; Merger, Tatjana (2012): Monitoring der Städte und Regionen, in: Pohlan, Jörg; Glasauer, Herbert; Hannemann, Christine; Pott, Andreas (Hg.): Jahrbuch StadtRegion 2011/2012: Schwerpunkt Stadt und Region. Opladen: Verlag Barbara Budrich.

Rusche, Karsten M.; Oberst, Christian A. (2010): Europäische Metropolregionen in Deutschland – eine regionalökonomische Evaluation, in: Raumforschung und Raumordnung, Jg. 68, 04/2010, S. 243-254.

Schiller, Georg; Siedentop, Stefan (2005): Infrastrukturfolgekosten der Siedlungsentwicklung unter Schrumpfungsbedingungen, in: DISP – The Planning Review 160, 83-93.

Schiller, Georg; Gutsche, Jens-Martin (2009): Von der Außen- zur Innenentwicklung in Städten und Gemeinden. Das Kostenparadoxon der Baulandentwicklung. Dessau-Roßlau. (= UBA-Texte 31/2009).

Siedentop, Stefan (2008): Die Rückkehr der Städte? Zur Plausibilität der Reurbanisierungshypothese, in: Informationen zur Raumentwicklung, 3/4, S. 193-210.

Siedentop, Stefan; Junesch, Richard; Straßer, Martina; Zakrzewski, Philipp; Samaniego, Luis; Weinert, Jens; Dosch, Fabian (2009): Einflussfaktoren der Neuinanspruchnahme von Flächen. Bonn. (= BBSR Forschungen 139)

Statistische Ämter des Bundes und der Länder (2014): Regionaldatenbank Deutschland. https://www.regionalstatistik.de/genesis/online/logon: 02.04.2014.

Statistisches Bundesamt (2014): Gemeindeverzeichnis-Informationssystem (GV-ISys). https://www.destatis.de/DE/ZahlenFakten/LaenderRegionen/Regionales/Gemeindeverzeichnis/NamensGrenzAenderung/NamensGrenzAenderung.html: 02.04.2014.

Statistisches Bundesamt (Hg.) (2009): Bevölkerung Deutschlands bis 2060. 12. Koordinierte Bevölkerungsvorausberechnung. Wiesbaden (= Begleitmaterial zur Pressekonferenz am 18. November 2009 in Berlin).

Statistisches Landesamt des Freistaates Sachsen (2008): Kreisneugliederung im Freistaat Sachsen am 1. August 2008. http://www.statistik.sachsen.de/download/010_GBGebiet/Gebreform_01082008.pdf : 24.01.2013

Statistisches Landesamt Sachsen-Anhalt (2007): Verzeichnis Sachsen-Anhalt nach der Kreisgebietsreform am 1.7.2007: Verzeichnis der Gebietsstruktur. http://www.stala.sachsen-anhalt.de/gk/fms/fms110111.htm: 04.02.2012

English Abstracts

Demographic Change in Suburbia

ANGELIKA MÜNTER

The article traces the demographic development processes Suburbias in a long-term perspective over seven decades from the 1960s to 2030 using the North-Rhine-Westphalian urban regions as an example. In the public perception Suburbia is considered as residential location for mainly young families. This was also reflected in the de facto age structure over decades. But as a long-term consequence of the first peak of suburbanization processes during the 1960/70s, Suburbia will be subject to an enormous aging of the population in the next two decades because those persons who had moved to Suburbia as young families at that time are increasingly reaching the retirement age. Thus against the backdrop of demographic change, Suburbia is facing the challenges of a collective aging of the population as well as the dwelling stock, which are taking place under the constraints of a declining demand to suburban residential locations or detached houses, respectively, and a regional differentiation of demographic development processes.

Processes of Urbanisation in Suburbia? Considerations about the Ubiquity of the Urban Lifestyle

MARCUS MENZL

In the decades after World War Two the suburban way of life became the normal and widely accepted way of life, at least for young families. Does the end of Fordism necessarily mean the end of suburbia in its classical meaning? Is this the beginning of a new phase of suburban development – the rise of an urban suburbia? Due to fundamental societal changes (changes in business that necessitate the need for flexibility and mobility, ambitions of women that seek to combine job and family) and new challenges in bringing together different goals (aspects of the urban and the suburban lifestyle), suburbia will change. And suburbia has to change for the aforementioned reasons in order to attract young families in the future. In this renewed suburbia households with these more complex, "hybrid" ambitions will dominate: They will want to combine modern job-orientated lifestyles with values like social homogeneity, a safe and a natural environment and a considerable role of the family. However, while suburbia will change it will never be as urbanized as the urban parts of the inner city.

Elements of a Grammar of Edges

BORIS SIEVERTS UND THOMAS SIEVERTS

Town-edges have changed from a categorical border between town and country to the manifold interlocking forms of built-up areas and open country typical for the urban landscape today. A rugged form with uncountable edges, deeply penetrating the agglomeration characterise all agglomerations on a global scale. Between the built-up areas and the open landscape normally there is not more than a pedestrian distance. This seems to point to a basic desire of many people to connect 'town' and 'country' in their daily life. Eight examples illustrate the differences in the detailed form of the edges. With high economic pressure and good agricultural soils the edge is compressed to a line. In regions with much fallow land and low economic pressure there is space left both for weaker groups and for pioneers to live a self organised life. The question: How to keep and preserve the protective role of the edges, both for the poor and no adapted and the pioneers?

Patchwork-like Landscape in urbanized areas around Hamburg ("Hamburger Umland")

NORBERT FISCHER

Current landscape discourses are dealing with those areas that have evolved in the context of gradually dissolving rural-urban polarities. Various conceptualizations like "urban landscape" or "regional urban landscape" document the new landscape of urban and rural penetration. This can be shown by example of the area around Hamburg (so called "Hamburger Umland"), which developed since World War II from a rural to an urbanized area. This development concerned more or less districts both north and south of River Elbe. The area shows itself as "micro landscapes", a term and concept coined in post-modern landscape theory to designate the patchwork character of this kind of urban space. The concept of micro-landscapes relates particular "in-between terrains" to each other. In the background, there are the changes within modern society: Altered practices and patterns of movement lead to new concepts of landscape in urbanized areas. However, classical landscape ideas are by no means forgotten in this context. They provide a reservoir for landscape architectural practice. In urbanized areas like the Hamburger Umland, they have a compensatory function and appear as island-like spaces.

Rebuilding, Repairing, Reconsidering – "Suburban Retrofitting" facing crisis

BARBARA SCHÖNIG

Postsuburban spaces in the U.S. have become an important subject of redevelopment and urben renewal strategies. Labeled as suburban retrofitting or sprawl repair these strategies tie up to the urban design-oriented strategies within the anti-sprawl-movement of the 1990ies. But the retrofitting-strategies can only partially meet the challenges postsuburbia is confronted with: enduring sprawl, an increasing aging and poor population. This has become evident all the more with the crash of the housing and financial market in 2008. (Post-)suburbia as an integral part of the U.S.-American welfare state, as an instrument to stimulate the economy and guarantee individual security by personal real estate property, has failed.

The struggle for "Dixi-toilet" (portable toilets) – Incivilities in Public Space and in the Agenda-Setting process of Community Work

JOHANNES BOETTNER

The article showcases a field experiment, in which a portable toilet was placed in public spaces as part of the "Datzeberg Neighborhood Office", a teaching practice and research centre of the University of Neubrandenburg. In this context, the article outlines communication processes of and with local residents - from which the idea for this experiment emerged. Furthermore, the different positions within the citizenry and the moderating role of the community intervention will be presented. This resulted in a participatory alternative to the more repressive, exclusionary strategies that frequently characterize local government handling of so-called "incivilities".

Governance of Urban restructuring in East Germany – a comparative study between large housing estates and historical districts

DIETER RINK, MATTHIAS BERNT, KATRIN GROßMANN, ANNEGRET HAASE

Due to differing urban trajectories and altered policies, urban restructuring in Eastern Germany is confronted with a range of new challenges. Using the examples of two large Eastern German cities, Halle (stable) and Leipzig (growing), this paper discusses the governance structures which guide urban restructuring by comparing large housing estates and historical districts of the inner-city. In both cities, one can observe a shift towards renewal and regeneration in the historical districts of the inner cities. In large housing estates demolition has practically come to an end. The governance arrangements which guide urban restructuring were initially created by actors from housing companies, local policy and administration as well as civil society. Within the juridical, fiscal and political context of the program "Urban restructuring in the East", these actors have formed so-called "grant coalitions". During the past few years the composition of actors and the available resources have changed. This has made urban restructuring more difficult. Therefore public actors and finances will remain a central role within the governance of urban restructuring in the future.

How do Neighborhoods influence the health of its citizens? Findings from a criteria lead research

KATHARINA ANNA DÖRFERT UND JULIA SCHWARZ

In Germany, binding statements about the quality and content of neighborly relations and their implications for health are difficult to make, because reliable data scarcely exists. It is assumed, however, that social neighborhoods offer a source of potentially supportive social contacts. Due to their close proximity to other people they can be accessed quickly and effectively in smaller and bigger everyday problems. In order to gain clarity on the relationship between the social neighborhood and health in Germany, a literature review was conducted, by means of which it was possible to identify six studies for further analysis. The evaluation of these studies showed that social factors of a German neighborhood have an independent and empirically demonstrable impact on the health of its inhabitants. The amount of time a person is exposed to social neighborhood characteristics plays a mediating role in this effect.

Continuity and Reorganization – Urban planners education between forced saving and reorientation

DIRK SCHUBERT

In this contribution the Hamburg study programs in urban planning are evaluated since the 1980s. It started as a BA-program and later a MA-program was established, which enabled a broader offer of courses and faculty members. A new curriculum was established while cost cuts meanwhile led to a reorganization of the universities in Hamburg. A new orientation became finally necessary because of the growing importance of the accreditation system and repositioning of other planning schools in Germany.

Autorinnen und Autoren

Dr. Matthias Bernt, Leibniz-Institut für Regionalentwicklung und Strukturplanung e.V. (IRS)
Email: berntm@irs.net

Prof. Dr. Johannes Boettner, Hochschule Neubrandenburg
Email: boettner@hs-nb.de

M. Sc. Katharina Anna Dörfert, Hochschule Neubrandenburg
Email: katharina.doerfert@gmail.com

Dr. habil. Norbert Fischer, Universität Hamburg
Email: norbertfischer@t-online.de

Dr. Katrin Großmann, Helmholtz-Zentrum für Umweltforschung (UFZ)
Email: katrin.grossmann@ufz.de

Dr. Annegret Haase, Helmholtz-Zentrum für Umweltforschung (UFZ)
Email: annegret.haase@ufz.de

Dipl.-Geograph Stefan Kaup, Institut für Landes- und Stadtentwicklungsforschung (ILS)
Email: stefan.kaup@ils-forschung.de

Dipl.-Ing. Alexander Mayr, Institut für Landes- und Stadtentwicklungsforschung (ILS)
Email: alexander.mayr@ils-forschung.dc

Dr. Marcus Menzl, HafenCity Hamburg GmbH
Email: Menzl@hafencity.com

Dr. Angelika Münter, Institut für Landes- und Stadtentwicklungsforschung (ILS) und TU Dortmund
Email: angelika.muenter@ils-forschung.de

Dipl.-Ing. Frank Osterhage, Institut für Landes- und Stadtentwicklungsforschung (ILS)
Email: frank.osterhage@ils-forschung.de

Dr. habil. Jörg Pohlan, HafenCity Universität Hamburg
Email: joerg.pohlan@hcu-hamburg.de

M. Sc. Philippe Rieffel, Institut für Landes- und Stadtentwicklungsforschung (ILS)
Email: philippe.rieffel@ils-forschung.de

Prof. Dr. Dieter Rink, Helmholtz-Zentrum für Umweltforschung (UFZ)
Email: dieter.rink@ufz.de

Dr. Karsten Rusche, Institut für Landes- und Stadtentwicklungsforschung (ILS)
Email: karsten.rusche@ils-dortmund.de

Prof. Dr. Barbara Schönig, Bauhaus-Universität Weimar
Email: barbara.schoenig@uni-weimar.de

Prof. Dr. Dirk Schubert, HafenCity University Hamburg
Email: dirk.schubert@hcu-hamburg.de

M. Sc. Julia Schwarz, Hochschule Neubrandenburg
Email: info@juliaschwarz.com

Boris Sieverts, Büro für Städtereisen, Köln
E-mail: borissieverts@gmx.de

Prof. em. Dr. Thomas Sieverts, München
Email: tom.sieverts@googlemail.com

Dr. Bernd Wuschansky, Institut für Landes- und Stadtentwicklungsforschung (ILS)
Email: bernd.wuschansky@ils-forschung.de

Rezensentinnen und Rezensenten

Dr. Brigitte Adam, Bundesinstitut für Bau-, Stadt- und Raumforschung
Email: brigitte.adam@bbr.bund.de

Prof. Dr. Sabine Baumgart, TU Dortmund
Email: sabine.baumgart@tu-dortmund.de

Prof. Dr. Susanne Hauser, Universität der Künste Berlin
Email: hauser@udk-berlin.de

Dr. Marcus Menzl, HafenCity Hamburg GmbH
Email: Menzl@hafencity.com

Dr. Rainer Neef, Universität Göttingen
Email: rneef@gwdg.de

Dr. Frank Schröter, TU Braunschweig
Email: f.schroeter@tu-braunschweig.de

Prof. Dr. Clemens Zimmermann, Universität des Saarlandes
Email: cl.zimmermann@mx.uni-saarland.de

Jahrbuch StadtRegion

Das Jahrbuch StadtRegion erscheint alle zwei Jahre und richtet sich an alle, die im Bereich von Stadt sowie Stadt- und Raumplanung tätig sind.

Das Jahrbuch erscheint seit 2001 und ist ein interdisziplinäres Forum für stadt- und regionalspezifische Themen. Es wendet sich an Professionelle und Studierende, die sich mit diesem Themenfeld theoretisch wie praktisch in der Stadt- und Regionalsoziologie, der Geographie, der Ökonomie, den Politikwissenschaften, der Geschichte, Stadt- und Regional- wie auch Raumplanung an Hochschulen, in Verwaltungen, in Kommunen und in privaten Büros etc. beschäftigen. Alle Beiträge durchlaufen ein peer-review-Begutachtungsverfahren.

Die Beiträge können Sie einzeln auf www.budrich-journals.de herunterladen.

In Ihrer Buchhandlung oder direkt bei

 Verlag Barbara Budrich • Barbara Budrich Publishers
Stauffenbergstr. 7. D-51379 Leverkusen Opladen
Tel +49 (0)2171.344.594 • Fax +49 (0)2171.344.693 •
info@budrich.de

www.budrich-verlag.de

Ungleichheits- und Paarsoziologie

Alessandra Rusconi
Christine Wimbauer
Mona Motakef
Beate Kortendiek
Peter A. Berger (Hrsg.)

Paare und Ungleichheit(en)

Eine Verhältnisbestimmung

GENDER Sonderheft 2

2013. 232 Seiten, Kart.
26,90 € (D), 27,70 € (A)
ISBN 978-3-8474-0109-4

Die AutorInnen des zweiten GENDER-Sonderhefts untersuchen Paarbeziehungen als zentralen Ort, an dem Ungleichheiten zwischen den Geschlechtern (re-)produziert, kompensiert oder verringert werden. Im Sinne eines ‚Doing Couple', ‚Doing Gender' und ‚Doing (In)Equality' spielen dabei Anforderungen der Erwerbsarbeit, sozialpolitische Rahmenbedingungen und Aushandlungsprozesse der Paare eine wesentliche Rolle.

Jetzt in Ihrer Buchhandlung bestellen oder direkt bei:

**Verlag Barbara Budrich •
Barbara Budrich Publishers**

Stauffenbergstr. 7. D-51379 Leverkusen Opladen
Tel +49 (0)2171.344.594 • Fax +49 (0)2171.344.693 •
info@budrich.de

www.budrich-verlag.de